統計學

（第三版）

主　編 ◎ 盧黎霞、董洪清

目錄

第一章 總　論 ……………………………………………………………（1）
　　第一節　什麼是統計 ……………………………………………………（1）
　　第二節　什麼是統計學 …………………………………………………（4）
　　第三節　統計學的基本概念 ……………………………………………（9）
　　本章小結 …………………………………………………………………（16）

第二章 統計數據的搜集與整理 ………………………………………（22）
　　第一節　統計數據的搜集 ………………………………………………（22）
　　第二節　統計數據的整理 ………………………………………………（27）
　　第三節　統計數據的展示 ………………………………………………（38）
　　本章小結 …………………………………………………………………（46）

第三章 統計數據的簡單描述 …………………………………………（51）
　　第一節　總量指標 ………………………………………………………（51）
　　第二節　相對指標 ………………………………………………………（55）
　　本章小結 …………………………………………………………………（63）

第四章 統計數據分佈特徵的描述 ……………………………………（66）
　　第一節　分佈集中趨勢的測度 …………………………………………（66）
　　第二節　分佈離散程度的測度 …………………………………………（78）
　　第三節　分佈偏態與峰態的測度 ………………………………………（81）
　　本章小結 …………………………………………………………………（83）

第五章 抽樣及抽樣分佈 ………………………………………………（87）
　　第一節　隨機變量及其概率分佈概述 …………………………………（87）
　　第二節　抽樣方法與抽樣組織形式 ……………………………………（97）
　　第三節　抽樣分佈 ………………………………………………………（100）
　　本章小結 …………………………………………………………………（107）

第六章　抽樣估計 ··· (110)
　　第一節　優良估計量的標準 ··· (110)
　　第二節　抽樣誤差 ·· (111)
　　第三節　單個總體參數的區間估計 ·· (122)
　　第四節　兩個總體參數的區間估計 ·· (126)
　　第五節　樣本容量的確定 ··· (134)
　　本章小結 ··· (135)

第七章　假設檢驗 ··· (141)
　　第一節　假設檢驗的基本問題 ·· (141)
　　第二節　單個總體參數的假設檢驗 ·· (145)
　　第三節　兩個總體參數的假設檢驗 ·· (151)
　　本章小結 ··· (160)

第八章　方差分析 ··· (164)
　　第一節　方差分析的一般問題 ·· (164)
　　第二節　單因素方差分析 ··· (167)
　　第三節　雙因素方差分析 ··· (172)
　　本章小結 ··· (181)

第九章　相關與迴歸分析 ·· (187)
　　第一節　相關與迴歸分析概述 ·· (187)
　　第二節　簡單線性相關分析 ··· (189)
　　第三節　一元線性迴歸分析 ··· (194)
　　第四節　多元線性與非線性迴歸分析 ······································· (202)
　　本章小結 ··· (203)

第十章　時間數列分析 ··· (207)
　　第一節　時間數列概述 ·· (207)
　　第二節　時間數列指標分析法 ·· (211)
　　第三節　時間數列構成因素分析法 ·· (221)
　　本章小結 ··· (238)

第十一章　統計指數 ·· (242)
　　第一節　統計指數概述 ·· (242)
　　第二節　總指數的編製方法 ··· (244)
　　第三節　指數體系與因素分析 ·· (255)

第四節　幾種常用的經濟指數 …………………………………（265）
　　本章小結 …………………………………………………………（277）

第十二章　常用的經濟統計指標 …………………………………（281）
　　第一節　國民經濟統計的常用指標 ……………………………（281）
　　第二節　企業統計的常用指標 …………………………………（289）
　　第三節　農村經濟統計的常用指標 ……………………………（298）

附　表 …………………………………………………………………（304）
　　附表 1　標準正態分佈函數值表 ………………………………（304）
　　附表 2　t 分佈上側分位數表 …………………………………（305）
　　附表 3　χ^2 分佈上側分位數表 ………………………………（307）
　　附表 4　F 分佈上側分位數表 …………………………………（310）

第一章 總　論

本章介紹統計學入門知識，包括「統計」一詞的含義，統計的特點及其活動過程，統計學的內涵，統計學中常見的幾個基本概念。

第一節　什麼是統計

一、「統計」的三種含義

社會生活中人們經常使用「統計」一詞，不同場合，它所代表的含義也有所不同。一般來講，「統計」有三種含義，即統計數據、統計實踐和統計科學。

統計數據，或稱統計資料（Statistics or Statistical Data），是通過統計實踐活動取得的能夠說明研究對象某種數量特徵的數據、圖表和相關文字資料等信息。如政府統計部門每年向社會發布的國家、省或者地區上一年「國民經濟和社會發展統計公報」、各種統計年鑑等。

統計實踐，即統計工作（Statistical Work），是人們為了說明研究對象某種數量特徵和規律性，對客觀現象的數量進行搜集、整理和分析的活動過程。如人口數量與結構統計、居民收入與消費支出統計、農產品產量統計等。統計工作一般包括統計設計、統計調查、統計整理、統計分析、統計資料的提供和管理等階段或環節。

統計科學，即統計學（Statistics），是通過對統計實踐活動的經驗總結和理論概括與昇華而形成的，並用於指導統計實踐活動的一門學問，是闡述統計理論與方法的科學。

統計數據、統計實踐與統計學三者之間雖然有所區別，但它們又緊密聯繫、互相制約。統計學與統計實踐之間是統計理論與實踐的關係，統計實踐與統計數據之間是統計活動過程與活動成果的關係。那麼，怎樣理解統計學與統計數據的關係呢？

首先，從統計學的內涵（見本章第二節）來看，統計學是由一套收集、整理和分析統計數據的方法所組成，統計學是一門有關統計數據的科學。「收集」是取得統計數據的過程，如何取得所需的統計數據是統計學研究的內容之一。統計數據的收集是進行統計分析的基礎。離開了統計數據，統計分析方法也就失去了用武之地。「整理」是對統計數據的加工處理過程，對收集來的統計數據如何進行分類、匯總，使之條理化、系統化，符合統計分析的需要，是統計學研究的又一內容。數據整理是介於數據收集與數據分析的一個必要環節。「分析」是通過統計描述和統計推斷的方法探索數據內在規律的過程，對統計數據如何進行科學的描述和推斷是統計學的核心內容。可見，統計方法來源於對統計數

據的研究，目的也在於對統計數據的研究。離開了統計數據，統計方法乃至統計學就失去了其存在的意義。

其次，英文名詞「Statistics」，通常有兩個含義：作為單數形式，表示一門科學的名稱——「統計學」；作為復數形式，表示「統計數據」或「統計資料」。作為單數的統計學和作為復數的統計數據在英文中使用同一名詞，顯示出了兩者之間的密切關係。同時也告訴我們統計數據不是指單個的數字，而是指多個數據構成的數據集。

二、統計的特點

從統計的含義我們可以看到，統計是從數量方面認識客觀世界的科學方法，由此，我們也不難理解統計具有數量性和總體性等特點。

1. 數量性

客觀現象都有質和量兩個方面，從質和量的辯證統一中研究現象的數量特徵，從數量上認識現象的性質和規律性，這是統計研究的基本特點。統計運用科學的方法去收集、整理、分析反應現象特徵的數據，並通過一定的統計指標描述總體現象的規模、水平、結構、比例、速度及其變動規律等；或者，利用樣本數據推斷總體參數、進行假設檢驗等。

認識現象的數量表現，是深入把握現象質量的前提和基礎。例如，一個國家的人口數量、結構和分佈，國民財富的數量、構成和利用情況，國民經濟的規模、發展速度，人民生活水平等，都是反應該國家國情國力的基本方面。通過一系列統計指標對這些基本情況有所瞭解，才可能對該國家有一個客觀的認識。從另一個角度看，要準確反應客觀現象的數量方面，又要求對所研究現象的質有一個基本的認識。例如，要計算國內生產總值指標，首先要對國內生產總值所反應的國民經濟總量有一個基本認識，根據這種認識，才能正確界定國內生產總值的計算口徑、範圍和計算方法，也才能得到較為準確的國內生產總值的數據。

統計所研究現象的數量方面包括數量多少，數量關係，質與量互變的數量界限。統計研究的是具體現象的數量方面，不是抽象的量，這是與數學的一個重要區別。數學研究客觀世界的空間形式和數量關係時，具有高度的抽象性，可以撇開所研究客體的具體內容；而統計在研究客觀現象的數量方面時，則必須緊密聯繫被研究現象的具體內容，聯繫其質的特徵。

2. 總體性

統計研究同類事物構成的總體現象的數量特徵。單個事物的數量通常是可以直接獲取的，一般無須運用統計方法。例如，瞭解某同學的學習成績，查成績冊即可，而要瞭解該班全體同學成績的分佈、差異以及一般水平，則要運用統計方法進行分組、匯總與計算分析。當然，統計研究總體現象數量特徵時，需要通過對組成總體的個別事物量的認識來達到目的，但認識這些個別事物量的方面並不是統計的最終目的。如，人口總體是一定時間點上一定地區或一個國家所有具有生命現象的個人的總和，它就是人口統計的研究客體，在人口統計研究中，並不是要去認識個別人的數量狀況，而是通過人口總數、性別構成、年齡構成、民族構成、職業構成、人口出生率、人口死亡率等指標來描述人口總體的狀況。從對個體數量特徵的觀測入手，運用科學的方法獲得描述或推斷統計總體數

量特徵的綜合數量,這是統計的又一基本特徵。

當然,統計除了上述兩大基本特徵以外,還有差異性(或變異性,沒有差異就沒有統計,差異性是統計研究的內容。)和具體性(統計研究具體現象的數量方面,前面已經提到,不再贅述。)

三、統計的作用

中國著名經濟學家馬寅初先生曾說:「學者不能離開統計而研究,政治家不能離開統計而施政,事業家不能離開統計而執業。」這一論述精闢地概括了統計的作用。

首先,統計是科學認識世界的有力武器。人類要認識、改造世界離不開統計這一調查研究工具和科學認識方法。其次,統計是管理的重要工具。這是統計產生之日就具有的基本作用。統計提供的各種數據,所反應的現象數量特徵與規律以及對現象發展趨勢的預測等,是制定方針政策、目標、規劃、計劃等的基本依據,也是進行過程控制與管理的基本依據。再次,統計是科學研究的重要手段。統計既直接為科學研究提供大量的統計數據,也為科學研究提供科學收集數據、整理數據、分析數據的方法,使科學研究得以建立在客觀數據的基礎上,也使研究的方法更加嚴謹與科學。最后,統計是向公眾進行宣傳教育的有效手段。統計數據的提供與展示,可以使公眾瞭解社會經濟發展的情況和取得的成績,起到鼓舞民眾、振奮精神的作用;也可以使公眾瞭解存在的問題和差距,實現群策群力、團結奮進;同時,也能實現公眾的監督作用。

《中華人民共和國統計法》(2009 年修訂)第一章總則第二條規定:統計的基本任務是對經濟社會發展情況進行統計調查、統計分析,提供統計資料和統計諮詢意見,實行統計監督。進一步明確了統計的三大職能:統計信息、諮詢和監督職能。

統計信息職能,是指根據科學的統計指標體系和統計調查方案,靈敏、系統地採集、處理、傳遞、存儲和提供大量的以數量描述為基本特徵的信息。統計諮詢職能,是統計信息職能的延續,是指利用已掌握的豐富的統計信息資源,運用科學的分析方法和先進的技術手段,深入開展綜合分析和專題研究,為科學決策和管理提供各種可供選擇的諮詢建議與對策方案。統計監督職能,是信息與諮詢職能的拓展,是根據統計調查和統計分析,及時、準確地從總體上反應客觀現象的運行狀態,並對其實行全面、系統的定量檢查、監督和預警,以促進其按照客觀規律的要求,持續、穩定、協調地發展。只有不斷優化統計信息職能,深化統計諮詢職能,強化統計監督職能,統計的整體職能才能得到充分有效地發揮。如何優化統計的信息職能、深化諮詢職能、強化監督職能,充分發揮統計的整體功能,一直是中國統計實踐領域、也是中國統計理論界必須面對和研究解決的重大課題。

四、統計的應用與濫用

在現實生活中,大至國家宏觀決策,小到人們日常生活,都離不開統計的應用。如:

——民意測驗結果被用來確定我們收看的電視節目和所購買的商品;

——製造商通過使用統計方面的控制圖表等質量控制工具,以更低的成本提供更好的產品;

——通過為預測流行病而設計的分析,使疾病得到控制;

——根據對變化的總數進行的統計估計,魚類和其他野生動物中的瀕危物種通過法律和法規得到了保護;

——通過對致命比例進行統計分析,立法者可以更好地調整法律——管理空氣污染、汽車尾氣排放、汽車安全帶和安全氣囊的使用以及酒后駕車的法律等。

學習、瞭解和運用統計,對國家、對企業、對家庭,甚至可以說對社會生產和生活的方方面面都是十分有益的。

隨著統計的越來越廣泛地應用,統計的重要性也被社會更廣泛地認可,與此同時,在經濟社會中統計也常常受到質疑,難道真的是統計本身出了問題?例如,質檢部門提供的數據顯示,某豆奶生產廠家生產的豆奶產品合格率100%,某學校提供給學生飲用后,學生發生集體中毒事件;某單位實施某項政策后,官方提供的數據顯示,職工對新政策的滿意度達到98%,事實却是職工對工作消極、怠慢。這裡合格率和滿意度數據本身是事實,看起來是在用事實說話,但關鍵是質檢部門檢查了多少豆奶產品,單位調查了多少職工?這些被檢查的產品和被調查的職工是怎樣產生的?有代表性、能真正說明問題嗎?顯然,這裡產生的問題不在統計本身而是統計應用出了問題。

統計常常被人們有意無意地濫用,比如,錯誤的統計定義、錯誤的圖表展示、一個不合理的樣本、數據的遺漏、邏輯錯誤等。從數據分析中尋找支持,也是對統計的一種濫用。如果先有了某種「結論」性的東西,或者說希望看到符合需要的某種結論,然后尋找數據來支持這種結論,這是對數據分析本質的歪曲。數據分析的真正目的是從數據中找出規律,從數據中尋找啓發,而不是尋找支持。真正的數據分析,事先是沒有結論的,通過對數據的分析才得出結論。同時,為證明科學性,把簡單方法可以解決的問題複雜化,建立一些別人看不懂的模型,得出用統計語言陳述的結論,提出一些似是而非的建議等,這也是一種統計陷阱。因此,學習統計,也要學習正確應用統計。

第二節 什麼是統計學

一、統計學的產生與發展

統計的歷史,包括統計實踐史和統計學說史。統計作為一種社會實踐活動,已有四五千年的歷史,它是適應社會經濟的發展和國家管理需要而產生和發展的。而統計學的理論和方法,則是在長期統計實踐活動的基礎上創立和發展起來的,距今只有300多年的歷史。由於開創統計理論的學者們所處的歷史環境不同,對統計實踐有不同的理解,從而也便形成各種不同的學派。正是這些不同學派的產生和長期爭論與交鋒,推動了統計科學的建立與發展,從而也就構成了統計學建立和發展的歷史。學習瞭解統計學產生與發展的歷史,有助於正確理解統計學的內涵。

(一)政治算術學派與國勢學派

政治算術學派的創始人是英國的威廉·配第(William Petty)。其代表作《政治算術》於1671年完成,1690年正式出版。配第在《政治算術》中運用大量的數字資料對英、法、

荷三國的經濟實力進行了比較分析。配第在書中宣稱：和只使用比較級或最高級的詞語以及單純作思維的論證相反，我們卻採用了這樣的方法（作為我很久以來就想建立的政治算術的一個範例），即用數字、重量和尺度的詞彙來表達我自己想說的問題。配第用數字、重量和尺度來分析說明問題的方法，為統計學的創立奠定了方法論基礎。對此，馬克思在《資本論》中評價他是政治經濟學之父，在某種程度上也可以說是統計學的創始人。恩格斯在《反杜林論》中也指出配第創造了「政治算術」，即一般所說的統計。政治算術學派中另一有影響的人物是英國的約翰·格朗特（John Graunt），其代表作是《對死亡表的自然觀察和政治觀察》，1662 年出版。他通過大量觀察的方法，研究並發現了人口與社會現象中重要的數量規律性，如，新生兒的男女性別比例穩定在 107：100，男性在各年齡組中死亡率高於女性等。他所運用的具體數量對比分析方法對統計學的創立，與《政治算術》起了同等重要的作用。如果說配第是政府統計的創始人，則格朗特可被認為是人口統計的創始人。在配第和格朗特的影響下，歐洲許多國家的學者繼續了政治算術的研究，但該學派一直沒有採用「統計學」這一名詞，可謂有統計學之實，而無統計學之名。

差不多與政治算術學派產生的同時，在德國形成了與其並稱的國勢學派（或記述學派）。國勢學派的創始人是康令（Herman Conring），主要繼承人是阿亨瓦爾（Gottfriedl Achenwall）。國勢學主要採用文字記述的形式，把國家重要事項系統地整理並羅列出來。阿亨瓦爾在 1749 年出版的《近代歐洲各國國勢學論》中首先使用了「統計學」（德文 Statistik），並定義為研究一國或多數國家顯著事項之學，但這一學派很少用數字手段，可謂有統計學之名，而無統計學之實。後來該學派分化出表式學派，以計量為主，主張用比較和列表的方法來表示國家的顯著事項，開始體現出統計學的特點，並逐步發展為政府統計，因而成為統計學的源流之一。

1787 年，英國的靳美滿博士（Dr. E, Iimmerman）把德語 statistik 譯為英文 statistics，並開始廣泛應用，這樣「政治算術」便逐漸為「統計學」所代替。1850 年，德國社會統計學派先驅克尼斯（K. G. Aknies）在《作為獨立科學的統計學》書中提出「國家論」與「統計學」科學分工的主張，「國家論」作為「國勢學」的科學命名，「統計學」作為「政治算術」的科學命名，至此，兩個學派間的爭論基本平息。

政治算術學派與記述學派的共同之處在於它們均以實際調查資料研究社會經濟現象，都是具體闡明國情國力的社會科學，不同之處在於研究和闡述的方法上有數量對比分析和文字記述的根本區別。正是由於有這樣的共性和個性，使得兩個學派共同發展、互相爭論，從而促進了統計理論的發展。然而，當兩個學派的爭論尚未結束的時候，在新的歷史條件下，又產生了新的學派和新的爭論。

(二)數理統計學派與社會統計學派

數理統計學派形成於 19 世紀中葉，創始人是比利時生物學家、數學家和統計學家阿道夫·凱特勒（Lambert Adolph Jacque Quetelet, 1796—1874 年）。凱特勒是國際統計學界一位很有影響的人物，他對統計學的發展、運用和國際統計學術活動的開展做出了重大的貢獻。他的主要功績是把概率論引入統計學和統計研究之中，從而使統計的方法有了重大的突破和發展，使統計學由經驗的科學上升為精密的科學。同時，他運用統計方法

既研究自然現象,又研究社會現象,大大地擴展了統計研究的領域,豐富了統計的研究內容,使統計學成為對大量數據資料進行搜集、整理與分析運用的通用性的方法論科學。凱特勒的代表作主要有《論人類與其能力的發展,或關於社會物理學的論述》(1835 年)、《統計學的研究》(1844 年)、《關於概率論的書信》(1846 年)和《社會物理學》(1869 年)等,其中最有影響的是《社會物理學》。凱特勒的統計思想和方法,后經高爾登(Francis Galton,1882—1911 年)、皮爾遜(Karl Pearson,1857—1936 年)、戈塞特(William Sealy Gosset,1876—1937 年)、費雪(Ronald Aylmer Fisher,1890—1926 年)等統計學家的不斷豐富和發展,逐漸形成為一門獨立的科學,並且人們把這一門既是數學又是統計學的新生科學命名為「數理統計學」。數理統計學是一門以統計方法為中心、以概率論為基礎的科學。早期的數理統計側重於對現象總體數量特徵的描述和比較,因此也稱為「描述統計學」;以后又發展到以隨機抽樣為基礎推斷有關總體數量特徵的方法,因此也稱為「推斷統計學」。后者是當代數理統計學的主流。

社會統計學派也是統計學中比較有影響的學派,主要代表人物是德國學者恩格爾(L. E. Engel 1821—1896 年)和梅爾(C. G. V. Mayer 1841—1925 年)等。從學術淵源上看,社會統計學派實際上融會了國勢學派和政治算術學派的觀點,又繼承和發揚了凱特勒強調的研究社會現象的傳統,並把政府統計與社會調查結合起來,進而形成了自己的體系。最早是挪威學者凱爾和漢森(A. N. Kiaer & E. Hanssen)於 1898 年出版了以《社會統計學》為名稱的著作,社會統計學派在歐洲、俄羅斯、美國、日本都有廣泛的影響。開始,社會統計學派強調統計學是一門揭示社會生活規律性的實質性社會科學,后來該學派的部分繼承者也認為統計學是一門方法論科學,但特別強調要以事物的質作為方法論研究的前提。

數理統計學派與社會統計學派爭論的焦點在於:統計學的研究對象是包括自然現象和社會經濟現象在內的一切客觀現象還是僅指社會經濟現象?統計學是一門方法論性質的科學還是實質性科學?這種爭論持續了 100 多年,至今尚未完全解決。但兩者的地位發生了很大變化,19 世紀中葉至 20 世紀初,社會統計學派占優勢,但后來數理統計學派逐步蓋過了社會統計學派,成為國際統計學界佔有巨大優勢的學術派別。

這些統計學派構成了統計學歷史的主體,各不同學派觀點中的科學內容構成了現代統計學的基礎。

二、統計學的含義

縱觀統計學的發展歷史,我們可以看到,在統計學的研究範圍——研究社會經濟現象還是包括自然現象與社會經濟現象在內的一切客觀現象、在統計學學科性質——實質性科學還是方法論科學、在統計學是一門還是兩門等問題上一直是存在爭議的。即:

——並不存在獨立的社會經濟統計學,只有數理統計學才是唯一的科學的統計學。數理統計學可以廣泛應用於自然技術界和社會經濟領域,是一門通用的方法科學。對社會經濟現象數量方面的研究,是數理統計學在社會經濟領域中的應用。

——數理統計學和社會經濟統計學是並存的兩門不同的獨立的統計學,它們有各自不同的研究對象和各自不同的研究內容、研究方法,它們都產生於實踐並對實踐起著一

定的指導作用。

近年來,國內學術界又提出了「大統計思想」。認為討論一門還是兩門統計學的問題是一種「小統計思想」,主張「大統計思想」,即不主張兩門統計分立,認為無論是社會經濟統計學,還是數理統計學以及其他應用統計學都是統計學的分支學科。統計學的各分支學科都是研究不同方面、不同應用領域的統計方法的科學,都具有如何「收集和分析數據」這一共性。

於是,關於什麼是統計學就有了許多種描述,這裡略舉幾種:

社會經濟統計學是一門實質性科學,是以大量社會經濟現象的數量方面為研究對象的社會科學,目的是找到社會經濟發展規律在具體地點、時間、條件下的數量表現。

社會經濟統計學不是一門實質性科學,而是一門方法論科學。它是對社會經濟現象數量方面進行調查研究的方法論科學。

統計學是研究大量客觀現象數量方面的方法論科學。

統計學是研究總體一定條件下的數量特徵及其規律性的方法論科學。

統計學是一門對群體現象數量特徵進行計量描述和分析推論的科學。

統計學是一門收集、整理和分析統計數據的方法科學,其目的是探索數據的內在數量規律性,以達到對客觀事物的科學認識。

統計學是一門收集、整理、顯示和分析統計數據的方法科學,其目的是探索數據的內在數量規律性。

……

那麼,究竟什麼是統計學呢?

事實上,我們很難給統計學一個精確的定義,因為統計學的內涵也是隨著人類的發展和統計實踐與統計理論的發展而不斷發展和完善的。

本書將統計學定義為:統計學是一門收集、整理和分析統計數據的方法科學,其目的是探索數據的內在數量規律性。

三、統計學的分科

統計學已經發展成為由若干分支學科組成的學科體系。

統計學從發展歷史的角度考察,包括社會經濟統計學、數理統計學和自然技術統計學,三者都是大統計學科的組成部分,它們既有共性又有個性,各有其研究對象和應用領域。

統計學從統計方法的構成來看,可以分為描述統計學和推斷統計學;從統計方法研究和應用角度來看,可以分為理論統計學和應用統計學。

(一) 描述統計學和推斷統計學

描述統計學(Descriptive Statistics),研究如何取得反應客觀現象的數據並通過圖表形式對所收集的數據進行處理,進而通過綜合、概括與分析得出反應客觀現象的規律性數量特徵的方法。它的內容包括統計數據的收集方法、數據的加工整理方法、數據分佈特徵的概括與分析方法等。它是整個統計學的基礎。

推斷統計學(Inferential Statistics),研究如何根據樣本數據去推斷總體數量特徵的方法,它是在對樣本數據進行描述的基礎上,對統計總體的未知數量特徵作出以概率形式表述的推斷。推斷統計學是現代統計學的主要內容。

描述統計學和推斷統計學的劃分,既反應了統計方法發展的前后兩個階段,也反應了統計方法研究和探索客觀現象內在數量規律性的先后兩個過程,圖1.1可以幫助我們理解這一點。

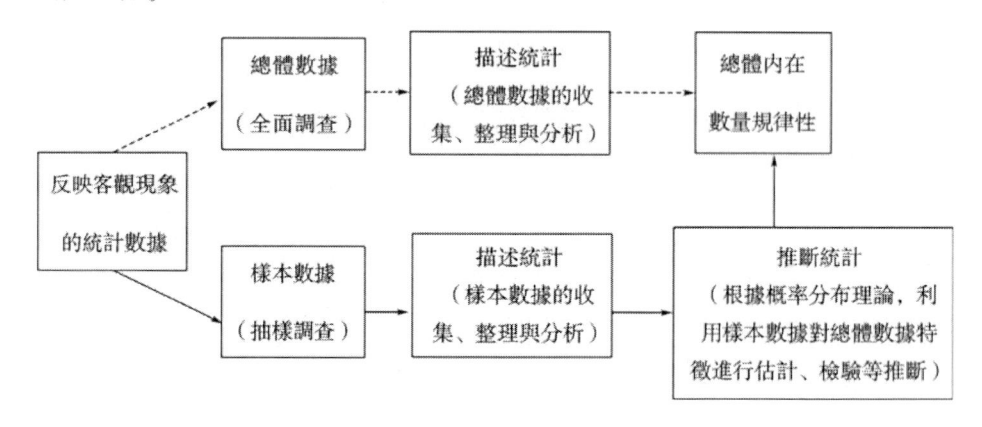

圖1.1 統計學研究和探索客觀現象內在數量規律性的過程圖

從描述統計學發展到推斷統計學,既反應了統計學發展的巨大成就,也是統計學發展成熟的重要標誌。

(二)理論統計學和應用統計學

理論統計學(Theoretical Statistics),主要是研究統計學一般理論和方法的數學原理。它是統計方法的理論基礎。理論統計學的發展,不斷完善和發展了統計學的科學知識體系。

應用統計學(Applied Statistics),是研究如何應用統計方法去解決實際問題的。統計方法的應用幾乎擴展到了所有的科學研究領域。如,統計方法在經濟領域的應用形成了經濟統計學及其若干分支,在管理領域的應用形成了管理統計學,在社會學研究和社會管理中的應用形成了社會統計學,在人口學中的應用形成了人口統計學,在生物學中的應用形成了生物統計學,在醫學中的應用形成了醫療衛生統計學,在氣象領域的應用形成了氣象統計學,在環境領域的應用形成了環境統計學,還有水文統計學等。這些應用統計學的不同分支,其所應用的基本統計方法是相同的,即都是描述統計和推斷統計的主要方法,只是由於各應用領域的特殊性也形成了各分支間的一些不同的特點。

本書是基於如何從數量方面正確認識與研究社會經濟現象的角度來介紹統計學的一般理論和方法的,側重介紹統計方法應用的條件和統計思想,因為本書主要是為了滿足高等院校經濟學、管理學門類的本科專業統計學課程教學的需要和實際統計工作者學習的需要而編寫的。

第三節　統計學的基本概念

一、總體與總體單位

統計總體，簡稱總體(Population)，是由特定研究目的而確定的統計研究對象的全體，它是由客觀存在的、具有某種共同性質的許多單位所構成的整體。而構成統計總體的各個個別事物稱為總體單位。例如，研究某企業職工的年齡結構，則該企業所有職工是統計總體，其中的每一位職工是總體單位；研究中國工業企業的生產經營狀況，則全國所有工業企業為統計總體，其中的各個工業企業是總體單位；研究某商場商品庫存情況，則該商場所有的庫存商品是統計總體，其中的每一件庫存商品是總體單位；研究某地的公路交通事故情況，則該地發生的所有公路交通事故是統計總體，其中的每一起公路交通事故為總體單位。

統計總體具有大量性、同質性和變異性等基本特徵。

大量性是指統計總體是由大量的總體單位構成的。統計總體的大量性特徵是由統計研究對象的特點和研究目的所決定的。統計研究的客體是大量的客觀現象，目的也在於認識大量客觀現象的內在數量規律性，而這兩者都只有通過統計總體的大量性來反應和實現。

同質性是指構成統計總體的各個單位都具有某一或某些共同的屬性或特徵。以某企業職工總體為例，這裡的每位職工的工作單位都是相同的——該企業。正是這一同質性，才使他們組成為統計總體。同質性是總體單位構成統計總體的基礎。

變異性，或者差異性，是指構成統計總體的各個總體單位除了某一或某些性質或特徵相同外，在其他方面必定是有差異的。仍以某企業職工總體為例，這裡的每位職工除了工作單位相同外，在姓名、性別、年齡、學歷、職稱、工種、工齡、工資等許多方面都存在著差異。變異性是進行統計研究的前提，沒有變異，就沒有統計。

統計總體分為無限總體和有限總體。如果一個統計總體中包括的單位數量是無限的，稱為無限總體。例如我們要研究海洋中的魚類、某地區的空氣污染情況，則海洋中的魚類、某地區的空氣就是無限總體。總體中包括的單位數是有限的，稱為有限總體。社會經濟現象總體大多是有限的。如，上面列舉的全國工業企業總體、某企業職工總體、某商場庫存商品總體以及某地公路交通事故總體等，都是有限總體。區分無限總體和有限總體的意義在於對不同的總體應分別採用不同的調查研究方式。如，有限總體可以採用全面調查方式，也可以採用抽樣調查等非全面調查方式，而無限總體應該採用抽樣調查方式。

從總體與總體單位的關係上看，一方面它們是整體與個體的關係，即總體是由各個總體單位所構成的，而總體單位又是以總體的一個基本單元的形式存在的，兩者相輔相成；另一方面，總體與總體單位又是隨著研究目的的變化而變化的，一種研究目的下的總體可以轉變為另一種研究目的下的總體單位，同樣地，一種研究目的下的總體單位也可

以轉變為另一種研究目的下的總體。例如，研究某班學生的學習情況，該班全體學生是總體；當研究全校各班的學習情況時，每個班是總體單位。

正確界定統計總體與總體單位，就是要明確統計範圍。

二、標誌與統計指標

（一）標誌

標誌是反應總體單位屬性或特徵的概念或範疇。每個總體單位都有許多屬性和特徵。如前面提到的職工姓名、性別、年齡、學歷、工作單位、職稱、工種、工齡、工資等，都反應職工的屬性和特徵，稱為標誌。標誌分為品質（或屬性）標誌和數量標誌。上面標誌中，姓名、性別、學歷、工作單位、職稱、工種等反應職工的品質屬性，屬於品質標誌；年齡、工齡、工資等反應職工的數量特徵，屬於數量標誌。數量標誌的具體表現稱為標誌值。如，某職工的年齡32歲、工齡8年、月工資2,000元等，這裡的32、8、2,000就是年齡、工齡以及月工資的一個具體表現即標誌值。標誌還可以分為不變標誌和可變標誌。當總體中各單位間的某個標誌表現相同時，該標誌為不變標誌，如上面的職工工作單位；當總體中各單位間的某個標誌表現不盡相同時，該標誌為可變標誌，如上面的除職工工作單位以外的其他標誌。

把總體、總體單位和標誌這三個概念聯繫起來，可以幫助我們更深入地理解統計總體的同質性和變異性。統計總體內所有總體單位必須有一個或一個以上的不變標誌——同質，否則，不成其為統計總體；同時，統計總體內所有總體單位又必然有一個或一個以上的可變標誌——異質，否則，就失去了統計的意義。

其實，「不變」是相對的，如，某企業職工，工作單位在這裡是不變標誌，但就某地或全國職工而言，工作單位又是可變的了。

總體單位是標誌的載體。統計研究往往從登記標誌開始，進而去反應總體的數量特徵，因而，標誌成為統計研究的起點。

（二）統計指標

統計指標，簡稱指標（Index or Target），是反應總體數量特徵的概念或範疇。如，國內生產總值、社會商品零售總額、外匯儲備總額、進出口貿易總額、人均國內生產總值、能源消耗降低率、就業率、居民人均可支配收入、居民人均消費支出等。這種含義的指標多用於統計理論研究與統計設計過程中。統計實際工作中使用的指標是指反應總體數量特徵的概念和具體數值，即一個完整的指標必具備六個要素：指標名稱、計算方法、計量單位、時間限制、空間限制和具體數值。如，2008年全年國內生產總值300,670億元，比上年增長9.0%；年末全國就業人員77,480萬人，比上年末增加490萬人；全年糧食種植面積10,670萬公頃，比上年增加106萬公頃；全年糧食產量52,850萬噸，比上年增加2,690萬噸，增產5.4%等（數據來源：《中華人民共和國2008年國民經濟和社會統計公報》）。

統計指標與其他社會經濟範疇或指標相比，有以下特點。

1. 數量性

統計指標是說明事物數量特徵的，因而有數量性這個首要特點。不論是把它理解為反應總體現象數量特徵的概念，還是把它理解為這種概念及其具體數值，它都具有數量性，都是用或可以用數量來表示的。這一特點也是統計指標與其他社會經濟範疇的區別所在。「生產關係」這個社會經濟範疇不是統計指標，而「國有企業資產占社會資產總額的比重」，就是一個統計指標，因為前者沒有數量性而后者有數量性。

2. 綜合性

統計指標是根據說明總體單位特徵的標誌綜合而成的，是反應總體綜合特徵的。例如根據某地區人口普查取得的關於每個人的性別、年齡、就業狀況等資料，進行分組、匯總、計算而得到的該地區男性人口數、女性人口數、性別比例、人口自然增長率、就業人數等統計指標，都是綜合性的指標數值，都是說明該地區人口總體數量特徵的，它是全地區各個個別人口特徵綜合的結果。

3. 具體性

統計指標都是具有特定內容的數字，而不是抽象的數字。這是統計指標與數學上抽象數字之根本區別，我們在計算和運用統計指標時，一定要注意它的具體內容，而不能作為純數量來對待。

4. 現實性

統計指標是對實際存在和已經發生的事實的數量反應。這一特點使統計指標與計劃指標、預測指標相區別。例如：某企業單位產品成本計劃降低 10%，實際降低 15%，單位產品成本計劃完成程度為 94.6%。前者不是統計指標，后兩者才是統計指標。

統計指標主要有三種分類：

1. 按統計指標說明現象的內容不同，分為數量指標和質量指標

數量指標是說明現象規模大小、數量多少的統計指標，它反應事物的廣度，其特點之一是指標數值一般隨總體範圍的大小而增減。如總人口、土地面積、國有企業數、大專以上學歷人數、職工工資總額等都屬數量指標。值得注意的是，對數量指標的作用不能絕對化地理解，由於數量與質量的辯證統一，數量指標反應的也都是一定質的量。如「大專以上學歷人數」，這一指標除了說明具備大專學歷的人數多少外，同時也說明了這一部分人的文化素質，同樣「國有企業數」這個指標除了說明國有企業的多少外，也說明了這類企業的經濟性質。一般地說，對數量指標必須經過一定的統計分析才能揭示事物質的特徵。

質量指標是說明現象數量關係或一般水平的統計指標，它反應事物的深度，其特點是具有抽象性。如性別比例、平原面積占土地面積的比重、大專以上學歷人數的比重、職工月平均工資等。這類指標一般是有聯繫的統計指標相對比而得到的。由於它們能直接說明現象質的狀況，所以被稱為質量指標。

質量指標中的「質量」二字，和通常所講的「工作質量」「產品質量」等概念是有區別的，它包括的範圍比它們更廣泛。凡是能直接說明總體現象本質與內在的聯繫，評價事物好壞優劣的統計指標都稱為質量指標。質量指標對於統計分析和研究具有非常重要的作用，在經濟工作中，反應產品質量、生產水平、技術水平、經營管理水平和經濟效益情況的統計指標大多都是質量指標。

數量指標反應事物的廣度,是認識和研究客觀現象的基礎,質量指標反應事物的深度,能夠直接說明現象質的特徵,把兩者結合起來,就能對現象進行比較全面的認識和研究。

2. 按統計指標的作用和表現形式的不同,分為總量指標、相對指標和平均指標

總量指標是反應現象總規模、總水平或生產工作總成果的統計指標,它是由性質相同的各個同類現象的數值相加而計算的,其表現形式是絕對數。它所反應的現象總規模、總水平或工作總成績的大小是由指標的絕對數值大小而決定的,所以也稱絕對數指標或統計絕對數。總量指標與前面講的數量指標基本上是一致的。

相對指標是反應現象之間數量關係的統計指標,它是由兩個有聯繫的統計指標相比而計算的,表現形式為比率或比值。例如,總體的部分數值和總體的全部數值之比反應總體結構的指標,同一指標不同時期的數值相比說明現象發展情況的指標等,都是相對指標。相對指標一般也都是質量指標。

平均指標是反應現象一般水平的統計指標,例如職工平均工資、產品平均成本(單位產品成本)、產品平均價格(單位產品價格,簡稱單價)、平均每個工人的年產值(工人產值勞動生產率)等等。平均指標能夠直接反應現象的水平高低,所以一般也都是質量指標。

關於這三種統計指標的意義、計算方法和分析運用等問題,將在第三、四章詳細講述,這裡不再贅述。

3. 按統計指標的用途不同,分為描述性指標、評價指標和預警指標

描述性指標是用於反應社會經濟現象的現狀、運動過程和結果的指標。例如,反應社會經濟基本條件的土地面積、勞動力、資金等指標;反應社會經濟活動過程和結果的國內生產總值、折舊額、工資總額、利潤總額、財政收入與支出、出口淨額、勞動生產率等指標;反應社會物質文化生活情況的居民平均生活費收入與支出、居民文化程度、影劇院數等指標;反應科學技術發展現狀的專利數、生產機械化程度等指標。描述性指標是社會經濟統計信息的主體,通過它們可以獲得對社會經濟發展現狀的基本認識。

評價指標用於對社會經濟行為的結果進行比較、評估、考核,以衡量工作質量、工作水平、經濟效益等情況的統計指標,如企業經濟效益評價指標、國民經濟綜合評價指標等。前者主要有勞動生產率、增加值率、成本費用利潤率、資金利稅率等;后者主要有GDP增長率、物價指數、人均資源佔有量等。

預警指標主要用於對宏觀經濟運行進行監測,根據指標的變化,預報國民經濟是低速亦或過熱,是平衡亦或波動。通常利用關鍵性指標和敏感性指標建立監測指標體系,如GDP的增長率、失業率、物價指數、匯率和利率等。

(三)標誌與指標的關係

標誌與指標既有區別又有聯繫。它們的主要區別是:標誌是相對於總體單位而言的,指標是相對於總體而言的;標誌有反應總體單位屬性的品質標誌和反應總體單位數量特徵的數量標誌,而指標都是反應總體數量特徵的。它們的主要聯繫是:許多統計指標的數值是由總體單位的數量標誌值匯總而來的;當研究目的不同,使原來的統計總體

變成總體單位時，與之相對應的統計指標也就成了數量標誌，反之亦然。例如，某企業增加值、銷售利稅額、職工人數等，就該企業所屬的行業或地區或就全國而言，是數量標誌，就企業本身而言，又成為統計指標了。

(四)統計指標體系

每一個統計指標只是從某一個側面來反應現象的特徵，為了完整、系統地認識和研究現象的全面情況，必須把有關的反應各個側面的統計指標聯繫起來。若干個統計指標在一定的研究目的下通過一定的聯繫關係而組成的整體，稱為統計指標體系。如反應工業生產成果的統計指標體系，包括工業產品產量統計指標、工業產品品種統計指標以及工業產品質量統計指標。

在統計研究中，統計指標體系比單個的統計指標更具有重要意義。它的廣泛存在和使用是因為：

1. 現象之間客觀聯繫的普遍性

任何社會經濟現象的存在和發展都是和其他有關現象的存在和發展相聯繫的，都是受多種因素影響和制約的；同時每種現象的內部也是由許多種不同類型的部分組成的，這些不同的組成部分之間也是相互聯繫的。由於現象的本質與規律存在於諸方面的聯繫之中，統計要從數量方面來認識和研究現象，就必須從客觀現象之間的這些聯繫出發。所以現象之間客觀聯繫的普遍性是產生和運用統計指標體系的客觀基礎。

2. 同一現象存在著多種數量特徵

以人口為例，有數量、性別構成、年齡構成、文化構成、職業構成、城鄉構成、地區分佈等多種數量特徵，這些特徵各自從某個側面說明人口的特徵。統計要全面、深刻地認識和研究現象，也就必須要從現象的多種數量特徵及其關係上著手。所以同一現象存在著多種數量特徵是運用統計指標體系的必然要求。

3. 統計指標體系在統計研究中具有重要的作用

利用統計指標體系可以認識現象的全貌和發展的全過程，分析產生各種結果的主要原因，揭示現象的內在矛盾，研究現象之間的聯繫和發展變化的規律性，並據此對未知的情況進行推算和預測等等。總之，對任何問題的統計研究都離不開統計指標體系，統計指標體系是全面、正確、深刻認識和研究客觀現象的一種有效工具和方法。

正確界定標誌與指標、構建統計指標體系，就是明確統計調查的內容（調查項目）、整理與分析的內容等。

三、變量

指標和標誌是可以轉化的，這是由總體和總體單位的關係所決定的。因此，從理論研究的角度來看，還是有必要區分指標與標誌的概念的。但是，從實踐的角度考察，沒有必要嚴格區分指標與標誌的概念。因為對於任何一個概念或範疇，要區分它是指標或者標誌，首先必須要弄明白其研究目的，這樣應用起來就會很不方便，也容易混淆。如，企業增加值，這個範疇是指標還是標誌呢？撇開研究目的而言，稱它為指標或者標誌應該都沒有錯。在中國實際生活中，過去人們更多的是說指標，很少應用標誌的概念，現在更

常用的是變量（Variable）。

變量是反應現象屬性或特徵的概念或範疇。標誌是變量，指標也都是變量。變量的具體表現稱為變量值即統計數據。

統計數據的計量尺度有定類尺度、定序尺度、定距尺度和定比尺度。

1. 定類尺度

定類尺度也稱列名尺度，是將客觀事物按其質的特性進行劃分，是一種最粗略、最低級的度量。定類尺度只是測度了事物之間的類別，各類別之間是平等的並列關係，沒有優劣或大小之分。對定類尺度的計量結果，可以計算每一類別中各元素或個體出現的頻數。例如，按性別將人口分為男、女兩類，它只是測度了性別的類別，男女間沒有優劣和大小之分，可以分別計算匯總男性人口總數和女性人口總數。

2. 定序尺度

定序尺度也稱順序尺度，是對現象之間的等級或順序差別的一種度量。它不僅測度了類別差，還測度了順序差，比定類尺度進了一步。對定序尺度的計量結果，可以比較大小或優劣，但不能進行加、減、乘、除等數學運算。例如，產品質量分為一、二、三等；英語水平測試分為三、四、六和八級等；工人技術職稱分為一至八級；畢業論文成績分為優、良、中、及格和不及格等；一個人對某件事的態度可以分為非常讚同、讚同、不讚同、堅決反對等。

3. 定距尺度

定距尺度也稱間隔水平，是對事物類別或順序之間間距的度量。它不僅能將事物區分類型並進行排序，而且可以準確地指出類別之間的差距是多少。定距尺度的計量結果表現為數值，可以進行加、減數學運算。例如考試成績、氣溫等。

4. 定比尺度

定比尺度也稱比率水平，是最高一級的度量水平，它除了具有上述三種計量尺度的全部特徵外，還可以計算兩個測度值之間的比值。定比尺度的計量結果也是數值，可以進行加、減、乘、除等數學運算。但是，定比尺度中必須有一個絕對固定的「零點」，即定比尺度中「0」表示「不存在」或「沒有」，換言之，定比尺度計量的數值沒有「0」這個取值，而在定距尺度中，「0」的取值是有意義的。這也是定比尺度和定距尺度的區別。例如身高、居民收入等。

變量分為品質變量和數量變量。品質變量的具體表現為品質或屬性數據，是由定類尺度和定序尺度計量形成的；數量變量的具體表現為數量數據，是由定距尺度和定比尺度計量形成的。

數量變量根據其賦值類型的不同，可以分為離散變量和連續變量。離散變量的變量值表現為間斷的取值，如，企業數、學校數、農戶數、人口數、設備臺數、牲畜頭數等。連續變量的取值是連續不斷的，不能一一列舉。如固定資產投資總額、工業利稅額、居民收入、身高、年齡、考試成績、氣溫等。

數量變量按性質可以分為確定性變量和隨機變量。確定性變量是具有某種（或某些）起決定性作用的因素致使其沿著一定的方向呈上升、下降或水平變動的變量。如中國國民經濟總是不斷發展的，具體表現為各種經濟指標數值逐年上升或下降（如人均收

入和單位產品能源消耗),雖然也有些波動,但變化的方向和趨勢是不可改變的,這些經濟指標就是確定性變量。隨機變量是指受多種方向和作用大小都不相同的因素影響,致使其變動無確定方向即呈隨機變動的變量。例如,在正常情況下某種機械產品的零件尺寸就是一個隨機變量,各個零件的尺寸總是在規定的標準尺寸周圍的一定區間內左右擺動,一般不會全部大於、全部等於或全部小於標準尺寸。

四、全及總體與樣本總體

在抽樣調查中常常涉及兩個總體的概念,即全及總體與樣本總體。關於總體的概念前面已經有詳細的闡述,不再重複。這裡只是針對抽樣調查,介紹全及總體與樣本總體的區別與聯繫。

全及總體簡稱總體,也稱母體,是抽樣估計的對象。對於一個總體來說,若被研究的變量是品質(或屬性)變量,則把這個總體稱為屬性總體;若被研究的變量是數量變量,則把這個總體稱為數量總體。例如,研究人口的性別結構、區域分佈時,人口總體為屬性總體;研究人口的年齡結構、壽命時,人口總體又被稱為數量總體。

樣本總體簡稱樣本,也稱子樣(Sample),它是從全及總體中按隨機原則抽取出來的那一部分單位所組成的整體。例如,某企業生產一批產品,產出20萬件,質量檢查部門按1%比率隨機抽出2,000件進行質量檢驗,並通過檢驗推斷該批產出的產品合格率,則,20萬件產品組成的整體稱為總體,抽出的2,000件產品組成的整體稱為樣本。

可見,全及總體與樣本總體,都是總體,它們之間只是「輩分」不同,是「母」與「子」的關係。

五、參數與統計量

參數(Parameter)與統計量(Statistics or Estimator)的關係是總體與樣本的關係在量上的體現。

參數是指反應全及總體數量特徵的指標,也稱全及指標、總體指標。統計量是指反應樣本總體數量特徵的指標,也稱樣本指標、抽樣指標。對於一個確定的總體而言,參數是定值;對於一個具體樣本而言,統計量是定植,對於總體的多個樣本而言,統計量是隨機變量,因為樣本是隨機的。

常用的參數和統計量見表1.1。

表1.1　　　　　　　　　　常用的參數和統計量

參數名稱	常用符號	統計量名稱	常用符號
總體單位數 (總體容量)	N	樣本單位數 (樣本容量)	n
總體平均數	$\bar{X}$	樣本平均數	$\bar{x}$
總體方差	σ^2	樣本方差	s^2
總體比率	P	樣本比率	p

表中列示的參數和統計量的含義、計算方法及其應用，將在以后相應章節中介紹。

本章小結

本章介紹了統計的三種含義，並結合統計學的發展歷史比較全面地闡釋了統計學的內涵與學科分類，對統計學中的幾個基本概念也作了較為詳細地介紹。這些內容都是學習統計學首先應該理解和掌握的。

統計是從數量方面認識客觀世界的科學方法。一般來講，「統計」有三種含義，即統計數據(統計資料)、統計實踐(統計工作)和統計科學(統計學)。統計學與統計實踐之間是統計理論與實踐的關係，統計實踐與統計數據之間是統計實踐活動過程與活動成果的關係，統計學是一門關於統計數據的科學。

統計學是一門收集、整理和分析統計數據的方法科學，其目的是探索數據的內在數量規律性。從統計方法的構成來看，統計學可以分為描述統計學和推斷統計學；從統計方法研究和應用角度來看，統計學可以分為理論統計學和應用統計學。

總體是由特定研究目的而確定的統計研究對象的全體，它是由客觀存在的、具有某種共同性質的許多單位所構成的整體。而構成統計總體的各個個別事物稱為總體單位。總體與總體單位隨著研究目的的變化而變化。

標誌是反應總體單位屬性或特徵的概念或範疇。指標是反應總體數量特徵的概念或範疇。統計實際工作中使用的指標是指反應總體數量特徵的概念和具體數值。

變量是反應現象屬性或特徵的概念或範疇。標誌是變量，指標也是變量。變量分為品質變量和數量變量，數量變量根據其賦值類型的不同，可以分為離散變量和連續變量。變量的具體表現稱為變量值即統計數據。統計數據的計量尺度有定類尺度、定序尺度、定距尺度和定比尺度。品質數據的計量尺度是定類尺度與定序尺度，數量數據的計量尺度是定距尺度和定比尺度。

總體是抽樣估計的對象。樣本是從總體中按隨機原則抽取出來的那一部分單位所組成的整體。兩者間是「母」與「子」的關係。參數與統計量的關係是總體與樣本的關係在量上的體現。

中英文對照專業名詞

統計學	Statistics
統計資料	Statistics or Statistical Data
統計工作	Statistical Work
描述統計學	Descriptive Statistics
推斷統計學	Inferential Statistics
理論統計學	Theoretical Statistics
應用統計學	Applied Statistics

總體	Population
統計指標	Index or Target
變量	Variable
樣本	Sample
參數	Parameter
統計量	Statistics or Estimator

思考與練習

1. 什麼是統計？試列舉你生活中的統計。
2. 什麼是統計學？怎樣理解統計學與統計數據的關係？
3. 什麼是描述統計學？試列舉你生活中的描述統計。
4. 什麼是推斷統計學？試列舉你生活中的推斷統計。
5. 什麼是理論統計學和應用統計學？試列舉你生活中的應用統計。
6. 什麼是總體與總體單位？試舉例說明。
7. 什麼是變量？變量有哪些種類？試舉例說明。
8. 統計數據的計量尺度有哪些？試舉例說明。
9. 怎樣理解總體與樣本、參數與統計量？試舉例說明。

案例討論

案例 1

討論目的：理解和掌握統計的意義；直觀瞭解描述統計方法的應用；理解和掌握統計指標、變量的概念。

資料：5月份工業企業利潤平穩增長

國家統計局6月27日發布的工業企業財務數據顯示，1～5月份，規模以上工業企業利潤同比增長6.4%，增速比1～4月份回落0.1個百分點。其中，5月份利潤同比增長3.7%，增速比4月份回落0.5個百分點。總體看，5月份工業企業利潤增速雖然小幅回落，但工業企業效益繼續呈現積極變化。

一是5月份工業企業利潤延續了今年以來的增長態勢。年初以來，工業企業各月利潤均保持增長，改變了2015年利潤下降局面，5月份繼續延續了平穩增長的態勢。

二是企業主營業務帶來的利潤增長加快。5月份，儘管利潤增長有所放緩，但由於工業生產平穩增長、工業產品出廠價格降幅收窄，工業企業利潤的主要構成部分——營業利潤同比增長3.4%，增速比4月份提高0.9個百分點。

三是煤炭、鋼鐵、有色等主要能源原材料行業利潤呈明顯恢復性增長。受前期產品價格回升、結構改善及同期基數偏低的影響，5月份，煤炭開採業利潤同比增長2.5倍，結束了近年來持續下降的狀態；黑色金屬冶煉和壓延加工業利潤同比增長1.6倍，有色金屬冶煉和壓延加工業增長32.1%，均延續了4月份以來快速增長的趨勢。

四是產成品存貨繼續減少。5月末,工業企業產成品存貨同比下降1.1%,已連續兩個月減少;產成品存貨週轉天數為14.9天,同比減少0.5天。企業庫存壓力繼續緩解。

五是資產負債率保持下降趨勢。5月末,工業企業資產負債率為56.8%,同比下降0.5個百分點,降幅與4月末持平。

5月份工業企業利潤增幅有所回落,主要受以下兩個方面影響:

一是營業外淨收入增長明顯放緩。5月份,規模以上工業企業營業外淨收入同比增長19.7%,增速比4月份回落36.5個百分點。

二是化工、石油加工、電子和烟草等行業盈利下降。受油價回升影響,5月份,化學原料和化學製品製造業利潤同比增長1%,增速比4月份回落11.5個百分點;石油加工煉焦和核燃料加工業利潤增長1.2%,增速比4月份回落40.2個百分點。因卷烟產量下降、高檔烟比例減少,烟草製品業利潤同比下降57.2%,降幅比4月份擴大34.5個百分點。計算機通信和其他電子設備製造業利潤同比下降15.1%,降幅比4月份擴大9.2個百分點。以上4個行業合計影響規模以上工業企業利潤增速減緩2.9個百分點。

(資料來源:何平.5月份工業企業利潤平穩增長[EB/OL]. http://www.stats.gov.cn,2016-06-27)

討論:

上述資料中,

(1)觀察和分析的統計總體與總體單位是什麽?

(2)主要使用了哪些統計指標或變量進行描述分析?

(3)通過這些統計指標或變量描述分析了2016年5月份哪些方面的經濟發展情況?

(4)結合這些描述分析如何理解統計的意義?

案例2

討論目的:理解和掌握總體、總體單位、變量等概念;理解和掌握統計的意義。

資料:《全國農業普查條例》部分摘錄

第二章 農業普查的對象、範圍和內容

第九條 農業普查對象是在中華人民共和國境內的下列個人和單位:

(一)農村住户,包括農村農業生產經營户和其他住户;

(二)城鎮農業生產經營户;

(三)農業生產經營單位;

(四)村民委員會;

(五)鄉鎮人民政府。

第十條 農業普查對象應當如實回答普查人員的詢問,按時填報農業普查表,不得虛報、瞞報、拒報和遲報。

農業普查對象應當配合縣級以上人民政府統計機構和國家統計局派出的調查隊依法進行的監督檢查,如實反應情況,提供有關資料,不得拒絕、推諉和阻撓檢查,不得轉移、隱匿、篡改、毀棄原始記錄、統計臺帳、普查表、會計資料及其他相關資料。

第十一條 農業普查行業範圍包括:農作物種植業、林業、畜牧業、漁業和農林牧漁

服務業。

第十二條　農業普查內容包括：農業生產條件、農業生產經營活動、農業土地利用、農村勞動力及就業、農村基礎設施、農村社會服務、農民生活，以及鄉鎮、村民委員會和社區環境等情況。

……(略)

(資料來源：全國農業普查條例[EB/OL].http://www.stats.gov.cn,2006-08-23)

討論：

(1)全國農業普查的總體與總體單位是什麼？

(2)列舉全國農業普查內容所涉及的變量。

(3)結合2016年度開展的第三次全國農業普查,如何理解統計的意義？

案例3

討論目的：理解和掌握總體與樣本、參數與統計量等概念；直觀瞭解描述統計與推斷統計方法的應用,以及兩者的關係。

資料：根據「鄭州市大瓶裝純水市場調查」案例摘錄整理

1. 研究背景及問題的提出

1998年的春季,也就是夏季用水高峰期來臨之前,中美純水的決策層開始面臨如下的問題：

(1)面對30多家同類企業的競爭,1997年的市場領先地位1998年能否繼續保持？

(2)中美純水計劃在1998年增加1.5萬戶新用戶,這個數字是否科學、實際？鄭州的純水市場容量究竟有多大？潛在的用戶究竟有多少？

(3)中美純水公司的優勢和劣勢在哪裡？存在的主要問題是什麼？

(4)按照中美純水的經營思路,競爭的實力主要靠純水的質量和公司的服務,中美純水要樹立起一個名牌,而其純水的價格比其他品牌的純水都要高出一些。居民是否接受這樣的品牌？也就是說,中美純水是要繼續保持這樣的價位和品牌形象呢？還是應該降價或者和其他品牌保持相同的價格水平？在價格問題上應該採取什麼策略？

所有的這些問題都促使中美公司決定進行市場調研,希望能夠通過認真、客觀和科學的市場調研為公司的領導層提供正確決策的參考依據。為此,中美純水公司委託北京廣播學院調查統計研究所(以下簡稱SSI)進行這項調研。SSI將調研的基本問題概括為：確定鄭州市居民用戶和單位用戶對大瓶裝純水的消費需求、消費行為和消費意向。

2. 定量研究的抽樣設計

抽樣設計對家庭和單位兩個子總體分別進行了設計。

(1)家庭

調查的總體是鄭州市全體居民住戶。考慮到研究的精度和時間、財力的要求,確定調查的樣本量是800個,即抽取800個家庭,每個家庭訪問一位18~75歲的居民。抽樣採取多階段混合抽樣法進行：

第一階段：按照城區分層,根據各城區的人口比例分配各城區的家庭樣本量和對應的居(家)委會樣本量,然后在各個城區等距抽取共計80個居(家)委會(全市各城區的

居、家委會名單已知)(抽中居委會名單見本案例輔助材料(三));
　　第二階段:每個居(家)委會隨機設2個抽樣點;
　　第三階段:每個抽樣點隨機抽取5個家庭戶;
　　第四階段:每個抽中的家庭按照「入戶隨機數字表」(即問卷中的「入戶隨機數字表」)確定一位調查對象,共計面訪800位18～75歲的居民。

(2) 單位

調查的總體是鄭州市所有單位。由於經費不足對樣本量進行了削減,最后調查的樣本量是150個單位的有關負責人。採用分層PPS抽樣方法。首先,按照企業類型分層(鄭州市各單位的統計資料事先已知),按比例給各類單位分配樣本數;然后,在各類單位中用PPS方法共抽取150個單位;最后在每單位抽取一位純水購買的決策者進行訪問,共計面訪150位有關的負責人。(各類單位的分層和分配樣本量見附件四)

3. 數據的統計分析

表1　　　　鄭州市目前純水市場的基本估計(置信區間的置信度為95%)

	家庭用戶	單位用戶
現用戶比例	8.3% ±1.9%	33.8% ±7.5%
現用戶過去三個月平均每戶月用水量	3.26 ±0.71(桶)	43.4 ±2.0(桶)
現用戶平均每戶季度用水量 春季 夏季 秋季 冬季	5.37 ±1.41(桶) 11.77 ±10.86(桶) 5.31 ±1.96(桶) 4.73 ±1.36(桶)	30.7 ±18.4(桶) 69.2 ±36.3(桶) 27.2 ±18.6(桶) 24.2 ±18.0(桶)

表2　　　　鄭州市目前純水市場容量的估計(置信區間的置信度為95%)

	家庭用戶	單位用戶
現用戶總數量	27,167 ±6,219(戶)	4,810 ±1,067(戶)
現用戶過去三個月平均月用水總量	88,565 ±19,289(桶)	208,745 ±9,620(桶)
現用戶平均季度用水總量 春季 夏季 秋季 冬季	145,887 ±38,306(桶) 319,756 ±295,034(桶) 144,257 ±53,247(桶) 128,500 ±36,947(桶)	147,667 ±88,804(桶) 332,852 ±174,603(桶) 130,832 ±89,466(桶) 116,402 ±86,580(桶)

註:鄭州市4個市區的總戶數估計為327,314戶;企業的總個數估計為14,230個。

……(略)

(資料來源:王吉利,何書元,吳喜之.統計學教學案例[M]北京:中國統計出版社,2004:70-90.)

討論：
(1)調查的總體與樣本是什麼？
(2)調查的樣本容量是多大？
(3)數據分析中的樣本統計量及相應的總體參數有哪些？
(4)描述統計和推斷統計體現在哪裡？兩者間是何關係？

第二章　統計數據的搜集與整理

統計數據搜集是根據研究的需要，通過統計觀測或統計調查獲取統計數據，它是統計工作的基礎環節，是統計整理和統計分析的前提。通過統計數據搜集，我們獲取了許多原始數據，但這些數據是反應總體單位特徵的、分散的、不系統的，為此必須對數據進行整理，使之由「個別」上升到「一般」，成為既便於儲存，又便於傳遞的反應總體特徵的資料，為統計分析提供依據。本章介紹統計數據搜集與整理的相關理論與方法。

第一節　統計數據的搜集

一、統計數據搜集的基本要求

統計數據的搜集是整個統計認識活動和統計研究的起點，其質量好壞決定著整個統計認識活動和統計研究的成敗。搜集統計數據的基本要求是：準確性、及時性和完整性。

1. 準確性

準確性是指統計調查所提供的資料應如實地反應客觀實際、真實可靠。只有真實可靠的數據，才能為統計分析提供可靠的依據，才能對事物作出正確的判斷和結論。準確性是統計調查和統計數據的生命線，沒有準確性，統計也就失去認識客觀現實的作用。

在統計資料搜集過程中，準確性要求從統計主體和客體兩個方面來保證。從統計資料搜集的主體看，準確性要求統計機構和統計人員必須實事求是，嚴肅統計紀律，執行統計法規；從統計資料搜集的客體看，國家機關、社會團體、企事業組織和個體工商戶等統計調查對象，必須依照《中華人民共和國統計法》和國家規定，如實提供統計資料，不得虛報、瞞報、拒報統計資料，更不得偽造、篡改統計資料。

2. 及時性

及時性也即實效性，是指按照規定的時間去搜集資料和按照規定的時間提供資料。統計數據具有很強的實效性，尤其是季節性較強的現象，如果所提供的數據已事過境遷，那麼再準確的資料也會失去其應有的價值，猶如「雨後送傘」。

3. 完整性

完整性是指應該調查的單位、應該調查的項目要無一遺漏地進行調查，而且調查資料要相互配套、相互支撐，才能全面系統地反應所研究現象總體的特徵。

二、統計數據的來源

搜集統計數據，必然要涉及統計數據的來源。一般統計數據具有間接和直接兩類來源。習慣上，我們將包含間接和直接來源兩類的數據搜集工作稱為統計數據的收集，而將僅包含直接來源的數據搜集工作簡稱為統計數據的搜集。因此，除此處介紹數據來源以外，后續關於統計數據的搜集，都主要針對統計數據的直接來源。

(一) 統計數據的間接來源

如果與研究內容有關的原信息已經存在，只是對這些原信息重新加工、整理，使之成為進行統計分析可以使用的數據，稱為間接來源的數據，也稱為二手資料數據。

二手資料數據主要是公開出版的或公開報導的數據，當然也有些是尚未公開的數據。在中國，公開出版或報導的社會經濟統計數據主要來自國家和地方的統計部門以及各種報刊媒介。如公開的出版物有《中國統計年鑒》《中國統計摘要》《中國人口統計年鑒》等。

利用二手數據對於數據搜集者而言，通常具有以下的優點：①搜集比較容易，採集成本低，且速度快；②作用廣泛，除了分析要研究的問題外，還可以提供研究問題的背景，更好的定義問題、檢驗和回答疑問和假設，尋找研究問題的思路和途徑。因此，二手數據經濟而方便的特性，使之成為研究者們首先要考慮並採用的數據搜集來源。

二手數據的收集雖然相對經濟方便，但對二手數據的使用，必須保持謹慎的態度，應注意統計數據的含義、計算口徑和計算方法，以避免誤用或濫用。同時，在引用二手數據時，一定要註明數據的來源，以尊重他人的勞動成果。

(二) 統計數據的直接來源

如果與研究內容有關的信息並沒有既有存在的數據，需要從調查單位搜集未經加工整理的個體資料，由此而形成的數據稱為直接來源的數據，也稱為一手資料數據。

統計數據的直接來源主要有兩個渠道：一是科學試驗；二是專門組織的統計調查。其中科學試驗是在所設定的特殊試驗場所、特殊狀態下，對調查對象進行試驗以取得所需資料的一種調查方法。根據場所的不同，試驗法可以分為在室內進行的室內試驗法和在市場或外部進行的市場試驗法。室內試驗法可用於廣告認知的試驗等，比如，在同日的同種報紙上，版面大小相同，分別刊登 A、B 兩種廣告，然后將其散發給讀者，以測定其反應結果。市場試驗法可用於消費者需要調查等，比如企業讓消費者免費使用一種新產品，以得到消費者對新產品看法的資料。

統計調查是根據統計研究的目的和任務，採取科學的調查方法，有組織、有計劃地向客觀實際搜集各種統計資料的活動過程。為了保證統計調查工作有組織、有計劃地順利完成，在調查之前應設計一個科學的、周密的統計調查方案。統計調查方案設計作為統計設計在統計調查階段的具體化，一般包括了以下內容：①確定調查的目的和任務；②確定調查對象和調查單位；③確定調查項目，設計調查表；④確定調查時間、空間和方法；⑤制訂調查工作的組織實施計劃。

三、統計調查的方式

統計調查的方式主要有普查、抽樣調查、統計報表等。《中華人民共和國統計法》第二章第十條規定,「統計調查應當以週期性普查為基礎,以經常性抽樣調查為主體,以必要的統計報表、重點調查、綜合分析等為補充,搜集整理基本統計資料。」

1. 普查

普查是為了某一特定目的而專門組織的一次性全面調查。它主要用來調查社會經濟現象在某一時點上的數量狀況。如人口普查、工業普查等。

普查具有以下特點：

(1)普查通常是一次性的或週期性的。由於普查涉及面廣、調查單位多,需耗費大量的人力、物力和財力,需間隔較長的時間,一般每隔多年進行一次。如中國逢 0 進行人口普查,逢 3 進行第三產業普查,逢 5 進行工業普查,逢 7 進行農業普查,逢 1 或 6 進行統計基本單位普查。

(2)需要規定統一的標準調查時間,以避免調查數據的重複或遺漏,保證普查結果的準確性。例如中國前四次人口普查的標準時間定為普查年份的 7 月 1 日 0 時;第五次人口普查的標準時點為 2000 年 11 月 1 日 0 時;農業普查的標準時點定為普查年份的 1 月 1 日 0 時;第二次全國經濟普查的標準時點為 2008 年 12 月 31 日。

(3)規定統一的普查期限。在普查範圍內各調查單位或調查點盡可能同時進行登記,並在最短的期限內完成,以便在方法和步調上保持一致,保證資料的準確性和時效性。中國第五次人口普查的現場登記工作,從 2000 年 11 月 1 日開始到 11 月 10 日以前完成;復查工作在 2000 年 11 月 15 日以前完成;質量抽查工作在 2000 年 11 月 31 日以前完成。再如,第二次全國農業普查的訪問登記工作和復查工作,從 2007 年 1 月 1 日開始,到 1 月 31 日以前完成。

(4)統一規定普查的項目和指標。普查時必須按照統一規定的項目和指標進行登記,不準任意改變或增減,以免影響匯總和綜合,降低資料質量。同一種普查,每次調查的項目和指標應力求一致,以便於進行歷次調查資料的對比分析和觀察社會經濟現象發展變化情況。

(5)普查可以為其他調查提供基本數據。由於搜集的資料全面、系統,數據一般比較準確,規範化程度也較高,因此它可以為抽樣調查或其他調查提供基本依據。

(6)普查資料的全面性和系統性。普查相對於其他任何調查方式所取得的資料更全面、更系統。

2. 抽樣調查

抽樣調查是按照一定的取樣原則,從調查對象的總體中抽取一部分單位作為樣本進行調查,並根據樣本實際調查結果來推斷總體數量特徵的一種非全面調查方法,是實際中應用最為廣泛的一種調查方法。抽樣調查按照抽樣的方法不同分,可分為隨機抽樣調查和非隨機抽樣調查。隨機抽樣調查是按照隨機原則從總體中抽取樣本,進而推斷總體的調查方法。按隨機原則抽樣,樣本單位的抽取不受調查者的主觀意識的影響,每個單位都有同等概率被抽中,抽樣調查一般是按隨機抽樣進行。非隨機抽樣調查是從調查的

目的出發,根據調查者的主觀經驗或者其他條件來抽取樣本的調查方法,如偶遇抽樣、判斷抽樣、配額抽樣、雪球抽樣等。

在各種調查中,隨機抽樣調查是最有科學依據的調查方式,這與隨機抽樣調查本身具有的特點分不開。隨機抽樣調查主要具有以下幾個特點:

(1)按隨機原則抽取調查單位。即總體中調查單位的確定完全由隨機因素決定,誰中選、誰不中選不受主觀因素影響,從而保證總體中每個單位都有同等的中選可能性。

(2)要抽取足夠多的調查單位。根據大數定律的要求,抽樣調查要對足夠多的調查單位進行觀察才能保證樣本對總體的代表性,也才能消除個別單位的偶然差異,使樣本資料反應總體的實際情況。因此,抽樣調查所觀察的一般都是大樣本。大樣本的單位數的標準要視總體單位數的多少和總體各單位之間的差異程度的大小而定。

(3)可從數量上推斷總體。抽樣調查通過對各個單位的觀察,取得有關原始材料後,將它們綜合為樣本指標,然后用樣本指標對總體的相應指標作出估計推斷。這種來自總體的部分單位的綜合特徵去估計總體綜合特徵的方法,既有哲學的方法論基礎,也有數學的方法論基礎。

(4)要運用概率估計的方法。抽樣調查用樣本指標去推斷總體指標,運用的不是確定性的函數關係推算法,而是不確定性的概率估計法。因為樣本指標與總體指標之間並不存在嚴格對應的因果關係,無法用函數來作出推斷,但樣本指標作為隨機變量,它們的概率分佈揭示了樣本指標與總體指標的內在聯繫,根據這種關係來推斷總體指標,只能使用概率估計的方法,指出對總體指標估計的可能性的大小。

(5)抽樣調查中所產生的抽樣誤差可以事先計算並加以控制。由樣本的實際觀察結果去估計總體的全面情況,會因樣本與總體的差異的客觀性而必然產生抽樣誤差,然而這種誤差可以事先通過一定的資料加以計算,並且可以採取一定措施將其控制在一定的範圍之內,從而也就能夠保證抽樣估計達到根據研究問題的需要而規定的精確度。

以上五個基本特點中,前兩個特點也是對抽樣調查的基本要求或是抽樣調查所應遵循的基本原則,第三個特點也說明抽樣調查的基本目的與基本任務,第四、第五兩個特點是抽樣調查與其他非全面調查相比的科學性所在。

3. 統計報表

統計報表是以基層企事業單位的原始記錄為基礎,按照統一規定的表格形式、統一的統計指標、統一的填表要求、統一報送程序和報送時間,自下而上定期向國家和主管部門報送基本統計資料的一種調查方式,統計報表是中國傳統的搜集資料的基本方式。按照國家有關法規制定、審批、實施和管理統計報表的一整套辦法和規定稱為統計報表制度,由國家統計局制定的統計報表制度,包括「工業統計報表制度」「企業調查統計報表制度」「基本單位調查統計報表制度」「農林牧漁業統計報表制度」「農業產值綜合統計報表制度」「運輸郵電業綜合統計報表制度」「建築業統計報表制度」「批發零售貿易、餐飲業統計報表制度」「固定資產投資統計報表制度」「勞動統計報表制度」「科技統計報表制度」「大中型工業企業科技活動統計報表制度」等。

統計報表具有以下特點:

(1)統一性。統計報表是根據國民經濟和社會發展宏觀管理的需要而周密設計的統

計信息系統,從基層單位日常業務的原始記錄和統計臺帳(即原始記錄分門別類的系統累積和總結)到包含一系列登記項目和指標,都可以力求規範和完善,使調查資料具有可靠的基礎,保證資料的統一性,便於在全國範圍內匯總、綜合。

(2)可靠性。統計報表是依靠行政手段執行的報表制度,要求嚴格按照規定的時間和程序上報,因此,具有100%的回收率;而且統計報表是以原始記錄和統計臺帳為依據,這在一定程度上確保搜集到的資料具有可靠性和準確性。

(3)系統性。統計報表所包含的範圍比較全面,填報的項目和指標具有相對的穩定性,可以完整地累積形成時間序列資料,便於進行歷史對比和社會經濟發展變化規律的系統分析。

4. 重點調查

重點調查是一種為了解基本情況而組織的一次性非全面調查。它是對所要調查的全部單位中選擇一部分重點單位進行調查。重點單位,是著眼於現象量方面而言,這一部分重點單位的某一主要標誌的標誌總量在總體標誌總量中佔有較大比重。重點可以是重點單位,也可以是地區。

如要瞭解全國鋼鐵企業的生產狀況,可以選擇產量較大的幾個鋼鐵企業,如寶鋼、鞍鋼、首鋼等,對這些重點單位進行調查,就可以瞭解鋼鐵產量的大致情況及產量變化的基本走勢。

重點調查的關鍵問題是確定重點單位。首先,重點單位多少,要根據調查任務確定。一般來說,選出的單位應盡可能少些,而其標誌值在總體中所占比重應盡可能大些,其基本標準是所選出的重點單位的標誌值必須能夠反應研究總體的基本情況。其次,選擇重點單位時,要注意重點是可以變動的,即一個單位在某一問題上是重點,而在另一問題上不一定是重點;在某一調查總體上是重點,在另一調查總體中不一定是重點;在這個時期是重點,在另一時期不一定是重點。因此,對不同問題的重點調查,或同一問題不同的重點調查,要隨著情況的變化而隨時調整重點單位。再次,選中的單位應是管理健全、統計基礎工作較好的單位,以有利於統計調查的實施。

重點調查的優點在於調查單位少,可以調查較多的項目,瞭解較詳細的情況,搜集到及時的資料,使用較少的人力和時間,取得較好的效果。當調查任務只要求掌握總體的基本情況,而且總體中確實存在重點單位時,採用重點調查是比較適宜的。但必須指出,由重點單位與一般單位的差別較大,通常不能由重點調查的結果來推算整個調查對象的總體指標。

5. 典型調查

典型調查是一種重要的非全面調查。它是根據調查的任務,在對所研究的現象進行初步和全面分析的基礎上,有意識地選出具有代表性的典型單位進行調查的一種調查研究方法。如,研究青少年犯罪問題,可以選擇一些典型的犯人,對其做深入細緻的調查,掌握大量一手資料,進而分析青少年犯罪的一般規律。

與其他相比,典型調查具有以下幾個特點:

(1)典型調查是對調查對象總體中的個別或某些單位進行調查,由於範圍小、單位少,能夠對調查對象作深入、細緻的瞭解,同時又能節省人力、物力、財力和時間,能以較

少的代價獲取較大的效益。

(2)典型調查是對有意識地選擇的調查單位進行的調查,易受調查者的主觀意識的影響。由於典型單位是根據調查者的主觀判斷決定的,所以難免帶有某種程度的主觀性。在對總體情況瞭解不多的情況下,往往難以選擇好典型,這樣就難免對調查結果的準確性產生一定的影響。

(3)典型調查有利於深入實際,解剖調查對象。由於典型調查的數量少,就便於深入細緻地進行調查,它既可以搜集有關的數字資料,又可掌握具體、生動的情況。能夠做到對調查對象發展變化的全過程有一個比較透澈的瞭解,可以發現問題、分析問題,並提出解決問題的途徑和建議。

典型調查的中心問題是如何正確選擇典型單位。所謂典型單位,是指那些最充分、最集中地體現總體某方面共性的單位。選擇典型單位必須依據正確的理論進行全面的分析,切忌主觀片面性和隨意性;它不僅要求調查者有客觀的、正確的態度,而且要有科學的方法。根據不同的研究目的和要求,有以下兩種選典方法:

(1)「解剖麻雀」的方法。這種選典方法適用於總體內各單位差別不太大的情況,通過對個別代表性單位的調查,即可深入瞭解總體的情況。

(2)「劃類選典」的方法。總體內部差異明顯,但可以劃分為若干個類型組,使各類型組內部差異較小,並從各類型組中分別抽選具有代表性的單位進行調查,即稱為劃類選典。這種調查既可用於分析總體內部各類型特徵,以及它們的差異和聯繫,也可綜合各種類型對總體情況作出大致的估計。

第二節　統計數據的整理

統計數據整理是統計數據搜集到統計分析的過渡階段。統計數據整理是根據統計研究的任務和要求,對統計調查所搜集到的資料進行科學的加工,使之系統化、條理化、科學化,從而得出能夠反應事物總體特徵的綜合資料的工作過程。統計數據整理的內容主要包括數據預處理、數據的分組(類)、匯總以及整理後的數據展示。本節主要介紹數據的預處理及分組、匯總,數據的展示在第三節中介紹。

一、數據預處理

(一)數據的審核

在分類匯總之前,必須對原始數據進行認真的審核,保證數據的完整性和準確性。

對於通過直接調查取得的原始數據,應主要從完整性和準確性兩個方面去審核。完整性審核主要是檢查應調查的單位或個體是否有遺漏,所有的調查項目或指標是否填寫齊全等。

準確性審核主要包括兩個方面:一是檢查數據資料是否真實地反應了客觀實際情況,內容是否符合實際;二是檢查數據是否有錯誤,計算是否正確等。審核數據準確性的方法主要有邏輯檢查和計算檢查。邏輯檢查主要是從定性角度審核數據是否符合邏輯,

內容是否合理,各項目或數字之間有無相互矛盾的現象。邏輯檢查主要用於對定類數據和定序數據的審核。計算檢查是檢查調查表中的各項數據在計算結果和計算方法上有無錯誤。比如各分項數字之和是否等於相應的合計數,各結構比例之和是否等於 1 或 100%,出現在不同表格上的同一指標數值是否相同,等等。計算檢查主要用於對定距數據和定比數據的審核。

對於二手數據,應該弄清楚數據的來源、數據的口徑、數據的時效性以及有關的背景材料,以便確定這些數據是否符合自己的需要,是否需要重新加工整理。

(二)數據的錄入

在對數據審核基礎上,應該將調查所得的原始數據錄入計算機形成數據文件,以便進行分組與匯總。數據錄入的方式與使用的軟件有關,不過大體都遵循以行做記錄、列做變量的錄入規則。比如,在對大學生消費情況的調研中,獲得了大學生的性別、年級、消費偏好、消費金額等數據,可以錄入為表 2.1 形式:

表 2.1　　　　　　　　　　大學生消費情況調查表

問卷編號	性別	年級	偏好	支出金額
1	男	2	網路遊戲	200
2	男	3	圖書	230
3	女	1	小飾品	50
4	女	3	飾品	150
……	……	……	……	……

每一列代表了一個變量,該列第一行是變量的名稱,以下依次是該變量各個觀測記錄的具體數據,即變量取值。

當然,在實際工作中,數據一般採用編碼錄入的方式,比如對性別這一變量的取值編碼,「男 =0;女 =1」,最終錄入計算機界面的性別數據就以 0 或 1 的形式出現。編碼一方面能夠提高錄入的效率,另一方面也能夠解決原始數據的識別問題。比如在偏好變量下,第三個和第四個觀測值分別為小飾品和飾品,如果這樣錄入計算機,軟件會將其辨認為兩個不同的偏好取值。我們可以通過「飾品類 =3」的形式對這類取值進行編碼,錄入時這兩個觀測值都錄入「3」,軟件就能將其識別為同一偏好了。如果編碼「遊戲類 =1」、「書籍類 =2」等,最終編碼錄入的結果如表 2.2 所示:

表 2.2　　　　　　　　　　最終編碼錄入表

問卷編號	性別	年級	偏好	支出金額
1	0	2	1	200
2	0	3	2	230
3	1	1	3	50

表2.2(續)

問卷編號	性別	年級	偏好	支出金額
4	1	3	3	150
……	……	……	……	……

顯然,編碼必須要和數據放在一起,以備查閱。專業的統計軟件,一般以「變量值標籤」的形式,來說明具體編碼取值對應的原數據狀態。

(三)數據的篩選與排序

篩選的目的主要有兩個,一是對原始資料做進一步的準確性檢查,將有錯誤的或不合要求的或錄入有誤的數據篩選出來,並根據具體情況給予修正或剔除。二是將符合某種條件的數據篩選出來。比如,在數據分析之前,我們有必要將變量取值中有缺失值的觀測項篩選出來。

數據排序就是按照一定的順序將數據排列,以便初步顯示數據的一些明顯特徵和規律,為研究者找到解決問題的線索。從某種意義上說,數據的排序就是對資料的初步分析。因為通過數據的排序,可以對現象的發展趨勢和分佈狀況有一個初步的認識,可以為統計分組提供有用的信息。有時,研究者就是要認識變量值最大的幾個總體單位,比如,要認識某地納稅最多的幾個企業。通過數據的排序,還可以發現極端值偏離一組數據的程度,從而對輸入數據的正確性做出大致的判斷。

二、統計分組

統計分組是根據統計研究的目的和現象的特點,按照某一標誌將研究對象劃分為若干個組成部分的一種統計方法。通過統計分組,使同一組內的各單位在分組標誌的表現上性質相同,不同組的單位性質相異。能夠對統計總體進行分組,是由總體各單位所具有的「變異性」特點決定的。統計總體中的各個單位,一方面在某一個或某一些標誌上具有相同的性質,可以結合在同一性質的總體中;另一方面,又在其他一些標誌上具有彼此相異的性質,從而又可以被區分為性質不同的若干個組成部分。即統計分組對總體而言是「分」,是將性質不同的單位分在不同的組;對個體而言,是將性質相同的單位歸入同一個組內。

統計分組在統計研究中佔有重要地位,它不僅是統計整理的關鍵,也是貫穿於整個統計研究過程的基本方法。

(一)統計分組的作用

1. 劃分社會經濟現象的類型

劃分社會經濟現象的類型,是統計分組的基本作用,也是統計分組的根本任務。統計分組的過程,其實質就是區分事物性質的過程。例如,中國根據社會生產活動歷史發展的順序將國民經濟產業結構劃分為三個不同的部分,按照國家統計局發布的《三次產業劃分規定》,三次產業劃分範圍如下:第一產業是指農、林、牧、漁業。第二產業是指採

礦業、製造業、電力、燃氣及水的生產和供應業、建築業。第三產業是指除第一、二產業以外的其他行業。第三產業包括交通運輸、倉儲和郵政業，信息傳輸、計算機服務和軟件業，批發和零售業，住宿和餐飲業，金融業，房地產業，租賃和商務服務業，科學研究、技術服務和地質勘查業，水利、環境和公共設施管理業，居民服務和其他服務業，教育、衛生、社會保障和社會福利業，文化、體育和娛樂業，公共管理和社會組織，國際組織。又如，中國的企業可劃分為國有及國有控股企業、集體企業、個體企業、股份制企業、外商投資企業等類型。

2. 反應現象總體的內部結構

統計總體經過分組後，被劃分為若干個性質不同的組成部分，在此基礎上計算各個組成部分的總量在總體總量中所占的比重，可以分析和研究總體內部各組成部分的性質、結構和比例關係，從而認識現象的發展過程和發展規律。例如，2009—2014年中國按三次產業分類的就業人員構成變化情況見表2.3。

表2.3　2009—2014年中國按三次產業分類的就業人員構成情況(%)

	2009	2010	2011	2012	2013	2014
第一產業	38.1	36.7	34.8	33.6	31.4	29.5
第二產業	27.8	28.7	29.5	30.3	30.1	29.9
第三產業	34.1	34.6	35.7	36.1	38.5	40.6
合計	100	100	100	100	100	100

表2.3表明，2009—2014年中國第一產業從業人員的比重在降低，第二產業從業人員的比重有升有降，第三產業從業人員的比重逐年上升，這說明中國產業結構在逐漸優化升級。

3. 分析現象之間的相互依存關係

任何現象都不是孤立的，現象之間是相互聯繫、相互依存、相互制約的。利用統計分組分析和研究現象之間的相互依存關係，有助於人們全面、深刻地認識事物。例如，某地區糧食單位面積產量和施肥量的關係見表2.4。

表2.4　某地區糧食單位面積產量和施肥量的關係

每公頃化肥施用量(千克)	糧食單位面積產量(千克/公頃)
117.2	2,854.8
134.5	3,123.8
146.3	3,400.7
154.8	3,610.6
164.7	3,589.9

通過表2.4可以分析化肥施用量與糧食單位面積產量之間的依存關係：在一定限度內，適度地施用化肥可以有效地提高糧食的單位面積產量。

(二)統計分組標誌的選擇

統計分組的關鍵在於正確選擇分組標誌和劃分各組界限。

選擇分組標誌是統計分組的關鍵問題,正確選擇分組標誌是科學分組的前提。所謂分組標誌就是指將統計總體區分為各個性質不同組的標準或依據。分組標誌一經選定,必將突出總體在此標誌下的性質差異,而將總體在其他標誌下的性質差異掩蓋起來。進行分組時,可供選擇的標誌很多,選擇不同的分組標誌會得出不同的結果。標誌選擇不當,分組結果就不能正確地反應總體的性質特徵。正確選擇分組標誌,需要注意以下幾點:

1. 根據統計研究目的選擇分組標誌

統計總體的各個單位有許多標誌,應該選擇什麼標誌作為分組標誌,應根據統計研究的目的而定。例如,某高等院校在校學生這一總體中,每一個在校學生是總體單位。學生有年齡、身高、性別、體重、民族、政治面貌和學習成績等許多不同標誌。如果要分析該校學生的年齡結構,就要選擇年齡作為分組標誌;如果要反應學生的學習成績構成,就要選擇每門課程的平均成績作為分組標誌;如果要研究學生的性別結構,就要選擇性別作為分組標誌等等。可見,對於不同的研究目的,需要選擇不同的分組標誌。

2. 選擇最能反應事物本質特徵的標誌作為分組標誌

事物的標誌多種多樣,有些標誌是帶有根本性的、主要的標誌,能夠反應事物的本質,而有的則是非本質的次要標誌。例如,要研究中國經濟結構的特點,像經濟類型、產業結構等都是最基本的標誌。再如,要研究企業的經濟效益好壞,可供選擇的標誌也很多,諸如總產值、淨產值、增加值、銷售收入、資金利稅率、勞動生產率、單位產品成本、資金占用額等,然而最能綜合反應企業經濟效益的則是資金利稅率。因此,在進行分組時,要從統計研究的目的出發,從若干標誌中選擇最能反應事物本質特徵的主要標誌進行分組。

3. 選擇分組標誌時,要考慮現象發展的歷史條件和經濟條件

社會經濟現象在不斷地發展變化著,歷史條件變了,事物的特徵也會發生變化,也就是說最能反應現象本質特徵的標誌將隨之而變化。例如,研究舊中國的人口狀況時,階級成分是反應人口本質特徵的標誌,人口按階級成分分組就是最本質、最重要的分組;而現在研究中國的人口狀況,把職業作為分組標誌才能正確地反應人口的狀況。在不同的經濟條件下,分組標誌的選擇也是不同的。例如,對於勞動密集型產業,應採用職工人數作為分組標誌來反應各企業生產規模的大小;對於技術密集型、資金密集型產業,反應各企業生產規模大小就要選用固定資產價值或產品生產能力作為分組的標誌。

(三)統計分組的類型

1. 按分組標誌的性質不同分,可分為品質標誌分組和數量標誌分組

品質標誌分組是指選擇反應事物屬性差異的標誌作為分組標誌,並在品質標誌的變異範圍內劃定各組界限,將總體劃分為若干個性質不同的組成部分。例如,研究國民經濟總體時,可以通過按經濟類型、隸屬關係、地區、國民經濟產業部門等品質標誌分組。按品質標誌分組有時界限明確,比較容易,有時卻又比較複雜。在實際工作中,常常需要

對所研究的現象進行複雜的品質標誌分組，這種複雜的品質標誌分組也稱分類，它們不僅涉及複雜的分組技術，而且也涉及國家的政策和有關科學理論，因而在分組時要十分慎重。為了保證各種分類的統一性和完整性，國家制定了統一的分類目錄和標準。例如，中國的《國民經濟行業分類目錄》《工業部門分類目錄》《產品分類目錄》等。

數量標誌分組是指選擇反應事物數量差異的數量標誌作為分組標誌，並在數量標誌的變異範圍內劃定各組界限。例如，企業按固定資產價值分組、人口按年齡分組、工人按技術等級分組等。與品質標誌不同，數量標誌具體表現為許多不等的變量值，這些變量值能準確地反應現象數量之間的差異，卻不能明確地反應現象性質上的區別。因此，在按數量標誌進行統計分組時，應當根據研究的目的，首先確定總體在已選定的數量標誌的特徵下有多少種性質不同的組成部分，然後再研究確定各組成部分的數量界限，使分組的數量界限能夠區分現象性質上的差別。關於按數量標誌分組的具體問題，將在下面闡述。

2. 按分組標誌的多少分，可分為簡單分組、複合分組和分組體系

簡單分組是指對所研究的總體按一個標誌進行分組。例如工業企業按生產規模分為特大型、大型、中型和小型四個組，人口按性別分為男性、女性兩個組，學生按成績分為50以下、50~60、60~70、70~80、80以上五個組等。

複合分組是指對所研究的總體按兩個或兩個以上的標誌重疊起來進行的分組。例如，工業企業按經濟類型分組後，每一組中再按規模進行分組；人口按性別分組後再按年齡分組等。採用複合分組能更深入地反應總體的內部結構，更細緻地分析問題。但是，複合分組的標誌也不宜太多。因為，隨著分組標誌的增加，組數將成倍地增加；同時，分組過多總體單位過於分散，不利於揭示現象的內部構成和分佈規律，失去分組的意義。究竟採用多少個標誌進行複合分組，要根據統計研究的目的任務和現象的特點來決定。

分組體系是指按照一系列相互聯繫、相互補充的標誌對同一總體分別進行簡單分組而形成的整體。統計研究往往需要從多個方面進行，僅僅依賴一個標誌進行簡單分組或者以多個標誌進行複合分組，是難以滿足需要的。而按多個標誌分別進行簡單分組，從不同側面認識事物的特徵，既是一個標誌簡單分組認識的延續和深化，也是多個標誌進行複合分組的補充。由於它採取多個標誌，表現出比簡單分組更加深入，又由於它採取簡單分組單列形式，不會因標誌的增加而造成類型界限模糊，適用於對複雜現象的系統研究。例如，中國國民經濟的分組體系就是一個包括按生產資料所有制、部門特徵、產品經濟用途、主管系統、地區及規模等標誌分組的龐大體系，可以用於宏觀經濟多方面的研究。

(四) 對分組資料的再分組

統計資料整理既包括對原始資料的整理，也包括對二手資料的整理。當原來的分組資料分組方法不科學、不合理，或者因研究目的的改變而不能滿足需要時，必須按照正確的分組原則和研究目的的要求進行再分組，以滿足統計分析的要求。再分組的方法有兩種：一是按原來的分組標誌重劃新組，並將原分組資料根據新組組限按比例重新加以整理；二是先劃定新組，並確定新組單位數在總體單位數中應占的比重，然後據以將原分組

資料按比例重新加以整理。分組資料的再分組是建立在組內各單位均勻分佈的基礎上，但實際上並不如此,故再分組的結果通常是近似值。

三、次數分佈數列

(一)次數分佈數列的概念

次數分佈數列是指在統計分組的基礎上,將總體各單位按組歸類整理后,形成總體各單位在各組間分佈的數列。編製次數分佈數列的目的是為了反應總體各單位在各組間的分佈特徵和結構狀況。例如,人口按性別分組后形成的人口數在各組分佈情況的數列,學生按年齡分組后形成的學生人數在各組分佈情況的數列等,都是次數分佈數列。分佈在各組的總體單位數叫做次數或頻數。各組次數與總次數之比叫做比重、比率或頻率。次數分佈數列有兩個構成要素:一是組別,即次數分佈數列在統計分組的基礎上形成;二是各組單位數(次數)或頻率,這是由編製次數分佈數列的目的所決定。

(二)次數分佈數列的種類

根據分組標誌的不同劃分,次數分佈數列可以分為品質分佈數列和變量分佈數列。

1. 品質分佈數列

品質分佈數列是指按品質標誌分組形成的次數分佈數列,簡稱品質數列(見表2.5)。對於品質數列,如果分組標誌選擇得恰當,現象性質上的差異就表現得比較明顯,總體中各組的劃分也就比較容易。

表 2.5　　　　　　　　　某高校學生按性別分組統計表

性別	人數(人)	比重(%)
男	7,200	48
女	7,800	52
合計	15,000	100

2. 變量分佈數列

變量分佈數列是指按數量標誌分組形成的次數分佈數列,簡稱變量數列(見表2.6)。

表 2.6　　　　　　　　某地區工業企業按職工人數分組統計表

按職工人數分組(人)	企業數(個)	各組企業數比重(%)
100 以下	10	5
101~200	20	10
201~300	100	50
301~400	40	20
401~500	20	10
501 以上	10	5
合計	200	100

對於變量數列,現象在數量在的差異表現得比較明顯,而在性質上的差異却不顯著。決定現象性質差異的數量界限往往依賴於人的主觀認識;同時,按同一數量標誌進行分組,也可能形成多種變量數列,因此,編製變量數列的難度相對較高。變量數列有單項式變量數列和組距式變量數列兩種:

(1)單項式變量數列

單項式變量數列是指按數量標誌分組后,每一個變量值均代表一個組的變量數列,簡稱單項數列(見表2.7)。

表2.7　　　　　　　　某企業工人按日產量分組情況

按日產量分組(件/人)	工人人數(人)	比重(%)
25	10	6
26	20	10
27	30	17
28	50	28
29	40	22
30	30	17
合計	180	100

單項數列一般在變量值不多,且變量值的變動範圍不大、變量呈離散型的條件下採用。例如,表2.7中工人的日產量(離散變量)最高是30件,最低是25件,最大相差僅5件,且變量值只有6個,因而可以來用單項數列來反應。

(2)組距式變量數列

組距式變量數列是指按照數量標誌分組后,用變量值變動的一定範圍代表一個組所形成的變量數列,簡稱組距數列(見表2.6)。組距數列適用於連續變量或者變量值較多、變量值變動的範圍也比較大的離散變量。在組距變量數列中,表示各組界限的變量值稱為組限,其中最小的變量值稱為下限,最大的變量值稱為上限。鄰組之間的距離叫組距,上限與下限之間的中點值叫組中值。即:

連續變量分組的組距 = 上限 — 下限

離散變量分組的組距等於相鄰組的上限之差或下限之差

$$組中值 = \frac{上限 + 下限}{2}$$

例如,表2.6中第301~400組的組距為100,組中值為350.5;表2.8中第1,000~1,200組的組距為200,組中值為1,100。

表2.8　　　　　　　　某企業工人按工資水平分組

按工資水平分組(元)	工人人數(人)	各組工人人數比重(%)	組距	組中值
800以下	20	4	—	700

表2.8(續)

按工資水平分組（元）	工人人數（人）	各組工人人數比重(%)	組距	組中值
800～1,000	40	8	200	900
1,000～1,200	100	20	200	1100
1,200—1,400	240	48	200	1,300
1,400—1,600	80	16	200	1,500
1,600以上	20	4	—	1,700
合計	500	100	—	—

編製組距變量數列時，常常使用像「××以上」或「××以下」這樣不確定組限的組，稱為開口組(見表2.6或者表2.8)，開口組用於總體中出現極端變量值的情形。

開口組的組中值按下列公式計算：

缺下限的最小組的組中值：上限 $-\dfrac{相鄰組的組距}{2}$

缺上限的最大組的組中值：下限 $+\dfrac{相鄰組的組距}{2}$

例如，表2.8中，第一組的組中值為 $800-\dfrac{200}{2}=700$ 元，最後一組的組中值為 $1,600+\dfrac{200}{2}=1,700$ 元。

用組中值代表組內各標誌值的一般水平時，需假定組內各單位標誌值呈均勻分佈或者在組中值兩側呈對稱分佈。但是，完全的均勻分佈或者完全對稱分佈一般不可能，因此，組中值一般只能近似地代表組內各標誌值的一般水平。

組距數列根據各組的組距是否相等可以分為等距數列和異距數列。等距數列是指各組的組距均相等的變量數列，見表2.8；異距數列中是指各組的組距不相等或者不完全相等的變量數列，見表2.6。由於開口組的組距是用鄰組的組距代替，因此，開口組的組距數列均屬於異距數列。編製組距數列時，採用等距數列還是異距數列，要根據研究目的和現象的特點來決定。等距數列一般在社會經濟現象性質差異變動比較均衡的條件下使用，能清楚地反應總體的分佈特徵；異距數列則一般在社會經濟現象性質差異的變動不均衡的條件下使用，能比較準確地反應總體內部各組成部分的性質差異。

表2.9　　　　　　某地某年農民人均年收入分組資料

人均年收入(元)	人數(萬人)
5,500～6,000	10
6,000～6,500	25
6,500～7,000	80
7,000～7,500	30

表2.9(續)

人均年收入(元)	人數(萬人)
7,500～8,000	15
合計	160

組距變量數列的次數分佈情況還可以用次數分佈的直方圖、折線圖和曲線圖表示。直方圖是以橫軸表示各組的組限，縱軸表示次數，依據各組組距的寬度與次數的高度來繪製的。例如，依表2.9的資料繪製的直方圖如圖2.1中的虛線所示，在直方圖的基礎上，把相鄰條形的頂邊中點連接起來形成一條折線，再把折線兩端與橫軸上直方圖兩側延伸的假想組中點相連，就形成了次數分佈折線圖(如圖2.1中實線所示)，當組距變量數列的組數逐漸增加，其折線逐漸趨於平滑曲線，所形成的圖形稱為次數分佈曲線圖。次數分佈曲線圖除了具有曲線圖的形式外，還具有面積圖的性質，即以次數分佈曲線下覆蓋的面積代表總體單位總數。

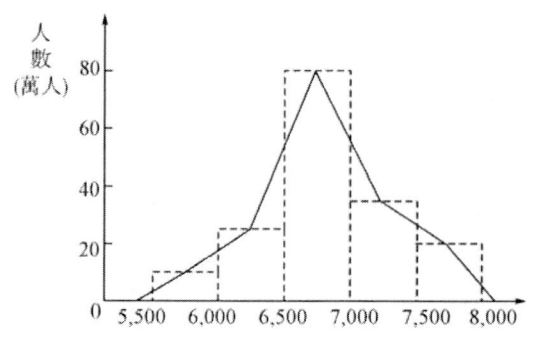

圖2.1　次數分佈直方圖和折線圖

上述次數分佈的直方圖、折線圖和曲線圖的畫法，適用於等距數列。對於異距數列，需要計算次數密度(見表2.10)，即各級次數除以各組組距，然后根據次數密度和組距繪製。

(三)次數分佈數列的編製

在次數分佈數列中，品質數列和單項數列的形成比較簡單，組距數列的形成相對較複雜。組距變量數列的編製一般採用如下幾個步驟：

1. 將原始資料按數值大小依次排列，並求出全距，分析變量的分佈特徵

例：某地區某年某月30個商店商品銷售額(萬元)資料如下：20、290、150、126、74、40、85、132、250、50、100、156、220、58、105、139、163、210、64、119、145、171、193、70、124、148、175、182、160、187

將上面的原始資料按大小順序重新排列如下：20、40、50、58、60、64、70、85、100、105、119、124、126、132、139、145、148、150、156、160、163、171、175、182、187、193、210、220、250、290

全距 = $X_{max} - X_{min}$ = 290 - 20 = 270

根據上面排列的資料可知:30個商店的銷售額是有波動的,但波動並非雜亂無章,而是呈現出一定的規律性,即波動幅度在20萬~290萬元,全距為270萬元,而且大多都在50~200,偏低和偏高的都較少。

2. 確定組數(n)和組距(i)

組數和組距是相互關聯的,組數的多少與組距的大小成反比。組數越多,組距就越小;組數越少,組距就越大。即:

$$組數 = \frac{全距}{組距} \quad 或 \quad 組距 = \frac{全距}{組數}$$

從原則上講,在確定組數和組距時,要力求能夠反應變量分佈的集中趨勢,表明組與組之間的性質差異。組數的多少、組距的大小應適中。組數過多,會造成次數分佈過於分散,反應不出現象的分佈特徵;而組數過少,又不能反應總體內部的具體類型和結構。一般可對分組資料先選擇組距小的進行分組,然後逐步擴大組距,直到適當為止;也可先作多個分組方案,然後再比較選擇。為了研究上的方便,組距通常取整數,尤其是10的倍數。根據上例資料排序和分析,可將組數定為6,則組距 = $\frac{270}{6}$ = 45,為了直觀和研究上的方便,取組距為50。

3. 確定組限

(1)組限的確定原則

確定組限的原則主要有:①突出質的差異。當數據中含有作為質的分界限的變量值時,必須以這個變量值為組限;實際工作中有習慣上的數量界限或者國家或上級主管部門規定的界限,也必須以這個界限為組限。例如,學習成績中的60分,計劃完成程度中的100%等,應作為組限。②窮舉的原則。窮舉就是要使統計分組具有完整性,能覆蓋總體中的所有單位,不得有遺漏在分組之外的單位。按照這個原則,最小組的下限要略低於最小變量值,最大組的上限要略高於最大變量值。若總體中出現極端變量值,可設置「開口組」來解決。③互斥的原則。互斥就是組與組之間不能相互兼容,任何單位或任一數據只能歸屬一個組,不能同時歸屬兩個或多個組。例如,將工人分為青年工、中年工、電工、鉗工等,就違背了互斥的原則。為了解決這一問題,可以採用一種分組只選擇一個標誌,對同一總體選用不同的標誌分別進行分組,也可將多個標誌層疊起來進行複合分組。根據互斥的原則,按數量標誌分組時組限不能交叉。

(2)組限的表現形式

組限的表現形式可以重疊,也可以不重疊。對於離散型變量一般採取不重疊的組限形式,即前一組的上限與后一組的下限不為同一數值;對於連續型變量一般採取重疊的組限形式,即前一組的上限與后一組的下限為同一數值。採取重疊的組限形式時,如果某些單位的變量值剛好等於組限,應將其歸入下限所在組,即按照「上組限不在內」的原則處理。例如,某同學的成績恰好為70分時,應將其歸入70~80這一組,而不應歸入60~70這一組。

4. 按組限計算各組次數或頻率,編製變量數列

根據上例資料,按照編製變量數列的要求,其分組結果見表2.10。

表 2.10　　　　　　　　某地某年企業銷售收入分組資料

銷售額（萬元）	商店數（個）	比重（%）	向上累計 頻數（個）	向上累計 頻率（%）	向下累計 頻數（個）	向下累計 頻率（%）	次數密度
20~70	6	20	6	20	30	100	0.12
70~120	5	17	11	37	24	80	0.1
120~170	10	33	21	70	19	63	0.2
170~220	6	20	27	90	9	30	0.12
220~270	2	7	29	97	3	10	0.04
270~320	1	3	30	100	1	3	0.02
合計	30	100	—	—	—	—	0.6

（四）累計次數和累計頻率

進行統計分析時，常常需要觀察某一數值之上或者某一數值之下的累計頻數或累計頻率共為多少，這時就可以計算累計次數或累計頻率。

累計次數或累計頻率，是在次數分佈數列的基礎上連續累加各組次數或頻率而計算出來的。用各組累計次數或頻率編製的分佈數列，稱為累計分佈數列。其中：由變量值小的組向變量值大的組的方向進行的累計叫向上累計，各個累計次數或頻率的意義表示是小於該組上限的累計次數或頻率；由變量值大的組向變量值小的組的方向進行的累計叫向下累計，各個累計次數或頻率的意義表示是大於或者等於該組下限的累計次數或頻率。例如，表 2.10 中，170~220 這一組的向上累計頻數 27、累計頻率 90%，表示該月商品銷售額小於 220 萬元的商店有 27 個，這個範圍的商店數占總商店數的 90%；170~220 這一組的向下累計頻數 9、累計頻率 30%，表示該月商品銷售額大於或者等於 170 萬元的商店有 27 個，這個範圍的商店數占總商店數的 30%。

第三節　統計數據的展示

經過整理以後的統計資料往往通過統計表和統計圖展示出來，因此，統計表和統計圖成為顯示統計數據的重要工具。統計表把雜亂的數據有條理地組織在一張簡明的表格內，統計圖把數據形象地顯示出來。顯然，統計表和統計圖比直接的統計數據更生動、有趣。正確使用統計表和統計圖是做好統計分析的最基本技能。

一、統計表

（一）統計表的概念和作用

統計表是統計資料的一種重要表現形式。從廣義上講，凡是統計調查、統計整理、統計分析中所用的各種表格，都叫統計表；從狹義上講，是專指用以記載匯總整理結果和公

布統計資料的表格。通常是按狹義來理解。

統計表的作用,在於可以科學、合理地安排和展示統計資料,從而便於閱讀、對照、比較和分析。同其他統計資料的表現形式相比,統計表具有條理清楚、簡明扼要、資料容量大、一目了然、印象深刻等特點。

(二) 統計表的構成

從形式上看,統計表由總標題、橫行標題、縱欄標題、指標數值等組成。總標題是統計表的名稱,它簡明扼要地說明全表的內容,在表體的上端中央;橫行標題是橫行的名稱,一般寫在表的左邊,用以列示總體和各組的名稱;縱欄標題是縱欄的名稱,一般寫在表的右上方,用以說明總體和各組的各項數字資料的名稱;指標數值位於橫行標題和縱欄標題的交叉處,橫向看是數字所要說明的對象,縱向看是數字的內容或含義。此外,有些統計表在表下還增列補充資料、註解、附記、資料來源、某些指標的計算方法、填表單位、填表人員以及填表日期等。

從內容上看,統計表由主詞和賓詞組成。主詞是統計表所要說明的總體、總體的各個組或各單位的名稱,亦或是總體顯現的所屬時間,通常寫在表的左方;賓詞是用以說明主詞的一系列指標,通常寫在表的右方。

統計表的形式和內容構成如表 2.11 所示。

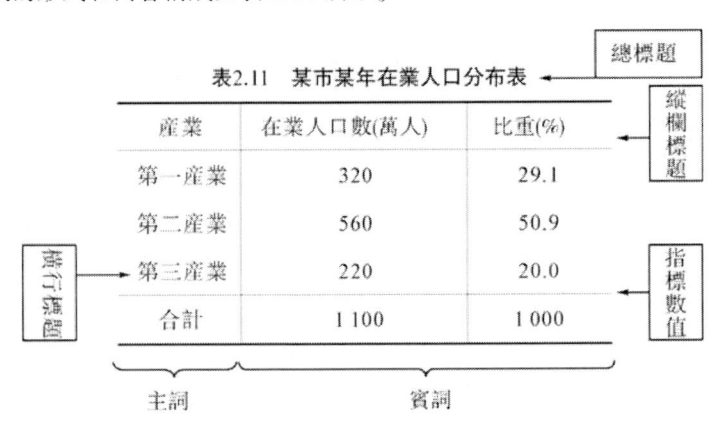

表2.11　某市某年在業人口分布表

產業	在業人口數(萬人)	比重(%)
第一產業	320	29.1
第二產業	560	50.9
第三產業	220	20.0
合計	1 100	1 000

(三) 統計表的種類

1. 統計表按主詞的分組情況不同分,可分為簡單表、分組表和複合表

簡單表是對主詞未作任何分組,而指按總體單位順序排列或按時間順序排列的統計表。簡單表可用來比較各單位經濟活動情況,也可以說明現象的發展變化過程。如表 2.12 和表 2.13。

表2.12　　　　某公司下屬企業的職工人數及生產總值資料

企業名稱	職工人數(人)	生產總值(萬元)
甲	100	1,200
乙	220	2,400

表2.12(續)

企業名稱	職工人數(人)	生產總值(萬元)
丙	400	3,600
合計	720	7,200

表2.13　　　　中國2008—2014年國內生產總值及人口資料

年份	國內生產總值(億元)	人口數(萬人)
2008	318,736.7	132,802
2009	345,046.4	133,450
2010	407,137.8	134,091
2011	479,576.1	134,735
2012	532,872.1	135,404
2013	583,196.7	136,072
2014	634,043.4	136,782

　　分組表是主詞按一個標誌進行分組后形成的統計表。分組表可以揭示現象的類型、表明總體的內部結構,分析現象之間的依存關係。如表2.10。

　　複合表是主詞按兩個或者兩個以上的標誌重疊起來進行分組的統計表,能夠從不同的角度反應總體的特徵和規律性。如表2.14。

表2.14　　　　某高校學生按學科和性別分組資料

按學科和性別分組	人數(人)	比重(%)
理科	8,000	57.1
男	5,000	62.5
女	3,000	37.5
文科	6,000	42.9
男	2,800	46.7
女	3,200	53.3
合計	14,000	100.0

　　2. 統計表按用途不同進行分類,可以分為調查表、整理表和分析表。

　　調查表是在統計調查中,用於登記、搜集和表現原始統計資料的表格。

　　整理表是在統計整理過程中,用於統計匯總和用於表現統計匯總結果的表格。

　　分析表是在統計分析中,用於對匯總結果進行定量分析的表格。這類表格一般與統計整理表格結合在一起,成為整理表的延續。

(四)統計表的指標(賓詞)設計

統計表除對主詞部分進行分組等處理外,對賓詞指標也要進行合理設計和配置。對賓詞指標進行配置的方式有平行配置和層疊配置兩種。

賓詞的平行配置,是對賓詞中的各個指標作平行排列,見表2.15。賓詞指標的層疊配置,是將賓詞中的多個指標在表中作層疊交叉排列,見表2.16。

表2.15　　　　　　　某地區2008年社會商品零售總額資料　　　　　　單位:萬元

分組	社會商品零售總額	按銷售地區分		按商品用途分	
		市區	縣	消費品	農業生產資料
國有經濟	2,700	2,000	700	2,400	300
集體經濟	800	500	300	200	600
其他經濟	2,500	1,500	1,000	2,000	500
合計	6,000	4,000	2,000	4,600	1,400

表2.16　　　　　　　某工廠各車間人員的性別和教育程度資料

車間	全部人員合計	其中								
		初等教育			中等教育			高等教育		
		男	女	合計	男	女	合計	男	女	合計
甲	(1)	(2)	(3)	(4)	(5)	(6)	(7)	(8)	(9)	(10)
一	200	30	20	50	65	55	120	20	10	30
二	500	60	40	100	140	160	300	70	30	100
三	150	10	15	25	50	70	120	4	1	5
合計	850	100	75	175	255	285	540	94	41	135

從表2.15和表2.16可見,賓詞的平行配置簡單清晰,但各個指標之間彼此獨立,反應的情況比較簡單,不便於區分它們之間的相互聯繫。賓詞的層疊配置是將各個指標層疊在一起,能夠更多層次、更深刻地反應研究現象的數量性。但層疊配置的層次不宜過多,否則使統計表過於繁雜,不能一目了然。

(五)編製統計表的原則

統計表的應用相當廣泛,為了充分發揮其應有的作用,在編製時應遵循科學、實用、簡明、美觀的原則。具體要注意以下幾點:

(1)統計表的設計必須內容緊湊、重點突出、富有表現力,使人一目了然,便於分析和比較。

(2)統計表的總標題要以概括、簡練的文字反應表中資料的基本內容及所屬的時間

和空間範圍。

（3）在繪製統計表時,表的上下端用粗線或雙線繪製,一些明顯的部分也要用粗線或雙線,其他則用細線。統計表的左右兩端不封口。

（4）統計表的主詞項目之間和賓詞項目之間的順序,應根據時間的先后、數量的大小、空間位置的順序等合理編排。一般是先局部后整體的原則,先列出各個項目,后列出總計、合計;若沒有列出所有項目,可先列出總計,后列出其中的部分項目。

（5）統計表中如果欄數較多,習慣上對主詞各欄採用甲、乙、丙、丁……次序編號,對賓詞各欄採用1、2、3、4……次序編號,若各欄指標數值之間有一定的計算關係,還可以用等式表示。

（6）統計表中的數值資料必須註明計量單位,如果全表的計量單位都相同,在表的右上方統一註明;如果同欄指標數值的計量單位相同,而不同欄指標數值的計量單位不同,將計量單位寫在各縱欄標題的下方或右方;如果同行指標數值的計量單位相同,而不同行指標數值的計量單位不同,可在橫行標題后面增設一計量單位欄。

（7）字跡要工整、清晰,數字要對齊,不要求填寫或無數字的空格要用「—」表示,若上、下、左、右數字相同,則必須將數字寫出來,不得用「同上」「同下」等表示。

（8）若需要說明的統計資料,應在表下方註明。

二、統計圖

統計圖是根據統計資料繪製成的各種圖形,能夠形象地反應總體的數量特徵,是統計整理結果的一種重要表現形式。統計圖不僅使統計資料鮮明醒目、生動活潑,而且具體、形象、通俗易懂,使人一目了然。統計圖的種類很多,包括條形圖、直方圖、圓形圖、線圖、散點圖、環形圖、象形圖、面積圖、三維空間圖、統計地圖等。下面介紹幾種應用比較廣泛的圖形。

1. 條形圖(Bar)

條形圖是用寬度相同的條形的高度或長短來表示各類別數據的圖形,主要用於反應分類數據的頻數分佈。繪製條形圖應注意以下幾個問題:

（1）在圖形中條形的寬度、條形之間距離要相等;

（2）圖形上的尺度必須以 x 軸或 y 軸為等線;

（3）圖形中要註明相應的數字;

（4）各條形的排列應有一定的順序,如比較現象在不同時間上的變動時,條形應按時間順序排列。

例如:一家廣告公司在某城市隨機抽取 200 人,以「你比較關心哪一類廣告?」為題進行訪問,獲取的資料整理后如表 2.17,根據表 2.17 的資料繪製條形圖如圖 2.2。

表 2.17　　　　　　　某市居民關注廣告類型的次數分佈表

廣告類別	次數(人)	頻率(%)
商品廣告	112	56.0

表2.17(續)

廣告類別	次數(人)	頻率(%)
服務廣告	51	25.5
金融廣告	9	4.5
房地產廣告	16	8.0
招生、招聘廣告	10	5.0
其他廣告	2	1.0
合計	200	100.0

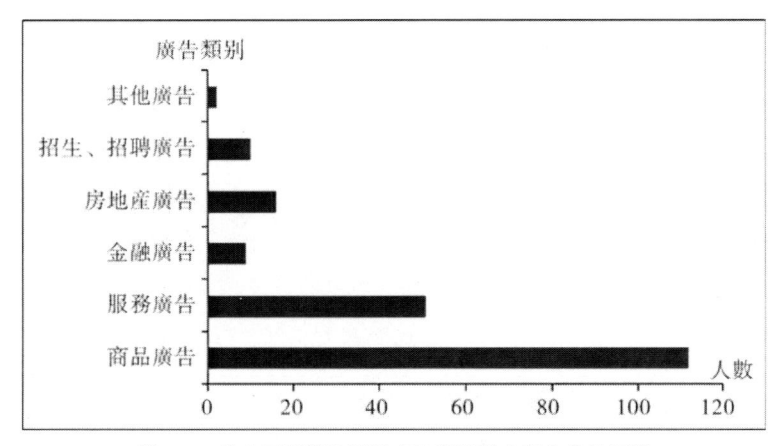

圖2.2　某市居民關注不同廣告類型的人數分佈條形圖

2. 直方圖(Histogram)

直方圖是用直方形的寬度和高度來表示次數分佈的圖形。例如,某班學生英語考試成績資料分組如表2.18所示。

表2.18　　　　　某班學生英語考試成績資料

按成績分組(分)	人數(人)
0～50	0
50～60	6
60～70	12
70～80	14
80～90	5
90～100	3
合計	40

根據表2.18的資料,繪製的直方圖如下圖(圖2.3)。

統計學

圖 2.3　某班學生英語考試成績分佈直方圖

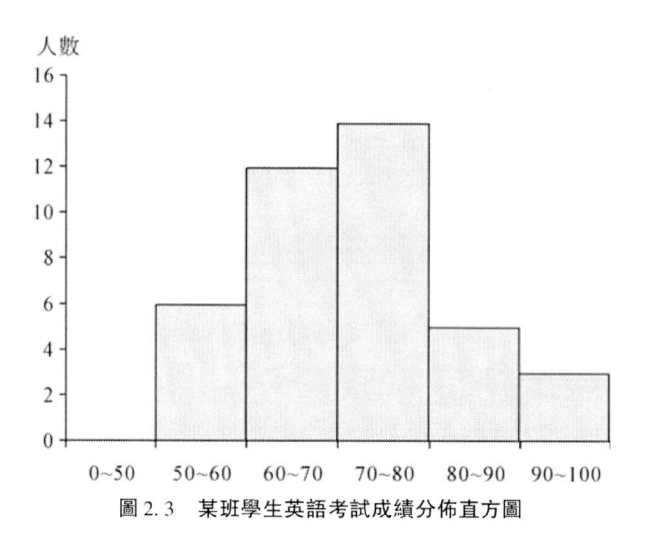

3. 圓形圖（餅圖 Pie）

圓形圖是用圓形及圓內扇形的面積來表示數值大小的圖形。主要用於表示總體或樣本中各組成部分所占的比例，對於研究結構性問題十分有用。先將各個百分比乘以 360，獲得圓心角度從 0 開始，沿量角器順時針方向劃分成一系列扇形。根據表 2.17 資料繪製的圓形圖，如圖 2.4 所示。

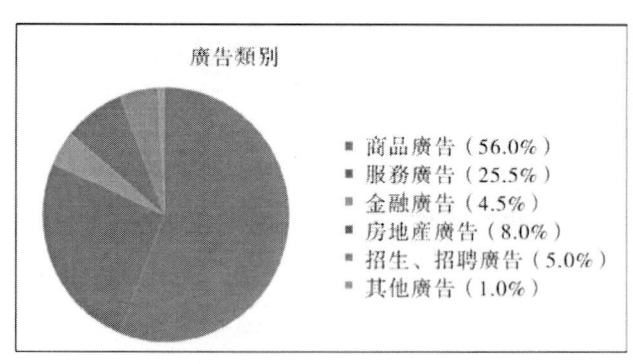

圖 2.4　關注不同類型廣告的人數分佈圓形圖

4. 線圖（Line）

主要用於顯示連續型變量的次數分佈和現象的動態變化。根據表 2.18 資料繪製的次數分佈折線圖，如圖 2.5 所示。

圖 2.5　次數分佈折線圖

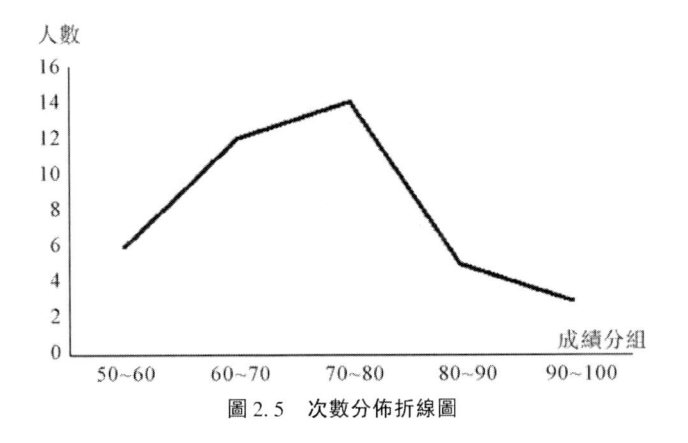

5. 散點圖（Scatter）

散點圖主要用來觀察兩個數值型變量間的相關關係，也可顯示數量隨時間的變化情況。如圖2.6所示，該散點圖反應了某地20歲男青年的身高與前臂長兩個變量大致呈現正向的相關關係。

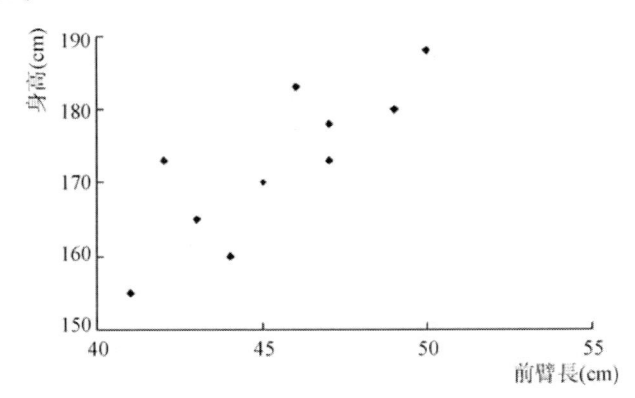

圖 2.6　某地 20 歲男青年身高和前臂長的關係

6. 環形圖

環形圖與圓形圖類似，主要用於反應現象的結構，但兩者又有區別。圓環圖可以用於多個總體或樣本，同一分類情況的數據展示，而圓形圖通常只針對一個總體或樣本數據的分類情況進行展示。比如，表 2.19 列示了某年北京、天津和上海三個地區勞動者報酬、生產淨稅額、固定資產折舊和營業盈余占地區生產總值的比重。由於三個地區的比重都是按同一分類（勞動者報酬、生產淨稅額、固定資產折舊和營業盈余）展示，差別只在於各個分類部分所占比重數據在各地區不同，因而可以繪製環形圖做結構性對比研究，如圖 2.7 所示。

表 2.19　　　　　　　　某年地區生產總值組成比重

地區	勞動者報酬	生產淨稅額	固定資產折舊	營業盈餘
北京	44%	15%	16%	25%
天津	32%	18%	14%	37%
上海	36%	16%	17%	31%

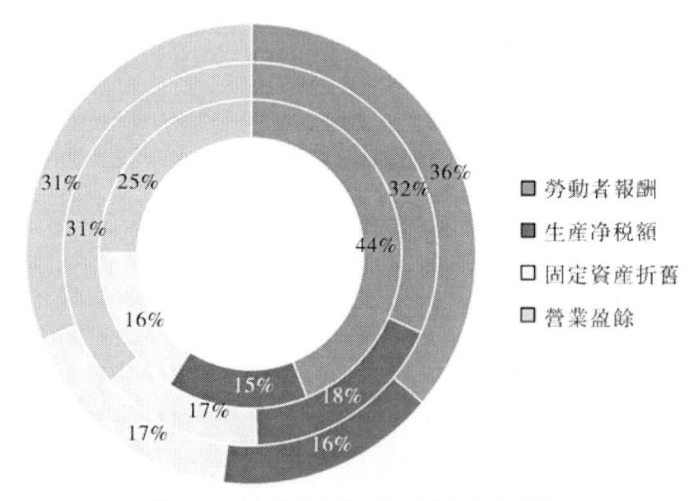

圖 2.7　某年地區生產總值組成比重環形圖

本章小結

　　統計數據搜集是整個統計認識活動和統計研究的起點,它在整個統計工作過程中起到基礎地位的作用。統計調查的基本要求是:準確性、及時性、完整性。

　　統計數據的來源包括了間接數據和直接數據兩種。直接數據又主要來源於科學試驗和統計調查。

　　統計調查方案包括的主要內容有:確定調查目的和任務,確定調查對象和調查單位,確定調查項目和設計調查表式,確定調查的時間、空間和方法,制訂調查工作的組織實施計劃等。

　　《中華人民共和國統計法》規定:「統計調查應當以週期性普查為基礎,以經常性抽樣調查為主體,以必要的統計報表、重點調查、綜合分析等為補充,搜集整理基本統計資料。」

　　普查的組織方式有兩種:一是建立專門的普查機構,配備大量的普查人員,對調查單位進行直接的登記;二是利用調查單位的原始記錄和核算資料,頒發調查表,由登記單位填報。普查與其他調查方式比較,具有以下幾個特點:①普查是一次性的或週期性的;②

規定統一的調查時點即標準時間；③規定統一的普查期限；④規定普查的項目和指標；⑤普查可以為其他調查提供基本數據；⑥普查的使用範圍比較窄，只能調查一些最基本及特定的現象。

抽樣調查是各種調查中最有科學依據的調查方式，其特點是：①按隨機原則抽取調查單位；②要抽取足夠多的調查單位；③可從數量上推斷總體；④要運用概率估計的方法；⑤抽樣誤差可以事先計算並加以控制。對於一些不可能、不必要或者難以進行全面調查的現象，可採用抽樣調查的方式取得反應總體情況的資料。

統計報表是中國搜集資料的傳統方式。統計報表按報表內容和實施範圍不同，可分為國家統計報表、部門統計報表和地方統計報表；按報送週期長短不同，可分為日報、旬報、月報、季報、半年報和年報；按填報單位不同，可分為基層統計報表和綜合統計報表；按調查對象包括的範圍不同進行分類，可分為全面統計報表和非全面統計報表等。

重點調查的關鍵問題是確定重點單位，當調查任務只要求掌握總體的基本情況，而且總體中確實存在重點單位時，採用重點調查比較適宜。

典型調查的中心問題是如何正確選擇典型單位。與其他調查方式相比，典型調查既可以搜集數據資料，又能搜集到數據的形成原因，多用於瞭解新情況、新問題，總結成功的經驗、反應失敗落後的教訓。選擇典型單位「解剖麻雀」和「劃類選典」兩種方法。

統計數據整理在整個統計工作中起著承前啟後的重要作用，它既是統計調查的繼續，又是統計分析的前提。統計數據整理不僅包括對原始資料的整理，也包括對次級資料的整理。

統計數據整理的內容主要包括數據預處理、數據的分組（類）、匯總以及整理後的數據展示。數據的預處理包括了數據的審核、錄入、篩選、排序等數據處理方式。

統計分組在統計研究中佔有重要地位，它是統計數據搜集的關鍵，是整個統計研究過程的基本方法。統計分組的關鍵在於正確選擇分組標誌和劃分各組界限。選擇分組標誌要根據統計研究的目的，結合現象發展的歷史條件和經濟條件選擇最能反應事物本質特徵的標誌進行。統計分組既可按品質標誌分組，也可按數量標誌分組；既可按一個標誌分組，也可按多個標誌分組。次數分佈數列是在統計分組的基礎上形成的，旨在總體各單位在各組間的分佈狀況。它有兩個構成要素：一是組別；二是各組單位數（次數）或頻率。

次數分佈數列可分為品質數列和變量數列。變量數列有單項數列和組距數列兩種。組距數列分為等距數列和異距數列。編製組距變量數列時，其組數和組距的確定要力求能夠反應變量分佈的集中趨勢，表明組與組之間的差異，組數的多少、組距的大小應適中；組限的確定應突出質的差異、體現窮舉與互斥的原則，其表現形式可以重疊，也可以不重疊。進行統計分析時，常常需要觀察某一數值之上或者某一數值之下的累計頻數或累計頻率共為多少，累計的方法有向上累計和向下累計。

統計表是整理、表達、分析和顯示統計資料的重要工具。從形式上看，統計表由總標題、橫行標題、縱欄標題、數字資料等組成。從內容上看，統計表由主詞和賓詞組成。統計表按主詞的分組情況不同分為簡單表、分組表和複合表。統計表按用途不同分為調查表、整理表和分析表。統計表除對主詞部分進行分組等處理外，對賓詞指標也要進行合

理設計和配置。對賓詞指標進行配置的方式有平行配置和層疊配置兩種。

統計圖也是統計整理結果的一種重要表現形式，主要包括條形圖、直方圖、圓形圖、線圖、散點圖、環形圖等。

主要術語

統計調查	Statistical Survey
統計整理	Statistical Arrangement
普查	General Survey
抽樣調查	Sample Survey
統計報表	Statistical Form
重點調查	Key - point Investigation
典型調查	Typical Survey
統計分組	Statistical Grouping
次數分佈數列	Frequency Distribution Series
統計表	Statistical Table

思考與練習

思考題

1. 什麼是統計調查？它有哪些基本要求？
2. 什麼是次級資料？收集次級資料有何意義？
3. 為什麼要制訂統計調查方案？統計調查方案一般包括哪些主要內容？
4. 自行確定調查目的和調查對象，擬定一個調查方案，並設計一份調查問卷。
5. 統計調查的各種方式的特點有哪些？各有什麼應用場合？
6. 統計整理在統計研究中的地位如何？統計整理的主要內容主要包括哪些？
7. 什麼是統計分組？如何確定分組標誌？
8. 複合分組與平行分組體系的區別是什麼？
9. 什麼是分配數列？它包括哪兩個要素？有哪些分類？
10. 單項式分組和組距式分組分別在什麼情況下使用？
11. 如何確定分配數列組數、組距和組限？
12. 統計表在結構和內容上包括哪些方面？
13. 統計表有哪些種類？它們有什麼不同？
14. 統計表的賓詞指標應如何配置？
15. 統計表的編製規則有哪些？

練習題

1. 某企業50個職工的年齡資料如下：1、22、25、65、7、14、30、33、78、3、8、40、45、20、19、25、36、30、35、13、20、37、43、64、39、2、24、26、56、3、29、37、58、9、10、70、86、6、27、12、

30、23、5、33、27、92、44、46、39、52。

根據以上資料:(1)按年齡劃分為以下六個組:1~3,4~6,7~15,16~35,36~49,50以上;(2)指出各組的組限、組距及組中值。

2. 某年某市工業企業按勞動生產率分組資料如表2.20所示。

表2.20　　　　　　　　某市工業企業勞動生產率分組統計表

按勞動生產率分組(百元/人)	企業數比重(%)
600 以下	3
600~700	2
700~800	4
800~900	12
900~1,000	9
1,000~1,100	20
1,100~1,200	15
1,200~1,300	10
1,300~1,400	14
1,400 以上	11
合計	100

根據以上資料,以按勞動生產率為分組標誌,重新確定組限進行二次分組(750以下,750~1,000,1,000~1,250,1,250以上)。

3. 現有某企業職工按月工資分組而形成的變量數列如表2.21所示,試計算並填列表中所缺數字,並根據資料繪製次數分佈直方圖。

表2.21　　　　　　　　某企業職工月工資分組統計表

按月工資分組（元）	職工人數（人）	比重（%）	累計次數(人) 向上累計	累計次數(人) 向下累計	累計頻率(%) 向上累計	累計頻率(%) 向下累計
500 以下	16					
500~600	50					
600~700	23					
700~800	14					
800 以上	7					
合計	110					

案例討論

1. 為了瞭解新時期大學生思想的真實想法和願望,更有針對性地服務同學、開展工

作,擬進行一次大學生思想動態的問卷調查。

剖析:問卷調查法是將調查項目以問卷的形式,發給被調查者,由被調查者根據問卷的要求自行回答的一種調查方法。進行問卷調查首先需要設計科學合理的問卷。根據大學生的特點,設計問卷時應考慮以下問題:

(1)需要問卷說明,闡明調查的目的、意義和要求,以消除大學生的各種顧慮,便於開展調查工作。

(2)全面系統地設置調查項目。主要應包括大學生的基本情況、價值觀、對黨和國家方針政策的瞭解情況、學習態度、消費觀念、就業觀念、團組織生活情況、網路情況等等。

(3)問題不能太多,減少調查負擔。詢問的問題必須是與調查主題有密切關聯的問題,突出重點,避免枝節問題、可有可無的問題,提高針對性。

(4)問題要簡明易懂,並按一定的邏輯順序進行排列,各問題必須界限清楚。

(5)為便於匯總和進行定量分析,絕大部分以封閉式問題為主,個別也可考慮開放式問題。

(6)答案設計應遵循窮盡與互斥的原則,填答標記要清晰,避免問題與答案不一致的現象。

具體開展問卷調查之前,還要制定一個周密的調查計劃。包括:調查工作的組織,調查人員、調查時間、樣本的多少、樣本的合理布點的確定,調查人員的培訓等。調查過程中要嚴格按照統計調查的基本要求進行,確保調查的質量。

2. 現有兩個企業的月工資資料如下(元):

甲企業:1,220、1,600、1,500、1,520、1,100、1,880、1,640、1,540、1,320、1,680、1,560、1,220、1,200、1,140、1,880、660、1,340、1,700、1,480、1,440、1,380、1,980、1,480、1,440、1,300、1,460、1,760、1,840、1,600、1,360、1,700、1,900、1,480、1,360、1,560、1,540、1,400、1,960、1,800、500、960、1,680、1,560、1,520、1,500、1,280、1,560、1,300、1,160、1,340、1,520、960、1,580、1,200

乙企業:1,860、1,800、1,200、1,800、1,080、1,060、1,980、1,420、1,200、1,900、1,960、1,580、1,760、1,240、1,620、1,620、1,500、1,840、1,060、840、1,220、1,560、1,500、820、1,280、1,440、1,600、1,560、1,700、1,640、1,620、1,620、1,680、1,860、1,400、1,600、1,560、1,560、1,200、1,020、1,200、1,200、1,680、1,640、1,540、1,680、1,880、1,700、1,840、1,680、1,520、1,880、1,800、1,480、1,240、1,480、1,820

試根據以上資料分析兩個企業職工工資水平及分佈狀況。

剖析:(1)計算兩個企業各自的平均工資,以比較其收入水平的高低;

(2)對兩個企業的工資進行統計分組,並編製分配數列;

(3)繪製次數分佈直方圖,說明各自的分佈特徵。

第三章　統計數據的簡單描述

　　通過統計資料的搜集和整理，取得了豐富的、系統化的統計資料，接下來的工作就是進行統計分析。對統計資料進行分析研究，必須借助於各種形式的統計指標，應用各種統計分析方法。統計指標按其作用和表現形式的不同，可分為總量指標、相對指標和平均指標。本章介紹用來簡單描述統計數據的總量指標、相對指標的概念、作用、種類和計算方法及基本原則。

第一節　總量指標

一、總量指標的概念、作用及計量單位

(一) 總量指標的概念

　　總量指標是反應一定時間、地點和條件下現象總體的總規模、總水平或者工作總量的統計指標，其表現形式是絕對數，因此，總量指標也稱為絕對指標或絕對數。例如，一個國家的人口數、土地面積、某年的國內生產總值、糧食產量、鋼鐵產量、原煤生產量、社會商品零售總額等等都是總量指標。

　　總量指標的數值大小與總體範圍的大小有直接關係，同一時間不同總體的同一總量指標相加有意義，其和仍然是總量指標。例如，各個行業的全年職工工資總額之和是全國全年的職工工資總額；各省、自治區、直轄市的年末人口數之和是全國年末人口總數等等是總量指標。總量指標還可以表現為社會經濟現象總量增減變化的絕對數。例如，2014年國內生產總值甲地區比乙地區多了150億元；某高校的學生人數比另一個高校的學生人數少了2,000人等也是總量指標。

(二) 總量指標的作用

　　總量指標是最基本的綜合指標，在實際統計工作中應用十分廣泛。其作用可概括為以下三點：

　　(1) 它可用來反應一個國家、地區、部門或單位的基本狀況，是認識社會經濟現象的基礎。總量指標常用來反應一個國家的國情和國力，反應一個地區、部門或單位的規模、水平、基本經濟狀況和經濟實力。例如，一個國家的糧食總產量、國內生產總值、鋼鐵產量、土地面積、石油儲藏量等總量指標，標誌著該國的生產水平和經濟實力；一個地區的商品零售額、零售商業機構數等總量指標，標誌著該地區的消費水平；某企業的職工人

數、固定資產、增加值、利稅總額等總量指標,反應著該企業人力、財力、物力的基本狀況和生產經營活動的成果。

(2)它是制定政策、編製計劃、進行科學管理的重要依據。對一個國家或一個企業進行分析、計劃、決策和預測的管理活動,不能憑空運作,必須從客觀實際出發,以反應客觀事物現在和歷史的相關總量指標作為重要的參考依據。例如,一個國家的資源存儲量、人口數、生產力水平和消費水平等總量指標是該國資源開發、利用和管理的重要參考依據;再如,城鄉居民儲蓄存款余額、全社會固定資產投資總額、貨幣流通量等總量指標是國家制定貨幣發行量、存貸款利率、存貸款額度、基本建設投資規模等各項金融政策和財政政策的基礎。

(3)它是計算相對指標和平均指標的基礎。相對指標和平均指標一般是由兩個有聯繫的總量指標對比計算出來的,是總量指標的派生指標。因此,總量指標的計算是否科學合理,將直接影響相對指標和平均指標的計算結果。例如,人口密度是人口總數與國土面積總數之比,單位面積產量是總產量除以播種面積等。

(三)總量指標的計量單位

總量指標的計量形式都是有名數,都有計量單位。根據總量指標所反應現象的性質不同,其計量單位一般有實物單位、貨幣單位和勞動量單位三種。

1. 實物單位

實物單位是根據事物的外部特徵或物理屬性而採用的單位。它又分為:

(1)自然單位。自然單位是根據現象的自然狀況來確定的計量單位。例如,鞋以「雙」為單位,桌子以「張」為單位,拖拉機以「臺」為單位,汽車以「輛」為單位等。

(2)度量衡單位。度量衡單位是按照統一的度量衡制度規定來度量的計量單位。例如,重量、長度、面積、容積的單位等。

(3)複合單位。複合單位是兩種或者兩種以上的計量單位結合使用的一種計量單位。例如,貨物週轉量用「噸千米」計量;用電量按「千瓦小時」即度來計量等。

(4)標準實物單位。標準實物單位是按照統一的折算標準來計量事物數量的一種實物單位。它主要用於計量用途相同但又存在一定差異的工業產品和農產品,為了準確地反應其總量,需要把各產品按照一定的標準折合成標準品再相加。如把含氮量不同的化肥都折合成含氮100%的標準化肥;把各種能源都折合成熱量值為 7,000 千卡/千克的標準煤等。

2. 貨幣單位

貨幣單位是以採用貨幣形式進行度量的計量單位。例如國內生產總值、城鄉居民儲蓄額、外匯收入、財政收入、利潤額都必須用貨幣單位來計量。常見貨幣單位有美元、人民幣(元)、歐元等。

3. 勞動量單位

勞動量單位是按勞動時間來計量的單位,它能把不能直接相加的實物產量變換成可以相加的勞動時間數量。一般用工時、工日、工年等計量。用勞動時間為單位計算的產品產量或完成的工作總量,通常只用於企業內部的核算。例如,企業基層生產單位生產

的半成品、在製品的工作總量的核算。

二、總量指標的種類

(一)總量指標按其說明總體內容不同分,可分為總體單位總量和總體標誌總量

總體單位總量簡稱單位總量,它是總體中所包含的總體單位數的總和,用來說明總體本身的規模大小;總體標誌總量簡稱標誌總量,它是反應總體單位某種標誌值總和的總量指標。對於一個特定的總體而言,總體單位總量是唯一的,總體標誌總量可以有多個。例如,研究某市國有企業的經營情況,則該市國有企業總數是單位總量,而該市國有企業的利稅總額、職工人數、工資總額、生產費用額等都是標誌總量。需要指出的是,單位總量和標誌總量的地位隨著統計研究目的的不同和研究對象的變化而變化。例如,當以工業企業為總體時,職工人數是標誌總量;當以全部職工為總體時,職工人數則是單位總量。

(二)總量指標按其反應的時間狀況不同分,可分為時期指標和時點指標

時期指標是反應現象在一段時期內發展過程的總數量,如產品產量、商品銷售額、國內生產總值等。時點指標是反應現象在某一時刻(瞬間)上所達到的總量,如年末人口數、月初商品庫存額、年初固定資產原值等。

時期指標和時點指標各有不同的特點,主要表現在以下三個方面:

(1)時期指標具有可加性,相加后的數據表示現象在更長時間內的累計總量。例如,一年的產量是該年度四個季度的產量之和。時點指標不具有可加性,相加后的數據不具有實際經濟意義。例如,我們不能將某學校全年各月初或各月末的學生人數相加作為該年度該校的全部學生人數。

(2)時期指標數值的大小與時期的長短有直接關係。例如,全年的產量要比該年度任何一個季度的產量都要大,一季度的產量也比該季度任何一個月份的產量都要大。時點指標數值的大小與時期的長短沒有直接關係。例如,某企業某種物資的庫存量年末數不一定大於該年第一季度末的數字,而第一季度末的數字也不一定大於當季第一個月月末的數字。

(3)時期指標數值是連續登記取得,而時點指標數值一般是非連續登記取得。

(三)總量指標按其採用的計量單位不同,分為實物指標、價值指標和勞動指標

實物指標是根據實物單位計算得到的總量指標。例如,人口數、糧食產量、發電量、生豬存欄數等。實物指標可以直接反應產品的使用價值或現象的具體內容,但不同屬性和計算單位的實物指標却不能直接匯總,因此,它無法用來反應非同類現象的總規模和總水平。

價值指標是以貨幣為單位計算的總量指標。例如,增加值、產品銷售收入、工商稅收、利稅總額等。價值指標具有廣泛的綜合性和概括能力,用途非常廣泛。但是,價值指標脫離了具體的物質內容,比較抽象。因此,應將價值指標和實物指標結合起來使用,才能全面認識問題。

價值指標既可以採用現行價格,也可以採用可比價格來計算。所謂現行價格,是指經濟行為發生時產品或勞務的價格,即實際成交價格;而可比價格是指政府統計機構確定下來保持不變的產品或勞務的價格。現行價格價值指標直接用數量乘以其實際成交價格即得,它包括數量和價格兩個因素的變動;按可比價格計算的價值指標不包括價格因素變動,只包括數量因素變動,能確切地反應數量的變化情況。計算可比價格的價值指標有兩種方法:

(1)直接用數量乘以其不變價格。不變價格是指政府統計機構規定以同類產品的年平均價格作為固定價格,在一定時期內,不論實際成交價格如何,不變價格都保持不變。例如,中國的工業總產值、農業總產值就是以產品產量乘以其不變價格計算的。國家統計局先后七次制定了全國統一的工業產品和農業產品不變價格,規定 1949—1957 年使用 1952 年不變價格,1957—1970 年使用 1957 年不變價格,1971—1980 年使用 1970 年不變價格,1981—1990 年使用 1980 年不變價格,1991—2000 年使用 1990 年不變價格,從 2001—2005 年使用 2000 年不變價格,從 2006 年開始使用 2005 年不變價格。

(2)用價格指數換算,又稱為系數換算。這種方法的實質就是用交替年的價格指數加以修正。將基年按舊不變價格計算的產值換算為按交替年新不變價格計算的產值,公式為:

$$\frac{基年按新不變價格計算的產值}{} = \frac{基年按舊不變價格計算的產值}{} \times \frac{交換年按新不變價格計算的產值}{交替年按舊不變價格計算的產值}$$

勞動指標是以勞動量單位計算的總量指標。勞動指標主要在企業範圍內使用,是企業編製和檢查計劃的重要依據。不同類型、不同經營水平企業的勞動指標不能直接相比。

三、計算和運用總量指標應注意的問題

(一)應正確理解總量指標的含義、計算範圍和計算方法

總量指標的計算,並非單純的匯總技術問題。要做到不重不漏、準確統計,必須首先正確理解總量指標的含義、計算範圍和計算方法。統計指標的含義包括指標的內涵和外延兩個方面。只有明確了總量指標的含義,才能正確地劃分它的範圍,正確地確定它的計算方法,進而才能正確地計算總量指標。例如,在計算工業增加值時,首先要明確工業增加值的含義和價值構成,其次要界定工業企業的統計範圍,最后還要確定用支出法、生產法和收入法中的哪種方法計算。因此,一定要根據研究目的,正確理解總量指標的含義,界定指標的計算範圍,採取科學的計算方法,才能正確計算和運用總量指標。

(二)在計算實物指標時,應注意現象的同類性

只有同類現象才能計算、加總其實物總量,而同類性是由事物的性質所決定的。例如,鋼材和水泥的性質不同,就不能將它們混在一起計算實物總量,但是原煤、原油、天然氣、水電等各種不同的燃料由於使用價值相同却又可以折算為標準燃料計算總量,在統計糧食總產量時,稻谷、小麥、玉米、高粱、谷子和豆類的產量也可以直接相加。

(三)計算口徑、計量單位、計算價格應一致

實際統計工作中,不同時期、不同國家、不同地區的同一現象,在計算總量指標時,常常會出現計算口徑、計量單位、計算價格不一致的情況。在計算這些總量指標和運用總量指標進行分析時,必須調整為相同的計算口徑、計量單位、計算價格。

第二節　相對指標

一、相對指標的概念、作用及計量形式

(一)相對指標的概念和作用

相對指標是兩個有聯繫的統計指標對比的比值,用以反應現象之間的數量特徵和數量關係的綜合指標。相對指標的表現形式為相對數,故又稱相對數。例如,國內生產總值的產業結構、國民經濟各部門之間的比例關係、國民經濟和社會發展計劃的完成程度、國民經濟的增長速度等,都是相對指標。

借助相對指標對現象進行對比分析,是統計分析的一種基本方法。相對指標的作用,主要表現在以下兩個方面:

(1)利用相對指標可以更深入地揭示所研究現象的特徵。客觀現象總是相互聯繫、相互制約的,要分析現象的各種特徵,僅僅利用某一項指標,而不把有關指標聯繫起來進行分析,難以把事物的本質和狀況深刻全面地反應出來。例如工農業生產的發展速度的快慢、計劃的執行程度、國民經濟各部門的協調狀況等,都只有通過對比才能反應出來。

(2)利用相對指標可以使不能直接對比分析的統計指標找到可以共同比較的基礎。例如,2014 年甲、乙兩個企業的利稅總額分別是 3,000 萬元和 2,400 萬元,直接依據這兩個數字的大小來判斷兩個企業經濟效益的好壞,難免會產生認識上的偏差,好像甲企業經營效益更好。事實上,甲企業資本金為 3 億元,乙企業資本金為 1.5 億元,則甲企業資金利稅率為 10%,乙企業資金利稅率為 16%。顯然,乙企業經營效益更好。所以,我們不僅要看企業的產出,還要考慮企業的投入,用資金利稅率等相對指標來對生產規模不同的企業經濟效益進行評價則更為客觀和合理。

(二)相對指標的計量形式

相對指標的計量形式有兩種:有名數和無名數。

有名數是將對比的分子和分母的計量單位保留下來,用複合單位形式來表示的。它主要用於表示強度相對指標的數值。例如,人口密度用「人/平方千米」表示、勞動力的動力裝備程度指標用「千瓦/人」表示等。

無名數是將對比的分子和分母的計量單位去掉,用抽象化的數值來表現的。相對指標大多是以無名數表示的。無名數常以係數、倍數、百分數、千分數、成數等表示。係數和倍數是將對比的基數抽象化為 1 而計算的相對數。兩個指標對比,其分子和分母指標數值相差不大時常用係數,分子較分母大得多時常用倍數。百分數是將對比的基數抽象

為 100 而計算的相對數。千分數是將對比的基數抽象為 1,000 而計算的相對數,當對比的分子數值比分母小得多的時候,宜用千分數表示。成數是將對比的基數抽象為 10 而計算的相對數,如某縣 2014 年糧食產量比 2013 年增長兩成,即增產十分之二。

二、相對指標的種類和計算方法

由於研究問題的目的不同,計算相對指標所選擇的比較基數就不同,就產生了不同的相對指標。常見的相對指標有:結構相對指標、比例相對指標、比較相對指標、動態相對指標、強度相對指標、計劃完成情況相對指標。

(一)結構相對指標

結構相對指標是將總體劃分為若干組成部分,然後計算各組指標占總體指標的比重或比率,用以反應總體內部構成狀況的綜合指標。其計算公式為:

$$結構相對指標 = \frac{總體某一部分數值}{總體全部數值}$$

例如,中國第五次全國人口普查的資料,全國(不含港、澳、臺地區)31 個省、自治區、直轄市和現役軍人的人口中,漢族人口為 115,940 萬人,占總人口的 91.59%;各少數民族人口為 10,643 萬人,占總人口的 8.41%。全國(不含港、澳、臺地區)31 個省、自治區、直轄市的人口中,居住在城鎮的人口 45,594 萬人,占總人口的 36.09%;居住在鄉村的人口 80,739 萬人,占總人口的 63.91%。

結構相對指標一般用百分數或系數表示,其計算公式的分子和分母既可以是單位總量指標,也可以是標誌總量指標。運用結構相對指標,要以統計分組為前提,只有將總體進行科學的統計分組,求出各組總量在總體總量中所占的比重,才能反應總體內各類型的構成情況。由於結構相對指標是總體的部分數值與全部數值之比,因此各部分所占比重之和一定等於 100% 或 1。結構相對指標的分子分母不能互換。

結構相對指標是一種常用的相對指標,其主要作用是用來反應現象的結構、比例關係及發展變化規律的。具體來說,結構相對指標有兩個主要作用:

(1)利用結構相對指標,對事物的內部結構進行分析,不僅可以說明事物的性質和特徵,還能夠反應事物發展的不同階段和量變引起質變的過程。例如,利用結構相對指標可以分析國民經濟結構、人口構成、資產結構、籌資結構、成本結構等的現狀特徵及其在不同歷史階段的發展變化過程。

(2)利用結構相對指標,可以反應事物總體的質量或工作的質量,反應人力、物力和財力的利用情況。例如,產品合格率、產品廢品率、等級率等結構相對指標,可以表明產品質量高低;出勤率、設備利用率、原材料利用率、生產設備利用率等結構相對指標可用於分析資源利用程度,挖掘利用潛力;市場佔有率、森林覆蓋率、升學率等結構相對指標可用於分析各類現象的普及程度和推廣程度等。

(二)比例相對指標

比例相對指標是將總體劃分為若干組成部分,然后用總體中不同組成部分的指標數值進行對比而計算的綜合指標,用以反應總體內部各個組成部分之間的數量聯繫程度和

比例關係。其計算公式為：

$$比例相對指標 = \frac{總體中某一部分的數值}{總體中另一部分的數值}$$

例如，中國第五次全國人口普查的資料，全國(不含港、澳、臺地區)31個省、自治區、直轄市人口和現役軍人人口中，男性為65,355萬人，占總人口的51.63%；女性為61,228萬人，占總人口的48.37%，性別比為106.74：100.00，表明了2000年中國人口中的性別比例狀況。

比例相對指標和結構相對指標都是在統計分組的基礎之上計算的，都可以反應總體內部的組成情況。所不同的是，結構相對指標是以總體作為對比的基礎，將總體數據作為衡量各組成部分相對水平大小的標準；而比例相對指標則是以總體中某一組成部分作為對比的基礎，觀察其他組成部分相對於該部分來說的相對水平大小。比例相對指標的分子分母可以互換。

國民經濟中有許多重大比例關係，如人口的性別比關係，累積與消費的比例關係，農輕重的比例關係，三次產業的比例關係，農業中農、林、牧、漁的比例關係，國家集體個人三者之間分配的比例關係等，都必須保持合理的協調的比例。通過經常不斷地研究和分析這些比例關係，調整不合理的比例，使國民經濟穩步協調地向前發展。可見，比例相對指標對於國民經濟宏觀調控具有重要意義。

(三) 比較相對指標

比較相對指標是同一時期同類現象在不同國家、地區、部門、單位之間的對比的比值，以表明同類事物在不同空間條件下的差異程度和現象發展的不平衡程度。其計算公式為：

$$比較相對指標 = \frac{某條件下的某類指標數值}{另一條件下的同類指標數值}$$

比較相對指標一般用系數、倍數或者百分數來表示。例如，中國的陸地面積為960萬平方千米，美國的國土面積為936.3萬平方千米，中國的陸地面積為美國國土面積的1.025倍或者美國的國土面積為中國陸地面積的97.5%。由此可見，比較相對指標的分子與分母的位置可以互換。

比較相對指標可以是絕對數的對比，也可以是相對數或平均數的對比。由於絕對數容易受總體空間範圍的影響，因此，計算比較相對指標的分子和分母多採用相對數或平均數。

比較相對指標既可用於不同國家、地區、單位之間的比較，也可用於先進與落後的比較，還可用於和標準水平或平均水平的比較，從而找出差距，挖掘潛力，提高工作質量，促進經濟的全面發展。

(四) 動態相對指標

動態相對指標是不同時期的同類現象進行對比的比值，以說明現象發展變化的方向和程度，又稱發展速度。通常把研究、分析時期稱為報告期或者計算期，為研究報告期發展狀況而選作比較基礎的時期稱為基期。其計算公式如下：

$$動態相對指標 = \frac{報告期水平}{基期水平}$$

動態相對指標通常用百分數表示,當分子比分母大得多時,也可用倍數表示。動態相對指標的分子和分母不可以互換位置。例如,中國第五次全國人口普查的資料,全國(不含港、澳、臺地區)31個省、自治區、直轄市和現役軍人的人口,同第四次全國人口普查1990年7月1日0時的113,368萬人相比,10年零4個月共增加了13,215萬人,增長11.66%,平均每年增加1,279萬人,年平均增長率為1.07%。

動態相對指標在統計分析中應用廣泛,將在動態分析中作專門介紹。

(五)強度相對指標

強度相對指標是兩個性質不同而有一定聯繫的總量指標對比的比值,用以反應社會經濟現象的發展程度、效益、密度和普遍程度等。其計算公式為:

$$強度相對指標 = \frac{某一總量指標數值}{另一有聯繫而性質不同的總量指標數值}$$

強度相對指標數值的表現形式一般為有名數,它由分子指標和分母指標原有的計量單位組成,如人均國內生產總值用「萬元/人」、人口密度用「人/平方千米」來表示等。強度相對指標有時也可用無名數(次數、倍數、系數、百分數或千分數)來表示,如高爐利用程度用高爐利用系數表示、貨幣流通速度用貨幣流通次數表示、流通費用率用百分數表示、人口出生率用千分數表示等。例如,中國第五次全國人口普查,全國(不含港、澳、臺地區)31個省、自治區、直轄市(不包括福建省的金門、馬祖等島嶼)人口和現役軍人的人口為126,583萬人,陸地面積為960萬平方千米,人口密度為132人/平方千米;2014年中國人口出生率為12.37‰,死亡率為7.16‰,自然增長率為5.21‰,等等。

計算強度相對指標應注意社會經濟現象之間的內在本質聯繫,這樣兩個總量指標的對比才會有現實的經濟意義,如人口數與土地面積相比,能夠說明人口的密度,但若用鋼產量與土地面積相比,就沒有意義了。

強度相對指標的分子和分母可以互換位置,從而形成強對相對指標的正指標和逆指標。正指標的數值越大,表明所研究的經濟現象越密,實力越強,強度和普遍程度越高;逆指標的數值越大,表明所研究的經濟現象越疏,實力越弱,強度和普遍程度越低。例如,反應衛生事業對居民服務保證程度的正指標、逆指標分別為:

$$每千人口的醫院床位數 = \frac{醫院床位數(張)}{人口數(千人)}$$

$$每張醫院床位數負擔的人口數 = \frac{人口數(千人)}{醫院床位數(張)}$$

強度相對指標是重要的統計分析指標。在實踐中,它主要有三個作用:

(1)強度相對指標能夠說明社會經濟現象的強弱程度,因而被廣泛地用於反應一個國家或地區的經濟發展水平的高低和經濟實力的強弱。經常用來反應國家經濟實力的強度相對指標,一般是指按人口分攤的主要產品產量、國內生產總值等經濟水平指標,它反應某些經濟指標與人口的比例關係。計算公式為:

$$人均主要產品產量 = \frac{某種產品總產量}{平均人口數}$$

$$人均國內生產總值 = \frac{國內生產總值}{平均人口數}$$

例如，2007年中國平均人口數為131,788.5萬人，鋼產量為56,894.4萬噸，糧食產量為50,150萬噸，國內生產總值為246,619億元。則2007年全國每人平均鋼產量為431.7千克／人，全國每人平均糧食產量為380.54千克／人，全國每人平均國內生產總值為18,713.2元／人。

(2)強度相對指標可以用來反應現象的密度或普遍程度，如人口密度、商業網點密度等。人口密度是人口數與土地面積對比的強度相對指標，它反應人口的密集程度。商業網點密度是人口數與商業網點數對比的強度相對指標，它反應商業網點的負擔情況和保證程度。

(3)強度相對指標可以反應社會生產活動的條件或效果。這類指標，一般是指各種技術經濟指標，如每個職工平均擁有的固定資產額、每百元資金實現的利稅額、每百元產值的利潤等。

(六)計劃完成情況相對指標

計劃完成情況相對指標是將某一時期的實際完成數與計劃任務數對比的比值，用以檢查、監督計劃的執行情況。其計算公式如下。

$$計劃完成情況相對指標 = \frac{實際完成數}{計劃任務數} \times 100\%$$

計劃完成情況相對指標一般用百分數表示，所以又稱計劃完成百分數或者計劃完成百分比。計劃完成程度相對指標的分子和分母不能互換位置。

確定計劃完成程度時，判斷計劃完成與否的標準，取決於研究現象的性質和特點。對於按最高限額規定的計劃數，如原材料、燃料、動力消耗、單位成本等，凡超過計劃任務數，就沒有達到增產節約的要求，故這類計劃完成情況相對指標以達到或低於100%為完成和超額完成計劃。對於按最低限額規定的計劃數，如產量、產值、利潤、勞動生產率等，要求實際數應等於或大於計劃數，因此，這類計劃完成情況相對指標以達到或高於100%為完成和超額完成計劃。

由於計劃期有長有短，下達的計劃任務數有各種不同的表現形式，計劃完成程度的計算方法也各不相同。

1. 短期計劃執行任務的檢查

短期計劃是指計劃期較短的計劃任務。例如，年度計劃、季度計劃、月度計劃、旬計劃、周計劃等。由於計劃任務的表現形式不同，其考核方法有以下幾種：

(1)計劃任務數為絕對數。當計劃任務數為絕對數時，其檢查方法通常有兩種：

①計劃任務數與實際完成數是同期的，可直接用上述公式計算。例如，某企業2014年某產品計劃產量為1,000件，實際完成1,250件，則產量的計劃完成程度為：$\frac{1,250}{1,000} = 125\%$。

②計劃的進度執行情況檢查，其計算公式如下。

$$計劃執行進度 = \frac{累計至某期止的實際完成數}{全期計劃任務數} \times 100\%$$

計劃的進度執行情況檢查應遵循「任務與時間同步」的原則,以時間進度作為考核標準。例如,某工業企業2015年全年計劃完成工業增加值2,000萬元,截至2015年第三季度,累計完成工業增加值1,540萬元,則該企業工業增加值計劃完成進度為:$\frac{1,540}{2,000}$ = 77%。即時間進度為75%,而計劃執行進度為77%,超額完成2%,其計劃執行進度是合適的,若繼續保持這種狀況,年底能夠圓滿完成生產任務。

(2)計劃任務數為相對數。對於一般相對數可用實際相對數除以計劃相對數,但若計劃任務數是以增長率或降低率的形式出現,就不能直接用實際的增長率或者降低率除以計劃的增長率或者降低率,而必須包括原有基數在內。例如,某企業2014年計劃規定勞動生產率比上年提高10%,實際只提高了8%,則勞動生產率的計劃完成程度為:$\frac{8\% + 100\%}{10\% + 100\%}$ = 98.2%,即該企業勞動生產率還差1.8%完成計劃;又如,某企業2014年計劃規定單位產品成本比上年降低5%,實際降低了7%,則單位成本的計劃完成程度為:$\frac{100\% - 7\%}{100\% - 5\%}$ = 97.9%,即該企業單位成本實際降低超額了2.1%完成計劃。

除了相除的辦法外,也可以用相減的辦法來說明增減比率規定的計劃任務的完成情況,如上例中7% - 5% = 2%,表明實際成本比計劃多降低了兩個百分點。

(3)計劃任務數為平均數。當計劃任務數為平均數時可直接用實際的平均水平除以計劃的平均水平,其計算公式為:

$$計劃完成程度相對指標 = \frac{實際平均水平}{計劃平均水平} \times 100\%$$

2. 中、長期計劃執行情況的檢查

中、長期計劃是指計劃期超過一年的計劃。例如三年計劃、五年計劃、十年計劃等等。中、長期計劃任務的下達有兩種形式:一是規定計劃期末年應達到的水平;二是規定整個計劃期內累計應完成多少總量。相應地,檢查中、長期計劃執行情況的方法有水平法和累計法兩種。

(1)水平法。當計劃任務數是規定計劃期末年應達到的水平時,要採用水平法檢查計劃的完成情況。其計算公式為:

$$計劃完成程度相對指標 = \frac{計劃期末年實際完成數}{計劃期末年計劃任務數} \times 100\%$$

例如,某企業五年計劃規定某產品最末一年應達到45萬噸,實際執行情況如下:

表3.1　　　　　　　　某企業五年生產某產品執行情況

時間 指標	第一年	第二年	第三年	第四年		第五年			
				上半年	下半年	一季度	二季度	三季度	四季度
產量(萬噸)	30	32	40	21	22	11	12	13	13

則產品五年計劃的完成程度為：$\frac{11+12+13+13}{45} = \frac{49}{45} = 108.9\%$，即超額 8.9% 完成計劃。

在實際工作中，當超額完成計劃時，常常需要計算提前完成計劃的時間。計算提前完成計劃時間的方法是：累加計劃期內的實際資料，只要是連續一年的實際完成數達到了計劃任務數就算完成了計劃，其后至計劃期期末的時間就是計劃的提前完成時間。例如，上例第四年的下半年至第五年的第二季度時間為一年，其實際累計數為 45 萬噸，剛好等於計劃任務數，因此，到第二季度末就完成了該產品的五年計劃，提前完成計劃的時間為兩個季度。

（2）累計法。當計劃任務數是規定整個計劃期內累計應完成多少總量時，要採用累計法檢查計劃的完成情況。其計算公式為：

$$計劃完成程度相對指標 = \frac{計劃期實際完成累計數}{計劃期累計計劃任務數} \times 100\%$$

採用累計法考核中、長期計劃執行情況時，如果從計劃期的期初開始累計至計劃期內某一時間為止的實際完成數達到了計劃任務數，就算完成了該項計劃，其后至計劃期期末的時間就是計劃的提前完成時間。例如，某地區「十一五」時期計劃固定資產投資 2,400 億元，實際上自 2006 年初至 2010 年 4 月底累計完成固定資產投資已達到 2,400 億元，到 2010 年年底累計完成 2,600 億元。則該地區固定資產投資計劃完成程度為：$\frac{2,600}{2,400} = 108.3\%$，提前完成計劃的時間為 8 個月。

三、計算和運用相對指標應注意的問題

(一) 要選擇好對比的基數

對比的基數也就是相對指標的分母，是對比的標準。計算和應用相對指標時，如果對比的標準選擇不當，就不能準確反應現象間的數量對比關係，甚至會歪曲現象之間的聯繫，得出完全相反的結論。基數的選擇必須從統計研究的目的出發，結合研究現象的性質、特點和現象之間的聯繫來確定。一般地講，進行橫向對比時，對比的基數可以是平均水平、先進水平或國家制定的有關標準；進行動態比較分析時，所選擇的基期可以是報告期的前一期，也可以是歷史上的某一特定時期，例如，要反應中國改革開放的成就，通常以 1978 年為基期進行對比分析。

(二) 對比的指標要具有可比性

相對指標是將相互聯繫的事物進行比較，以反應事物之間的數量對比關係。因此，對比的指標具有可比性，是正確計算和運用相對指標的前提。可比性涉及多個方面，主要體現在：

1. 經濟內容和計算口徑要可比

每一個統計指標都有其質的規定性，在進行指標之間的對比分析時，首先要考慮對比的指標在經濟內容和計算口徑上是否一致。有些指標在不同時間或不同空間的名稱

可能完全相同,但其經濟內容可能不同,就不能進行比較分析;指標的計算口徑不同,其數值的大小就有差異,也就不能進行對比。例如,同樣是勞動生產率,可按總產值計算,也可按增加值計算;可按全部職工人數計算,也可按工人人數計算。因此,要將勞動生產率進行不同時間或不同空間比較,必須保證其經濟內容和計算口徑的一致。

2. 總體範圍要可比

統計指標的大小與總體範圍的大小有一定聯繫,尤其是總量指標。如果對比的指標所屬的總體範圍不一致,也就不具有可比性。因此,將不同時間的指標數值進行對比分析時,如果現象的範圍發生了改變,應將其數值調整后才能進行比較。例如,四川省行政轄區發生變動,那麼轄區內的地區生產總值、糧食產量等指標必須進行調整才能比較分析。

3. 所屬的時間要可比

統計指標的大小與其時間的長短有一定聯繫,尤其是時期指標。時期指標與時期的長短有直接關係,一般地講,時期越長其指標數值越大,時期越短其指標數值越小,因此,進行時期指標的對比分析時,必須保證其時間長短一致。時點指標、相對指標和平均指標,雖然其數值大小與時間長短沒有直接聯繫,但指標所屬的時間長短和指標之間的時間間隔也最好一致,否則也不具可比性。

需要特別強調的是:由於社會經濟現象複雜多樣,對比分析的目的和任務不同,可比性的要求具有一定的相對性,不能機械化。例如,進行動態對比分析時,根據研究的特殊需要,有時也可將時間長度不同的指標數值進行對比,以說明不同歷史時期現象發展的差異。

(三)相對指標要與總量指標結合運用

無論是哪一種統計指標,都有它自身的優勢,也有其局限性。總量指標能夠反應事物發展的總規模和總水平,却不易看清事物差別的程度;相對指標反應了現象之間的數量對比關係和差異程度,却又將現象的具體規模和水平抽象化了。因此,將相對指標和總量指標結合起來使用,才能克服認識上的片面性,達到對客觀事物全面正確的認識。

(四)各種相對指標要結合運用

社會經濟現象各方面的聯繫錯綜複雜,一個現象的變化往往由諸多因素引起,同時又影響著與之相聯繫的其他現象的變化,而不同的相對指標是從不同的角度說明現象之間的聯繫程度。因此,在分析研究複雜現象時,應該將多種相對指標結合起來使用,這樣才能從不同的角度觀察問題,進行多方面的比較,從而更加深入、全面地分析問題和認識問題。例如,在研究企業的經營效果時,我們不僅要看總產值、商品產值、增加值、產品產量、銷售收入、利稅總額等總量指標,還要結合企業的投入,觀察產值利稅率、資金利稅率等相對指標,客觀反應企業的經濟效益。同時,我們還需要將這些指標與企業的計劃任務相比較,檢查企業計劃的執行情況;利用動態相對指標,將當期指標數值與企業過去的同類指標數值進行縱向對比,可以總結經驗和成績,尋找事物發展變化的規律;通過計算各個比較相對指標,能夠實現與其他同類企業的橫向對比,發現自己的差距和不足,及時制訂措施,迎頭趕上。

本章小結

對統計資料進行分析研究,必須借助於各種形式的統計指標,應用各種統計分析方法。統計指標可分為總量指標、相對指標和平均指標。

總量指標是反應現象總體的總規模、總水平或者工作總量的統計指標,其數值大小與總體範圍的大小有直接關係。總量指標既可以表現為現象所達到的總量,也可以表現為總量增減變化的絕對數。

總量指標的計量單位有實物單位、貨幣單位和勞動量單位三種。實物單位主要有:自然單位、度量衡單位、複合單位、標準實物單位。

總量指標按其說明總體內容不同分為總體單位總量和總體標誌總量;按其反應的時間狀況不同分為時期指標和時點指標;按其採用的計量單位不同分為實物指標、價值指標和勞動指標。

計算和運用總量指標應遵循的原則有:應正確理解總量指標的含義、計算範圍和計算方法;在計算實物指標時,應注意現象的同類性;計算口徑、計量單位、計算價格應一致。

相對指標是用以反應現象之間的數量特徵和數量關係的綜合指標,其表現形式為相對數。相對指標的計量形式有兩種:有名數和無名數。有名數主要用於強度相對指標。無名數常以係數、倍數、百分數、千分數、成數等來表示。

常見的相對指標有:結構相對指標、比例相對指標、比較相對指標、動態相對指標、強度相對指標、計劃完成情況相對指標。

結構相對指標是反應總體內部構成狀況的綜合指標,一般用百分數或係數表示。各結構相對指標之和等於 100% 或 1。

比例相對指標是反應總體內部各個組成部分之間的數量聯繫程度和比例關係的指標。比例相對指標和結構相對指標都是在統計分組的基礎之上計算的,都可以反應總體內部的組成情況。

比較相對指標是表明同類事物在不同空間條件下的差異程度和現象發展的不平衡程度,一般用係數、倍數或者百分數來表示。比較相對指標既可用於不同國家、地區、單位之間的比較,也可用於先進與落后的比較,還可用於和標準水平或平均水平的比較。

動態相對指標是說明現象發展變化的方向和程度,又稱發展速度,通常用百分數表示。

強度相對指標是反應社會經濟現象的發展程度、效益、密度和普遍程度等,其表現形式一般為有名數,有時也可用無名數(次數、倍數、係數、百分數或千分數)來表示。

計劃完成情況相對指標是用以檢查、監督計劃的執行情況,一般用百分數表示。計劃的進度執行情況檢查應遵循「任務與時間同步」的原則,以時間進度作為考核標準。中、長期計劃執行情況檢查的方法有水平法和累計法兩種。水平法適用於計劃任務數按計劃期末年應達到水平下達;累計法適用於計劃任務數按整個計劃期內累計應完成多少

總量下達。

　　計算和運用相對指標時,要選擇好對比的基數,對比的指標要具有可比性,要與總量指標結合運用,各種相對指標要結合運用。

中英文對照專業名詞

綜合指標	Composite Indicator
總量指標	Aggregate Indicator
相對指標	Relative Indicator
結構相對指標	Structural Indicator
比例相對指標	Proportional Indicator
比較相對指標	Comparative Indicator
動態相對指標	Dynamic Indicator
強度相對指標	Intensity Indicator
計劃完成情況相對指標	Indicators of Fulfillment of Plan

思考與練習

思考題

1. 什麼是總量指標？它在社會經濟統計中的作用如何？
2. 總體單位總量和總體標誌總量、時期指標和時點指標如何區別？實物指標和價值指標的特點和作用如何？
3. 計算和應用總量指標時應注意哪些問題？
4. 統計中常用的相對指標有哪些？各有什麼作用？
5. 各種相對指標之間的主要區別和聯繫有哪些？
6. 計算和應用相對指標時應注意哪些問題？

練習題

1. 某管理局所屬三個工業企業,2008年上半年有關資料如表3.2所示,試計算並填齊表中空格的數值。

表 3.2　　　甲、乙、丙三個工業企業 2008 年上半年計劃任務完成情況統計表

企業	第一季度實際總產值（萬元）	第二季度 計劃任務數 總產值（萬元）	第二季度 計劃任務數 比重（%）	第二季度 實際完成數 總產值（萬元）	第二季度 實際完成數 比重（%）	計劃完成程度(%)	第二季度為第一季度的百分比
甲	105	110		116			
乙	125	135				100	
丙	162			195		95.1	
合計							

2. 某廠甲、乙兩個車間生產同一產品的產量和單位成本資料如表 3.3 所示：

表 3.3　　　　　　　　甲、乙兩車間生產狀況統計表

車間	2007 年 產量(件)	2007 年 單位成本(元/件)	2008 年 產量(件)	2008 年 單位成本(元/件)
甲	600	300	1,200	300
乙	900	350	800	350
合計	1,500	330	2,000	320

要求：①計算結構相對指標；

②各車間單位成本不變，全廠單位成本 2008 年較 2007 年降低 10 元，試分析原因。

3. 某年度某企業計劃單位產品成本降低 10%，勞動生產率提高 10%，利潤總額在上年 1,000 萬元的基礎上增加 50%。實際執行結果是單位產品成本降低 8%，勞動生產率提高 20%，利潤總額計劃完成 105%。試求：①該企業單位產品成本計劃完成程度指標；②勞動生產率計劃完成程度指標；③企業實現利潤總額。

4. 某企業某年計劃產值為 3,600 萬元，各月任務是均衡安排的，實際產值資料如表 3.4 所示：

表 3.4　　　　　　　　某企業年度計劃任務表

指標	一季度	二季度	三季度	四季度 10 月	四季度 11 月	四季度 12 月
產值	800	1,060	1,100	300	340	340

試求：該企業產值計劃完成程度指標，並確定提前完成計劃的時間。

第四章　統計數據分佈特徵的描述

搜集與整理的統計數據需要進一步描述其分佈特徵，包括分佈集中趨勢、離散程度以及偏態與峰度。

第一節　分佈集中趨勢的測度

集中趨勢是指一組數據向其中心值靠攏的傾向，測度集中趨勢就是尋找數據一般水平的代表值或中心值。

在統計學中，平均指標也稱平均數，就是可以用來反應標誌值的一般水平和標誌值分佈的中心位置或集中趨勢的一種指標。平均數的確定方法通常有兩種：

一是從總體各單位變量值中抽象出具有一般水平的量，這個量不是各個單位的具體變量值，但要反應總體各單位的一般水平，這種平均數稱為數值平均數。數值平均數有算術平均數、調和平均數及幾何平均數等形式；二是先將總體各單位的變量值按一定順序排列，然後取某一位置的變量值來反應總體各單位的一般水平，把這個特殊位置上的數值看作是平均數，稱作位置平均數。位置平均數有眾數、中位數及四分位數等形式。

一、眾數

(一) 眾數的定義

某製鞋廠要瞭解消費者最需要哪種型號的男皮鞋，調查了某百貨商場某季度男皮鞋的銷售情況，見表4.1。

表4.1　　　　　　　　　某商場某季度男皮鞋銷售情況

男皮鞋號碼 (厘米)	24.0	24.5	25.0	25.5	26.0	26.5	27.0	合計
銷售量(雙)	12	84	118	541	320	104	52	1,231

從表4.1可以看到，25.5厘米的鞋銷售量最多。如果我們計算算術平均數，則平均號碼為25.65厘米，而這個號碼顯然是沒有實際意義的，而直接用25.5厘米作為顧客對男皮鞋所需尺寸的集中趨勢，既便捷又符合實際。

統計上，把這種在一組數據中出現次數最多的變量值叫做眾數用 Mo 表示，它主要用於定類(品質標誌)數據的集中趨勢。當然也適用於作為定序(品質標誌)數據以及定距

和定比(數量標誌)數據集中趨勢的測度值。上面的例子中,鞋號25.5cm就是眾數。

(二) 眾數的計算

由品質數列和單項式變量數列確定眾數比較容易,哪個變量值出現的次數最多,它就是眾數,如上面的例子。

若所掌握的資料是組距式數列,則只能按一定的方法來推算眾數的近似值,計算公式為:

$$M_o = L + \frac{\Delta_1}{\Delta_1 + \Delta_2} \times d \qquad (4.1)$$

$$M_o = U - \frac{\Delta_2}{\Delta_1 + \Delta_2} \times d \qquad (4.2)$$

式中:L—— 眾數所在組下限;

U—— 眾數所在組上限;

Δ_1—— 眾數所在組次數與其下限的鄰組次數之差;

Δ_2—— 眾數所在組次數與其上限的鄰組次數之差;

d—— 眾數所在組組距。

【例4.1】某企業50名工人日加工零件數見表4.2,計算50名工人日加工零件數的眾數。

解:從表4.2中的數據可以看出,最大的頻數值是14,即眾數組為120～125這一組,根據公式(4.1)和(4.2)得50名工人日加工零件的眾數為:

$$M_o = 120 + \frac{14-8}{(14-8)+(14-10)} \times 5 = 123(件)$$

或

$$M_o = 125 - \frac{14-10}{(14-8)+(14-10)} \times 5 = 123(件)$$

眾數是一種位置平均數,是總體中出現次數最多的變量值,因而在實際工作中,有時有它特殊的用途。例如,要說明一個企業中工人最普遍的技術等級,說明消費者需要的內衣、鞋襪、帽子等最普遍的號碼,說明農貿市場上某種農副產品最普遍的成交價格等,都需要利用眾數。但是必須注意,從分佈的角度看,眾數是具有明顯集中趨勢點的數值,一組數據分佈的最高峰點所對應的數值即為眾數。當然,如果數據的分佈沒有明顯的集中趨勢或最高峰點,眾數也可能不存在;如果有兩個最高峰點,也可以有兩個眾數。只有在總體單位比較多,而且又明顯地集中於某個變量值時,計算眾數才有意義。

(三) 眾數的特點

(1) 眾數是以它在所有標誌值中所處的位置確定的全體單位標誌值的代表值,它不受分佈數列的極大或極小值的影響,從而增強了眾數對分佈數列的代表性。

(2) 當分佈數列沒有任何一組的次數佔多數,即分佈數列中沒有明顯的集中趨勢,而是近似於均勻分佈時,則該次數分配數列無眾數。若將無眾數的分佈數列重新分組或各組頻數依序合併,又會使分配數列再現出明顯的集中趨勢。

(3) 如果與眾數組相比鄰的上下兩組的次數相等,則眾數組的組中值就是眾數值;如

果與眾數組相比鄰的上一組的次數較多,而下一組的次數較少,則眾數在眾數組內會偏向該組上限;如果與眾數組相比鄰的上一組的次數較少,而下一組的次數較多,則眾數在眾數組內會偏向該組下限。

(4) 缺乏敏感性。這是由於眾數的計算只利用了眾數組的數據信息,不像數值平均數那樣利用了全部數據信息。

二、中位數

(一) 中位數的含義

中位數是將數據按大小順序排列起來,形成一個數列,居於數列中間位置的那個數據就是中位數。中位數用 Me 表示。

從中位數的定義可知,所研究的數據中有一半小於中位數,一半大於中位數。中位數的作用與算術平均數相近,也是作為所研究數據的代表值。在一個等差數列或一個正態分佈數列中,中位數就等於算術平均數。

在數列中出現了極端變量值的情況下,用中位數作為代表值要比用算術平均數更好,因為中位數不受極端變量值的影響;如果研究目的就是為了反應中間水平,當然也應該用中位數。在統計數據的處理和分析時,可結合使用中位數。

(二) 中位數的計算

確定中位數,必須將總體各單位的標誌值按大小順序排列,最好是編製出變量數列。這裡有兩種情況:

1. 對於未分組的原始資料,首先必須將標誌值按大小排序。設排序的結果為:

$x_1 \leqslant x_2 \leqslant x_3 \leqslant \cdots \leqslant x_n$,

則中位數就可以按下面的方式確定:

$$Me = \begin{cases} x_{\frac{n+1}{2}}, & n \text{ 為奇數} \\ \dfrac{x_{\frac{n}{2}} + x_{\frac{n}{2}+1}}{2}, & n \text{ 為偶數} \end{cases} \quad (4.3)$$

例如,某組工人產量分別為每小時10件、13件、15件和17件,則中位數位次為第2項和第3項,中位數為這兩項的算術平均數,即 $\dfrac{13+15}{2} = 14$(件)。

2. 由分組資料確定中位數。由組距數列確定中位數,應先按 $\dfrac{\sum f_i}{2}$ 的公式求出中位數所在組的位置,然後再按下限公式或上限公式確定中位數。

下限公式

$$Me = L + \dfrac{\dfrac{\sum f_i}{2} - S_{m-1}}{f_m} \times d \quad (4.4)$$

上限公式

$$Me = U - \frac{\frac{\sum f_i}{2} - S_{m+1}}{f_m} \times d \qquad (4.5)$$

式中：Me——中位數；

L——中位數所在組下限；

U——中位數所在組上限；

f_m——中位數所在組的次數；

$\sum f_i$——總次數；

d——中位數所在組的組距；

S_{m-1}——中位數所在組以下的累計次數；

S_{m+1}——中位數所在組以上的累計次數。

圖解上述中位數求解公式：

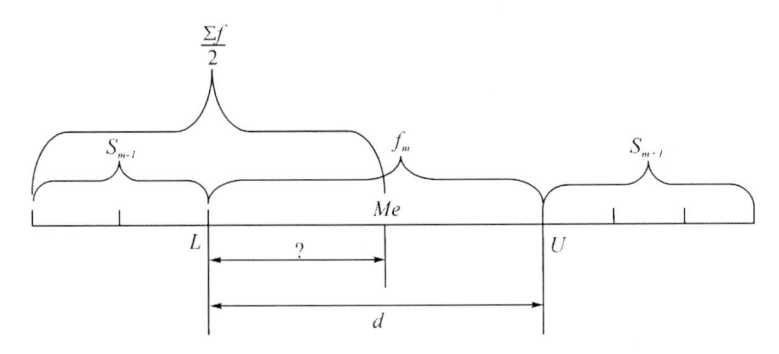

圖 4.1　用圖示說明組距式數列中位數的求解公式

以下限公式為例說明，$\frac{\sum f_i}{2} - S_{m-1}$ 表示 L 到 Me 所包含的次數，$\frac{\frac{\sum f_i}{2} - S_{m-1}}{f_m}$ 表示 L 到 Me 距離占中位數組距離的比例，$\frac{\frac{\sum f_i}{2} - S_{m-1}}{f_m} \times d$ 表示 L 到 Me 距離，即圖中「?」的長度，$L + \frac{\frac{\sum f_i}{2} - S_{m-1}}{f_m} \times d$ 表示 Me 的坐標，即中位數的數值。

【例 4.2】根據表 4.2 中的數據，計算 50 名工人日加工零件數的中位數。

表 4.2　　　　　某企業 50 名工人加工零件中位數計算表

按零件數分組(個)	頻數(人)	向上累計(人)	向下累計(人)
105 ~ 110	3	3	50
110 ~ 115	5	8	47

表4.2(續)

按零件數分組(個)	頻數(人)	向上累計(人)	向下累計(人)
115～120	8	16	42
120～125	14	30	34
125～130	10	40	20
130～135	6	46	10
135～140	4	50	4

解：

由表4.2可知，中位數的位置 $=\frac{50}{2}=25$，即中位數在120～125這一組，$L=120$，$S_{m-1}=16$，$U=125$，$S_{m+1}=20$，$f_m=14$，$d=5$，根據中位數公式得：

$$Me = 120 + \frac{\frac{50}{2} - 16}{14} \times 5 = 123.21(件)$$

或

$$Me = 125 - \frac{\frac{50}{2} - 20}{14} \times 5 = 123.21(件)$$

(三) 中位數的特點

(1) 中位數是以它在所有標誌值中所處的位置確定的全體單位標誌值的代表值。不受分佈數列的極大值或極小值影響，從而在一定程度上提高了中位數對分佈數列的代表性。

(2) 有些離散型變量的單項式數列，當次數分佈偏態時，中位數的代表性會受到影響。

(3) 缺乏敏感性。

三、均值

均值又叫算術平均數，是集中趨勢測度中最重要的一種，它在所有平均數中應用最廣泛。因為它的計算方法是與許多社會經濟現象中個別現象與總體現象之間存在的客觀數量關係相符合的。

例如，企業職工的工資總額就是各個職工工資額的總和。職工的平均工資必等於職工的工資總額與職工總人數之比。所以，算術平均數的基本公式是：

$$算術平均數 = \frac{總體標誌總量(變量值總量)}{總體單位總量(變量值個數)}$$

算術平均數一般就稱為平均數(mean)。其定義是：觀察值的總和除以觀察值個數的商。

在已知研究對象的總體標誌總量及總體單位總量時，可直接利用上式計算。例如，某企業某月的工資總額為680,000元。職工總數為1,000人，則：

$$該企業職工月平均工資 = \frac{680,000}{1,000} = 680(元)$$

利用上式計算時，要求各變量值必須是同質的，分子與分母必須屬於同一總體，即公式的分子是分母具有的標誌值，分母是分子的承擔者。在實際工作中，就手工計算而言，由於所掌握的統計資料的不同，利用上述公式進行計算時，可分為簡單算術平均數和加權算術平均數兩種。

(一) 簡單算術平均數

根據未經分組整理的原始數據計算的均值，稱為簡單算術平均數。設一組數據為 x_1，$x_2,\cdots,x_n$ 則簡單算術平均數的計算公式如下：

$$\bar{x} = \frac{x_1 + x_2 + \cdots + x_n}{n} = \frac{\sum_{i=1}^{n} x_i}{n} \tag{4.6}$$

【例4.3】某市財政局審計科五個職工，月績效工資分別為4,000元、4,200元、4,700元、4,800元、5,200元，假定該審計科職工月績效工資額是整個財政局的一個樣本，可用公式(4.6)計算該審計科職工月平均績效工資。

解：根據公式計算如下

$$\bar{x} = \frac{\sum_{i=1}^{n} x_i}{n} = \frac{4,000 + 4,200 + 4,700 + 4,800 + 5,200}{5} = 4,580(元)$$

(二) 加權算術平均數

根據分組整理的數據計算的算術平均數，稱為加權算術平均數。其計算公式為：

$$\bar{x} = \frac{x_1 f_1 + x_2 f_2 + \cdots + x_k f_k}{f_1 + f_2 + \cdots + f_k} = \frac{\sum_{i=1}^{k} x_i f_i}{\sum_{i=1}^{k} f_i} \tag{4.7}$$

式中，f_i 代表各組變量值出現的頻數。

【例4.4】某電腦公司銷售量的頻數分佈數據資料如表4.4。

表4.4　　　　　　　　　某電腦公司銷售量的頻數分佈

按銷售量分組(臺)	頻數(天)	頻率(%)
140 ~ 150	4	3.33
150 ~ 160	9	7.50
160 ~ 170	16	13.33
170 ~ 180	27	22.50
180 ~ 190	20	16.67
190 ~ 200	17	14.17
200 ~ 210	10	8.33
210 ~ 220	8	6.67
220 ~ 230	4	3.33
230 ~ 240	5	4.17
合計	120	100

根據表 4.4 中的數據,計算電腦銷售量的平均數。

解:計算過程見表 4.5。

表 4.5　　　　　　　　某電腦公司銷售量數據平均數計算表

按銷售量分組(臺)	組中值 x_i	頻數 f_i	$x_i f_i$
140 ～ 150	145	4	580
150 ～ 160	155	9	1,395
160 ～ 170	165	16	2,640
170 ～ 180	175	27	4,725
180 ～ 190	185	20	3,700
190 ～ 200	195	17	3,315
200 ～ 210	205	10	2,050
210 ～ 220	215	8	1,720
220 ～ 230	225	4	900
230 ～ 240	235	5	1,175
合計	——	120	22,200

根據式(4.7),得:

$$\bar{x} = \frac{\sum_{i=1}^{k} x_i f_i}{\sum_{i=1}^{k} f_i} = \frac{22,200}{120} = 185(臺)$$

　　這種根據已分組整理的數據計算的算術平均數就稱為加權算術平均數。這時,算術平均數的大小,不僅取決於研究對象的變量值,而且受各變量值重複出現的頻數(f_i)或頻率($f_i / \sum f_i$)大小的影響。如果某一組的頻數或頻率較大,說明該組的數據較多,那麼該組數據的大小對算術平均數的影響就大,反之則小。可見,各組頻數的多少(或頻率的高低)對平均的結果起著一種權衡輕重的作用。因而這一衡量變量值相對重要性的數值稱為權數。這裡所謂權數的大小,並不是以權數本身值的大小而言,而是指各組單位數占總體單位數的比重,即權數系數($f_i / \sum f_i$)。權數系數亦稱為頻率,是一種結構相對數。

　　當然,利用組中值作為本組平均值計算算術平均數,是在各組內的標誌值分佈均勻的假定下,計算結果與未分組數列的相應結果可能會有一些偏差,應用時應予以注意。在統計分析過程中,如果收集到的是經過初步整理的次級數據,或數據要求不很精確的原始數據資料,可用此法計算均值。如果要求結果十分精確,那麼需用原始數據的全部實際信息,如果計算量很大,可借助計算機的統計功能。

　　如果是計算相對數的平均數,則應符合所求的相對數本身的公式,將分子視為總體標誌總量,分母視為總體單位總量。

(三) 算術平均數的權數

權數問題是計算平均數的核心問題。權數體現了各組變量值在總體中的重要程度。算術平均數以及后面講到的調和平均數、幾何平均數都存在權數，這裡只對算術平均數的權數加以說明。算術平均數的權數有兩類：客觀權數和主觀權數。

1. 客觀權數

客觀權數是指與被平均的變量存在客觀聯繫的指標。客觀權數的確定可以從兩個方面考慮：

(1) 在次數分佈數列中，以各組變量值出現的次數 (即各組單位數) 或各組頻率 (即各組單位數占總體單位數的比重) 為權數。

(2) 根據事物的內在屬性確定權數。一些事物內部本身存在一些重要程度的差別，而這種差別又能以數量關係反應出來，這種能用數值表現的重要程度，就可直接作為權數。如高校考察學生成績，以各科目學分數作為權數。

2. 主觀權數

在有些情況下，缺少或不存在客觀權數的資料，但又需要體現被平均對象在總體中的重要程度，這時需要根據人們的經驗設定權數。這種權數稱為主觀權數。一般來講，在總體中作用大的賦予較大權數，作用小的賦予較小權數。如高校裡要求學生德智體全面發展，但在對學生進行綜合評價時，德智體重要性是有所差別的，因此計算綜合加權平均成績時，必須人為地賦予德智體一定的權數。

(四) 算術平均數的性質

算術平均數在統計學中具有重要的地位，它是進行統計分析和統計推斷的基礎。首先，從統計思想上看，它是一組數據的重心所在，是數據誤差相互抵消后的必然性結果。比如對同一事物進行多次測量，若所得結果不一致，可能是由於測量誤差所致，也可能是其他因素的偶然影響，利用算術平均數作為其代表值，則可以使誤差相互抵消，反應出事物必然性的數量特徵。其次，它具有下面一些重要的數學性質，這些數學性質在實際工作中有著廣泛的應用 (如在相關性分析和方差分析及建立迴歸方程中)，同時也體現了算術平均數的統計思想。

(1) 各變量值與其算術平均數的離差之和等於零，即未分組資料：$\sum_{i=1}^{n}(x_i - \bar{x}) = 0$，分組資料：$\sum_{i=1}^{k}(x_i - \bar{x})f_i = 0$。

(2) 各變量值與其算術平均數的離差平方和最小值，即未分組資料：$\sum_{i=1}^{n}(x_i - \bar{x})^2 =$ 最小，分組 $\sum_{i=1}^{k}(x_i - \bar{x})^2 f_i =$ 最小值。

(五) 算術平均數的特點和應用

算術平均數是根據總體中全部變量值計算的，因此受總體內極端值的影響較大。當總體中變量值存在極大值，會使計算出的算術平均數偏大；當總體中變量值存在極小值，

會使計算出的算術平均數偏小。這樣都不能正確反應總體的一般水平，就不能準確測定總體集中趨勢。因此，在實際運用算術平均數時，如果總體中存在過大或過小的值，經常將其剔除，然后將余下的變量值加以平均，這種平均數稱為切尾平均數。

如某地區大多數農民年收入在8,000～15,000元，而個別農戶收入達到50,000元以上或不足1,000元，則計算平均收入時，應將收入極高的或極低的農戶剔除后再平均。目前此法在文藝或體育比賽評分中應用較多，以避免個別評委由於某種原因給分過高或過低而影響評價的科學性和公平性，實際中往往在評委所給分數中去掉一個最高分和一個最低分后，再平均決定參賽者的最后得分。

四、調和平均數

調和平均數是根據標誌值的倒數計算的，它是標誌值倒數的算術平均數的倒數，又稱倒數平均數。調和平均數的計算形式也分簡單調和平均數和加權調和平均數兩種。

（一）簡單調和平均數

簡單調和平均數是各單位標誌值倒數的簡單算術平均數的倒數。簡單調和平均數是先計算總體單位標誌值的倒數的簡單算術平均，然后求其倒數。其計算公式為：

$$\bar{x}_H = \frac{n}{\frac{1}{x_1} + \frac{1}{x_2} + \cdots + \frac{1}{x_n}} = \frac{n}{\sum_{i=1}^{n} \frac{1}{x_i}} \qquad (4.8)$$

（二）加權調和平均數

加權調和平均數是在各變量值對平均數起同等作用條件下應用的，在資料經過分組編成變量數列以后，應用加權調和平均法計算。加權調和平均法是先計算總體單位標誌值倒數的加權算術平均數，然后求其倒數。其計算公式為：

$$\bar{x}_H = \frac{m_1 + m_2 + \cdots + m_k}{\frac{m_1}{x_1} + \frac{m_2}{x_2} + \cdots + \frac{m_k}{x_k}} = \frac{\sum_{i=1}^{k} m_i}{\sum_{i=1}^{k} \frac{m_i}{x_i}} \qquad (4.9)$$

【例4.5】某蔬菜批發市場三種蔬菜的日成交數據如表4.6，計算三種蔬菜該日的平均批發價格。

表4.6　　　　　　　某日三種蔬菜的批發成交數據

蔬菜名稱	批發價格(元)	成交量(千克)	成交額(元)
甲	1.2	15,000	18,000
乙	0.5	25,000	12,500
丙	0.8	8,000	6,400
合計	——	48,000	36,900

我們知道，從平均價格的實際意義上看，其計算方法應該是：平均價格 = 成交額÷成

交量。根據題中給出的數據,我們可以求出成交額數據,因此平均批發價格為:

$$\bar{x} = \frac{成交額}{成交量} = \frac{36,900}{48,000} = 0.769(元)$$

如果我們已知的不是成交量數據,而是成交額,則如表 4.7 所示。

表 4.7　　　　　　　某日三種蔬菜的批發成交數據

蔬菜名稱	批發價格(元)	成交額(元)	成交量(千克)
甲	1.2	18,000	15,000
乙	0.5	12,500	25,000
丙	0.8	6,400	8,000
合計	—	36,900	48,000

計算平均批發價格時,我們需要根據批發價格和成交額數據先求出成交量數據,再用成交額除以成交量即得平均價格。這一過程可以表示為:

$$\bar{x}_H = \frac{成交額}{\sum \dfrac{成交額}{批發價格}}$$

這就是調和平均數。根據表 4.7 中的數據,代入上式得平均批發價格為:

$$\bar{x}_H = \frac{成交額}{\sum \dfrac{成交額}{批發價格}} = \frac{36,900}{48,000} = 0.769(元)$$

可見計算結果完全一致。實際上,調和平均數實際上只是平均數的另一種表現形式,二者本質上是一致的,唯一的區別是計算時使用了不同的數據。需要注意的是,當數據中出現「0」值時不宜計算調和平均數。

對於同一問題的研究,算術平均數和調和平均數的實際意義是相同的,計算公式也可以相互推演。採用哪一種方法完全取決於所掌握的實際資料。一般的做法是:如果掌握的是基本公式中的分母資料,則採用算術平均數;如果掌握的是基本公式中的分子資料,則採用調和平均數的計算公式。

(三) 調和平均數的特點

調和平均極易受極端值的影響,且受極小值的影響比受極大值的影響更大;只要有一個變量值為零,就不能計算調和平均數;當組距數列有開口組時,其組中值即使按相鄰組距計算了,假定性也很大,這時調和平均數的代表性就很不可靠;調和平均數應用的範圍較小。

五、幾何平均數

幾何平均數也稱幾何均值,它是對以連續比率變化或以幾何級數變化的平均數。它是 M 個變量值乘積的 M 次方根。根據統計資料的不同,幾何平均數也有簡單幾何平均數和加權幾何平均數兩種。

(一) 簡單幾何平均數

直接將 n 項變量連乘，然后對其連乘積開 n 次方根所得的平均數即為簡單幾何平均數。它是幾何平均數的常用形式。計算公式為：

$$\bar{x}_G = \sqrt[n]{x_1 \cdot x_2 \cdot x_3 \cdot \cdots \cdot x_n} = \sqrt[n]{\prod_{i=1}^{n} x_i} \qquad (4.10)$$

式中，$\bar{x}_G$ 代表幾何平均數，Π 代表連乘符號。

【例4.6】某流水生產線有前后銜接的 5 道工序，某日各工序產品的合格率分別為 95%，92%，90%，85%，80%，整個流水生產線產品的平均合格率為

$$\bar{x}_G = \sqrt[5]{0.95 \cdot 0.92 \cdot 0.90 \cdot 0.85 \cdot 0.80} = \sqrt[5]{0.534,9} = 88.24\%$$

(二) 加權幾何平均數

與算術平均數一樣，當資料中的某些變量值重複出現時，成了加權幾何平均數計算公式為：

$$\bar{X}_G = \sqrt[\Sigma f_i]{x_1^{f_1} \cdot x_2^{f_2} \cdot x_3^{f_3} \cdot \cdots \cdot x_n^{f_n}} = \sqrt[\Sigma f_i]{\prod_{i=1}^{k} x_i^{f_i}} \qquad (4.11)$$

式中，f_i 代表各個變量值出現的次數。

【例4.7】某工商銀行某項投資年利率是按複利計算的，20 年的利率分配見表 4.8，計算 20 年的平均年利率。

表4.8　　　　　　　　投資年利率分組表

年限	年利率(%)	本利率(%) x_i	年數(年) f_i
第 1 年	5	105	1
第 2 年 ~ 第 4 年	8	108	3
第 5 年 ~ 第 15 年	15	115	11
第 16 年 ~ 第 20 年	18	118	5
合計	—	—	20

解　按公式計算 20 年的本利率，為：

$$\bar{X}_G = \sqrt[20]{1.05^1 \cdot 1.08^3 \cdot 1.15^{11} \cdot 1.18^5} = 114.14\%$$

即 20 年的平均年利率為：114.14% − 1 = 14.14%。

(三) 幾何平均數的特點

幾何平均數有如下特點：① 幾何平均數受極端值的影響較算術平均數小；② 如果變量值有負值，計算出的幾何平均數就會成為負數或虛數；③ 它僅適用於具有等比或近似等比關係的數據；④ 幾何平均數的對數是各變量值對數的算術平均數。

六、幾種集中趨勢測度值的比較

以算術平均數為中心，各種平均數之間的相互關係體現在以下兩個方面。

(一)算術平均數、幾何平均數和調和平均數三者的關係

例如,有變量值4、8、10、12,對其計算三種平均數,得算術平均數8.5,調和平均數7.16,幾何平均數7.87。可見,用同一種資料計算結果是,幾何平均數大於調和平均數而小於算術平均數,只有當所有變量值都相等時,這三種平均數才相等。它們的關係用不等式表示為:

$$\bar{X}_H \leq \bar{X}_G \leq \bar{X}$$

值得注意的是,上述三種平均數由於計算公式的表現形式不同,因而適合場合也不同,算術平均數和調和平均數適用於對靜態的總量指標、相對指標和平均指標來計算平均數,幾何平均數則主要用於計算時間上相互銜接的比率或速度的平均數。

(二)算術平均數、眾數和中位數三者的關係

這三者的關係,與總體分佈的特徵有關。可以分為以下三種表現情況:

1. 當總體分佈呈對稱狀態時,三者合而為一,即 $\bar{X} = M_e = M_0$(如圖4.2所示)

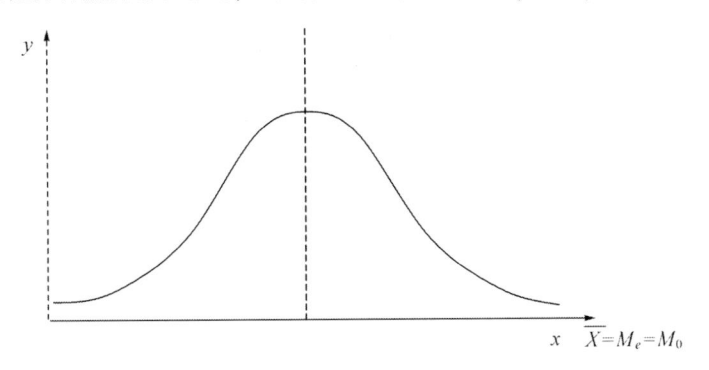

圖4.2　正態分佈

2. 當總體分佈呈右偏時,則 $M_0 < M_e < \bar{X}$(如圖4.3所示)

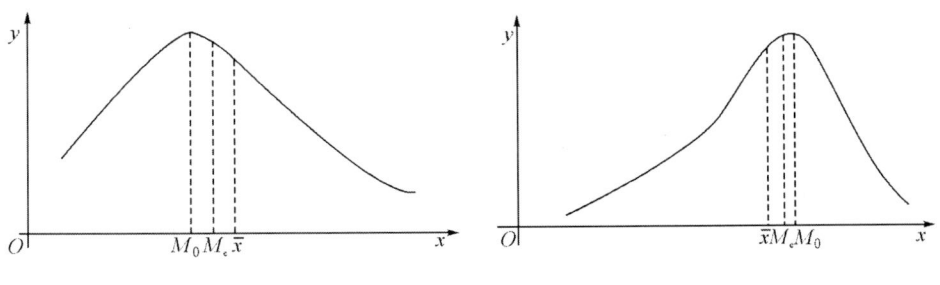

圖4.3　右偏態分佈　　　　圖4.4　左偏態分佈

3. 當總體分佈呈左偏時,則 $\bar{X} < M_e < M_0$(如圖4.4所示)

以上第2、3種情況均為總體分佈呈非對稱狀態,三者之間就存在著一定的差別,愈不對稱,差別愈大。英國統計學家卡爾·皮爾遜(K. Pearson)認為,當分佈只是適當偏態時,

三者之間的數量關係是：中位數與算術平均數的距離是眾數與算術平均數的距離的三分之一，即關係式為：$\bar{X} - M_0 = 3|\bar{X} - M_e|$。所以，如果 $\bar{X} - M_0 > 0$，則說明分佈右偏（又稱上偏，如圖4.3所示）；如果 $\bar{X} - M_0 < 0$，則說明分佈左偏（又稱下偏，如圖4.4所示）；如果 $\bar{X} - M_0 = 0$，則說明分佈對稱（如圖4.2所示）。

根據皮爾遜的經驗公式，還可以推斷出：在輕微偏態的次數分佈中，一旦三者之中兩者為已知時，就可以近似估計出第三者，計算公式如下：

$$M_0 = 3M_e - 2\bar{X} \tag{4.12}$$

$$M_e = \frac{1}{3}(M_0 + 2\bar{X}) \tag{4.13}$$

$$\bar{X} = \frac{1}{2}(3M_e - M_0) \tag{4.14}$$

第二節　分佈離散程度的測度

一、極差

極差也稱為全距，是指總體各單位的兩個極端標誌值之差，即：

$$R = 最大標誌值 - 最小標誌值 \tag{4.15}$$

因此，極差 R 可反應總體標誌值的差異範圍。

【例4.8】有甲、乙兩個學習小組的統計學成績分別為：

甲組：60,70,80,90,100

乙組：78,79,80,81,82

解：很明顯，兩個小組的考試成績平均分都是80分，但是哪一組的分數比較集中呢？如果用全距指標來衡量，則有：

$R_甲 = 100 - 60 = 40(分)$

$R_乙 = 82 - 78 = 4(分)$

這說明甲組資料的標誌變動度或離中趨勢遠大於乙組資料的標誌變動度。

根據組距計算極差，是測定標誌變動度的一種簡單方法，但因受極端值的影響，因而它往往不能充分反應社會經濟現象的離散程度。

在實際工作中，全距常用來檢查產品質量的穩定性和進行質量控制。在正常生產條件下，全距在一定範圍內波動，若全距超過給定的範圍，就說明有異常情況出現。因此，利用全距有助於及時發現問題，以便採取措施，保證產品質量。

二、方差和標準差

方差和標準差是測度數據變異程度的最重要、最常用的指標。方差是各個數據與其算術平均數的離差平方的平均數，通常以 σ^2 表示。方差的計量單位和量綱不便於從經濟意義上進行解釋，所以實際統計工作中多用方差的算術平方根——標準差來測度統計數

據的差異程度。標準差又稱均方差,一般用 σ 表示。方差和標準差的計算也分為簡單平均法和加權平均法。

設總體方差為 σ^2,對於未經分組整理的原始數據,方差的計算公式為:

$$\sigma^2 = \frac{\sum_{i=1}^{n}(x_i - \bar{x})^2}{n} \tag{4.16}$$

對於分組數據,方差的計算公式為:

$$\sigma^2 = \frac{\sum_{i=1}^{k}(x_i - \bar{x})^2 f_i}{\sum_{i=1}^{k} f_i} \tag{4.17}$$

方差的平方根即為標準差,其相應的計算公式為:

未分組數據:

$$\sigma = \sqrt{\frac{\sum_{i=1}^{n}(x_i - \bar{x})^2}{n}} \tag{4.18}$$

分組數據:

$$\sigma = \sqrt{\frac{\sum_{i=1}^{k}(x_i - \bar{x})^2 f_i}{\sum_{i=1}^{k} f_i}} \tag{4.19}$$

根據表4.4中的數據,計算電腦銷售量的標準差。

解　已知 $\bar{x} = 185$,計算過程見表4.9。

表4.9　　　　某電腦公司銷售量數據標準差計算表

按銷售量分組(臺)	組中值 x_i	頻數 f_i	$(x_i - \bar{x})^2$	$(x_i - \bar{x})^2 f_i$
140～150	145	4	1,600	6,400
150～160	155	9	900	8,100
160～170	165	16	400	6,400
170～180	175	27	100	2,700
180～190	185	20	0	0
190～200	195	17	100	1,700
200～210	205	10	400	4,000
210～220	215	8	900	7,200
220～230	225	4	1,600	6,400
230～240	235	5	2,500	12,500
合計	—	120	—	55,400

根據式(4.19)得標準差如下。

$$\sigma = \sqrt{\frac{\sum_{i=1}^{k}(x_i - \bar{x})^2 f_i}{\sum_{i=1}^{k} f_i}} = \sqrt{\frac{55,400}{120}} = 21.49(臺)$$

統計軟件中的描述統計部分都有方差和標準差的輸出選項。選用 $Excel$ 中的統計函數[$STDEV$]可以計算標準差。

三、離散系數

上面介紹的各離散程度測度值都是反應數據分散程度的絕對值，其數值的大小受兩方面的影響。一方面，取決於原變量值本身水平高低的影響，也就是與變量的均值大小有關。變量值絕對水平越高，離散程度的測度值自然也就越大，絕對水平越低，離散程度的測度值自然也就越小。另一方面，它們與原變量值的計量單位相同，採用不同計量單位計量的變量值，其離散程度的測度值也就不同。因此，對於平均水平不同或計量單位不同的不同組別的變量值，是不能直接用上述離散程度的測度值直接進行比較的。為了消除變量值水平高低和計量單位不同對離散程度測度值的影響，需要計算離散系數。

離散系數通常是就標準差來計算的，因此也稱為標準差系數，它是一組數據的標準差與其相應的均值之比，是測度數據離散程度的相對指標，其計算公式為：

$$V_\sigma = \frac{\sigma}{\bar{X}} \tag{4.20}$$

V_σ 和 V_s 分別表示總體離散系數和樣本離散系數。

離散系數主要是用於對不同組別數據的離散程度進行比較，離散系數大的說明該組數據的離散程度也就大，離散系數小的說明該組數據的離散程度也就小。

【例4.9】某管理局所屬的8家企業，其產品銷售數據見表4.10，試比較產品銷售額與銷售利潤的離散程度。

表4.10　　　　　　　某管理局所屬8家企業的產品銷售數據

企業編號	1	2	3	4	5	6	7	8
產品銷售額 x_1(萬元)	170	220	390	430	480	650	950	1,000
銷售利潤 x_2(萬元)	8.1	12.5	18.0	22.0	26.5	40.4	64.0	69.0

解：由於銷售額與利潤額的數據水平不同，不能直接用標準差進行比較，需要計算離散系數。由表中數據計算得

$$\bar{x}_1 = 536.25(萬元), \sigma_1 = 309.19(萬元), V_1 = \frac{309.19}{536.25} = 0.577;$$

$$\bar{x}_2 = 32.521,5(萬元), \sigma_2 = 23.09(萬元), V_2 = \frac{23.09}{32.521,5} = 0.710。$$

計算結果表明，$V_1 < V_2$，說明產品銷售額的離散程度小於銷售利潤的離散程度。

第三節　　分佈偏態與峰態的測度

集中趨勢和離散程度是數據分佈的兩個重要特徵,但要全面瞭解數據分佈的特點,我們還需要知道數據分佈的形狀是否對稱、偏斜的程度以及分佈的扁平程度等。偏態和峰態就是對分佈形狀的測度。

一、偏態系數

偏態($skewness$)一詞是由統計學家皮爾遜於 1895 年首次提出的,它是指數據分佈的不對稱性。

前面已經提到,利用眾數、中位數和平均數之間的關係就可以大體上判斷數據分佈是對稱、左偏還是右偏。顯然,判別偏態的方向並不困難,但要測度偏斜的程度則需要計算偏態系數。

對數據分佈不對稱性的度量值,稱為偏態系數,記作 SK。

偏態系數的計算方法有很多。在根據未分組的原始數據計算偏態系數時,通常採用下面的公式:

$$SK = \frac{\sum_{i=1}^{k}(x_i - \bar{x})^3}{n\sigma^3} \tag{4.21}$$

式中是標準差的三次方。

偏態系數測度了數據分佈的非對稱性程度。如果一組數據的分佈是對稱的,則偏態系數等於 0;如果偏態系數明顯不同於 0,表明分佈是非對稱的。例如,根據表 4.3 中的原始數據計算的偏態系數為 0.4,表明銷售量的分佈有一定的偏斜。

根據分組數據計算偏態系數,可採用下面的公式

$$SK = \frac{\sum_{i=1}^{k}(x_i - \bar{x})^3 f_i}{\sum_{i=1}^{n} f_i \sigma^3} \tag{4.22}$$

從式(4.22)可以看到,它是離差三次方的平均數再除以標準差的三次方。當分佈對稱時,離差三次方后正負離差可以相互抵消,因而 SK 的分子等於 0,則 $SK = 0$;當分佈不對稱時,正負離差不能抵消,就形成了正或負的偏態系數 SK。當 SK 為正值時,表示正偏離差值較大,可以判斷為正偏或右偏;反之,當 SK 為負值時,表示負離差數值較大,可判斷為負偏或左偏。在計算 SK 時,將離差三次方的平均數除以 s^3 是將偏態系數轉化為相對數。SK 的數值越大,表示偏斜的程度就越大。

【例 4.10】計算表 4.4 中電腦銷售量的偏態系數。

解　計算過程見表 4.11。

表 4.11　　　　　　　某電腦公司銷售量偏態及峰態計算表

按銷售量分組(臺)	組中值 x_i	頻數 f_i	$(x_i - \bar{x})^3 \cdot f_i$	$(x_i - \bar{x})^4 \cdot f_i$
140 ~ 150	145	4	-256,000	10,240,000
150 ~ 160	155	9	-243,000	7,290,000
160 ~ 170	165	16	-128,000	2,560,000
170 ~ 180	175	27	-27,000	270,000
180 ~ 190	185	20	0	0
190 ~ 200	195	17	17,000	170,000
200 ~ 210	205	10	80,000	1,600,000
210 ~ 220	215	8	216,000	6,480,000
220 ~ 230	225	4	256,000	10,240,000
230 ~ 240	235	5	625,000	31,250,000
合計	—	120	540,000	70,100,000

將計算結果代入式(4.22) 得：

$$SK = \frac{\sum_{i=1}^{k}(x_i - \bar{x})^3 f_i}{\sum_{i=1}^{k} f_i \sigma^3} = \frac{\sum_{i=1}^{10}(x_i - 185)^3 f_i}{120 \times (21.58)^3} = \frac{540,000}{120 \times (21.58)^3} = 0.448$$

由計算結果可以看出,偏態系數為正值,但數值不是很大,說明電腦銷售量的分佈為右偏分佈,但偏斜程度不是很大。

二、峰態系數

峰態(kurtosis)一詞是由統計學家皮爾遜於 1905 年首次提出的,它是指數據分佈的平峰或尖峰程度。

對峰態的測度同樣需要計算峰態系數。

對數據分佈峰態的度量值,稱為峰態系數,記作 K。

峰態通常是與標準正態分佈相比較而言的。如果一組數據服從標準正態分佈,則峰態系數的值等於0,若峰態系數的值明顯不同於0,表明分佈比正態分佈更平或更尖,通常稱為平峰分佈或尖峰分佈如圖 4.5 所示。

在根據未分組數據計算峰態系數 K 時,通常採用公式：

$$K = \frac{\sum_{i=1}^{n}(x_i - \bar{x})^4}{n\sigma^4} - 3 \qquad (4.23)$$

根據分組數據計算峰態系數,其計算公式如下。

(a) 尖峰分佈　　　　　　　　(b) 平峰分佈

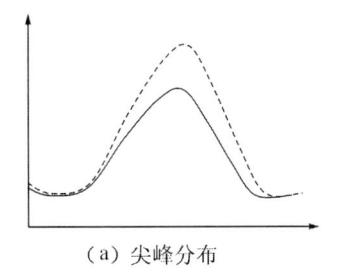

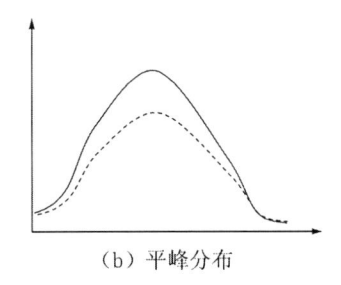

圖 4.5　尖峰分佈和平峰分佈

$$K = \frac{\sum_{i=1}^{k}(x_i - \bar{x})^4 f_i}{\sum_{i=1}^{k} f_i \sigma^4} - 3 \tag{4.24}$$

需要注意的是，(4.23) 式、(4.24) 式中也可以不減 3，此時的比較標準是 3。當 $K > 3$ 時為尖峰分佈，等 $K < 3$ 時為扁平分佈。

【例 4.11】根據表 4.12 中的數據，計算電腦銷售量分佈的峰態系數。

解　根據表 4.10 的計算結果，代入式 (4.24) 得

$$K = \frac{\sum_{i=1}^{k}(x_i - \bar{x})^4 f_i}{\sum_{i=1}^{k} f_i \sigma^4} - 3 = \frac{70,100,000}{120 \times (21.58)^4} - 3 = 2.694 - 3 = -0.306$$

由於 $K = -0.306 < 0$，說明電腦銷售量的分佈與正態分佈相比略有一些平峰。

上面我們介紹了數據分佈特徵的各種測度值。其中多數都可以通過 Excel 的「數據分析」選項中的「描述統計」命令得出計算結果。

本章小結

本章從三個方面介紹了數據分佈特徵測度和描述。一是分佈的集中趨勢，分別用均值、調和平均數、幾何平均數、中位數和眾數等指標測定，反應各數據向其中心靠攏或聚集的程度；二是分佈的離散程度，分別用方差、標準差、標準差系數等描述，反應各數據遠離其中心值的趨勢；三是分佈偏態和峰態，反應數據分佈形態。這三方面分別反應了數據分佈特徵的不同側面，本章重點討論了各特徵值的計算方法、特點及其應用。

中英文對照專業名詞

眾數	Mode
中位數	Median
均值	Average
調和平均數	Harmonious Average
幾何平均數	Geometric Mean
方差	Variance
標準差	Standard Deviation
偏態系數	Coefficient of Skewness
峰態系數	Coefficient of Kurtosis

思考與練習

思考題

1. 一組數據的分佈特徵可以從哪幾個方面進行描述？
2. 集中趨勢的測度值有哪些？它們有什麼特點？
3. 如何正確理解算術平均數中權數的意義和實質？如何選擇權數？
4. 闡述算術平均數、中位數和眾數三者之間的關係。
5. 分佈離散程度的測度值有哪些？為什麼要計算離散系數？

練習題

1. 兩種不同水稻品種，分別在 5 個田塊上試種，產量如表 4.12 所示(1 畝 ≈ 666.7 平方米)：

表 4.12　　　　　　　甲乙兩種水稻品種試驗數據表

甲品種		乙品種	
田塊面積(畝)	產量(千克)	田塊面積(畝)	產量(千克)
1.2	600	1.5	840
1.1	495	1.4	770
1.0	445	1.2	540
0.9	540	1.0	520
0.8	420	0.9	450

計算：

(1) 分別計算兩種品種的單位面積產量；

(2) 計算兩品種畝產量的標準差和標準差系數；

(3) 假定生產條件相同，確定哪一品種具有較大穩定性，宜於推廣。

2. 某公司 17 個百貨商店某年商品銷售的有關資料如表 4.13 所示。計算該地區 17 個商店銷售計劃平均完成百分比以及平均利潤率。

表 4.13　　　　　　　某公司某年部分商店商品銷售情況表

按銷售計劃完成 程度分組(%)	商店數 (個)	實際銷售額 (萬元)	實際利潤率 (%)
90 以下	1	237	5.83
90～100	3	256	7.54
100～110	7	398	7.02
110～120	4	266	5.24
120 以上	2	372	6.22
合計	17	1,529	—

3. 某土畜產進出口公司從一批出口茶葉中抽取 100 包進行質量檢查，其中質量在 100g 以上的有 90 包，計算所檢查的茶葉中質量在 100g 以上茶葉的成數及標準差。

4. 已知甲企業工人數和工資資料如表 4.14 所示：

表 4.14　　　　　　　　　甲企業工資表

工資(元)	450	540	670	860	900
工人數(人)	20	105	110	20	15

又知乙企業工人平均工資為 700 元，工資標準差為 140 元。試分析比較哪個企業的平均工資更具有代表性。

5. 某廠長想研究星期一的產量是否低於其他幾天，連續觀察六個星期同期的產量，整理后的資料如下：

星期一產量　110　150　170　210　150　120

非星期一產量如表 4.15 所示：

表 4.15　　　　　　　某廠非星期一的產量表

日產量(噸)	天數(天)
100～150	8
150～200	10
200～250	4
250 以上	2
合計	24

根據資料：
(1)計算六個星期一產量的算術平均數、中位數；
(2)計算非星期一產量的算術平均數、中位數和眾數；
(3)計算星期一和非星期一產量的極差和標準差；
(4)比較星期一和非星期一產量的相對離散程度哪個大一些。

6. 在某地區抽取的 120 家企業按利潤額進行分組，結果如表 4.16：

表 4.16　　　　　　　　　120 家企業按利潤額分組表

按利潤額分組(萬元)	企業數(個)
200～300	19
300～400	30
400～500	42
500～600	18
600 以上	11
合計	120

計算：
(1) 120 家企業利潤額的均值和標準差；
(2) 分佈的偏態系數和峰態系數。

第五章　抽樣及抽樣分佈

　　客觀世界中，人們必須面對成千上萬的問題（或現象），其中許多問題（或現象）都沒有確定的答案，具有不確定性。而統計研究問題（或現象）時，從總體中抽取樣本，並根據樣本信息來推斷總體數量特徵，其推斷結果也具有不確定性。這都需要應用概率論的理論和方法。本章將介紹概率的基本概念、常見的概率分佈及其數字特徵、基本的抽樣組織形式、常見的抽樣分佈等。

第一節　隨機變量及其概率分佈概述

一、隨機變量及其概率分佈的概念

（一）隨機現象、隨機實驗及其隨機事件

　　客觀世界存在各種現象，其中一類現象，在一定條件下可能出現這種結果，也可能出現那種結果，事前無法確定。例如，拋出一枚硬幣得到正面還是反面，擲一顆骰子出現的點數，高速公路收費站通過的車輛數，每天光臨某商場的顧客數，金融危機中陷入破產的銀行機構數，某煤礦發生瓦斯爆炸事故的件數，等等。我們將這類具有不確定性或偶然性的現象稱為隨機現象或偶然現象。

　　對於隨機現象，儘管有偶然性的一面，但也有規律性的一面。為了研究隨機現象的規律性，就需要在一定條件下對隨機現象進行觀察、測量或試驗，記錄所出現的結果，這稱之為隨機試驗。嚴格意義上的隨機試驗應滿足下列三個條件：① 試驗可以在相同的條件下重複進行。② 每次試驗可能結果不止一個，但試驗的所有可能結果在試驗之前是明確可知的。③ 每次試驗只能觀察到可能結果之中的一個，但在試驗結束之前不能肯定該次試驗將出現哪一個結果。當然，在實際應用中通常是從廣義的角度來理解隨機試驗，也就是從某一研究目的出發，對隨機現象進行的觀察、測量或試驗均可稱為隨機試驗。例如，擲一顆骰子，觀察出現的 1、2……6 點數；從流水生產線上的每 200 瓶純牛奶中抽取一瓶，並稱重；在城市十字路口觀察 5 分鐘裡通過的白色車輛，等等。

　　隨機試驗中可能出現或可能不出現的結果稱為隨機事件，簡稱事件，常用大寫英文字母 A、B、C 等來表示。就一定研究目的而言，隨機事件中不能再被分割的事件稱為基本事件或簡單事件；由若干基本事件組合而成的事件成為複合事件。例如，擲一顆骰子觀察點數的實驗中，擲得 1 點、2 點、3 點、…… 為基本事件，而擲得一個偶數點為擲得 2 點、4 點、6 點構成的複合事件。從幾何意義上看，在一項隨機實驗中，每一個基本事件稱為樣本

點,而所有基本事件的集合稱為樣本空間,常用符號 Ω 表示。例如,在上述骰子實驗中,樣本空間 $\Omega = \{1,2,3,4,5,6\}$。

在每次實驗中都必然發生的事件成為必然事件,而在每次實驗中都必然不發生的事件成為不可能事件。例如,在上述骰子實驗中,樣本空間 Ω 是一個必然事件,點數大於6為不可能事件。顯然,必然事件和不可能事件都不是隨機事件,但為討論方便,通常將它們包括在隨機事件內作為兩個極端看待。

(二) 隨機事件的概率

對於一項隨機實驗,隨機事件可能出現也可能不出現。雖然我們無法肯定哪一個事件會出現,但可以瞭解事件出現的可能性大小,並加以度量。

用來度量隨機事件在隨機實驗中出現的可能性大小的數值稱為隨機事件的概率。即隨機事件 A 出現可能性大小的數值 $P(A)$ 稱為事件 A 的概率。概率 $P(A)$ 越大,表示事件 A 發生的可能性就越大,反之亦然。

基於對概率的不同解釋,概率的定義主要有古典概率、統計概率和主觀概率。

1. 古典概率

研究隨機現象時,有這樣一類隨機實驗。例如,拋擲一枚質地均勻的硬幣,會出現兩個結果:「正面」和「反面」,即共有兩個基本事件,則這兩個基本事件出現的可能性是相等的。也就是說正反面出現的概率都是 1/2。這類隨機實驗具有兩個特徵:① 實驗結果的個數即基本事件的總數是有限的。② 每個基本事件出現的可能性相等。具有上述兩個特徵的隨機實驗稱為等可能隨機實驗或古典概型。

在古典概型中,事件 A 所包含的基本事件個數(m)與樣本空間中基本事件總數(n)的比值稱為事件 A 的概率,記為:

$$p(A) = \frac{\text{事件 } A \text{ 所包含的基本事件個數}}{\text{樣本空間中基本事件總數}} = \frac{m}{n} \tag{5.1}$$

這就是古典概率,或叫做先驗概率。

2. 統計概率

在許多隨機實驗中,事件出現的可能性大小需要大量的觀察才能判斷。例如某企業生產的產品,一般是合格品,偶爾也可能是次品,故「生產的產品為合格品」是一隨機事件。現從中抽選10件產品,觀察其合格品數量為7件,能否據此判斷這一隨機事件出現的可能性大小為頻率0.7?當然不行。我們只能將這個結果歸咎於偶然。只有當抽選次數相當多時,頻率穩定在一個固定值附近,才能用來描述「生產的產品為合格品」這一隨機事件出現的可能性大小。

由此可見,由於隨機事件的出現具有偶然性,只有實驗次數充分時,事件出現的頻率才具有穩定性。而頻率所穩定的這個常數是隨機事件出現可能性大小的一個客觀的度量,這個常數稱為統計概率或后驗概率。它可表達為:

若在相同條件下重複進行的 n 次實驗中,事件 A 發生了 m 次,當實驗次數 n 很大時,事件 A 發生的頻率 m/n 穩定地在某一常數 p 上下波動,且波動的幅度逐漸減小。則定義 p 為事件 A 發生的概率,記為:

$$p(A) = p = \frac{m}{n} \tag{5.2}$$

3. 主觀概率

有些隨機事件出現的可能性大小,既不能通過等可能事件個數來計算,也無法根據大量重複實驗的頻率來估計。例如,某型號客機產生某種機械故障的可能性,滬深股市股票指數明天漲跌如何,某公司開發的新產品能否營利,等等。這些隨機事件出現的可能性大小只能依據人們的主觀感覺或見解來判定。因此,凡是依據人們的主觀判斷而估計的隨機事件出現的可能性大小稱為主觀概率。

(三) 隨機變量的概念

針對一項隨機實驗,可以發現實驗中可能出現也可能不出現的結果(事件)可以用數量加以描述的。有的可以直接用數量標示表示,例如拋擲一枚骰子,可能出現的點數為1,2,3,4,5,6。有的不能直接用數量標示,但可以通過認為地給不同結果賦值而轉化為數量標示,例如在生產線上檢驗產品質量,可能出現的「合格」指定為1,可能出現的「不合格」指定為0,從而實現隨機事件的數量描述。

既然隨機實驗的每個可能結果(事件)都可以給予數量的標示,一個可能結果對應一個數值,那麼所有可能結果就可以用一個變量來描述。由於隨機因素的作用,這種變量的取值事先不能確定,而隨抽樣結果取不同的值,所以稱為隨機變量,通常用大寫字母X、Y、Z等表示,它的具體取值通常用相應的小寫字母x、y、z等表示。

隨機變量取值的情況可以很不相同。如果變量的所有取值為有限或無限可列個值,稱為離散型隨機變量。例如,抽選50個人判定其中左撇子的人數,一批產品中出現次品的件數,某飯店10分鐘裡前來光顧的顧客人數,等等。離散型隨機變量通常產生於計數的實驗中。如果變量的所有取值是一定區間內任一數值,稱為連續型隨機變量。例如,一批零件加工尺寸偏差,超市出口兩顧客間隔的時間,一批電子產品的使用壽命,等等。連續型隨機變量通常產生於測量的實驗中。

(四) 隨機變量概率分佈的概念

通過對隨機變量的描述,我們可以看到隨機變量是建立在隨機事件基礎上的一個概念。既然隨機事件出現的可能性大小對應於一定的概率,那麼隨機變量也應對應於一定的概率取各種可能值。所以,我們可以用隨機變量取所有可能取值及其對應的概率來對隨機變量的變化規律進行描述,這種隨機變量取值的概率的分佈情況,叫做隨機變量的概率分佈,簡稱分佈。分佈有兩種,離散型隨機變量構成離散型概率分佈,連續型隨機變量構成連續型概率分佈。

1. 離散型隨機變量的概率分佈

設X為一離散型隨機變量,可能取值$x_1, x_2, x_3, \cdots$,其相應的概率為$p_1, p_2, p_3, \cdots$。即$P(X = x_i) = p_i, (i = 1, 2, 3, \cdots)$。那麼$X$的所有可能取值$x_i$與其概率$p_i (i = 1, 2, 3, \cdots)$之間的對應關係為隨機變量$X$的概率分佈。其中$P(X = x_i) = p_i$是離散型隨機變量$X$的概率函數。

若用表格形式表現,成為分佈列(如表5.1所示)。

表 5.1　　　　　　　　　離散型隨機變量 X 的概率分佈

x	x_1	x_2	…	…	…	x_n
p_i	p_1	p_2	…	…	…	p_n

顯然,離散型隨機變量的概率分佈具有如下性質:

(1) $p_i \geq 0 \quad i = 1, 2, 3, \cdots$;

(2) $\sum_{i=1}^{n} p_i = 1$

離散型隨機變量概率分佈可用分佈函數 $F(X)$ 描述,定義為:

$$F(x) = P(X \leq x) = \sum_{x_i \leq X} p_i \tag{5.3}$$

2. 連續型隨機變量的概率分佈

由於連續型隨機變量的取值為某一區間的任意值,自然無法列出每一個值及相應的概率。通常用數學函數的形式來描述。

用來表示連續型隨機變量概率分佈的函數 $f(x)$ 稱為概率密度函數,簡稱概率密度。概率密度具有如下性質:

(1) $f(x) \geq 0$;

(2) $\int_{-\infty}^{+\infty} f(x) \mathrm{d}x = 1$;

(3) $P(a < X < b) = \int_{a}^{b} f(x) \mathrm{d}x$.

連續型隨機變量概率分佈也可用分佈函數 $F(x)$ 描述,定義為:

$$F(x) = P(X \leq x) = \int_{-\infty}^{x} f(x) \mathrm{d}x \tag{5.4}$$

(五) 隨機變量數字特徵

對於一個隨機變量來說,概率分佈是對它最完善的描述。知道了隨機變量的概率分佈,就掌握了它取值的概率規律。但在實際應用中,有些隨機變量的概率分佈是很難掌握的,有時也不必掌握隨機變量概率分佈的全貌,只需要知道它的主要分佈特徵。

通過前面章節學習,我們知道可以利用均值來反應數據的集中趨勢特徵,用方差來反應數據的離散程度。對於隨機變量也可用類似的方法,最常用的是數學期望、方差和標準差。

1. 隨機變量的數學期望

隨機變量 X 的數學期望又稱為均值,是隨機變量平均水平或集中程度的量度,常記作 $E(X)$ 或 μ。

對於離散型隨機變量 X,其數學期望計算公式為:

$$E(X) = \sum_{i=1}^{n} x_i p_i \tag{5.5}$$

對於連續型隨機變量 X,其數學期望計算公式如下。

$$E(X) = \int_{-\infty}^{\infty} xf(x)\,dx \tag{5.6}$$

2. 隨機變量的方差和標準差

隨機變量 X 的方差是它的各個可能取值與均值的離差平方的均值,即 $E(X-\mu)^2$,是隨機變量離散程度的量度,常記作 $D(X)$ 或 σ^2。

對於離散型隨機變量 X,其方差計算公式為:

$$D(X) = \sum_{i=1}^{n}(x_i - \mu)^2 \cdot P_i \tag{5.7}$$

對於連續型隨機變量 X,其方差計算公式為:

$$D(X) = \int_{-\infty}^{\infty}(x-\mu)^2 f(x)\,dx \tag{5.8}$$

方差的平方根就是標準差,常記為 $\sqrt{D(X)}$ 或 σ。

二、常見離散型隨機變量的概率分佈

離散型隨機變量有許多重要的概率分佈。下面介紹幾種在實際中最常見的離散型隨機變量的概率分佈。

(一) 二項分佈

研究隨機現象時,我們會發現許多隨機實驗與拋擲硬幣的實驗相似,每次實驗只有兩種可能結果。例如,觀眾是否喜歡觀看某類電視節目,企業生產的產品是否合格,普通民眾是否認為環保重要,消費者是否滿意通信產品售后服務,等等。這類實驗叫做伯努利實驗。若將伯努利實驗獨立地重複進行 n 次,則該實驗稱為 n 重伯努利實驗。具體地講,n 重伯努利實驗滿足下列條件:

(1) 每次實驗只有兩種可能結果,一種稱為成功,一種成為失敗。通常把研究者感興趣的結果定義為成功,失敗則是成功的反面。

(2) 每次實驗的概率都相同,「成功」的概率為 P,失敗的概率為 $Q=1-P$。

(3) 每次實驗之間相互獨立。

那麼,以 X 表示 n 次獨立重複實驗中「成功」的次數,則 X 為離散型隨機變量,其概率分佈為:

$$P(X=x) = C_n^x P^x (1-P)^{n-x} = \frac{n!}{x!(n-x)!}P^x(1-P)^{n-x}\ (x=0,1,2,\cdots n) \tag{5.9}$$

我們稱 X 服從參數為 n,p 的二項分佈,記為 $X \sim B(n,P)$。式中 C_n^x 表示從 n 個元素中抽取 x 個元素的組合。

二項分佈的數學期望和方差分別為:

$$E(X) = np \tag{5.10}$$

$$D(X) = np(1-p) \tag{5.11}$$

如果將伯努利實驗定義為一次,即 $n=1$,隨機變量 X 只可能取 0 和 1 兩個值,二項分佈轉化為兩點分佈,也稱為 0—1 分佈。則有如下公式。

$$P(X = x) = P^x(1-P)^{1-x} \tag{5.12}$$

0—1 分佈也可列表為：

表 5.2　　　　　　　　　　　0—1 變量的概率分佈

X	1	0
$P(X)$	P	$1-P$

0—1 分佈的數學期望和方差分別為：

$E(X) = P \quad D(X) = P(1-P)$

【例 5.1】根據人力資源和社會保障部的研究，2014 年全國城鎮登記失業率為 4.1%。現隨機進行電話調查 20 人，試求：(1) 沒有人失業的概率。(2) 有 1 人失業的概率。(3) 有 2 個或 2 個以下的人失業的概率。

解：據題意，該項調查為 20 重伯努利實驗。在 20 人中失業人數 $X \sim B(20, 0.041)$。那麼所求概率為：

(1) $P(X=0) = C_{20}^{0} \times 0.041^{0} \times (1-0.041)^{20-0} = 0.432\,9$

(2) $P(X=1) = C_{20}^{1} \times 0.041^{1} \times (1-0.041)^{20-1} = 0.370\,1$

(3) $P(X \leq 2) = P(X=0) + P(X=1) + P(X=2)$
$= 0.432\,9 + 0.371\,7 + 0.150\,3 = 0.953\,3$

兩項分佈的概率計算可利用 *Excel* 的函數功能。下面以例 5 中 $P(X=1)$ 的計算為例說明主要操作步驟：

① 點擊表格界面上的粘貼函數 f_x 命令，或點擊「插入」菜單下的「f_x 函數」；

② 在彈出的「插入函數」對話框的「選擇類別」中點擊「統計」，在「選擇函數」中點擊「*BINOMDIST*」，然後確定；

③ 在彈出的「函數參數」對話框中，第一個框 *Number-s* 鍵入 X 的值（本例為 1），第二個框 *Trials* 鍵入 n 的值（本例為 20），第三個框 *Probability-s* 鍵入 P 的值（本例為 0.041），第四個框 *Comulative* 鍵入「0」（或 *false*），確定后計算結果就會顯現出來。注意，如果計算累計概率（如 $X < 5$），在第四個框鍵入「1」（或 *true*）。

也可在確定的單元格中，順次輸入函數名和參數值，如輸入「= *BINOMDIST*(1,20,0.041,0)」，確定后即得計算結果。

(二) 泊松分佈

泊松分佈是另一種離散型分佈，是根據法國數學家丹尼斯·泊松的名字命名的。泊松分佈通常用來描述某一時間或空間段某一事件出現的次數。例如，10 分鐘內到達某汽車加油站的紅色汽車數、1 分鐘內某軟件企業售后服務電話接到的呼叫次數、生產中每條西褲上縫紉的瑕疵數、一版報紙中錯別字的個數、每 10 萬人中患有某罕見疾病的人數，等等。

設 X 為一離散型隨機變量，其概率分佈如下。

$$P(X = x) = \frac{\lambda^x}{x!}\ell^{-\lambda} \qquad (x = 0,1,2,\cdots, \lambda > 0) \qquad (5.13)$$

則稱 X 服從泊松分佈,記為 $X \sim P(\lambda)$。其中 λ 為給定時間間隔內事件的平均值,$\ell = 2.718,28$。

泊松分佈的數學期望和方差分別為:

$$E(X) = \lambda \qquad (5.14)$$
$$D(X) = \lambda \qquad (5.15)$$

【例5.2】假設某商業銀行周一早晨平均5分鐘有2個顧客光臨。那麼,周一早晨5分鐘內恰有3個顧客光臨的概率是多少?

解:根據題意,設 X =「光臨銀行的顧客人數」,服從泊松分佈。
所求概率為:

$$P(X = 3) = \frac{2^3}{3!}\ell^{-2} = 0.180,4$$

利用 *Excel* 也可計算泊松分佈的概率。下面以例5.2中 $P(X = 3)$ 的計算為例介紹主要操作步驟:

(1) 點擊表格界面上的粘貼函數 f_x 命令,或點擊「插入」菜單下的「f_x 函數」;

(2) 在彈出的「插入函數」對話框的「選擇類別」中點擊「統計」,在「選擇函數」中點擊「POISSON」,然后確定;

(3) 在彈出的「函數參數」對話框中,第一個框鍵入 X 的值(本例為3),第二個框 *Means* 鍵入的 λ 值(本例為2),第三個框 *Cumulative* 鍵入「0」(或 *false*),確定后計算結果就會顯現出來。注意,如果計算累計概率(如 $X \leq 5$),在第三個框鍵入「1」(或 *true*)。

也可在確定的單元格中,順次輸入函數名和參數值,如輸入「= POISSON(3,2,0)」,確定后即得計算結果。

三、常見連續型隨機變量的概率分佈

連續型隨機變量的概率分佈主要包括均勻分佈、正態分佈、指數分佈、t 分佈、F 分佈等。其中最為人們所知和使用最廣泛的是正態分佈。現實世界中許多隨機現象均服從或近似服從正態分佈,例如身高、體重、智商、學習成績、收入、產品使用壽命、產品產量、設備租金,等等。

(一) 正態分佈的定義及圖形特徵

若隨機變量 X 的概率密度為:

$$f(x) = \frac{1}{\sigma\sqrt{2\pi}}\ell^{-\frac{(x-\mu)^2}{2\sigma^2}} \qquad -\infty < x < \infty \qquad (5.16)$$

則稱隨機變量 X 服從參數為 μ 和 σ^2 的正態分佈,記作 $X \sim N(\mu, \sigma^2)$。其中 $\pi = 3.141,59\cdots\cdots$,$\ell = 2.718,28\cdots\cdots$。

正態分佈的數學期望和方差分別為:

$$E(x) = \mu \qquad (5.17)$$

$$D(x) = \sigma^2 \tag{5.18}$$

正態分佈概率密度對應的圖形稱為正態曲線,如圖 5.1 所示:

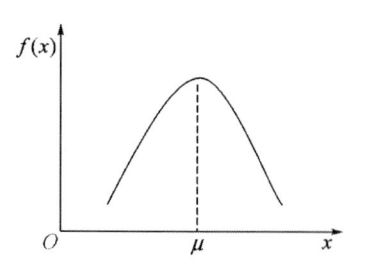

圖 5.1　正態分佈曲線圖

正態曲線具有以下特徵:

(1) 正態曲線是一條關於 $x = \mu$ 對稱的鐘形曲線。參數 μ 的不同取值決定正態曲線的中心位置,如圖 5.2 所示:

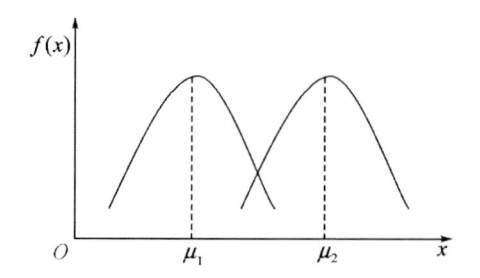

圖 5.2　σ 相同而 μ 不同的正態曲線

(2) 正態曲線的陡緩程度由 σ 決定,σ 越大,曲線越平緩,σ 越小,曲線越陡峭,如圖 5.3 所示:

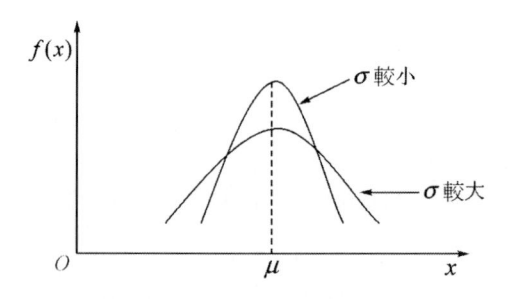

圖 5.3　μ 相同而 σ 不同的正態曲線

(3) 正態曲線以 x 軸為漸近線,即正態曲線與 x 軸不相交,曲線的尾端向兩個方向無限延伸。

(4) 正態曲線下的總面積為 1。

(二) 標準正態分佈

由於正態分佈隨參數 μ、σ 之值不同而異,根據概率密度或分佈函數計算它在一定區域內的概率是既很困難又很費時間的,實際上有更為簡便的運算方法。

當公式 5.16 中 $\mu = 0$、$\sigma = 1$ 時,正態分佈的概率密度有:

$$f(x) = \frac{1}{\sqrt{2\pi}} e^{-\frac{x^2}{2}} \qquad -\infty < x < \infty \qquad (5.19)$$

該正態分佈被稱為標準正態分佈,記作 $N(0,1)$。通常用 $\varphi(x)$ 表示標準正態分佈的概率密度,即:

$$\varphi(x) = \frac{1}{\sqrt{2\pi}} e^{-\frac{x^2}{2}} \qquad -\infty < x < \infty \qquad (5.20)$$

而標準正態分佈概率密度對應的圖形稱為標準正態曲線,如圖 5.4 所示:

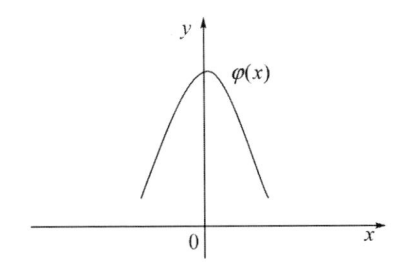

圖 5.4　標準正態分佈曲線

那麼,對於一個任意給定的,服從正態分佈的隨機變量 X,令:

$$Z = \frac{X - \mu}{\sigma} \qquad (5.21)$$

則隨機變量 Z 服從標準正態分佈,即 $Z \sim N(0,1)$。

通過以上對 X 的線性變換,任一正態分佈可轉化為標準正態分佈,從而方便地計算任一正態分佈的概率。若 $Z \sim N(0,1)$,用 $\Phi(Z)$ 表示 Z 的分佈函數,教材後面附有標準正態分佈函數數值表,當任一正態分佈轉化為標準正態分佈,通過查表就可解決任一正態分佈的概率問題。

運用標準正態分佈函數數值表時,注意 $\Phi(Z)$ 的重要性質,包括:

$$\Phi(-Z) = 1 - \Phi(Z) \qquad (5.22)$$
$$P(a \leqslant Z \leqslant b) = \Phi(b) - \Phi(a) \qquad (5.23)$$
$$P(|Z| \leqslant a) = 2\Phi(a) - 1。 \qquad (5.24)$$

【例 5.3】全國大學英語四、六級考試(CET)是一項測度大學生實際英語能力的教學考試。假定其成績分數服從正態分佈,平均成績為 410 分,標準差為 80 分。試求:①獲得一個小於 370 分的概率是多少?②獲得一個處於 320～550 區間分數的概率是多少?③獲得一個大於 650 分的概率是多少?

解:設 $X = \ulcorner CET$ 考試成績分數$\urcorner$,則 $X \sim N(410, 80^2)$。

因此：

(1) $P(X < 370) = P\left\{Z < \dfrac{370 - 410}{80} = -0.5\right\} = 1 - \Phi(0.5) = 1 - 0.691,462 = 0.308,538$

(2) $P(310 \leqslant X \leqslant 550) = P\left\{\dfrac{310 - 410}{80} \leqslant Z \leqslant \dfrac{550 - 410}{80}\right\} = P(-1.25 \leqslant Z \leqslant 1.75)$

$= \Phi(1.75) - \Phi(-1.25) = 0.959,941 - (1 - 0.894,350) = 0.854,291$

(3) $P(X > 650) = P\left\{Z > \dfrac{650 - 410}{80}\right\} = P(Z > 3) = 1 - P(Z \leqslant 3)$

$= 1 - 0.998,65 = 0.001,35$

在 Excel 中使用函數 Normdist 可計算出正態分佈的概率值。下面以例 5.3 中(1)為例說明主要計算步驟：

(1) 點擊表格界面上的粘貼函數 f_x 命令，或點擊「插入」菜單下的「f_x 函數」；

(2) 在彈出的「插入函數」對話框的「選擇類別」中點擊「統計」，在「選擇函數」中點擊「Normdist」，然后確定；

(3) 在彈出的「函數參數」對話框中，第一個框鍵入 X 的值(本例為 370)，第二個框 Mean 鍵入正態分佈的均值(本例為 410)，第三個框 Standard-dw 鍵入正態分佈的標準差(本例為 80)，第四個框 Comulative 鍵入「1」(或 true)。確定后計算結果就會顯現出來。

也可在確定的單元格中，順次輸入函數名和參數值，如輸入「= NORMDIS(370,410,80,1)」，確定后即得計算結果。

(三) 3σ 準則

若隨機變量 $X \sim N(\mu,\sigma^2)$，則有：

$$P(|X - \mu| \leqslant \sigma) = 0.682,7$$
$$P(|X - \mu| \leqslant 2\sigma) = 0.954,5$$
$$P(|X - \mu| \leqslant 3\sigma) = 0.997,3$$

如圖 5.5 所示：

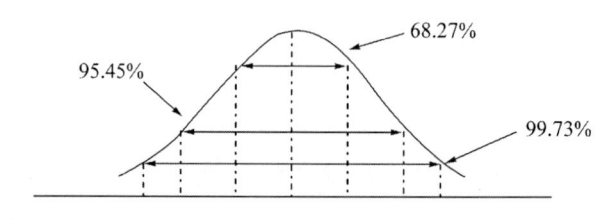

圖 5.5　常用的正態概率值

顯然，$|X - \mu| > 3\sigma$ 的概率不到 0.3%。因此可以認為隨機變量 X 的取值幾乎一定落在區間 $(\mu - 3\sigma, \mu + 3\sigma)$ 內，這就是統計上的 3σ 準則。

第二節　抽樣方法與抽樣組織形式

　　抽樣在自然技術和社會經濟領域中得到廣泛而有效地使用。從客觀現象總體中抽取一部分單位組成樣本，從樣本中收集數據並得到有關總體分佈的結論，是統計推斷過程的一部分。

一、抽樣方法

(一) 概率抽樣和非概率抽樣

　　按照抽樣原則的不同，抽樣方法有兩類：概率抽樣和非概率抽樣。

　　概率抽樣又稱隨機抽樣，是根據一個已知的概率來抽取樣本單位，也就是說，哪個單位被抽中與否不取決於研究者的主觀意願，而取決於客觀的機會，即概率。例如，CTR 市場研究對全國進行的2009年中央電視臺春節聯歡晚會收視率電話調查中，全國每個家庭都有被選中的機會，被選中的2,034個家庭是完全隨機的。非概率抽樣又稱非隨機抽樣，是研究人員有意識地選取樣本單位，即樣本單位的選取不是隨機的。例如，在某商住小區進行一項物業管理滿意度調查，被訪問對象由推薦人推薦產生，而推薦人又來源於其他被訪對象的推薦，如此抽選參加調查的住戶。

　　一般的統計抽樣推斷都是建立在概率抽樣的基礎上，因此本節主要介紹概率抽樣。

(二) 重複抽樣和不重複抽樣

　　按照抽取樣本單位具體方式的不同，抽樣方法分為兩類：重複抽樣和不重複抽樣。

　　重複抽樣，也叫放回抽樣或重置抽樣。它是指從總體單位數為 N 的總體中隨機抽取一個單位觀察後，又重新放回總體，參加下一次的抽選。依此連續進行 n 次抽選後，所抽選的單位即構成容量為 n 的樣本。因此，在 n 次抽樣中，總體中每個單位在各次抽樣中被抽中的概率相同。換言之，n 次抽樣就是 n 次相互獨立的實驗。不重複抽樣，也叫不放回抽樣或不重置抽樣。它是指從總體單位數為 N 的總體中隨機抽取一個單位觀察後，就不放回總體總參加下一次的抽選，將此過程連續進行 n 次，所抽選的單位即構成容量為 n 的樣本。因此，在 n 次抽樣中，總體中每個單位在各次抽樣中被抽中的概率不相同。換言之，n 次抽樣不是 n 次相互獨立的實驗。

　　例如，某總體有 A、B、C、D 四個單位，現從中抽取兩個單位組成樣本，按重複抽樣方法，如果考慮順序，其可能抽出的樣本為：AA、AB、AC、AD、BA、BB、BC、BD、CA、CB、CC、CD、DA、DB、DC、DD，即可能抽取的樣本數為 $N^n = 4^2 = 16$ (個)。而按不重複抽樣方法，其可能抽出的樣本為：AB、AC、AD、BA、BC、BD、CA、CB、CD、DA、DB、DC，即可能抽取的樣本數為 $\dfrac{N!}{(N-n)!} = \dfrac{4!}{(4-2)!} = 4 \times 3 = 12$ 個。可見，在相同樣本容量下，不重複抽樣的樣本可能數比重複抽樣少。

二、抽樣組織形式

概率抽樣中有四種基本的抽樣組織形式:簡單隨機抽樣、分層抽樣、系統抽樣和整群抽樣。每種抽樣組織形式各有優缺點,有的簡單易用,有的成本低廉,有的可以減少抽樣誤差。

(一) 簡單隨機抽樣

簡單隨機抽樣也稱純隨機抽樣,是最基本的抽樣組織形式,可視為其他三種抽樣組織形式的基礎。它是嚴格按隨機原則,不對總體作任何處理,直接從總體 N 個單位中抽取 n 個單位作為樣本,保證總體中每個單位在抽選時都有相同的機會(概率)被抽中。

使用簡單隨機抽樣,先確定一個抽樣框,將抽樣框中每個單位從 $1 \sim N$ 編號,然後利用隨機數字表或抽籤的方式來抽選樣本單位。表 5.3 列示了節選的隨機數字表。

表 5.3　　　　　　　　　　隨機數字表

91,567	42,595	27,958	30,134	04,024	86,385	29,880	99,730
46,503	18,584	18,845	49,618	02,304	51,038	20,665	58,727
34,914	63,976	88,720	82,765	34,476	17,032	87,589	40,836
57,491	16,703	23,167	49,323	45,021	33,132	12,544	41,035
30,405	83,946	23,792	14,422	15,059	45,799	22,716	19,792
09,983	74,353	68,668	30,429	70,735	25,499	16,631	35,006

例如,我們採用簡單隨機抽樣方法在上海證券交易所掛牌的四川地區上市公司中抽選一個包含 6 個不同公司的樣本。首先,給總體中每個單位編號,如表 5.4 所示,總體單位被從 01 ~ 35 依次編號。然後,在隨機數字表中隨機確定起點位置,並按一定路線方向進行選擇,當出現 01 ~ 35 間某個數值時即選定一個樣本單位,直到全部樣本單位被選中。

表 5.4　　　　　　　　四川地區上市公司(滬市)編號表

01 四川路橋	10 旭光股份	19 東陽光鋁	28 成商集團
02 ST 博信	11 天科股份	20 川投能源	29 四川長虹
03 禾嘉股份	12 成發科技	21 四川金頂	30 東方電氣
04 明星電力	13 通威股份	22 ST 東碳	31 博瑞傳播
05 國金證券	14 ST 迪康	23 沱牌曲酒	32 廣安愛眾
06 岷江水電	15 西昌電力	24 ST 前鋒	33 東材科技
07 浪莎股份	16 中鐵二局	25 水井坊	34 禾邦生物
08 國棟建設	17 大西洋	26 ST 宜紙	35 明星電纜
09 宏達股份	18 樂山電力	27 鵬博士	

假設我們以表 5.3 中第四行開始,第一個數是 57,它超出規定範圍,被排除,下一個數

是49，忽略。然后是11，在表5.4中它對應天科股份，因此天科股份成為第一個被選中的公司。下一個數是67，忽略，然后是03，對應的是禾嘉股份，繼續這一過程，依次抽中23、16、02、13，抽樣過程完成。最終樣本包括下列公司：天科股份、禾嘉股份、沱牌舍得、中鐵二局、西部資源、通威股份。

(二) 分層抽樣

分層抽樣，又稱分類抽樣、類型抽樣。它是先將總體中的單位劃分為若干層(類)，然后從每個層(類)中抽取一定數量的單位，將其組合構成一個樣本。

在分層或分類時，層內的單位應該是同質，差異盡可能小，層與層之間應該有區別，層與層之間差異越大，分層的優越性越明顯。各層的劃分可根據研究者的判斷或研究需要進行。例如，研究消費者偏好時，可按青年、中年、老年分層；研究收入差異時，可按城鎮、農村分層；研究大學生英語水平時，可按四級、六級、八級分層，等等。

分層抽樣可按兩種方法進行：如果按每一層中抽取樣本單位的百分比是每一層相對於總體的比例，稱為等比分層抽樣。如果按各層標誌變異程度大小來抽取樣本單位，稱為最優分層抽樣。

分層抽樣具有樣本分佈均勻、代表性強、抽樣誤差小、效果好等優點。

(三) 系統抽樣

系統抽樣，又稱等距抽樣或機械抽樣。它是先將總體各單位按某一標誌依順序排列，並按某種規則確定一個隨機起點，然后每隔一定的間隔抽取一個單位，直至抽取n個單位構成一樣本。例如，抽選學生可利用學校花名冊，抽選居民家庭利用城市電話簿，抽選單位利用街道門牌號，等等。

抽取間隔由公式5.25決定，當結果為小數時應取整數。

$$k = \frac{N}{n} \qquad (5.25)$$

式中：k——抽取間距；N——總體單位數；n——樣本單位數。

系統抽樣一方面比簡單隨機抽樣簡便易行，常用來代替簡單隨機抽樣，另一方面如果掌握了總體的有關信息，按有關標誌排列，其樣本分佈均勻，代表性強，抽樣誤差小，可以提高估計的精確度。但是，使用系統誤差抽樣時也要注意抽樣間隔不要與數據變化的週期性一致，以免產生系統誤差。

(四) 整群抽樣

整群抽樣是將總體全部單位劃分為若干個群，然后以群作為調查單位，從中抽出一部分群，並對抽中的各個群中所包含的所有單位進行調查或觀察。例如，進行產品質量調查時，可以將流水線上每10分鐘產出的產品作為一群，對抽中的產品群中每一件產品進行檢驗；進行城鎮居民消費意願調查，可以將一個居民戶作為一群，對抽中的居民戶中每一位居民進行調查，等等。

整群抽樣具有方便、成本低廉等優點。首先，不需要總體單位的具體名單，只要有群的名單就可以進行抽樣。其次，研究範圍縮小到群，採集樣本的時間和成本都可以減少。

但是，整群抽樣以群為單位抽樣，也會使樣本單位的分佈不夠廣泛、均勻，誤差會較大，效果也較差。

第三節　抽樣分佈

一、抽樣分佈的概念

　　在統計抽樣過程中，要先從總體中隨機選擇樣本，對樣本進行統計計算得到統計量，然后從這些樣本統計量中得到有關總體參數的結論。由於樣本是隨機抽選的，事先並不能確定會出現哪個結果，因此，樣本統計量是一個隨機變量。通過前面學習，我們已經知道，每個隨機變量都有其概率分佈，如二項分佈、泊松分佈、正態分佈等，而樣本統計量因樣本的不同有若干可能取值，每個可能取值都有一定可能性大小(即概率)，從而形成它的概率分佈，統計上稱為抽樣分佈。也就是說，抽樣分佈是樣本統計量取值的概率分佈。

　　【例5.4】現有 A、B、C、D 四位員工構成的總體，他們的工作年限分別為 3、4、5、6 年。現從該總體中採取重複抽樣方法抽取容量為 $n = 2$ 的隨機樣本，共有 $4^2 = 16$ 個可能樣本，然后計算出每一個樣本的均值 $\bar{x}$，結果如表 5.5 所示：

表5.5　　　　　　　　　　　重複抽樣的樣本均值

樣本序號	樣本單位	樣本單位的工齡 x	樣本均值 $\bar{x}$
1	A、A	3、3	3
2	A、B	3、4	3.5
3	A、C	3、5	4
4	A、D	3、6	4.5
5	B、A	4、3	3.5
6	B、B	4、4	4
7	B、C	4、5	4.5
8	B、D	4、6	5
9	C、A	5、3	4
10	C、B	5、4	4.5
11	C、C	5、5	5
12	C、D	5、6	5.5
13	D、A	6、3	4.5
14	D、B	6、4	5
15	D、C	6、5	5.5
16	D、D	6、6	6

　　由於每個樣本被抽中的概率相同，均為 1/16，將樣本均值 $\bar{x}$ 的全部可能取值及其抽中的概率整理后，得到其概率分佈如表 5.6 所示。

表 5.6　　　　　　　　　　樣本均值的概率分佈

$\bar{x}$	3	3.5	4	4.5	5	5.5	6
$P(\bar{x})$	1/16	2/16	3/16	4/16	3/16	2/16	1/16

將該分佈繪成圖 5.6 如下：

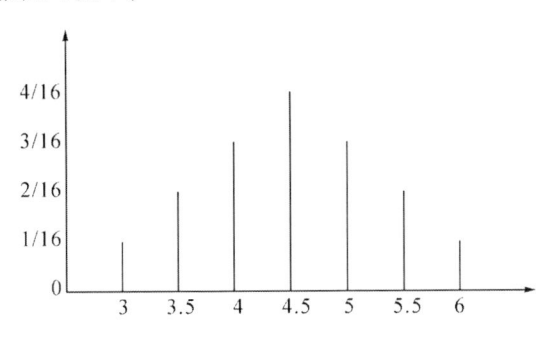

圖 5.6　樣本均值的抽樣分佈

從例 5.4 中我們可以看出抽樣分佈的形成過程：從容量為 N 的總體中隨機抽取容量為 n 所有樣本，計算確定每一個樣本的統計量取值及其出現的概率，經整理排列即得到樣本統計量的抽樣分佈。

抽樣分佈反應了樣本統計量的分佈特徵，是統計推斷的重要依據。根據抽樣分佈的規律，可揭示樣本統計量與總體參數之間的關係，估計抽樣誤差，並說明抽樣推斷的可靠性。

當然，從總體中抽出全部可能樣本來構造樣本統計量的抽樣分佈，只是一種理論上的探討。而在實際應用中，樣本統計量的抽樣分佈是通過數學推導或利用計算機程序進行模擬得到的。

二、抽樣分佈的基本類型

在統計抽樣推斷中，許多場合下樣本統計量服從正態分佈或近似服從正態分佈。因此，正態分佈是抽樣分佈的基本形式之一，本章第一節對正態分佈已有詳細的闡述。除此之外，χ^2 分佈、t 分佈、F 分佈也是抽樣分佈的基本形式，現介紹如下。

(一) χ^2 分佈

設 $x_1、x_2、\cdots、x_n$ 是同一正態分佈中隨機抽取的標準正態變量，即 $\chi \sim N(0,1)$，則統計量 $x^2 = x_1^2 + x_2^2 + \cdots + x_n^2 = \sum_{i=1}^{n} x_i^2$ 服從自由度為 n 的 χ^2 分佈，記為 $\chi^2 \sim \chi^2(n)$。這裡的自由度 n 是表示獨立隨機變量的數目。

$\chi^2(n)$ 分佈的概率密度為：

$$\frac{1}{2^{\frac{n}{2}}\Gamma(\frac{n}{2})}(x^2)^{\frac{n}{2}-1}e^{-\frac{x^2}{2}} \qquad x^2 > 0$$

$$f(x^2) = 0 \quad x^2 < 0 \tag{5.26}$$

$\chi^2(n)$ 分佈的概率密度曲線如圖5.7所示。它隨自由度 n 的不同而形式有異, n 越大, 曲線越對稱。

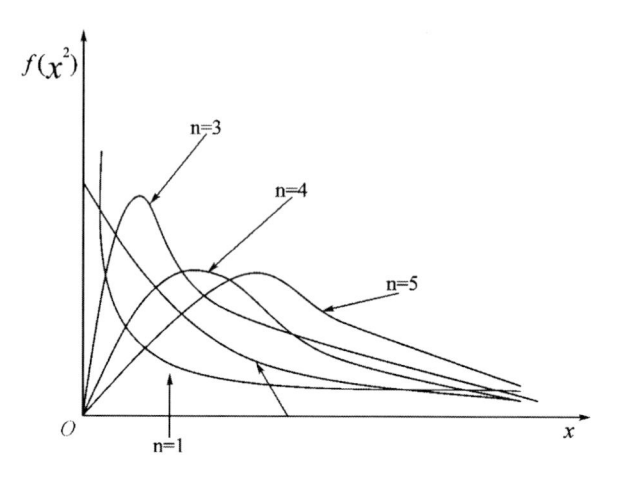

圖5.7 χ^2 分佈曲線圖

$\chi^2(n)$ 分佈的數學期望和方差分別為:

$$E(x^2) = n \tag{5.27}$$

$$D(x^2) = 2n \tag{5.28}$$

(二) t 分佈

設隨機變量 $X \sim N(0,1)$, $Y \sim x^2(n)$, 且 X 與 Y 獨立無關, 則統計量 $t = \dfrac{X}{\sqrt{Y/n}}$ 服從自由度為 n 的 t 分佈, 記為 $t \sim t(n)$。

$t(n)$ 分佈的概率密度為:

$$f(t) = \frac{\Gamma(\frac{n+1}{2})}{\sqrt{n\pi}\,\Gamma(\frac{n}{2})}(1+\frac{t^2}{n})^{-\frac{n+1}{2}} \tag{5.29}$$

$t(n)$ 分佈的概率密度曲線如圖5.8所示。可以看出, $t(n)$ 分佈為對稱分佈, 形態上很像正態分佈, 但比正態曲線分佈平坦和分散, 其隨 n 取值不同而對應相應的曲線, 當 $n > 30$ 時, 可應用正態分佈近似。

$t(n)$ 分佈的數學期望和方差分別為:

$$E(t) = 0 \quad (5.30) \quad D(t) = \frac{n}{n-2}(n > 2) \tag{5.30}$$

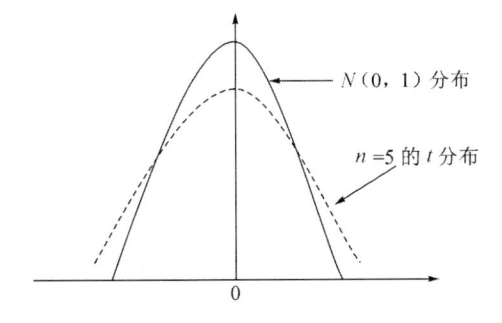

圖 5.8　t 分佈曲線

(三) F 分佈

設隨機變量 $X \sim x^2(n_1)$，$Y \sim x^2(n_2)$，且 X、Y 相互獨立，則統計量 $F = \dfrac{X/n_1}{Y/n_2}$ 服從第一自由度為 n_1，第二自由度為 n_2 的 F 分佈，記為 $F \sim F(n_1, n_2)$。

$F(n_1, n_2)$ 分佈的概率密度為：

$$\dfrac{\Gamma(\dfrac{n_1+n_2}{2})}{\Gamma(\dfrac{n_1}{2})\Gamma(\dfrac{n_2}{2})}(\dfrac{n_1}{n_2})^{\frac{n_1}{2}} F^{\frac{n_1}{2}-1}(1+\dfrac{n_1}{n_2}F)^{-\frac{n_1+n_2}{2}} \quad F > 0$$

$$f(F) = 0 \quad F \leq 0 \tag{5.31}$$

F 分佈的概率密度曲線如圖 5.9 所示。F 分佈的曲線形式隨自由度 n_1、n_2 而異，當 n_1、n_2 增大時，分佈曲線近於對稱，但不以正態分佈為極限分佈，總是一個正偏分佈。

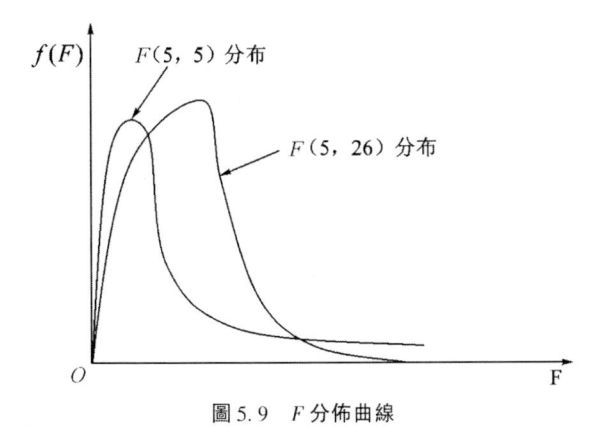

圖 5.9　F 分佈曲線

三、常用統計量的抽樣分佈

在抽樣推斷中，常用的統計量主要是樣本均值、樣本比率和樣本方差，掌握它們的抽樣分佈有助於更好地進行統計推斷。

(一) 樣本均值 $\bar{x}$ 的抽樣分佈

1. $\bar{x}$ 抽樣分佈的形式

樣本均值 $\bar{x}$ 是抽樣推斷中最常用的統計量,它的抽樣分佈與總體分佈、樣本容量 n 的大小密切相關。

大樣本($n \geq 30$):無論總體是正態分佈還是非正態分佈,樣本均值 $\bar{x}$ 的抽樣分佈趨近於數學期望為 μ、方差為 σ^2/n 的正態分佈,即 $\bar{x} \sim N(\mu, \sigma^2/n)$。

若將樣本均值這一隨機變量標準化,得到數學期望為 0、方差為 1 的標準正態變量,記為 z,則有:

$$z = \frac{\bar{x} - \mu}{\sigma/\sqrt{n}} \sim N(0,1) \quad (5.32)$$

小樣本($n < 30$):當總體是正態分佈,且總體方差 σ^2 已知,則樣本均值 $\bar{x}$ 的抽樣分佈服從數學期望為 μ、方差為 σ^2/n 的正態分佈;若總體方差 σ^2 未知,用樣本方差 s^2 代替總體方差 σ^2,則樣本均值 $\bar{x}$ 經過標準化后的隨機變量服從自由度為 $(n-1)$ 的 t 分佈,即:

$$t = \frac{\bar{x} - \mu}{s/\sqrt{n}} \sim t(n-1) \quad (5.33)$$

2. $\bar{x}$ 抽樣分佈的數字特徵

對於 $\bar{x}$ 抽樣分佈,可通過計算術學期望和方差來反應其數字特徵。這兩個特徵既與總體均值和方差有關,也與抽樣方法是重複抽樣還是不重複抽樣有關。

設總體有 N 個單位,其均值為 μ、方差為 σ^2。現從中抽取容量為 n 的樣本,樣本均值 $\bar{x}$ 的數學期望記為 $E(\bar{x})$,樣本均值的方差記為 $\sigma_{\bar{x}}^2$。則無論是重複抽樣還是不重複抽樣,樣本均值 $\bar{x}$ 的數學期望等於總體均值,即:

$$E(\bar{x}) = \mu \quad (5.34)$$

而在重複抽樣方法下,樣本均值 $\bar{x}$ 的方差為總體方差的 $1/n$,即:

$$\sigma_{\bar{x}}^2 = \frac{\sigma^2}{n} \quad (5.35)$$

在不重複抽樣方法下,樣本均值 $\bar{x}$ 的方差等於總體方差的 $1/n$ 與修正系數 $\left(\frac{N-n}{N-1}\right)$ 的乘積,即:

$$\sigma_{\bar{x}}^2 = \frac{\sigma^2}{n}\left(\frac{N-n}{N-1}\right) \quad (5.36)$$

(二) 樣本比率 p 的抽樣分佈

在統計推斷中,我們常常需要通過抽樣來研究總體中具有某種特徵(或屬性)的單位占總體全部單位的比率。例如,一組產品中質量合格的比率、某品牌產品在市場上的佔有比率、某高校教職工中高級職稱人員的比率,等等。

設總體有 N 個單位,具有某種特徵(或屬性)的單位數為 N_1,不具有該特徵(或屬性)的單位數為 N_0。那麼總體中具有某種特徵(或屬性)的單位數與總體全部單位數之比

稱為總體比率,記為 P,則有 $P = \frac{N_1}{N}, \frac{N_0}{N} = 1 - P$。當從該總體中隨機抽取容量為 n 的樣本時,樣本中具有某種特徵(或屬性)的單位數為 n_1,不具有該種特徵(或屬性)的單位數為 n_0。那麼樣本中具有某種特徵(或屬性)的單位數與樣本全部單位數之比稱為樣本比率,記為 p,則有 $p = \frac{n_1}{n}, \frac{n_0}{n} = 1 - p$。

由於樣本是隨機抽取的,事先並不能確定會出現哪個結果,研究樣本比率的全部可能取值及其出現的可能性大小就十分必要。而樣本比率 p 的所有可能取值及其概率形成的概率分佈稱為樣本比率 p 的抽樣分佈。

根據前面介紹的隨機變量概率分佈,我們可以證明樣本比率 p 服從二項分佈,即:$p \sim B(n, p)$。但在大樣本下,若 $np \geq 5$ 和 $n(1-p) \geq 5$,則可以將二項分佈問題轉化為正態分佈問題近似地求解,也就是說,當樣本容量 n 很大時,樣本比率 p 近似地服從數學期望為 P、方差為 $\frac{P(1-P)}{n}$ 的正態分佈,即:$p \sim N(P, \frac{P(1-P)}{n})$。

樣本比率也可進行標準化變換,成為一個數學期望為 0、方差為 1 的標準正態變量,記為 z,即:

$$z = \frac{p - P}{\sqrt{P(1-P)/n}} \sim N(0, 1) \qquad (5.37)$$

同樣地,對於樣本比率 p 的抽樣分佈,也可計算術學期望和方差來反應它的數字特徵。設樣本比率 p 的數學期望為 $E(p)$、方差為 σ_p^2,可以證明,樣本比率 p 的數學期望 $E(p)$ 等於總體比率,即:

$$E(p) = P \qquad (5.38)$$

而樣本比率 p 的方差也與抽樣方法有關。在重複抽樣方法下,樣本比率 p 的方差等於總體方差的 n 分之一,即:

$$\sigma_p^2 = \frac{P(1-P)}{n} \qquad (5.39)$$

在不重複抽樣方法下,樣本比率 p 的方差等於總體方差的 n 分之一乘以修正系數 $(\frac{N-n}{N-1})$,有:

$$\sigma_p^2 = \frac{P(1-P)}{n} (\frac{N-n}{N-1}) \qquad (5.40)$$

(三) 樣本方差 s^2 的抽樣分佈

在統計推斷中,利用樣本方差 s^2 去估計總體方差 σ^2,一般是在正態分佈總體中應用。所以,關於樣本方差的抽樣分佈只在正態分佈總體條件下討論。

在重複選取容量為 n 的樣本時,由樣本方差的所有可能取值及其出現的概率對應形成的概率分佈,稱為樣本方差 s^2 的抽樣分佈。

統計證明,對來自正態分佈總體的容量為 n 的簡單隨機樣本,其比值 $\frac{(n-1)s^2}{\sigma^2}$ 服從

自由度為$(n-1)$的x^2分佈，即：

$$x^2 = \frac{(n-1)s^2}{\sigma^2} \sim x^2(n-1) \tag{5.41}$$

(四) 兩個樣本統計量的抽樣分佈

在實際工作有時會遇到這樣的問題，如新產品或新技術的出現，是不是對原有產品和技術的更新和提高，這就需要對新舊產品和技術的特徵進行比較研究，獲取所需結果。也就是說，當我們研究的是兩個總體，關心的是它們的總體參數是否存在差異，即總體均值之差$(\mu_1 - \mu_2)$、總體比率之差$(P_1 - P_2)$、總體方差之比(σ^2/σ^2)，那麼在抽樣推斷中需要運用樣本均值之差$(\bar{x}_1 - \bar{x}_2)$、樣本比率之差$(p_1 - p_2)$、樣本方差之比(s_1^2/s_2^2)。因此，就要研究兩個樣本統計量的抽樣分佈。

1. 兩個樣本均值之差的抽樣分佈

設X_1、X_2為兩個相互獨立的正態總體，即$X_1 \sim N(\bar{X}_1, \sigma_1^2)$，$X_2 \sim N(\bar{X}_2, \sigma_2^2)$。現從兩個總體中分別抽取容量為$n_1$和$n_2$的簡單隨機樣本，則兩個樣本均值之差$(\bar{x}_1 - \bar{x}_2)$的抽樣分佈服從正態分佈。其分佈的數學期望為：

$$E(\bar{x}_1 - \bar{x}_2) = \mu_1 - \mu_2 \tag{5.42}$$

分佈的方差為：

$$D(\bar{x}_1 - \bar{x}_2) = \frac{\sigma_1^2}{n_1} + \frac{\sigma_2^2}{n_2} \tag{5.43}$$

即：

$$\bar{x}_1 - \bar{x}_2 \sim N(\mu_1 - \mu_2, \frac{\sigma_1^2}{n_1} + \frac{\sigma_2^2}{n_2}) \tag{5.44}$$

若X_1、X_2為非正態總體，一般在$n_1 \geq 30, n_2 \geq 30$時，兩個樣本均值之差$\bar{x}_1 - \bar{x}_2$仍可近似地服從正態分佈。

2. 兩個樣本比率之差的抽樣分佈

設兩個總體服從二項分佈，P_1、P_2分別為總體中具有某種特徵的單位所佔比率。現從兩個總體中分別抽取容量為n_1和n_2的兩個簡單隨機樣本，當樣本容量n_1和n_2足夠大時，兩個樣本比率之差$p_1 - p_2$漸近地服從正態分佈。其分佈的數學期望為：

$$E(p_1 - p_2) = P_1 - P_2 \tag{5.45}$$

分佈的方差為：

$$D(p_1 - p_2) = \frac{P_1(1-P_1)}{n_1} + \frac{P_2(1-P_2)}{n_2} \tag{5.46}$$

即：

$$(p_1 - p_2) \sim N(P_1 - P_2, \frac{P_1(1-P_1)}{n_1} + \frac{P_2(1-P_2)}{n_2}) \tag{5.47}$$

3. 兩個樣本方差之比的抽樣分佈

設兩個總體服從正態分佈，即$X_1 \sim N(\bar{X}_1, \sigma_1^2)$，$X_2 \sim N(\bar{X}_2, \sigma_2^2)$。

現從兩個總體分別抽取容量為n_1和n_2的兩個簡單隨機樣本，兩個樣本方差之比

s_1^2/s_2^2 服從 F 分佈，即：$s_1^2/s_2^2 \sim F(n_1-1, n_2-1)$

本章小結

  隨機現象是指在一定條件下可能出現這種結果，也可能出現哪種結果，事前無法確定的現象。對隨機現象進行觀察、測量或試驗，可能出現或可能不出現的結果稱為隨機事件。用來度量隨機事件在隨機試驗中出現的可能性大小的取值稱為隨機事件的概率。概率定義有：古典概率、統計概率和主觀概率。

  隨機變量是隨機事件的數量化。按照隨機變量的取值情況不同可以分為離散型隨機變量和連續型隨機變量。隨機變量的所有可能取值及其對應的概率形成隨機變量的概率分佈，它的數字特徵主要用數學期望(均值)、方差和標準差來反應。

  離散型隨機變量的概率分佈可用表格、圖形和函數來表現。常見的離散型隨機變量的概率分佈有二項分佈、0—1分佈和泊松分佈。連續型隨機變量的概率分佈可用概率密度和分佈函數以及對應的曲線圖來表現。常見的連續型隨機變量的概率分佈有正態分佈，所有正態分佈可通過線性變換為標準正態分佈。

  統計抽樣方法按抽樣原則不同可分為概率抽樣和非概率抽樣；按抽取樣本單位方式不同可分為重複抽樣和不重複抽樣。概率抽樣中簡單隨機抽樣是最基本的抽樣組織形式，分層抽樣、系統抽樣、整群抽樣是在簡單隨機抽樣的基礎上，根據所研究問題及其數據的要求和特點所設計的特殊抽樣方式。

  抽樣分佈是樣本統計量取值的概率分佈，是統計推斷的重要依據。抽樣分佈的基本類型有正態分佈、χ^2 分佈、t 分佈和 F 分佈。統計實踐中常用統計量的概率分佈主要是樣本均值 $\bar{x}$、樣本比率 p 和樣本方差 s^2 的抽樣分佈。

中英文對照專業名詞

隨機事件	Random Events
基本事件	Elementary Events
樣本空間	Sample Space
隨機變量	Random Variable
離散型隨機變量	Discrete Random Variable
連續型隨機變量	Continuous Random Variable
概率分佈	Probablity Distribution
正態分佈	Normal Distribution
標準正態分佈	Standard Normal Distribution
抽樣分佈	Sampling Distribution
樣本均值	Sample Arithmetic mean

樣本比率	Sample Proportion
樣本方差	Sample Variance

思考與練習

思考題

1. 如何理解概率的三種定義？
2. 什麼是隨機變量？如何理解離散型隨機變量和連續型隨機變量？
3. 離散型隨機變量和連續型隨機變量的概率分佈的描述有什麼不同？
4. 常見的離散型隨機變量和連續型隨機變量概率分佈有哪些類型？
5. 二項分佈和二點分佈有什麼不同？它們的數學期望和方差有何區別？
6. 正態分佈曲線具有什麼特徵？
7. 重複抽樣和不重複抽樣有何不同？
8. 抽樣組織形式有哪些？各有什麼特點？
9. 如何理解樣本均值 $\bar{x}$ 的抽樣分佈形式與總體分佈、樣本容量 n 之間密切相關？
10. 重複抽樣與不重複抽樣相比，樣本均值 $\bar{x}$ 和樣本比率 p 的方差（標準差）有什麼不同？

練習題

1. 某公司質量檢驗人員檢查 5 件產品質量，觀察其次品出現的次數。則該隨機實驗的基本事件有多少？樣本空間有多大？利用樣本空間，確定質量檢驗人員抽取到偶數次品的概率。

2. 某公司估計在一定時間內完成某項任務的概率如表 5.7 所示：
試求：①完成該任務的數學期望。②完成該任務的方差和標準差。

表 5.7　　　　　　　　某公司在一定時間內完成任務的概率分佈

天數（X）	1	2	3	4	5
概率（P(X)）	0.05	0.20	0.35	0.30	0.10

3. 根據某市場調查研究機構的報告，某品牌去屑洗髮水佔去屑洗髮水市場的 5%。現隨機抽取 30 名購買去屑洗髮水的顧客，試求：①沒有顧客購買該品牌去屑洗髮水的概率是多少？②有 1 名顧客購買該品牌去屑洗髮水的概率是多少？③購買該品牌去屑洗髮水的顧客小於 3 人的概率是多少？

4. 已知某公司生產的 100 個產品中出現 4 個次品。現從中任取 1 個，有放回地取 3 次，試求在所取的 3 個中恰好有 1 個次品的概率是多少？

5. 某房地產開發公司開發的某商住小區每個工作日約售 2 套房屋，房屋的銷售服從泊松分佈。則：①一天沒有售出房屋的概率是多少？②一天售出 5 套房屋的概率是多少？③兩天售出 5 套房屋的概率是多少？

6. 假定某事業單位的職工中在周五請事假的人數 X 服從泊松分佈，設周五請事假的

平均人數為3人。試求：①X 的數學期望和方差。②在給定的周五請事假的人數為4人的概率是多少？

7. 某廠生產的某種節能燈管的使用壽命服從正態分佈。對某批產品測試的結果，平均使用壽命為1,050小時，標準差為200小時。試求：①使用壽命在500小時以下的燈管占多大比例？②使用壽命在850～1,450小時的燈管占多大比例？③以均值為中心，95%的燈管使用壽命在什麼範圍內？

8. 某種零件的長度服從正態分佈，平均長度為10毫米，標準差為0.2毫米。試求：①從該批零件中隨機抽取1件，其長度不到9.4毫米的概率。②為保證產品質量，要求以95%的概率保證該零件的長度在9.5～10.5毫米，這一要求能否得到保證？

9. 假設你正在計算一組服從正態分佈的數據，它的均值是200，標準差是45。根據下列信息確定 X 的值：①有65%的變量值大於 X。②X 小於17.9%的變量值。③X 大於55%的變量值。

10. 若某機械加工企業生產的零部件有5%存在缺陷。現隨機抽取80個，發現6個存在缺陷。試求：①描述這80個零件中存在缺陷零件的比例的抽樣分佈。②這80個零件中有6個零件存在缺陷的概率是多少？

案例討論

討論目的：熟悉抽樣組織形式，理解樣本統計量的抽樣分佈。

資料：見第一章案例3。

討論：

（1）假設你被要求制訂一份抽樣計劃，確定參與調查的用戶。你會使用哪一種抽樣組織形式？能組合使用本章學習的抽樣組織形式嗎？如果可以，怎樣做呢？

（2）若鄭州大瓶裝純淨水市場的單位用戶月平均用水量為44桶，標準差為7.3桶。現隨機抽取50個單位用戶，試描述這50個單位用戶月平均用水量的抽樣分佈。

（3）若鄭州居民家庭中有8.3%使用大瓶裝純淨水。假設標準差為1.9%，現隨機抽取100個居民家庭，使用大瓶裝純淨水的比率大於10%的概率是多少？介於5%～7%的概率又是多少？

第六章 抽樣估計

抽樣估計是建立在抽樣及抽樣分佈的基礎之上，利用樣本統計量對總體參數進行估計與推斷，以達到對客觀現象內在數量特徵的科學認識。它是統計推斷的重要方法，應用非常廣泛。本章內容包括估計量優劣的標準、抽樣誤差、總體參數估計以及必要樣本容量的確定等。

第一節 優良估計量的標準

在第一章緒論中，我們已經介紹了與抽樣估計密切相關的幾個概念：總體與樣本、總體參數和樣本統計量等。總體參數可用符號 θ 表示，樣本統計量用符號 $\hat{\theta}$ 表示，當用 $\hat{\theta}$ 來估計 θ 時，$\hat{\theta}$ 也被稱為估計量，根據一個具體的樣本計算出來的估計量的數值稱為估計值。對於同一總體參數的估計，可能會有多個估計量供我們選擇，例如，總體均值的估計量可以是樣本均值，也可以是樣本中位數，那麼，我們究竟應該選擇哪個估計量作為總體參數的估計量呢？哪個估計量才是優良的估計量呢？統計學給出了評價優良估計量的三個標準：無偏性、有效性、一致性。

一、無偏性

無偏性是指估計量抽樣分佈的期望值等於被估計的總體參數。即，若 $E(\hat{\theta}) = \theta$，則 $\hat{\theta}$ 稱為 θ 的無偏估計量。也即，每一次具體抽樣的結果得到的樣本估計值與總體參數的真值之間存在誤差，但從所有可能樣本來看，估計量的平均值等於總體參數，平均來講是無偏的。

由樣本均值的抽樣分佈可知，$E(\bar{x}) = \bar{X}, E(p) = P$，則樣本均值 $\bar{x}$、樣本比率 p 分別是總體均值 $\bar{X}$、總體比率 P 的無偏估計量；同樣可以證明，樣本方差 s^2 是總體方差 σ^2 的漸進無偏估計，樣本修正方差 s^{*2} 是總體方差 σ^2 的無偏估計。

二、有效性

有效性是指估計量與總體參數的離散程度比較小，即估計量的方差盡可能小。因此又稱為優良估計量的最小方差性。

假設用 $\hat{\theta}_1$ 和 $\hat{\theta}_2$ 兩個無偏估計量來估計總體參數 θ，那麼在這兩個估計量都滿足無偏

性的條件下應該選取哪個估計量更好呢？此時我們應該增加評判標準即有效性。如果 $\hat{\theta}_1$ 的方差小於 $\hat{\theta}_2$ 的方差，那麼說明 $\hat{\theta}_1$ 的取值更靠近在 θ 周圍，對 θ 的估計與推斷更可靠，因此，$\hat{\theta}_1$ 是比 $\hat{\theta}_2$ 更有效的估計量。

三、一致性

一致性是指隨著樣本容量的增大，估計量應當充分地接近被估計的總體參數。即，當 $n \to \infty$ 時，有 $\lim P(|\hat{\theta} - \theta| < \varepsilon) = 1$（$\varepsilon$ 為任意小正數），則稱 $\hat{\theta}$ 是 θ 的一致估計量。亦即從概率意義上講，隨著樣本容量 n 的無限增加，估計量 $\hat{\theta}$ 與總體參數 θ 之差的絕對值小於任意小正數的可能性趨於必然性，那麼估計量 $\hat{\theta}$ 為一致性估計量。

同時滿足上述三個特性的估計量是最優良的估計量。根據數理統計的中心極限定理和大數定律，樣本均值 $\bar{x}$ 是總體均值 $\bar{X}$ 的無偏、有效、一致估計量，同樣，樣本比率 p 是總體比率 P 的無偏、有效、一致估計量。因此我們可以用樣本均值估計總體均值，用樣本比率估計總體比率。

第二節　　抽樣誤差

前面第二章介紹了統計誤差根據來源的不同，可分為兩類：一類是登記性誤差，即由於登記、計算等方面的差錯或其他主觀原因而造成的誤差。這類誤差理論上講可以盡量避免或消除。另一類是代表性誤差，即樣本與總體在容量上的客觀必然差異產生的誤差。代表性誤差依產生原因不同又可分為兩種：一是系統誤差，即抽樣中沒有遵循隨機原則，如有意識抽取較好或較差的單位，致使樣本代表性受到傷害，用樣本統計量估計總體參數時必然產生系統性偏高或偏低，由此產生的差異。顯然，如果遵循隨機原則，就可以消除系統誤差。二是隨機誤差，即遵循隨機原則抽樣，由於樣本的分佈結構與總體結構有出入而產生的樣本統計量與總體參數之間的差異。顯然，這種誤差在理論上或實際上都是不可避免的，但可以根據抽樣估計的具體要求對此種誤差進行計算並加以控制，抽樣估計中研究的抽樣誤差就是指隨機誤差。因此，我們可以定義抽樣誤差為：由於遵循抽樣的隨機原則而產生的樣本統計量與總體參數之間的代表性誤差。本節將分別討論與抽樣估計密切相關的抽樣誤差的三種形式：實際抽樣誤差、抽樣平均誤差和抽樣極限誤差。

一、實際抽樣誤差

實際抽樣誤差即實際抽樣過程中得到的樣本估計量 $\hat{\theta}$ 的某一個具體估計值與總體參數 θ 的真值之間的離差（$\hat{\theta} - \theta$）。

【例 6.1】現有甲、乙、丙、丁四個自然人構成的總體，他們的年齡分別為 60、70、80、90 歲，其平均年齡為 75 歲。用考慮順序的重複抽樣方法從總體任意抽取 2 人進行調查，可能

樣本共有 16 個。各樣本均值及其與總體均值之離差如表 6.1 所示：

表 6.1　　　　　　　　　　重複抽樣的樣本均值及其離差

樣本序號	可能樣本	年齡	$\bar{x}$	$\bar{x}-\bar{X}$	$(\bar{x}-\bar{X})^2$
1	甲、甲	60、60	60	－15	225
2	甲、乙	60、70	65	－10	100
3	甲、丙	60、80	70	－5	25
4	甲、丁	60、90	75	0	0
5	乙、甲	70、60	65	－10	100
6	乙、乙	70、70	70	－5	25
7	乙、丙	70、80	75	0	0
8	乙、丁	70、90	80	5	25
9	丙、甲	80、60	70	－5	25
10	丙、乙	80、70	75	0	0
11	丙、丙	80、80	80	5	25
12	丙、丁	80、90	85	10	100
13	丁、甲	90、60	75	0	0
14	丁、乙	90、70	80	5	25
15	丁、丙	90、80	85	10	100
16	丁、丁	90、90	90	15	225
合計	—	—	75	0	1,000

如果用不重複抽樣，則去掉表 6.1 中的四個樣本甲甲、乙乙、丙丙、丁丁即可，只有 12 個可能樣本。

這裡實際抽樣誤差就是樣本均值 x 與總體均值 $\bar{X}$ 的離差 $(\bar{x}-\bar{X})$。如，樣本序號為 3 的樣本是由甲和丙兩人構成的，它的平均年齡為 70 歲，與總體平均年齡 75 歲之間的實際抽樣誤差為 70－75＝－5 歲。由此可見，有多少可能樣本就有多少個實際抽樣誤差。由於抽樣的隨機性，樣本均值是隨樣本不同而不同的隨機變量，實際抽樣誤差也是隨樣本不同而不同的隨機變量。另外所有可能樣本的實際抽樣誤差總和為零，這是算術平均數的數學性質決定了的。

由於總體參數 θ 是未知的，在抽樣之前也無法知道究竟抽中哪一個樣本，因此無法計算每個實際抽樣誤差。況且，隨機抽樣有許多個不同的可能樣本，即使得到了某一個實際抽樣誤差的具體值，它也不能反應抽樣誤差的全面情況，因此無法用於抽樣估計。在抽樣估計中可以被計算和控制的抽樣誤差，是指從所有可能樣本的平均誤差角度考慮的抽樣平均誤差。

二、抽樣平均誤差

(一) 抽樣平均誤差的概念

前面介紹了所有可能樣本的實際抽樣誤差總和為零,所以,抽樣平均誤差不可能對所有可能樣本的實際抽樣誤差進行算術平均。我們知道統計學中用標準差測定某一變量的所有變量值與其均值的平均差異程度,而且從所有可能樣本看,樣本估計量的均值等於總體參數的真值(無偏性)。因此可利用樣本估計量的標準差測定樣本估計量與總體參數的平均差異程度,即用計算變量標準差的方法來計算抽樣實際誤差的一般水平。

由此可定義抽樣平均誤差為:抽樣中所有可能樣本的樣本估計量與總體參數離差平方的算術平均數的平方根,即樣本估計量的標準差,也稱標準誤差,記為 $\mu(\hat{\theta})$,用公式表示為:

$$\mu(\hat{\theta}) = \sqrt{\frac{\sum(\hat{\theta}-\theta)^2}{可能樣本個數}} = \sqrt{\frac{\sum[\hat{\theta}-E(\hat{\theta})]^2}{可能樣本個數}} \tag{6.1}$$

例如,從表 6.1 可以算得:

$$\mu_{\bar{x}} = \sqrt{\frac{\sum(\bar{x}-\bar{X})^2}{可能樣本個數}} = \sqrt{\frac{1,000}{16}} \approx 7.9(歲)$$

即採用重複抽樣,16 個可能樣本的平均年齡與總體平均年齡的平均誤差為 7.9 歲。

由上述計算可知,抽樣時不管抽中哪一個樣本,抽樣平均誤差不隨樣本估計值的不同而變化。因此抽樣平均誤差對於特定的總體、特定的抽樣方法、特定的樣本容量是不變的,它是用來衡量樣本對總體的代表性大小的一般指標,抽樣平均誤差越小,樣本對總體的代表性越大,反之,樣本對總體的代表性越小。

(二) 抽樣平均誤差的計算

事實上,依據式 6.1 是不可能計算出抽樣平均誤差的,原因有兩個:一是通常在抽樣估計中總體參數 θ 是未知的;二是需要抽出所有可能樣本來計算它們的所有實際抽樣誤差,這是不可能也無必要的。因此,式 6.1 常常被稱為抽樣平均誤差的概念式。在實踐中,抽樣平均誤差是根據數理統計所證明的樣本統計量的抽樣分佈特徵,即樣本統計量的標準差與總體標準差 σ、樣本單位數 n 的數量關係來計算的,同時考慮抽樣組織形式和抽樣方法的不同。那麼,怎樣計算簡單隨機抽樣(又稱純隨機抽樣)組織形式下的抽樣平均誤差呢?

1. 重複抽樣方法

中心極限定理證明,在重複抽樣方法下,樣本均值的方差是總體方差的 n 分之一,即 $\sigma_{\bar{x}}^2 = \frac{1}{n}\sigma^2$($\sigma_{\bar{x}}^2$ 是樣本均值的方差),而樣本均值的標準差就是抽樣平均誤差,因此,均值的抽樣平均誤差就是 $\sigma_{\bar{x}}$,在此用另一個符號 $\mu_{\bar{x}}$ 代替,那麼,均值的抽樣平均誤差:

$$\mu_{\bar{x}} = \sigma_{\bar{x}} = \sqrt{\frac{\sigma^2}{n}} = \frac{\sigma}{\sqrt{n}} \tag{6.2}$$

式中:σ—— 總體標準差;

n—— 樣本容量。

例如,用[例6.1]予以驗證,已知 $N=4, n=2$,總體方差計算為:

$$\sigma^2 = \frac{\sum(\bar{x}-\bar{X})^2}{N}$$

$$= \frac{(60-75)^2+(70-75)^2+(80-75)^2+(90-75)^2}{4}$$

$$= 125$$

代入公式(6.2)得:

$$\mu_{\bar{x}} = \sqrt{\frac{125}{2}} \approx 7.9(歲)$$

由此可見,按公式和按定義計算的抽樣平均誤差完全相同。

同理比率的抽樣平均誤差:

$$\mu_p = \sqrt{\frac{\sigma^2}{n}} = \sqrt{\frac{P(1-P)}{n}} \tag{6.3}$$

式中:$P(1-P)$—— 總體比率的方差;

n—— 樣本容量。

2. 不重複抽樣方法

(1) 均值的抽樣平均誤差:

$$\mu_{\bar{x}} = \sqrt{\frac{\sigma^2}{n}\left(\frac{N-n}{N-1}\right)} \text{ 或簡化為 } \mu_{\bar{x}} = \sqrt{\frac{\sigma^2}{n}\left(1-\frac{n}{N}\right)} \tag{6.4}$$

(2) 比率的抽樣平均誤差:

$$\mu_p = \sqrt{\frac{P(1-P)}{n}\left(\frac{N-n}{N-1}\right)} \text{ 或簡化為 } \mu_p = \sqrt{\frac{P(1-P)}{n}\left(1-\frac{n}{N}\right)} \tag{6.5}$$

將不重複抽樣公式與重複抽樣比較,不重複抽樣公式內的根號下多了一個修正因子 $\frac{N-n}{N-1}$。當總體容量 N 很大,樣本容量 n 相對很小時,可以將 $\frac{N-n}{N-1}$ 近似地表示為 $1-\frac{n}{N}$,這裡 $\frac{n}{N}$ 稱為抽樣比率。由於 $\frac{N-n}{N-1}$ 是小於1的整數,兩種不同的抽樣方法在其他條件相同的情況下,不重複抽樣的抽樣平均誤差小於重複抽樣的抽樣誤差。但當 $\frac{n}{N}$ 很小時,$1-\frac{n}{N}$ 接近於1,兩者相差甚微。在統計實踐中,運用不重複抽樣較多。在沒有明確要求時,可用重複抽樣的公式來計算抽樣誤差,較為簡便,對保證抽樣估計的準確性並無大礙。

在實際抽樣中按公式(6.2)、(6.3)、(6.4)、(6.5)計算抽樣平均誤差,通常總體標準差 σ 和 $\sqrt{P(1-P)}$ 是未知的。常用的解決辦法是:① 用樣本標準差 s 代替,若要求樣本標準差作為總體標準差的無偏估計量,則用樣本修正標準差 $s\sqrt{n/(n-1)}$ 代替。但這種代替顯然只能在已從總體中抽出樣本的情況下才能實現,滿足不了事先計算和控制抽樣誤

差的要求。②用以前的總體標準差代替。但須注意,歷史總體變量變異程度與現實總體變量變異程度是否接近,若同時有若干個可供選擇的數值時,應選其中最大值,以保證足夠多的樣本容量,確保抽樣估計的代表性。③用預先估計資料代替。例如在農產量抽樣調查中用農作物預計估產資料計算出總體標準差。④用小型試驗抽樣資料代替。在大規模的正式抽樣調查之前,進行一次小型試驗抽樣來取得標準差。

下面舉例說明抽樣平均誤差的計算方法。

【例6.2】某地一電燈泡廠某報告期生產了某種型號的燈泡100,000個,按正常生產經驗,燈泡耐用時間的標準差為50小時,產品合格率為98%。現從中隨機抽取100個進行檢驗,平均耐用時間為1,000小時,產品合格率為99%。試按重複抽樣和不重複抽樣兩種方法計算抽樣平均誤差。

解:已知 $N = 100,000$ 個,$\sigma = 50$ 小時,$P = 98\%$,$n = 100$ 個,$\bar{x} = 1,000$ 小時,$p = 99\%$。

① 平均耐用時間的抽樣平均誤差:

用重複抽樣:

$$\mu_{\bar{x}} = \sqrt{\frac{\sigma^2}{n}} = \frac{50}{\sqrt{100}} = 5 (小時)$$

用不重複抽樣:

$$\mu_{\bar{x}} = \sqrt{\frac{\sigma^2}{n}(1 - \frac{n}{N})} = \sqrt{\frac{50^2}{100}(1 - \frac{100}{100,000})} = 4.997 (小時)$$

可見,由於總體太大,抽樣比例幾乎為零,所以不重複抽樣與不重複抽樣的抽樣誤差幾乎相等。

② 燈泡合格率的抽樣平均誤差:

用重複抽樣:

$$\mu_p = \sqrt{\frac{P(1-P)}{n}} = \sqrt{\frac{98\%(1-98\%)}{100}} = 0.014 \text{ 或 } 1.4\%$$

用不重複抽樣:

$$\mu_p = \sqrt{\frac{P(1-P)}{n}(1-\frac{n}{N})} = \sqrt{\frac{98\%(1-98\%)}{100}(1-\frac{100}{100,000})}$$

$$\approx 0.013,99 \text{ 或 } 1.399\%$$

【例6.3】某初級中學有學生1,000人。現隨機抽選30名學生進行上網時間的調查,經整理結果如表6.2所示:

表6.2　　　　　　　　30名學生每週上網時間分組統計表

每週上網時間(小時)	學生人數(人)
2 ~ 4	8
4 ~ 6	12
6 ~ 8	6
8 以上	4

試計算平均每週上網時間和上網時間在 6 小時以上學生所占比率的抽樣平均誤差。

解:已知,$n = 30$ 個,$N = 1,000$ 人。

① 平均上網時間的抽樣平均誤差:

由於總體標準差 σ 未知,可用樣本標準差 s 代替。

表6.3 上網時間標準差計算表

每週上網時間(小時)	組中值 x	學生人數 f	xf	$(x-\bar{x})^2 f$
2～4	3	8	24	46.08
4～6	5	12	60	1.92
6～8	7	6	42	15.36
8 以上	9	4	36	51.84
合　　計	—	30	162	115.20

$$\bar{x} = \frac{\sum xf}{\sum f} = \frac{162}{30} = 5.4 (小時)$$

$$s = \sqrt{\frac{\sum (x-\bar{x})^2 f}{\sum f - 1}} = \sqrt{\frac{115.2}{30-1}} \approx 1.99 (小時)$$

$$\mu_{\bar{x}} = \frac{s}{\sqrt{n}} = \frac{1.99}{\sqrt{30}} = 0.36 (小時)$$

② 上網時間在 6 小時以上學生所占比率的抽樣平均誤差:

由於未知總體方差 $P(1-P)$,用樣本方差 $p(1-p)$ 代替。

$$p = \frac{10}{30} = \frac{1}{3}$$

$$\mu_p = \sqrt{\frac{P(1-P)}{n}} = \sqrt{\frac{p(1-p)}{n}} = \sqrt{\frac{\frac{1}{3}(1-\frac{1}{3})}{30}} \approx 0.086,1 (或 8.61\%)$$

(三) 影響抽樣誤差大小的因素

從上述分析可知,抽樣誤差受以下多個因素的影響:

1. 總體標準差 σ

總體標準差 σ 是總體單位變量值之間的差異程度,在其他條件不變的情況下,總體標準差 σ 越小,抽樣誤差越小;反之,抽樣誤差越大。

2. 樣本容量 n

樣本容量越大,抽樣誤差越小;反之,抽樣誤差越大。反應在公式上,樣本容量的平方根與抽樣誤差成反比,如若要求抽樣誤差縮小為原來的 1/2,樣本容量必擴大為原來的 4 倍;反過來,若要求抽樣誤差擴大 1 倍,樣本容量將縮小為原來的 1/4。

3. 抽樣方法

重複抽樣和不重複抽樣是概率抽樣條件下的兩種基本方法,在其他條件相同的情況下,重複抽樣的抽樣誤差大於不重複抽樣的抽樣誤差。

4. 抽樣組織形式

要盡可能提高抽樣效率,就要合理地設計抽樣方案,選取合理的抽樣組織形式。在其他條件相同的情況下,採用的抽樣組織形式不同,抽樣誤差的大小是不一樣的。如分層抽樣的抽樣誤差就小於簡單隨機抽樣的抽樣誤差。

(四) 其他抽樣組織形式下抽樣平均誤差的計算

1. 分層抽樣

分層抽樣比簡單隨機抽樣的抽樣效率更高,組織工作比較方便,能夠掌握總體中各個子總體的情況。分層抽樣的抽樣誤差的計算如下。

設總體有 N 個單位組成,把它劃分為 L 類,每類的單位數為 $N_1, N_2, \cdots, N_L$。且 $N = \sum_{i=1}^{L} N_i$。在每類中獨立地抽取一定數量的單位作樣本,設第 i 類的 N_i 個單位中抽取 n_i 個單位 $(i = 1, 2, \cdots, L)$ 使得 $n = \sum_{i=1}^{L} n_i$。

首先要計算各類的樣本平均數,第 i 類的樣本平均數為:

$$\bar{x}_i = \frac{1}{n_i} \sum_{j=1}^{n_i} x_{ij} \tag{6.6}$$

其中 x_{ij} 是第 i 類第 j 個單位的變量值。

然后計算總體平均數的估計值,應該用各類的總體單位數 N_i 作為權數,才是總體平均數的無偏估計。用 $\bar{x}_{ub}$ 表示:

$$\bar{x}_{ub} = \frac{1}{N} \sum_{i=1}^{L} N_i \bar{x}_i \tag{6.7}$$

那麼分層抽樣的抽樣平均誤差公式見下表 6.4:

表 6.4　　分層抽樣的抽樣平均誤差公式

	重複抽樣	不重複抽樣
估計平均值的抽樣平均誤差	$\sqrt{\sum_{i=1}^{L} \frac{N_i^2}{N^2} \times \frac{s_i^2}{n_i}}$	$\sqrt{\frac{1}{N^2} \sum_{i=1}^{L} N_i (N_i - n_i) \frac{s_i^2}{n_i}}$
估計成數的抽樣平均誤差	$\sqrt{\sum_{i=1}^{L} \frac{N_i^2}{N^2} \times \frac{p_i(1-p_i)}{n_i-1}}$	$\sqrt{\frac{1}{N^2} \sum_{i=1}^{L} N_i (N_i - n_i) \frac{p_i(1-p_i)}{n_i-1}}$

【例 6.4】對某市 600 個私有商業企業的月零售額進行抽樣調查,由於它們之間的零售額有很大的差別,因此按照企業資金劃分為大、中、小三類,採用分層抽樣方法,調查結果如表 6.5 所示。

表 6.5　　某市 600 個私有商業企業月零售額的分層抽樣調查資料

類	N_i(戶)	n_i(戶)	$\bar{x}_i$	s_i^2
大	60	30	20	16
中	240	40	8	4
小	300	40	1	0.5
合計	600	110	——	——

解：已知 $N = 600, n = 110$，各類抽取樣本的比例不等，屬於不等比例的分類抽樣。則總體平均月零售額為：

$$\hat{\bar{X}} = \bar{x}_{ub} = \frac{1}{N}\sum_{i=1}^{L}N_i\bar{x}_i = \frac{1}{600}(60\times 20 + 240\times 8 + 300\times 1) = 5.7(萬元)$$

月零售額的抽樣平均誤差為：

$$\mu_x = \sqrt{\frac{1}{N^2}\sum_{i=1}^{L}N_i(N_i-n_i)\frac{s_i^2}{n_i}}$$

$$= \sqrt{\frac{1}{600^2}\sum\left[60(60-30)\frac{16}{30}+240(240-40)\frac{4}{40}+300(300-40)\frac{0.5}{40}\right]}$$

$$= \sqrt{0.018,7} = 0.136,7(萬元)$$

2. 系統抽樣

系統抽樣的特點是簡便易行，抽樣誤差的大小與總體單位的排列順序有關，當對總體的結構有一定瞭解時，可以利用這些信息對總體單位排序后作等距抽樣，能夠提高抽樣效率。一般情況下，估計量的方差比簡單隨機抽樣小，因此成為大規模抽樣中常用的抽樣方法。

系統抽樣的類型按照其單位的排列情況有兩類：無關標誌排隊等距抽樣、有關標誌排隊等距抽樣。按有關標誌排隊等距抽樣的抽樣誤差的計算比較複雜，在此僅介紹按無關標誌排隊等距抽樣的抽樣誤差的計算問題。

在無關標誌排隊的情況下，我們可以把它看成近似的簡單隨機抽樣，因而可以用簡單隨機抽樣下抽樣誤差的計算公式來近似地計算等距抽樣的抽樣誤差。舉例如下：

【例 6.5】某塊麥地長 720 尺(1 尺 ≈ 0.33 米)，寬 200 尺，地塊上共有 100 條壠，每條壠長 720 尺。現以壠為抽樣單位，按等距抽樣抽取 25 壠為樣本，通過實割實測，其產量如下：

25,30,36,40,38
35,39,28,32,35
33,40,22,24,30
37,38,37,34,36
29,30,37,36,33

解：

$$\bar{x} = \frac{1}{n}\sum x = \frac{834}{25} = 33.36(千克)$$

$$\mu_x = \sqrt{\frac{s^2}{n}(1-\frac{n}{N})} = \sqrt{\frac{5^2}{25}(1-\frac{25}{100})} = 0.866(千克/壠)$$

每壠的面積為:$\frac{720 \times 2}{6,000} = 0.24$ 畝$(1$ 畝 ≈ 666.7 平方米$)$

畝產為:$\bar{x}_{畝} = \frac{33.36}{0.24} = 139(千克)$

$$\mu_{x_{畝}} = \frac{0.866}{0.24} = 3.61(千克/畝)$$

3. 整群抽樣

　　整群抽樣的特點是比較方便和節約費用,另外當總體缺乏包括全部總體單位的抽樣框,無法進行抽選時需要採用整群抽樣。因為在抽樣調查之前需要有一個抽樣框,這樣才能對所有單位編號碼,進而抽取所需要的樣本。然而有時候總體很大且沒有現成的抽樣名單,要編製一個有全部單位名單的抽樣框相當費工夫,甚至不可能。在這種情況下,整群抽樣就顯得十分方便。

　　大家已經知道整群抽樣也有局限性:由於抽取的樣本單位比較集中,在一個群內各個單位之間的差異比較小,不同群之間的差異則比較大。因此在抽取同樣多的總體單位數目時,整群抽樣的誤差常常大於簡單隨機抽樣的誤差。

　　在劃分群時,根據方差分析的原理,總體方差可以分解為兩部分:群內方差和群間方差。對確定的總體分群,那麼兩者的關係是此長彼伏的關係,因此影響整群抽樣的抽樣誤差的方差是群間方差,就應該盡可能地擴大群內方差,減小群間方差,這樣就能最大限度提高抽樣效率。那麼如何計算整群抽樣的抽樣誤差呢?整群抽樣時,有的總體的群的大小是相同的,但有的總體的群的大小是不相同的(群的大小是指群包含的總體單位個數)。當群的大小不同時,其抽樣誤差的計算比較複雜,在此不作介紹,僅對群的大小相同時的情況作分析。

　　設總體的全部單位劃分為 N 群,每群包含的總體單位數為 M,即總體有 MN 個總體單位。現從 N 個群中抽取 n 個群組成樣本,並對抽中群進行全面調查,用 x_{ij} 表示第 i 群第 j 個單位的標誌值,則第 i 群的平均數為:

$$\bar{x}_i = \frac{1}{M}\sum_{j=1}^{M} x_{ij} \qquad (6.8)$$

整個樣本平均數是將 n 個群的平均數加以平均:

$$\bar{x} = \frac{1}{n}\sum_{i=1}^{n} \bar{x}_i \text{ 或者} = \frac{1}{nM}\sum_{i=1}^{n}\sum_{j=1}^{M} x_{ij} \qquad (6.9)$$

$\bar{x}$ 為總體平均數的無偏估計量。令 σ_b^2 為群間方差:

$$\sigma_b^2 = \frac{1}{N}\sum_{i=1}^{N}(\bar{x}_i - \bar{x})^2 \qquad (6.10)$$

則樣本容量為 n 群時,總體平均數估計量的平均抽樣誤差為:

$$\mu_x = \sqrt{\frac{\sigma_b^2}{n}(\frac{N-n}{N-1})} \qquad (6.11)$$

當 σ_b^2 未知時，也可以用樣本的群間方差來估計，但要求所抽的群數比較大，此時的抽樣平均誤差為：

$$\mu_{\bar{x}} = \sqrt{\frac{s_b^2}{n}\left(\frac{N-n}{N-1}\right)} \qquad (6.12)$$

其中 $s_b^2 = \frac{1}{n-1}\sum_{i=1}^{n}(\bar{x_i} - \bar{x})^2$ 是樣本的群間方差。

對於成數的抽樣誤差的計算也是如此：

$$\mu_p = \sqrt{\frac{\sigma_R^2}{n}\left(\frac{N-n}{N-1}\right)} \qquad (6.13)$$

其中 $\sigma_R^2 = \frac{1}{N}\sum_{i=1}^{N}(P_i - P)^2$ 是總體成數的群間方差，當它未知時，用樣本的群間方差：$\sigma_r^2 = \frac{1}{n}\sum_{i=1}^{N}(p_i - p)^2$ 代替得：

$$\mu_p = \sqrt{\frac{\sigma_r^2}{n}\left(\frac{N-n}{N-1}\right)} \qquad (6.14)$$

【例6.6】某工廠生產某種燈泡，在連續生產的720小時中，每隔23小時抽取1小時的全部產品進行調查，得樣本數據如下：燈泡的平均壽命為1,200小時，群間方差為60，要求計算樣本平均數的抽樣誤差。

解：已知 $\bar{x} = 1,200$ 小時，$s_b^2 = 60$, $N = 720$, $n = 720/24 = 30$

$$\mu_{\bar{x}} = \sqrt{\frac{s_b^2}{n}\left(\frac{N-n}{N-1}\right)}$$

$$= \sqrt{\frac{60}{30}\left(\frac{720-30}{720-1}\right)} = 1.385(小時)$$

三、抽樣極限誤差

在抽樣估計中用抽樣平均誤差來反應抽樣誤差大小，說明樣本對總體的代表性的強弱。但一個平均值難以反應各個可能出現樣本的抽樣誤差的分佈狀況。例如，從表6.1計算的抽樣平均誤差為7.9歲，而各個可能樣本的抽樣誤差是隨樣本不同而不同的隨機變量，有大小、正負之分，具有明顯的抽樣分佈特徵。因此，在研究抽樣平均誤差的基礎上，還必須研究抽樣誤差的可能範圍，這就有必要討論抽樣極限誤差。

抽樣極限誤差是以絕對值形式表示的一定概率下抽樣誤差的一般可能範圍，或者說在一定概率下樣本統計量 $\hat{\theta}$ 與被估計的總體參數 θ 之差的可能範圍，也稱允許誤差、抽樣誤差範圍。用 Δ 表示抽樣極限誤差，這一定義可表述為：

在一定概率下：$|\hat{\theta} - \theta| \leq \Delta$

用 $\Delta_{\bar{x}}$ 和 Δ_p 分別表示均值和比率的抽樣極限誤差，則有：

在一定概率下：$|\bar{x} - \bar{X}| \leq \Delta_{\bar{x}}$

$|p - P| \leq \Delta_p$

將上面不等式可變為下列不等式：

$-\Delta_{\bar{x}} \leq \bar{x} - \bar{X} \leq \Delta_{\bar{x}}$ $-\Delta_p \leq p - P \leq \Delta_p$

這表明：抽樣極限誤差就是在一定概率下，樣本估計量與相應總體參數之差不超過 $\pm \Delta$ 的區間，或者說抽樣誤差在最小值不低於 $-\Delta$，最大值不超過 $+\Delta$ 的區間內變動。

【例6.7】對某地居民收入進行抽樣調查，結果得居民月平均收入為1,000元，在95%的概率下，抽樣極限誤差為50元，那麼這個抽樣極限誤差在95%的概率下，所有可能出現的樣本月平均收入與全部居民實際月平均收入之差的最小值不低於 -50 元，最大值不超過 50 元，用區間表示為：

$-50 \leq \bar{x} - \bar{X} \leq +50$

抽樣極限誤差是抽樣誤差的可能範圍，並非絕對範圍，各個實際抽樣誤差並不是完全一定在此範圍內，那麼這個可能範圍的大小是與一定的可能性即概率緊密聯繫的，二者之間的聯繫可根據樣本統計量的抽樣分佈來確定。

根據抽樣分佈理論，樣本均值 $\bar{x}$ 服從或漸近服從正態分佈，且該分佈的數學期望為總體均值 $\bar{X}$，標準差為抽樣平均誤差 $\mu_{\bar{x}}$，則 $\dfrac{\bar{x} - \bar{X}}{\mu_{\bar{x}}}$ 服從或漸近服從標準正態分佈。因此，若給定 $1 - \alpha (0 < \alpha < 1)$，則有：

$P\{|\bar{x} - \bar{X}|/\mu_{\bar{x}} \leq Z_{\frac{\alpha}{2}}\} = 1 - \alpha$

這裡，α 為顯著性水平，$1 - \alpha$ 稱為置信水平，或稱為置信度、把握程度、可靠程度。

由此可見，給定置信水平 $(1 - \alpha)$，樣本均值的抽樣極限誤差 $\Delta_{\bar{x}}$ 可按以下公式確定：

$|\bar{x} - \bar{X}| \leq Z_{\frac{\alpha}{2}} \mu_{\bar{x}}$

整理得：

$$\Delta_{\bar{x}} = Z_{\frac{\alpha}{2}} \mu_{\bar{x}} \tag{6.15}$$

同理，樣本比率的抽樣極限誤差有：

$$\Delta_p = Z_{\frac{\alpha}{2}} \mu_p \tag{6.16}$$

這裡 $Z_{\frac{\alpha}{2}}$ 稱為概率度，通常是不需要計算的，可根據置信水平 $1 - \alpha$ 查正態分佈表得到。而置信水平 $1 - \alpha$ 表示抽樣誤差不超出給定的抽樣誤差範圍的可能性大小。例如，置信水平為95%時，表示在100個可能出現的抽樣誤差中，有95個在給定的抽樣誤差範圍內，而有5個超出此範圍。

從上面公式可知，在抽樣誤差一定的情況下，$Z_{\frac{\alpha}{2}}$ 決定著抽樣極限誤差的大小。而它又是由置信水平來決定的，是與置信水平 $(1 - \alpha)$ ——對應的。所以，在抽樣誤差一定的情況下，是由置信水平 $(1 - \alpha)$ 決定抽樣極限誤差的大小。例如，某高校學生中隨機抽取100人調查微積分課程考試成績，得平均成績為71分，抽樣誤差為2分，當置信水平為68.27%時，抽樣極限誤差為(-2分，+2分)；當置信水平為95.45%時，抽樣極限誤差為(-4分，+4分)；當置信水平為99.99%時，抽樣極限誤差為(-6分，+6分)。

現將抽樣估計中常用的置信水平及相應的概率度 $Z_{\frac{\alpha}{2}}$ 列表如下：

表6.6　　　　　　　抽樣估計中常用的置信水平及相應的概率度

置信水平	68.27%	90%	95%	95.45%	99%
$Z_{\alpha/2}$	1	1.645	1.96	2	2.58

【例6.8】根據例6.2資料,已知在重複抽樣條件下,平均耐用時間的抽樣平均誤差為5小時,燈泡合格率的抽樣平均誤差為1.4%。試以95%的置信水平計算平均耐用時間和燈泡合格率的抽樣極限誤差。

解:$1-\alpha=95\%$,查正態分佈表得:$Z_{\alpha/2}=Z_{0.025}=1.96$。

$$\Delta_{\bar{x}}=Z_{\frac{\alpha}{2}}\mu_{\bar{x}}=1.96\times 5=9.8(小時)$$

$$\Delta_{p}=Z_{\frac{\alpha}{2}}\mu_{p}=1.96\times 1.4\%=2.744\%$$

需要說明,以上介紹的為大樣本條件下抽樣極限誤差的計算。若是小樣本條件下,如果總體服從正態分佈且總體標準差 σ 已知,則均值的抽樣極限誤差計算與大樣本條件下計算方法相同。但是,如果總體標準差 σ 未知,那麼均值的抽樣極限誤差需要根據 t 分佈來確定,這將在總體均值的區間估計中作介紹。

第三節　　單個總體參數的區間估計

總體參數估計就是用樣本統計量去估計未知的總體參數,其基本方法有點估計和區間估計兩種。

點估計又稱定值估計,即用某樣本統計量 $\hat{\theta}$ 直接作為總體參數 θ 的估計值,用公式表示為:$\hat{\theta}=\theta$。例如,某企業從生產的一批產品中隨機抽取200件做質量檢查,合格率為95%,就直接將95%作為這批產品合格率的估計值。又如,從某高校學生中隨機抽選5%,得樣本平均每人每天英語學習時間為2小時,就估計該校學生平均每人每天英語學習時間為2小時。

樣本統計量 $\hat{\theta}$ 與總體參數 θ 之間存在抽樣誤差,因而總體參數等於某個樣本統計量幾乎是不可能的,數理統計已證明對連續變量取一個點值的概率為零。因此,對總體參數估計的常用方法是區間估計。

區間估計是利用樣本統計量在給定的概率$(1-\alpha)$保證下,給總體參數構造一個估計區間。概率$(1-\alpha)$就是前面提到的置信水平。

通過對抽樣極限誤差定義公式 $|\hat{\theta}-\theta|\leq\Delta$ 作變換,得如下不等式:

在給定 $1-\alpha$ 下:

$$\hat{\theta}-\Delta\leq\theta\leq\hat{\theta}+\Delta$$

其含義是:在給定置信水平$(1-\alpha)$下,總體參數 θ 落在以樣本統計量 $\hat{\theta}$ 為中心,抽樣極限誤差 Δ 為半徑的對稱區間 $\hat{\theta}\pm\Delta$ 上。該區間即是總體參數 θ 的估計區間,稱為置信區

間,其中區間的最小值稱為置信下限,最大值稱為置信上限。

對於抽樣估計中構造的置信區間的理解,需要知道,選不同樣本時,會得到不同的與樣本相聯繫的置信區間,也就是說置信區間也是隨機的。這樣一來,有的區間可能包含總體參數的真值,有的區間却可能未包含總體參數的真值,若給定置信水平$(1-\alpha)$,就意味包含總體參數真值的區間有$(1-\alpha)$次找到,反之有α次找到的區間不包含總體參數的真值。簡單地說,如果給定置信水平為95%,我們抽取100個樣本構造了100個置信區間,有95個區間包含總體參數,而另外5個區間則不包括總體參數。由於實際抽樣中,往往只抽取一個樣本,對用該樣本構造的區間,只能希望是大量包含總體參數真值的區間中的一個,但也有可能是少數幾個不包含總體參數真值的區間中的一個。

在抽樣估計中,對總體參數做區間估計一般要經過以下步驟:

(1) 計算樣本估計量:主要是樣本均值,樣本比率和樣本方差等;

(2) 計算抽樣誤差和抽樣極限誤差;

(3) 確定置信區間;

(4) 對估計結果加以說明,指出總體參數的估計範圍及落在此範圍的可能性。

由於在抽樣估計中我們常關心的指標主要是均值,比率以及方差,所以下面分別介紹這幾種常見單個總體參數的區間估計方法。

一、總體均值的區間估計

總體均值的估計,就是用樣本均值對總體均值進行估計。如對某單位職工平均工資、某高校學生平均成績或某市城鎮居民平均收入進行估計等等。由於在抽樣估計中,用以估計的樣本有大有小,而樣本的大小決定了抽樣估計的不同特點,因此,以下分大、小樣本分別介紹抽樣估計中總體均值的區間估計。

(一) 大樣本的估計

在大樣本條件下,根據均值抽樣分佈理論,無論總體為何種分佈,樣本均值$\bar{x}$的抽樣分佈均為正態分佈,則$|\bar{x}-\bar{X}|/\mu_{\bar{x}}$服從或漸近服從正態分佈,因此,給定置信水平$(1-\alpha)$,則有:

$$P(|\bar{x}-\bar{X}| \leq Z_{\frac{\alpha}{2}}\mu_{\bar{x}}) = 1-\alpha$$

將上式作變換,得:

$$P(\bar{x}-Z_{\frac{\alpha}{2}}\mu_{\bar{x}} \leq \bar{X} \leq \bar{x}+Z_{\frac{\alpha}{2}}\mu_{\bar{x}}) = 1-\alpha$$

所以,總體均值$\bar{X}$在給定置信水平$(1-\alpha)$的置信區間為:

$$\bar{x}-Z_{\frac{\alpha}{2}}\mu_{\bar{x}} \leq \bar{X} \leq \bar{x}+Z_{\frac{\alpha}{2}}\mu_{\bar{x}} \tag{6.17}$$

也可表示為:$(\bar{x}-Z_{\frac{\alpha}{2}}\mu_{\bar{x}},\bar{x}+Z_{\frac{\alpha}{2}}\mu_{\bar{x}})$。

【例6.9】根據例6.2某燈泡企業的資料。試以95%的置信水平估計該批燈泡平均耐用時間的置信區間。

解:已知$N=100,000$個,$n=100$個,$\sigma=50$小時,$\bar{x}=1,000$小時,置信水平$1-\alpha=95\%$,查正態分佈表,得$Z_{\frac{\alpha}{2}}=1.96$。

① 重複抽樣：

$$\mu_{\bar{x}} = \frac{\sigma}{\sqrt{n}} = \frac{50}{\sqrt{100}} = 5(小時)$$

根據公式(6.17)，代入數據，得：

$$1,000 - 1.96 \times 5 \leq \bar{X} \leq 1,000 + 1.96 \times 5$$

即：
$$990.2 \leq \bar{X} \leq 1,009.8$$

在重複抽樣條件下，該批燈泡平均耐用時間在95%的置信區間為(990.2, 1,009.8)小時。

② 不重複抽樣：

$$\mu_{\bar{x}} = \sqrt{\frac{\sigma^2}{n}\left(1 - \frac{n}{N}\right)} = \sqrt{\frac{50^2}{100}\left(1 - \frac{100}{100,000}\right)} \approx 4.997(小時)$$

根據公式(6.17)，代入數據，得：

$$1,000 - 1.96 \times 4.997 \leq \bar{X} \leq 1,000 + 1.96 \times 4.997$$

即：
$$1,000 - 9.79 \leq \bar{X} \leq 1,000 + 9.79$$
$$990.21 \leq \bar{X} \leq 1,009.79$$

在不重複抽樣條件下，該批燈泡平均耐用時間在95%的置信區間為(990.21, 1,009.79)小時。

(二) 小樣本的估計

根據均值的抽樣分佈理論，在小樣本條件下，如果總體服從正態分佈，總體標準差 σ 未知而用樣本標準差 s 代替，則樣本均值服從自由度為 $(n-1)$ 的 t 分佈，則：

$$t = \frac{\bar{x} - \bar{X}}{\mu_x} \sim t(n-1)$$

由此給定置信水平 $1 - \alpha$，有：

$$P(|\bar{x} - \bar{X}| \leq t_{\frac{\alpha}{2}}\mu_x) = 1 - \alpha$$

所以，總體均值 $\bar{X}$ 在給定置信水平 $1 - \alpha$ 的置信區間為：

$$\bar{x} - t_{\frac{\alpha}{2}}\mu_x \leq \bar{X} \leq \bar{x} + t_{\frac{\alpha}{2}}\mu_x \tag{6.18}$$

也可表示為：$(\bar{x} - t_{\frac{\alpha}{2}}\mu_x, \bar{x} + t_{\frac{\alpha}{2}}\mu_x)$

式中，$t_{\frac{\alpha}{2}}$ 是自由度為 $(n-1)$ 時，t 分佈上側面積為 $\alpha/2$ 的 t 值，可通過 t 分佈表查得。

【例6.10】為瞭解某企業職工工資水平狀況，隨機抽取25人做抽樣調查，其月平均工資為2,055元，標準差為51元。若該企業職工月工資服從正態分佈，試確定該企業職工平均工資在95%的置信水平下的置信區間。

解：已知 $\bar{x} = 2,055$ 元，$s = 51$ 元，根據 $\alpha = 0.05$ 查 t 分佈表得：

$$t_{\frac{\alpha}{2}} = 2.063$$

$$\mu_x = \frac{s}{\sqrt{n}} = \frac{51}{\sqrt{25}} = 10.2(元)$$

根據公式(6.18),代入數據,得:
$$2,055 - 2.063 \times 10.2 \leq \bar{X} \leq 2,055 + 2.063 \times 10.2$$
即:
$$2,055 - 21.042,6 \leq \bar{X} \leq 2,055 + 21.042,6$$
$$2,033.96 \leq \bar{X} \leq 2,076.04$$
該企業職工平均工資在95%的置信水平下的置信區間為(2,033.96,2,076.04)元。

二、總體比率的區間估計

總體比率的估計就是利用樣本比率對總體比率進行估計。如對產品合格率、兒童入學率、電視節目收視率等進行估計。

總體比率的估計與總體均值的估計是相似的。根據樣本比率的抽樣分佈理論,當樣本容量足夠大時,樣本比率p的抽樣分佈近似服從正態分佈,則$|p-P|/\mu_p$服從或近似服從標準正態分佈。因此,給定置信水平$1-\alpha$,有:
$$P(|p-P| \leq Z_{\frac{\alpha}{2}}\mu_p) = 1 - \alpha$$
即總體比率P在給定置信水平$1-\alpha$的置信區間為:
$$p - Z_{\frac{\alpha}{2}}\mu_p \leq P \leq p + Z_{\frac{\alpha}{2}}\mu_p \tag{6.19}$$
也可表示為:
$(p - Z_{\frac{\alpha}{2}}\mu_p, p + Z_{\frac{\alpha}{2}}\mu_p)$

下面舉例說明總體比率的區間估計方法。

【例6.11】根據例6.3某初級中學學生上網時間調查資料,試以90%的置信水平估計該初級中學學生中上網時間在6小時以上的所占比率的置信區間。

解:已知$n=30$,置信水平$1-\alpha=90\%$,查正態分佈表得$Z_{\frac{\alpha}{2}}=1.64$。
$$p = \frac{10}{30} = \frac{1}{3}$$
$$\mu_p = \sqrt{\frac{P(1-P)}{n}} = \sqrt{\frac{p(1-p)}{n}} = \sqrt{\frac{\frac{1}{3}(1-\frac{1}{3})}{30}} \approx 0.086,1 \text{ 或 } 8.61\%$$

根據公式(6.10),代入數據得:
$$33.33\% - 1.64 \times 8.61\% \leq P \leq 33.33\% + 1.64 \times 8.61\%$$
$$19.21\% \leq P \leq 47.45\%$$

該初級中學學生上網時間在6小時以上的所占比重90%的置信區間為(19.21%,47.45%)。

三、總體方差的估計

總體方差的估計就是用樣本方差s^2對總體方差σ^2進行估計。

根據樣本方差的抽樣分佈理論,對於來自正態總體的簡單隨機樣本,樣本方差服從自由度為$(n-1)$的χ^2分佈。因此,用χ^2分佈構造總體方差的置信區間。

我們給定一個置信水平 $1-\alpha$,設在曲線中間,把 α 平均分配在曲線的兩端,可用圖 6.1 表示:

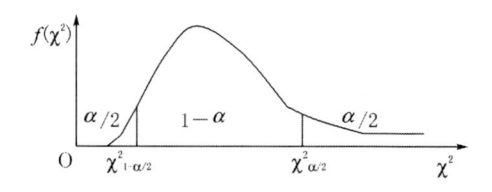

圖 6.1 自由度為 $(n-1)$ 的 χ^2 分佈

於是:
$$P(\chi^2_{1-\frac{\alpha}{2}} \leq \chi^2 \leq \chi^2_{\frac{\alpha}{2}}) = 1-\alpha$$

由於 $\dfrac{(n-1)s^2}{\sigma^2} \sim \chi^2(n-1)$,用它代替 χ^2:

$$P(\chi^2_{1-\frac{\alpha}{2}} \leq \dfrac{(n-1)s^2}{\sigma^2} \leq \chi^2_{\frac{\alpha}{2}}) = 1-\alpha$$

由此可見,給定置信水平 $1-\alpha$,總體方差 σ^2 的置信區間為

$$\dfrac{(n-1)s^2}{\chi^2_{\frac{\alpha}{2}}} \leq \sigma^2 \leq \dfrac{(n-1)s^2}{\chi^2_{1-\frac{\alpha}{2}}} \tag{6.20}$$

式中 $\chi^2_{\frac{\alpha}{2}}$ 和 $\chi^2_{1-\frac{\alpha}{2}}$ 可查 χ^2 分佈表得到,$\chi^2_{\frac{\alpha}{2}}$ 是在自由度 $n-1$ 下,與概率 $\alpha/2$ 對應的 χ^2 之值;$\chi^2_{1-\frac{\alpha}{2}}$ 是在自由度 $n-1$ 下,與概率 $1-\alpha/2$ 對應的 χ^2 之值。

【例 6.12】已知某大學某學期某教學班統計學考試成績服從正態分佈,現從該教學班隨機抽取 25 名學生,得統計學成績標準差為 7 分(成績按百分制計分),試以 95% 的置信水平估計該教學班成績總體方差的置信區間。

解:已知 $n=25, s^2=49, 1-\alpha=95\%$,查 χ^2 分佈表得:
$$\chi^2_{\frac{\alpha}{2}}(n-1) = \chi^2_{0.025}(25-1) = 39.364$$
$$\chi^2_{1-\frac{\alpha}{2}}(n-1) = \chi^2_{0.975}(25-1) = 12.401$$

根據公式(6.11),代入數據得:
$$\dfrac{(25-1) \times 49}{39.364} \leq \sigma^2 \leq \dfrac{(25-1) \times 49}{12.401}$$

即:$29.875 \leq \sigma^2 \leq 94.83$

以 95% 的置信水平估計,該班學生成績總體方差的置信區間為 $(29.875, 94.83)$ 分。

第四節　　兩個總體參數的區間估計

從第三節已經知道,當研究一個總體的數量特徵時,我們所關心的總體參數主要有總體均值、總體比率以及總體方差。但在統計實踐中,我們還時常需要關注兩個總體的情

況。當然，此時我們所關注的總體參數主要是兩個總體的均值之差、兩個總體的比率之差以及兩個總體的方差比。

一、兩個總體均值之差的區間估計

對於兩個總體均值之差的估計，除了要考慮在單個總體情況下必須考慮的樣本容量是大樣本還是小樣本、總體是否服從正態分佈、總體方差是否已知以外，還要考慮兩個樣本是獨立樣本還是匹配樣本的情況。假設我們所研究的兩個總體的均值分別為 $\bar{X}_1$ 和 $\bar{X}_2$，分別從兩個總體中隨機抽取樣本容量為 n_1 和 n_2 的兩個樣本，獲得兩個樣本的均值分別為 $\bar{x}_1$ 和 $\bar{x}_2$，兩個樣本的方差分別為 s_1^2 和 s_2^2，兩個總體的方差分別為 σ_1^2 和 σ_2^2。顯然兩個樣本的均值之差 $\bar{x}_1 - \bar{x}_2$ 就成為它們對應的兩個總體均值之差 $\bar{X}_1 - \bar{X}_2$ 的估計量了。下面我們分別介紹獨立樣本和匹配樣本條件下的總體均值之差的區間估計方法。

(一) 獨立樣本

1. 大樣本條件下的估計方法

所謂獨立樣本（*Independent Sample*）是指兩個樣本是從總體中獨立地抽取的，即一個樣本中的元素和另一個樣本中的元素是相互獨立的。在兩個總體都為正態分佈或者即使不服從正態分佈但來自這兩個總體的兩個樣本是大樣本即 $n_1 \geq 30$ 和 $n_2 \geq 30$ 時，$\bar{x}_1 - \bar{x}_2$ 的抽樣分佈服從期望值為 $\bar{X}_1 - \bar{X}_2$、方差為 $\dfrac{\sigma_1^2}{n_1} + \dfrac{\sigma_2^2}{n_2}$ 的正態分佈，將兩個樣本均值之差作標準化處理之后就服從標準正態分佈，即：

$$z = \frac{(\bar{x}_1 - \bar{x}_2) - (\bar{X}_1 - \bar{X}_2)}{\sqrt{\dfrac{\sigma_1^2}{n_1} + \dfrac{\sigma_2^2}{n_2}}} \sim N(0,1) \tag{6.21}$$

此時如果兩個總體的方差都是已知的，那麼在 $1 - \alpha$ 置信水平下，兩個總體均值之差 $\bar{X}_1 - \bar{X}_2$ 的置信區間為：

$$(\bar{x}_1 - \bar{x}_2) \pm z_{\alpha/2} \sqrt{\dfrac{\sigma_1^2}{n_1} + \dfrac{\sigma_2^2}{n_2}} \tag{6.22}$$

如果兩個總體的方差都是未知的，此時用兩個樣本的方差 s_1^2 和 s_2^2 代替，那麼在 $1 - \alpha$ 置信水平下，兩個總體均值之差 $\bar{X}_1 - \bar{X}_2$ 的置信區間為：

$$(\bar{x}_1 - \bar{x}_2) \pm z_{\alpha/2} \sqrt{\dfrac{s_1^2}{n_1} + \dfrac{s_2^2}{n_2}} \tag{6.23}$$

下面舉例說明大樣本條件下，兩個總體均值之差的區間估計方法。

【例 6.13】某地教育局要對甲乙兩所小學的小學生的畢業考試時的數學平均成績之差進行估計，對兩所小學獨立地隨機抽取兩個樣本，獲得以下數據，甲小學：學生人數 40 人，數學平均成績 85 分，成績標準差 5.5 分；乙小學：學生人數 35 人，數學平均成績 76 分，成績標準差 7 分。要求估計在 95.45% 的置信水平下這兩所小學畢業生數學平均成績之差的置信區間。

解：已知 $n_1 = 40, n_2 = 35, \bar{x}_1 = 85, \bar{x}_2 = 76, s_1 = 5.5, s_2 = 7, z_{\alpha/2} = 2$

將已知條件代入公式（6.23）得：

$$(\bar{x}_1 - \bar{x}_2) \pm z_{\alpha/2}\sqrt{\frac{s_1^2}{n_1} + \frac{s_2^2}{n_2}} = (85 - 76) \pm 2\sqrt{\frac{5.5^2}{40} + \frac{7^2}{35}} = 9 \pm 2.94$$

因此，在 95.45% 的置信水平下這兩所小學畢業生數學平均成績之差的置信區間為 (6.06, 11.94) 分。

2. 小樣本條件下的估計方法

由於小樣本與大樣本在特徵上的差異，所以在小樣本條件下的估計比在大樣本條件下的估計更為複雜。為了估計兩個總體均值之差，就要分別就兩個總體的特徵進行假定，分別不同的條件對總體均值之差進行區間估計。

（1）如果總體都服從正態分佈，樣本為獨立樣本，且兩個總體的方差相等即 $\sigma_1^2 = \sigma_2^2$。此時無論樣本大小，兩個樣本均值之差都服從正態分佈，在 σ_1^2 和 σ_2^2 都已知的情況下，用公式（6.22）即 $(\bar{x}_1 - \bar{x}_2) \pm z_{\alpha/2}\sqrt{\frac{\sigma_1^2}{n_1} + \frac{\sigma_2^2}{n_2}}$ 來估計總體均值之差的置信區間。

（2）如果總體都服從正態分佈，樣本為獨立樣本，且兩個總體的方差相等即 $\sigma_1^2 = \sigma_2^2$。但 σ_1^2 和 σ_2^2 未知的情況下，就只能用兩個隨機樣本的方差 s_1^2 和 s_2^2 來代替兩個總體的方差，此時需要將兩個樣本的數據結合在一起，估計出總體方差的合併估計量，記總體方差的合併估計量為 s_c^2，則：

$$s_c^2 = \frac{(n_1 - 1)s_1^2 + (n_2 - 1)s_2^2}{n_1 + n_2 - 2} \quad (6.24)$$

如果將兩個樣本均值之差做標準化處理，它就服從自由度為 $n_1 + n_2 - 2$ 的 t 分佈了：

$$t = \frac{(\bar{x}_1 - \bar{x}_2) - (\bar{X}_1 - \bar{X}_2)}{S_C\sqrt{\frac{1}{n_1} + \frac{1}{n_2}}} \sim t(n_1 + n_2 - 2) \quad (6.25)$$

由此可得，在 $1 - \alpha$ 的置信水平下，兩個總體均值之差的置信區間為：

$$(\bar{x}_1 - \bar{x}_2) \pm t_{\alpha/2}(n_1 + n_2 - 2)\sqrt{S_C^2\left(\frac{1}{n_1} + \frac{1}{n_2}\right)} \quad (6.26)$$

以下舉例說明上述計算方法。

【例6.14】某工廠有兩臺生產金屬棒的機器。一個隨機樣本由機器甲生產的 11 根金屬棒組成，另一個隨機樣本由機器乙生產的 21 根金屬棒組成。兩個樣本的數據如下：

$\bar{x}_1 = 8.06cm, \bar{x}_2 = 7.74cm, s_1 = 0.063cm, s_2 = 0.059cm$

假設兩個總體近似服從正態分佈，總體方差相等，請估計在 95% 的置信水平下 $\bar{X}_1 - \bar{X}_2$ 的置信區間。

解：根據上述已知條件：兩個總體近似服從正態分佈，總體方差未知且小樣本，因此選擇 t 統計量進行區間估計。查自由度為 $n_1 + n_2 - 2 = 30$ 的 t 分佈表，得臨界值 $t_{\alpha/2}(n_1 + n_2 - 2) = t_{0.025}(30) = 2.042,3$。

首先計算總體方差的合併估計量 s_c^2：

$$s_c^2 = \frac{(n_1 - 1)s_1^2 + (n_2 - 1)s_2^2}{n_1 + n_2 - 2}$$

$$= \frac{(11-1)0.063^2 + (21-1)0.059^2}{11 + 21 - 2}$$

$$= 0.003,6 = 0.06^2$$

其總體均值之差的置信區間為：

$$(\bar{x}_1 - \bar{x}_2) \pm t_{\alpha/2}(n_1 + n_2 - 2)\sqrt{S_C^2\left(\frac{1}{n_1} + \frac{1}{n_2}\right)}$$

$$= (8.06 - 7.74) \pm 2.042,3 \times \sqrt{0.06^2\left(\frac{1}{11} + \frac{1}{21}\right)}$$

$$= 0.32 \pm 0.046$$

即 $(0.274, 0.366)$

在 95% 的置信水平下，總體均值之差的置信區間為 $0.274cm \sim 0.366cm$。

(3) 如果總體都服從正態分佈，樣本為獨立樣本，兩個總體的方差未知且不相等即 $\sigma_1^2 \neq \sigma_2^2$ 時，但兩個樣本的容量相等即 $n_1 = n_2$，那麼在 $1 - \alpha$ 的置信水平下，就可以估計兩個總體均值之差的置信區間為：

$$(\bar{x}_1 - \bar{x}_2) \pm t_{\alpha/2}(n_1 + n_2 - 2)\sqrt{\frac{s_1^2}{n_1} + \frac{s_2^2}{n_2}} \tag{6.27}$$

如果上述假定條件中的兩個樣本容量不相等即 $n_1 \neq n_2$，而其他假定條件不變，此時兩個樣本均值之差在作標準化處理之後就不再服從自由度為 $n_1 + n_2 - 2$ 的 t 分佈，而是近似服從自由度為 v 的 t 分佈，v 按照以下計算公式計算：

$$v = \frac{\left(\frac{s_1^2}{n_1} + \frac{s_2^2}{n_2}\right)^2}{\frac{\left(\frac{s_1^2}{n_1}\right)^2}{n_1 - 1} + \frac{\left(\frac{s_2^2}{n_2}\right)^2}{n_2 - 1}} \tag{6.28}$$

於是，在 $1 - \alpha$ 的置信水平下，就可以估計兩個總體均值之差的置信區間為：

$$(\bar{x}_1 - \bar{x}_2) \pm t_{\alpha/2}(v)\sqrt{\frac{s_1^2}{n_1} + \frac{s_2^2}{n_2}} \tag{6.29}$$

以下舉例說明上述置信區間的估計方法。

【例 6.15】仍以例 6.14 的資料，假定兩個總體的方差不相等，而其他已知條件不變，要求估計在 95% 的置信水平下兩個總體均值之差的置信區間。

解：根據例題的已知條件，在兩個總體的方差不相等且樣本容量也不相等的情況下做總體均值之差的區間估計就要選擇自由度為 v 的 t 分佈。

首先計算自由度 v：

$$v = \frac{\left(\dfrac{s_1^2}{n_1} + \dfrac{s_2^2}{n_2}\right)^2}{\dfrac{\left(\dfrac{s_1^2}{n_1}\right)^2}{n_1 - 1} + \dfrac{\left(\dfrac{s_2^2}{n_2}\right)^2}{n_2 - 1}} = \frac{\left(\dfrac{0.063^2}{11} + \dfrac{0.059^2}{21}\right)^2}{\dfrac{\left(\dfrac{0.063^2}{11}\right)^2}{11 - 1} + \dfrac{\left(\dfrac{0.059^2}{21}\right)^2}{21 - 1}} \approx 26$$

查 t 分佈表得臨界值 $t_{\alpha/2}(v)$ 為 2.055,5，總體均值之差的置信區間為：

$$(\bar{x}_1 - \bar{x}_2) \pm t_{\alpha/2}(v) \sqrt{\frac{s_1^2}{n_1} + \frac{s_2^2}{n_2}}$$

$$= (8.06 - 7.74) \pm 2.055,5 \sqrt{\frac{0.063^2}{11} + \frac{0.059^2}{21}}$$

$= 0.32 \pm 0.047$　　即是 $(0.273, 0.367)$

在 95% 的置信水平下，總體均值之差的置信區間為 $0.273cm \sim 0.367cm$。

(二) 匹配樣本

在前述獨立樣本的條件下進行總體均值之差的區間估計存在著潛在的弊端。例如：某工廠要對組裝某種產品的甲、乙兩種方法進行時間差異比較，如果對這兩種方法分別隨機安排 15 個工人，並對每個工人組裝一件產品所需的時間進行統計。那麼在指派這 15 個工人時，可能會把生產技術較差的 15 人指派給甲方法，而把生產技術較好的另 15 人指派給乙方法。如此，生產工人的技術差異就會掩蓋兩種組裝方法在時間上的真正差異。鑒於此，在估計總體均值之差的置信區間時可以選擇匹配樣本。

所謂匹配樣本 (*Matched Sample*) 即是一個樣本中的數據與另一個樣本中的數據相對應。在上述例子中，要選擇匹配樣本的話，就對兩種不同的產品組裝方法選取同一個 15 人組成的樣本，分別按照兩種不同的組裝方法進行一件產品的生產，並測定其組裝產品所需的時間，由此得到的兩組組裝產品所需時間數據就是匹配數據，這兩個樣本就是匹配樣本。

在匹配樣本條件下進行總體均值之差的估計時，如果是大樣本，那麼在 $1 - \alpha$ 的置信水平下，就可以估計兩個總體均值之差的置信區間為：

$$\bar{d} \pm z_{\alpha/2} \frac{\sigma_d}{\sqrt{n}} \tag{6.30}$$

式中：d—— 兩個匹配樣本對應數據的差值；

$\bar{d}$—— 兩個匹配樣本對應數據各差值的均值；

σ_d—— 各差值的標準差。

注意：在總體的 σ_d 未知時，可以用樣本差值的標準差 s_d 替代。

如果是小樣本條件下的估計，兩個總體各觀測值的配對差服從正態分佈，那麼在 $1 - \alpha$ 的置信水平下，就可以估計兩個總體均值之差的置信區間為：

$$\bar{d} \pm t_{\alpha/2}(n - 1) \frac{s_d}{\sqrt{n}} \tag{6.31}$$

【例 6.16】某工廠由 10 名工人組成一個隨機樣本，讓他們分別用甲乙兩組方法生產

一件產品,測得的生產時間如下表6.7所示。

要求在95%的置信水平下,估計兩種生產方法在平均時間上的差異的置信區間。

表6.7　　　　　　　10名工人甲乙兩種生產方法的時間(分鐘)

工人序號	甲方法	乙方法	差值 d_i
1	78	71	7
2	63	44	19
3	72	61	11
4	89	84	5
5	91	74	17
6	49	51	-2
7	68	55	13
8	76	60	16
9	85	77	8
10	55	39	16

解:依據上述表中的數據,首先計算各差值的均值 $\bar{d}$。

$$\bar{d} = \frac{\sum d}{n} = \frac{7 + 19 + \cdots + 16}{10} = 110/10 = 11$$

然后計算各差值的標準差 s_d:

$$s_d = \sqrt{\frac{\sum (d_i - \bar{d})^2}{n-1}} = 6.53$$

查自由度為9的 t 分佈表,得 $t_{\alpha/2}(n-1)$ 為2.262,那麼在95%的置信水平下,就可以估計兩個總體均值之差的置信區間為:

$$\bar{d} \pm t_{\alpha/2}(n-1) \frac{s_d}{\sqrt{n}} = 11 \pm 2.262 \frac{6.53}{\sqrt{10}} = 11 \pm 4.67$$

即是(6.33, 15.67)

在95%的置信水平下,兩種生產方法在平均時間上的差異的置信區間為6.33分鐘~15.67分鐘。

二、兩個總體比率之差的區間估計

在前面已經研究了兩個總體均值之差的區間估計之后,我們還有必要繼續研究我們可能關心的兩個總體比率之差的區間估計問題。依據隨機抽樣分佈的相關知識可知,從兩個二項總體中隨機抽取兩個獨立的樣本,此兩個獨立樣本比率之差的抽樣分佈服從正態分佈,繼而將兩個樣本的比率之差作標準化處理之后就服從標準狀態分佈 $N(0,1)$, P_1 和 P_2 分別表示兩個總體比率, p_1 和 p_2 分別表示兩個樣本比率。

$$Z = \frac{(p_1 - p_2) - (P_1 - P_2)}{\sqrt{\frac{P_1(1-P_1)}{n_1} + \frac{P_2(1-P_2)}{n_2}}} \sim N(0,1) \quad (6.32)$$

通常,上述公式中的兩個總體比率 P_1 和 P_2 是未知的,分別用兩個樣本比率 p_1 和 p_2 替代。那麼在獨立樣本條件下,依據正態分佈在 $1-\alpha$ 的置信水平下,就可以估計兩個總體比率之差的置信區間為:

$$(p_1 - p_2) \pm z_{\alpha/2} \sqrt{\frac{p_1(1-p_1)}{n_1} + \frac{p_2(1-p_2)}{n_2}} \quad (6.33)$$

下面舉例說明兩個總體比率之差的區間估計方法。

【例6.17】某地統計局要瞭解該地城鄉恩格爾系數的差異,遂從農村和城市分別隨機調查了400戶和300戶,其恩格爾系數分別為55%和45%。要求以95%的置信水平估計城鄉居民恩格爾系數差別的置信區間。

解:已知 $p_1 = 55\%$ 和 $p_2 = 45\%$,查標準正態分佈表得 $z_{\alpha/2} = 1.96$,則:

$$(p_1 - p_2) \pm z_{\alpha/2} \sqrt{\frac{p_1(1-p_1)}{n_1} + \frac{p_2(1-p_2)}{n_2}}$$

$$= (55\% - 45\%) \pm 1.96 \sqrt{\frac{55\%(1-55\%)}{400} + \frac{45\%(1-45\%)}{300}}$$

$$= 10\% \pm 1.96 \times 0.038$$

$$= 10\% \pm 7.45\% \quad 即是 (2.55\%, 17.45\%)$$

可見,在95%的置信水平下,城鄉居民恩格爾系數差別的置信區間是 $2.55\% \sim 17.45\%$。

三、兩個總體方差比的區間估計

我們已經掌握了兩個總體均值之差和比率之差的區間估計,但是在實踐工作中,我們也會常常關心兩個總體方差的比較問題,比如:在工廠裡,比較兩種不同生產方法生產的產品性能的穩定性。還可能比較兩種不同的測量工具的測量精度。還可能比較同類型的兩臺機器在性能上的差異等等。

根據抽樣分佈的理論可知,兩個樣本方差比的抽樣分佈服從自由度分別為 $n_1 - 1$ 和 $n_2 - 1$ 的 F 分佈,因而用 F 分佈來構建兩個總體方差比 $\frac{\sigma_1^2}{\sigma_2^2}$ 的置信區間。要建立總體方差比在 $1-\alpha$ 的置信區間,就是要尋找 F 值,使得它滿足以下不等式:

$$F_{1-\alpha/2} \leq F \leq F_{\alpha/2} \quad (6.34)$$

因為 $\frac{s_1^2}{s_2^2} \frac{\sigma_2^2}{\sigma_1^2}$ 服從自由度分別為 $n_1 - 1$ 和 $n_2 - 1$ 的 F 分佈,因此可以用該統計量代替 F,於是:

$$F_{1-\alpha/2} \leq \frac{s_1^2}{s_2^2} \frac{\sigma_2^2}{\sigma_1^2} \leq F_{\alpha/2} \quad (6.35)$$

該不等式中的 $F_{\alpha/2}$, $F_{1-\alpha/2}$ 分別表示第一自由度為 $n_1 - 1$ 和第二自由度為 $n_2 - 1$ 的 F

分佈的上側面積為 α/2 和 1 − α/2 的分位數。由此可以推導出在 1 − α 的置信水平下，估計兩個總體方差比 $\dfrac{\sigma_1^2}{\sigma_2^2}$ 的置信區間為：

$$\dfrac{\dfrac{s_1^2}{s_2^2}}{F_{\alpha/2}} \leqslant \dfrac{\sigma_1^2}{\sigma_2^2} \leqslant \dfrac{\dfrac{s_1^2}{s_2^2}}{F_{1-\alpha/2}} \tag{6.36}$$

或者表示為： $\left(\dfrac{\dfrac{s_1^2}{s_2^2}}{F_{\alpha/2}}, \dfrac{\dfrac{s_1^2}{s_2^2}}{F_{1-\alpha/2}} \right)$

注意：在查 F 分佈表時，由於只給出面積較小的上分位數，因此我們可以利用以下關係求解 $F_{1-\alpha/2}$：

$$F_{1-\alpha}(n_1, n_2) = \dfrac{1}{F_\alpha(n_2, n_1)}$$

該公式中的 n_1 和 n_2 分別為第一自由度和第二自由度。

下面以具體實例來說明總體方差比的區間估計方法。

【例 6.18】某大學為了瞭解一年級新生和大四畢業生在生活費支出上的差異，特做隨機抽樣調查。在新生和畢業生中分別隨機抽取 31 名學生，調查得知，畢業生平均月生活費支出 800 元，月生活費支出標準差 50 元；新生平均月生活費支出 500 元，月生活費支出標準差 55 元。要求在 90% 的置信水平下估計兩類學生生活費支出方差比的置信區間。

解：已知 $s_1^2 = 50^2 = 2,500$ 和 $s_2^2 = 55^2 = 3,025$；$n_1 = n_2 = 31$，第一自由度 $n_1 - 1 = $ 第二自由度 $n_2 - 1 = 31 - 1 = 30$，查 F 分佈表得 $F_{\alpha/2}(n_1 - 1, n_2 - 1) = F_{0.1/2}(30, 30) = 1.84$

依據公式 $F_{1-\alpha}(n_1, n_2) = \dfrac{1}{F_\alpha(n_2, n_1)}$ 得：

$F_{1-0.1/2}(30, 30) = 1/F_{0.1/2}(30, 30) = 1/1.84 = 0.543$

依據公式(6.36) $\dfrac{\dfrac{s_1^2}{s_2^2}}{F_{\alpha/2}} \leqslant \dfrac{\sigma_1^2}{\sigma_2^2} \leqslant \dfrac{\dfrac{s_1^2}{s_2^2}}{F_{1-\alpha/2}}$ 得：

$\dfrac{\dfrac{2,500}{3,025}}{1.84} \leqslant \dfrac{\sigma_1^2}{\sigma_2^2} \leqslant \dfrac{\dfrac{2,500}{3,025}}{0.543}$

$0.449 \leqslant \dfrac{\sigma_1^2}{\sigma_2^2} \leqslant 1.522$

在 90% 的置信水平下新生和畢業生兩類學生生活費支出方差比的置信區間為 $(0.449, 1.522)$。

第五節　樣本容量的確定

在做抽樣估計時,總是希望既滿足較高的可靠程度,又滿足較高的精確度要求,一般做法是採取擴大樣本容量的方法控制抽樣誤差,但過大的樣本容量往往會增加人、財、物的支出和消耗,造成浪費,降低抽樣效率。反之,樣本容量過小又無法滿足抽樣估計精確度和可靠程度的要求。因此,在抽樣估計之前,有必要確定一個合理的樣本容量。

必要樣本容量是指在一定置信水平條件下,抽樣誤差不超過允許的誤差範圍應抽取的最小樣本單位數目。如何確定一個必要的合理的樣本容量呢?我們已經知道樣本容量 n 的大小,會影響抽樣平均誤差的大小,而允許誤差(抽樣極限誤差)的大小又是抽樣平均誤差和 $Z_{\frac{\alpha}{2}}$ 值共同確定的。由此可見,允許誤差會受到樣本容量 n 的影響。當給定置信水平 $1-\alpha$,對於確定的 $Z_{\frac{\alpha}{2}}$ 值和總體標準差 σ,就可以確定允許誤差所需要的必要樣本容量。

下面分別介紹估計總體均值和總體比率的必要樣本容量的確定方法。

一、估計總體均值時樣本容量的確定

在重複抽樣條件下,抽樣極限誤差為:

$$\Delta_{\bar{x}} = Z_{\frac{\alpha}{2}} \mu_{\bar{x}} = Z_{\frac{\alpha}{2}} \frac{\sigma}{\sqrt{n}}$$

由此推導出必要樣本容量 n 的計算公式:

$$n = \frac{Z_{\frac{\alpha}{2}}^2 \sigma^2}{(\Delta_{\bar{x}})^2} \tag{6.37}$$

在不重複抽樣條件下,也可由相應的抽樣極限誤差公式推導出必要樣本容量的公式:

$$n = \frac{Z_{\frac{\alpha}{2}}^2 \sigma^2 N}{(\Delta_{\bar{x}})^2 N + Z_{\frac{\alpha}{2}}^2 \sigma^2} \tag{6.38}$$

【例6.19】某年某地統計局要掌握該地城市居民的日常收支情況,於是展開隨機抽樣的家計調查。該市的居民家庭數為 90,000 戶。從歷史資料獲得該地城市居民的人均年收入的標準差為 3,050 元,家庭消費的恩格爾系數為 50%,在 95.45% 的概率保證下,人均年收入的極限誤差不超過 290 元,恩格爾系數的誤差不超過 5%,問必要的樣本容量是多大?

解:已知 $\sigma = 3,050$ 元,$\Delta_{\bar{x}} = 290$,$1 - \alpha = 95.45\%$,查正態分佈表得 $Z_{\frac{\alpha}{2}} = 2$。

在重複抽樣條件下,人均年收入的必要樣本容量為:

$$n = \frac{Z_{\frac{\alpha}{2}}^2 \sigma^2}{(\Delta_{\bar{x}})^2} = \frac{2^2 \times 3,050^2}{290^2} \approx 442.4 = 443(戶)$$

請讀者自己完成在不重複抽樣條件下的人均年收入的必要樣本容量的計算。

注意:必要樣本容量計算出來不一定是整數,需要將小數點後面的數值一律進成整數。例如,127.4 取成 128,127.9 也取成 128 等。請讀者自己分析其理由。

二、估計總體比率時樣本容量的確定

在重複抽樣條件下,抽樣極限誤差為:

$$\Delta_p = Z_{\frac{\alpha}{2}}\sqrt{\frac{P(1-P)}{n}}$$

由此推導出必要樣本容量 n 的計算公式:

$$n = \frac{Z_{\frac{\alpha}{2}}^2 P(1-P)}{(\Delta_p)^2} \tag{6.39}$$

在不重複抽樣條件下,由相應的抽樣極限誤差公式推導出必要樣本容量的公式:

$$n = \frac{Z_{\frac{\alpha}{2}}^2 P(1-P)N}{(\Delta_p)^2 N + Z_{\frac{\alpha}{2}}^2 P(1-P)} \tag{6.40}$$

【例 6.20】仍以例 6.19 的資料。
解:已知 $P = 50\%$, $\Delta_p = 5\%$, $N = 90,000$。
① 在重複抽樣條件下:

$$n = \frac{Z_{\frac{\alpha}{2}}^2 P(1-P)}{(\Delta_p)^2} = \frac{2^2 \times 0.5^2}{0.05^2} = 400(戶)$$

採用重複抽樣,應抽取 400 戶家庭進行調查。
② 在不重複抽樣條件下:

$$n = \frac{Z_{\frac{\alpha}{2}}^2 P(1-P)N}{(\Delta_p)^2 N + Z_{\frac{\alpha}{2}}^2 P(1-P)} = \frac{2^2 \times 0.5^2 \times 90,000}{0.05^2 \times 90,000 + 2^2 \times 0.5^2} \approx 398.2 = 399(戶)$$

採用不重複抽樣,應抽取 399 戶家庭進行調查。
從上述分析可見,必要樣本容量受以下因素的影響:① 置信水平。在其他條件不變的情況下,置信水平越大,所需的樣本容量也越大。② 抽樣極限誤差 Δ。抽樣極限誤差越大,估計準確性降低,所需樣本容量也越小。③ 總體方差 σ^2。總體方差越大,意味著總體的差異越大,所需樣本容量越大。④ 抽樣方法。同等條件下,採用重複抽樣所需樣本容量比不重複抽樣大一些,不過總體單位很大時,二者差異很小(如例 6.20)。⑤ 抽樣組織形式。在其他條件相同的情況下,不同的抽樣組織形式有不同的必要樣本容量。比如純隨機抽樣的必要樣本容量大於類型抽樣的必要樣本容量等。

本章小結

本章主要介紹了抽樣估計的基本原理和方法,具體包括樣本估計量優劣的標準、抽樣誤差、總體參數的區間估計、抽樣方案的設計以及樣本容量的確定。

抽樣估計是利用樣本統計量對總體參數進行估計與推斷。因此,需要評價一個樣本

統計量的優劣,其標準是無偏性、有效性、一致性。

抽樣誤差是樣本統計量與總體參數之間的差異,它是掌握抽樣估計法的關鍵。抽樣誤差可以分成三種形式:實際抽樣誤差、抽樣平均誤差和抽樣極限誤差。由於實際抽樣誤差無法計算,抽樣估計中的抽樣誤差就是抽樣平均誤差,即樣本估計量的標準差,而抽樣極限誤差則反應在一定概率下抽樣誤差的一般可能範圍。

總體參數的區間估計是利用樣本統計量在給定的概率保證下,給總體參數構造置信區間的方法,主要有總體均值、總體比率和總體方差區間估計的具體運用。掌握區間估計,要把它與抽樣平均誤差、抽樣極限誤差、置信水平聯繫起來考慮。

進行抽樣估計時,不同的抽樣組織方式有不同的抽樣效率和統計成本,所以應該根據抽樣推斷對統計成本的要求,對數據準確性的要求以最小的必要樣本容量完成抽樣估計的任務。當然,必要的樣本容量一般是根據抽樣極限誤差與樣本容量之間的關係來確定。

中英文對照專業名詞

抽樣估計	Sampling Estimation
總體參數	Population Parameter
樣本統計量	Statistic
估計量	Estimator
抽樣誤差	Sampling Error
抽樣極限誤差	Sampling Limit Error
區間估計	Interval Estimation
置信區間	Confidence Interval
置信水平	Level of Confidence
置信度	Degree of Confidence
樣本容量	Sample Capacity

思考與練習

思考題

1. 什麼叫估計量?評價估計量有哪些標準?
2. 什麼是抽樣平均誤差?怎樣理解抽樣平均誤差就是樣本統計量的標準差?
3. 影響抽樣誤差的因素有哪些?各因素的影響方向與程度有何不同?
4. 什麼是抽樣極限誤差?它與抽樣平均誤差有何關係?
5. 什麼是區間估計?總體參數的區間估計一般有哪些步驟?
6. 確定樣本容量有何意義?影響樣本容量的因素有哪些?

練習題

1. 某鄉鎮有1,500個居民户,上一年調查資料顯示,居民人均純收入的標準差為80

元,現用簡單隨機抽樣方法從中隨機抽50戶居民進行調查。試計算在重複抽樣和不重複抽樣條件下居民人均純收入的抽樣平均誤差。

2. 為了調查某磚廠的產品質量情況,現從40,000塊機制透水磚中隨機抽取400塊進行檢驗,其中有6塊壞磚。試按重複抽樣和不重複抽樣兩種方法計算產品合格率的抽樣平均誤差。

3. 某快餐連鎖店想瞭解每位顧客的就餐平均消費金額,在就餐的顧客中隨機抽取35名組成一個簡單隨機樣本,結果顯示每位顧客平均消費金額為18元,其中消費金額在25元以上的占20%。若又知每位顧客平均消費金額的標準差為10元。試計算在95%的置信水平下每位顧客平均消費金額和消費金額在25元以上的所占比率的抽樣極限誤差。

4. 某高校為瞭解學生每週上網時間,從全校學生中隨機抽取40人進行調查,取得資料如表6.8:

表6.8　　　　　　　　　學生每週上網時間分組

每週上網時間(小時)	人數
1.5以下	12
1.5～3.5	20
3.5以上	8
合計	40

求該校大學生每週平均上網時間的置信區間,置信水平為95%。

5. 某商品房住宅小區共有800戶居民,業主委員會準備更換物業管理公司,想瞭解居民是否贊成,採用不重複抽樣方法隨機抽取了50戶,其中有32戶贊成,18戶反對。試以95.45%的置信水平求該小區居民中贊成更換物業管理公司所占比率的置信區間。

6. 要瞭解某大型超級商場營業員的勞動效率,從中隨機抽取80人進行調查,得每人每日平均銷售額為2,100元,標準差為15元;銷售額在5,000元以上的營業員所占比率為25%。試估計該商場營業員每人每日平均銷售額和銷售額在5,000元以上的營業員所占比率的置信區間,置信水平為95%。

7. 已知某種電子管的使用壽命服從正態分佈,現隨機抽取18只檢測,結果顯示樣本標準差為300小時。試以95%的置信水平估計這種電子管平均壽命方差的置信區間。

8. 某燈具公司擬採用簡單隨機抽樣方式對其生產的5,600只節能燈進行質量檢驗。根據生產經驗,已知該節能燈耐用時間標準差為10小時。試計算在95.45%的置信水平下:①當抽樣極限誤差為1小時,至少應抽多少只節能燈?②當抽樣極限誤差擴大為2小時,至少應抽多少只節能燈?

9. 某外貿公司出口一種名茶。過去檢查結果顯示,茶葉合格率為98%。現要求抽樣極限誤差為2.3%,在95%的置信水平下,應抽多少包茶葉進行檢驗?

10. 假定根據類型抽樣得到下表6.9的數字,要求以95%的概率保證估計總體的平均數範圍。

表 6.9　　　　　　　　　　　　類型抽樣數據

區域	抽取單位	標誌平均數	標準差
甲	600	32	20
乙	300	36	30

案例討論

討論目的：理解與掌握抽樣平均誤差的概念、計算與運用；理解與掌握區間估計的原理；掌握總體參數的估計方法。

資料：

上海五洲信息諮詢公司市場部劉經理新世紀第一天上班，剛走進辦公室還來不及與同事們互祝新年問候，辦公桌上的傳真機就響了，這是一份來自美國lion投資公司的委託書，委託書上的文字十分簡單：「2001年10月，美國lion公司的品牌香檳將進入中國市場，現需瞭解上海市場的有關情況，委託業務費用10萬美元。」劉經理馬上召集部門的業務骨幹，共商對策，經過慎重、周密的考慮與論證，決定採取抽樣調查方式，瞭解洋酒在上海市場的銷售狀況、需求情況以及對洋酒的市場發展作出估計與判斷。調查對象確定為百貨公司、賓館和飯店。在認真分析調查單位的基礎上，為保證調查的準確性和對抽樣誤差的計算與控制，根據電話號碼簿列出上海市所有可能銷售洋酒的單位目錄，然後從中隨機抽取45個單位組成一個樣本，搜集樣本中每個單位2000年全年的較為詳細的洋酒銷售額，各種規格、品牌酒的價格及銷售資料。

現將45個調查單位銷售額資料列表如下（表6.10）：

表6.10　　　　　　　　　2000年1～12月洋酒銷售額

單位：萬元

月份\單位	1	2	3	4	5	6	7	8	9	10	11	12
1	0.42	0.92	0.21	0.21	0	0.51	0	0.21	0	0.21	0	0.31
2	1.12	2.44	1.30	0.98	0.98	0.56	1.3	0.32	2.0	0.56	0.2	0.24
3	3.4	2.5	2.32	1.3	0.86	0.92	2.2	2.1	3.2	4.12	3.3	3.78
4	5.28	4.1	3.24	0.96	1.3	2.4	1.8	3.1	2.02	4.2	5.6	7.0
5	3.44	7.2	2.86	1.5	2.4	2.4	3.2	4.8	2.0	5.4	8.0	9.2
6	6.1	6.38	3.2	2.4	3.02	4.1	3.02	1.2	5.6	7.1	6.88	9.0
7	12	13.4	6.3	5.2	3.44	5.6	9.4	7.8	7.3	18	18.46	6.5
8	10	12.43	7.1	4.6	4.12	0.8	3.2	16	13.5	19	10.25	20
9	26	19.7	6.9	19.6	31	0.9	5.8	7.2	23.1	11.2	20.1	8.5

表6.10(續)

單位\月份	1	2	3	4	5	6	7	8	9	10	11	12
10	30.1	28.2	7.2	8.9	21	6.2	3.2	22	18.8	30.1	2.0	20.3
11	20.2	30.4	4.6	7.8	26	4.8	6.2	18	7.8	22	14.8	39.4
12	32.6	29.8	10.2	6.4	20.1	7.8	3.2	9.6	17	19.4	39.2	34.7
13	26.3	40.1	8.7	16.2	18.9	14	9.2	7.2	11.5	40.2	38.6	39.1
14	22.5	39.6	12.3	15.5	17	2.7	5.4	9.3	16.24	61	29.22	42.24
15	37.21	38.64	20.1	7.9	13	16	12.3	5.62	9.8	46.1	38.6	34.73
16	40	41.2	33.4	1.2	5.9	27	23.4	10.2	21	35.1	34.32	18.28
17	39.2	32.4	18.6	9.6	26.3	9.2	5.9	11.3	6.4	52.1	58.3	30.7
18	29.2	46.3	9.8	7.82	41.2	38.2	6.9	4.32	13.2	71	21	13.06
19	43.6	54.1	13.9	6.42	7.88	9.6	11.3	10.4	10.2	46	47.3	49.3
20	66.1	50.2	32.4	19.2	34.2	12.1	4.8	9.8	38.4	60.2	22.6	30
21	47.12	64.3	44.6	18.2	7.9	4.1	16.5	11.82	30.6	72.4	50.1	53.36
22	32.3	54.6	37.28	41.2	20.6	14.5	23.4	10.8	29	53.32	60.1	62.9
23	36.3	68.3	44.6	53.2	101.4	26	17.2	9.8	16	67.12	28.4	31.68
24	62.3	29.6	32.5	19.8	120.2	19	30.4	4.6	20	112.3	70.2	81.1
25	96.9	42.3	29.5	38.4	82.3	46	29.7	18.2	22	162.32	118.5	113.88
26	1.12	3.4	0.92	0.65	3.2	0	1.2	1.6	3.22	1.2	0.22	0.27
27	4.62	5.4	0.52	0.64	1.2	0.25	2.34	1.12	4.8	5.2	0.25	5.66
28	12.12	7.8	1.2	0.84	4.2	2.4	1.69	7.22	6.48	9.78	10.02	6.25
29	10.68	20.4	6.8	1.32	2.48	0.66	2.69	9.42	16.2	23.22	15.3	12.83
30	23.2	23.78	4.6	3.22	6.93	1.8	5.6	3.44	21.5	29.32	17.8	8.87
31	29.3	24.6	11.2	3.4	10.8	0.96	1.3	4.3	17.2	40.2	42.06	33.2
32	40.2	42.3	7.2	4.2	9.68	3.2	2.9	7.8	21.5	52.16	50.2	58.66
33	38.2	36.54	12.3	6.7	5.8	4.6	3.2	6.33	16.3	73.2	48.1	62.73
34	71.6	52.3	28.4	19.6	21.3	1.6	10.92	4.3	17.4	60.1	63	49.48
35	62.3	64.8	19.6	21.23	7.9	16.4	30.12	1.96	5.44	38.6	72.65	89
36	63.4	69.32	24.3	6.32	18.4	17.5	9.83	16.18	21.3	34.9	76.2	104.35
37	112.4	89.2	20.6	11.3	12.4	7.92	26.5	21.3	21.3	44.6	62.3	70.18
38	120.2	100.8	36.9	22.3	60.4	4.2	10.78	14.6	38.6	50.3	68.42	112.5
39	102.4	138.4	50.7	18.6	42.1	14.6	18.2	20.3	28.6	82.1	78.2	85.6

表6.10(續)

月份 單位	1	2	3	4	5	6	7	8	9	10	11	12
40	123	112.6	78.3	22.5	34.6	19.7	22.3	18.4	30.6	70.3	70.3	87.4
41	150.2	100.4	32.5	42.3	66.38	24.26	17.4	24.6	38.9	90.7	112.0	100.4
42	198.3	98.6	48.5	56.3	70.4	34.2	11.5	43.3	29.9	1,103	108.4	120.3
43	168.2	118.3	58	49.7	80.4	40.2	16.5	32.4	52.3	98.9	113.6	171.5
44	170.1	134.2	66	52.3	48.9	51.4	32.6	19.8	63.4	110.5	124.6	146.2
45	201.3	123.4	78	36.2	37.8	48.9	48.2	38.3	57.9	100.2	158.4	251.4

資料來源:根據董逢谷、朱榮明等編著的《統計學案例集》(上海財經大學出版社2002出版)第三章的材料整理改編

討論:

給出上海市場洋酒銷售平均銷售額在95%的置信區間,並討論這一置信區間的含義。

第七章　假設檢驗

參數估計(Parameter Estimation)和假設檢驗(Hypothesis Testing)是統計推斷的兩個組成部分,它們都是利用樣本的信息對總體進行某種推斷。但是二者研究的角度有所不同,參數估計是在總體參數未知的情況下,利用樣本統計量去推斷總體參數;而假設檢驗則是事先對總體參數作出一個假設,然后利用樣本信息去檢驗這個假設是否成立,並利用檢驗的結果作出某種決策。本章介紹假設檢驗的基本原理與應用。

第一節　假設檢驗的基本問題

一、假設檢驗的基本思想

對總體的概率分佈或分佈參數作出某種假設,然后根據抽樣得到的樣本觀測值,運用數理統計的分析方法,檢驗這種假設是否正確,從而決定接受或拒絕假設,這樣的統計推斷過程就是假設檢驗,也稱顯著性檢驗(Significance Testing)。

【例7.1】某公司要檢驗一批新採購的薄鋼板是否符合平均厚度為5mm的合同約定,那麼就事先假設這批貨物的平均厚度是5mm。然后從這批貨物中按隨機抽樣的方法抽取樣本並計算樣本的平均厚度,以此來檢驗所作假設的正確性。本例中需要被檢驗、被證實的假設為總體平均厚度等於5mm,稱為原假設(Null Hypothesis)或零假設,記為 H_0;而與原假設 H_0 不相容的假設稱為備擇假設(Alternative Hypothesis)或替代假設,記為 H_1,本例中的備擇假設就是這批貨物平均厚度不等於5mm。

如果以 μ 代表要檢驗的總體平均數, μ_0 代表假定的平均水平,總體平均數的假設有三種情況:

$$H_0: \mu = \mu_0; H_1: \mu \neq \mu_0 \tag{7.1}$$

$$H_0: \mu \geq \mu_0; H_1: \mu < \mu_0 \tag{7.2}$$

$$H_0: \mu \leq \mu_0; H_1: \mu > \mu_0 \tag{7.3}$$

式(7.1)稱為雙側檢驗(Two-sided Testing),其目的是觀察在規定的顯著性水平(Significance Level)下所抽取的樣本統計量是否顯著高於或低於假設的總體參數。式(7.2)及式(7.3)稱為單側檢驗(One-sided Testing):主要關心帶方向性的檢驗問題。分兩種情況:一種是我們所考察的數值越大越好,比如產品的使用壽命,輪胎的行駛里程數等;另一種是數值越小越好,例如廢品率、生產成本等。單側檢驗可分為左單側檢驗式(7.2)及右單側檢驗式(7.3)兩種情況。

假設檢驗從對總體參數所作的某種假設開始,然后搜集樣本數據,計算出樣本統計量,進而運用這些數據測定假設的總體參數在多大程度上是可靠的,並作出拒絕還是接受該假設的判斷。

二、假設檢驗的拒絕域和接受域

由於樣本均值 $\bar{x}$ 是總體均值 μ 的一致最小方差無偏估計,在這種情況下,樣本均值 $\bar{x}$ 在一定程度上就反應了總體均值 μ 的大小,因此可考慮用樣本均值 $\bar{x}$ 來推斷總體均值 μ。當原假設 H_0 成立時,樣本均值 $\bar{x}$ 與假定的總體均值 μ_0 相差不應過大,即偏差 $|\bar{x} - \mu_0|$ 不應過大,若偏差 $|\bar{x} - \mu_0|$ 相當大,我們就有理由懷疑 H_0 不成立而拒絕 H_0。又因為當原假設 H_0 成立時,樣本統計量 $Z = \dfrac{\bar{x} - \mu_0}{\sigma/\sqrt{n}}$ 服從標準正態分佈 $N(0,1)$,因此衡量偏差 $|\bar{x} - \mu_0|$ 的大小就等價於衡量 $|Z|$ 的大小。現在的問題是當 $|Z|$ 大到什麼程度才算過大,我們才有理由拒絕 H_0,就需要規定一個界限 c。這樣我們就獲得了判斷 H_0 是否成立的一個法則:當 H_0 成立時,會有 $|Z| < c$,接受 H_0;若 $|Z| \geq c$,則拒絕 H_0,這裡的 c 是一個待定的常數,稱 c 為檢驗的臨界值(Critical Value)。

從上述解釋可知,檢驗一個假設就是根據某一法則在原假設和備擇假設之間作出選擇,而基於樣本 $x_1, x_2, \ldots, x_n$ 作出拒絕 H_0 或接受 H_0 所依賴的法則稱為檢驗。假設檢驗當中不等式 $|Z| \geq c$ 實際上是將樣本空間劃分為兩部分:

$$W = \left\{(x_1, x_2, \ldots, x_n) : \dfrac{|\bar{x} - \mu_0|}{\sigma/\sqrt{n}} \geq c\right\} \tag{7.4}$$

及 $W' = \{(x_1, x_2, \ldots, x_n) :$

$$\dfrac{|\bar{x} - \mu_0|}{\sigma/\sqrt{n}} < c\} \tag{7.5}$$

若 $(x_1, x_2, \ldots, x_n) \in W$,則拒絕 H_0,否則由 $(x_1, x_2, \ldots, x_n) \in W'$ 就接受 H_0。因而,一個假設檢驗就等同於將樣本空間劃分成兩個互不相交的子集 W 和 W',當 $(x_1, x_2, \ldots, x_n) \in W$ 時就拒絕 H_0,認為備擇假設 H_1 成立,而當 $(x_1, x_2, \ldots, x_n) \in W'$ 就接受 H_0,認為 H_0 成立。稱 W 為拒絕域,W' 為接受域。這樣檢驗和拒絕域之間就建立起一一對應關係。

為了確定拒絕域,往往根據問題的直觀背景,尋找合適的統計量 Z,當 H_0 為真時,要能由統計量 Z 確定出拒絕域 W,這樣的統計量 Z 稱為檢驗統計量。

三、假設檢驗的兩類錯誤

在假設檢驗中作出拒絕或接受原假設推斷的依據是樣本。由於樣本的隨機性和局限性,進行檢驗時不可避免地會出現誤判而犯錯誤,這種可能的錯誤又分為兩類。

一類錯誤是當原假設 H_0 本來為真時,樣本觀測值却落入拒絕域 W,我們錯誤地拒絕了 H_0,這種錯誤通常稱為第Ⅰ類錯誤(Type Ⅰ Error)或「棄真」的錯誤,其概率記為 α。在假設檢驗中,α 也稱為顯著性水平。α 越大,犯第Ⅰ類錯誤的可能性越大,即越有可能拒絕真實的 H_0。

另一類錯誤是當 H_0 本來不成立時,樣本觀測值卻落入接受域 W',我們錯誤地接受了 H_0,從而犯了「納偽」錯誤,稱之為第 II 類錯誤(Type II Error),其概率記為 β。β 越大,犯第 II 類錯誤的可能性越大,即越有可能接受不真實的 H_0。

表 7.1　　　　　　　　　　假設檢驗中的兩類錯誤

	對假設 H_0 採取的行動	H_0 為真	H_0 為假
態度	接受 H_0	正確	犯第 II 類錯誤,概率為 β
	拒絕 H_0	犯第 I 類錯誤,概率為 α	正確

假設檢驗中,犯兩類錯誤的可能性都存在。對於一定的樣本容量 n,兩類錯誤存在此消彼長的關係。即 α 越大,則 β 越小;而 α 越小,則 β 越大,如下圖所示:

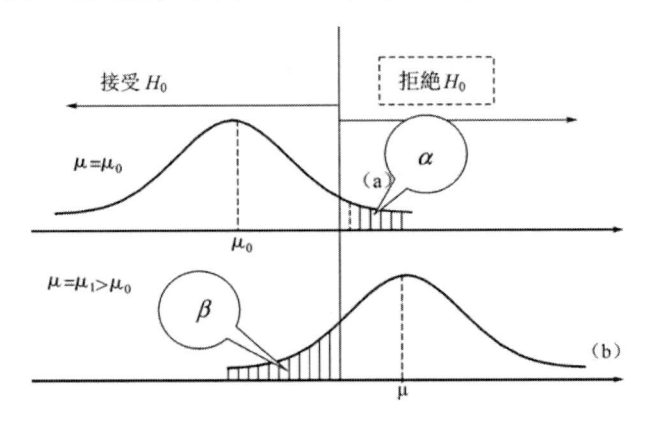

圖 7.1　α 和 β 關係圖

實際工作中應如何取捨 α 和 β 呢?我們的原則是:可能帶來的后果越嚴重,危害越大的那一類錯誤,在假設檢驗中作為首要的控制目標!人們主要通過控制犯第 I 類錯誤來實現這一目標,原因是 H_0 常常是明確的,而 H_1 常常是模糊的。所以,人們常把最關心的問題作為 H_0 提出,將較嚴重的錯誤放到第 I 類錯誤上,這就能夠在假設檢驗中對第 I 類錯誤實施有效控制。這意味著 H_0 是受到保護的,也表明 H_0、H_1 的地位不是對等的。於是,在一對對立假設中,選哪一個作為 H_0 需要慎重。例如,考慮某種藥品是否為真,這裡可能犯兩種錯誤:一是將假藥誤作為真藥,則冒著傷害病人的健康甚至生命的風險;二是將真藥誤作為假藥,則冒著造成經濟損失的風險。顯然,犯第一種錯誤比犯第二種錯誤的后果嚴重,因此,我們選取「H_0:藥品為假,H_1:藥品為真」,即可將犯第一類錯誤「當藥品為假時錯判藥品為真」的概率控制在 α。

顯著性水平 α 的取值是一個小概率,通常是 0.001 ~ 0.05。

要想同時降低犯兩類錯誤的機會,唯一能做的就是增加樣本容量 n。

四、假設檢驗的一般步驟

假設檢驗一般包括以下六個步驟。

(一) 確定適當的原假設和備擇假設

根據研究問題的需要提出假設，包括原假設 H_0 和與其對立的備擇假設 H_1。原假設 H_0 必須包括等號在內，即「等於」「大於或等於」「小於或等於」，而備擇假設 H_1 則視問題的性質在「不等於」「小於」「大於」三者之中選其一。

(二) 確定檢驗的統計量及其分佈

假設確立后，要決定接受還是拒絕原假設 H_0，都是根據某一統計量的數值，從概率意義上來判斷的。這個統計量服從什麼樣的分佈，是由許多因素決定的，如統計量是樣本平均數、樣本比率或樣本方差等，還要看是大樣本還是小樣本，是否知道總體方差等。

例如，在總體平均數的假設檢驗中，如果總體近似服從正態分佈，而且總體方差已知，則可採用 $Z = \dfrac{\bar{x} - \mu_0}{\sigma/\sqrt{n}}$ 作為檢驗統計量；如果方差未知，而且是小樣本，則可採用 $t = \dfrac{\bar{x} - \mu_0}{s/\sqrt{n}}$ 作為檢驗統計量。

(三) 規定顯著性水平 α

假設檢驗是圍繞對假定內容的審定而展開的。如果原假設 H_0 是正確的我們又接受了，或原假設 H_0 錯誤被我們拒絕了，這表明我們作出了正確的決定。但是，由於假設檢驗是根據樣本提供的信息對總體進行推斷的，也就有犯錯誤的可能。在這種情況下，原假設 H_0 正確，我們却把它當成錯誤的加以拒絕，犯「棄真」錯誤的概率用 α 表示，統計上把 α 稱為顯著性水平，也是統計決策面臨的風險。α 到底取多大合適取決於犯第 I 錯誤和第 II 類錯誤后產生的后果及人們所需付出的代價。如果 α 值定得很小，就要冒接受一個不真實的原假設的較大 β 概率的風險；反之，如果 α 的值定得很大，則要冒拒絕一個真實的原假設所帶來的風險。因此必須根據問題的性質選擇一個合適的 α。所以通常情況下 α 的取值是 0.001～0.05 的一個小概率。

(四) 根據顯著性水平 α 和統計量的抽樣分佈來確定統計量的臨界值，從而確定拒絕域

例如，在總體平均數假設檢驗中，當 $\alpha = 0.05$ 時，若是雙側檢驗，查標準正態分佈表，$z_{\alpha/2}$ 的臨界值為 ± 1.96，檢驗統計量 Z 大於 1.96 或小於 -1.96 為雙側檢驗的拒絕域；若是左單側檢驗，$-z_\alpha$ 的臨界值為 -1.645，檢驗統計量 Z 小於 -1.645 為左單側檢驗的拒絕域；若為右單側檢驗，z_α 的臨界值為 1.645；檢驗統計量 Z 大於 1.645 為右單側檢驗的拒絕域。

(五) 計算樣本統計量的值 Z 或 t，與臨界值比較看是否落入拒絕域

如果統計量的值 Z 或 t 落在拒絕區域內(包括臨界值)，就說明原假設 H_0 與樣本描述的情況有顯著差異，應該拒絕原假設 H_0；如果落在接受區域內，說明樣本和原假設描述的情況差異不顯著，應該接受原假設 H_0。一般情況下，要拒絕原假設 H_0，只要一個反例就足夠了。

(六) 得出結論,作出決策

第二節　單個總體參數的假設檢驗

單個總體參數的假設檢驗主要包括總體均值、總體比率以及總體方差檢驗三個方面的內容。

一、總體均值的檢驗

總體均值的檢驗區分以下三種情形:

(一) 總體服從正態分佈,且方差已知

設樣本 $x_1, x_2, \cdots, x_n$ 是來自正態總體 $N(\mu, \sigma^2)$,其中 σ^2 已知,考慮假設檢驗問題 $H_0: \mu = \mu_0; H_1: \mu \neq \mu_0$,檢驗統計量為:

$$Z = \frac{\bar{x} - \mu_0}{\sigma/\sqrt{n}} \tag{7.6}$$

當原假設 H_0 成立時,有 $Z \sim N(0,1)$,在顯著性水平 α 下的拒絕域為:

$$|Z| \geq z_{\alpha/2} \tag{7.7}$$

其中 $z_{\alpha/2}$ 為標準正態分佈的 $\alpha/2$ 和 $1 - \alpha/2$ 分位點,可查標準正態分佈概率表得其值。

這種用服從標準正態分佈的統計量 Z 作為檢驗統計量的檢驗稱為 Z 檢驗法。

如果是單側檢驗,檢驗統計量 $Z = \frac{\bar{x} - \mu_0}{\sigma/\sqrt{n}}$,在顯著性水平 α 下的拒絕域為:

$$|Z| \geq z_\alpha \tag{7.8}$$

其中 z_α 為標準正態分佈的 α 和 $1 - \alpha$ 分位點,可查標準正態分佈概率表得其值。

【例7.2】某運動設備製造廠生產一種新型釣魚線,其平均拉斷力應達到 $20kg$,標準差 $\sigma = 2.5kg$。如果隨機抽取50條魚線作為樣本,測得其平均拉斷力為 $19.2kg$,試檢驗在顯著性水平 $\alpha = 0.05$ 下,該批魚線是否符合質量標準。

解:本題是已知總體方差,檢驗總體均值 μ 是否等於 $20kg$ 的問題。因為抽樣數目 $n = 50$,為大樣本,所以總體近似呈正態分佈:$X \sim N(\mu, \sigma^2), \mu_0 = 20\text{kg}, \sigma = 2.5\text{kg}, \bar{x} = 19.2, n = 50$。提出原假設與備擇假設為:

$$H_0: \mu = 20\text{kg}; H_1: \mu \neq 20\text{kg}$$

在 H_0 成立條件下,檢驗統計量:$Z = \frac{\bar{x} - \mu_0}{\sigma/\sqrt{n}} \sim N(0,1)$

對給定的 $\alpha = 0.05$,得此問題的拒絕域為:$Z \geq z_{0.025}$ 或 $Z \leq -z_{0.025}$

查標準正態分佈表,得 $-z_{\alpha/2} = -z_{0.025} = -1.96$

計算檢驗統計量：$Z = \dfrac{\bar{x} - \mu_0}{s/\sqrt{n}} = \dfrac{19.2 - 20}{2.5/\sqrt{50}} = -2.26$

由於 $-2.26 < -1.96$，樣本落入拒絕域，應拒絕 H_0，魚線的平均拉斷力不等於 $20kg$，故不能證明該批魚線符合質量標準。

(二) 總體方差未知，大樣本

這種情況下，不論總體是否服從正態分佈，檢驗統計量 Z 依然服從標準正態分佈。故採用 Z 檢驗法，只是在計算檢驗統計量 Z 時，以樣本標準差代替總體標準差，其余方法相同。

【例7.3】微波爐在爐門關閉時的輻射量是一個重要的質量指標。根據過去的經驗，某廠生產的微波爐在爐門關閉時的輻射量 X 服從正態分佈，且均值不超過 0.12，符合質量要求。為檢查近期產品的質量，隨機抽查了36臺微波爐，得其爐門關閉時輻射量的均值 $\bar{x} = 0.121,5$，標準差為 $s = 0.018$。試問在顯著性水平 $\alpha = 0.05$ 條件下，該廠微波爐在爐門關閉時輻射量是否升高了？

解：本題總體方差未知，要檢驗總體均值 μ 是否比 0.12 有顯著上升。$n = 36$，為大樣本，總體服從正態分佈：$X \sim N(\mu, \sigma^2)$，$\mu_0 = 0.12$，$\sigma = s = 0.018$，$\bar{x} = 0.121,5$。提出原假設與備擇假設為：

$$H_0: \mu \leq 0.12; H_1: \mu > 0.12$$

在 H_0 成立條件下，檢驗統計量：$Z = \dfrac{\bar{x} - \mu_0}{\sigma/\sqrt{n}} \sim N(0,1)$

對給定的 $\alpha = 0.05$，得此問題的拒絕域為：$Z \geq z_{0.05}$

查標準正態分佈表，得 $z_\alpha = z_{0.05} = 1.645$

計算檢驗統計量：$Z = \dfrac{\bar{x} - \mu_0}{s/\sqrt{n}} = \dfrac{0.121,5 - 0.12}{0.018/\sqrt{36}} = 0.5$

由於 $0.5 < 1.645$，樣本落入接受域，不能拒絕 H_0，因此不能證明近期生產的微波爐關閉時輻射量顯著升高。

(三) 總體方差未知，小樣本

設樣本 $x_1, x_2, \ldots, x_n$ 是來自正態總體 $N(\mu, \sigma^2)$，其中 σ^2 未知，考慮假設檢驗問題 $H_0: \mu = \mu_0; H_1: \mu \neq \mu_0$，檢驗統計量為：

$$t = \dfrac{\bar{x} - \mu_0}{s/\sqrt{n}} \tag{7.9}$$

當原假設 H_0 成立時，t 服從於自由度為 $n - 1$ 的 t 分佈，即 $t \sim t_{\alpha/2}(n - 1)$，在顯著性水平 α 條件下的拒絕域為：

$$|t| \geq t_{\alpha/2}(n - 1) \tag{7.10}$$

其中 $t_{\alpha/2}(n - 1)$ 為 t 分佈的 $\alpha/2$ 和 $1 - \alpha/2$ 的分位點，可查 t 分佈概率表得其值。

這種用服從 t 分佈的統計量 t 作為檢驗統計量的檢驗稱為 t 檢驗。

如果是單側檢驗,檢驗統計量 $t = \dfrac{\bar{x} - \mu_0}{s/\sqrt{n}}$,在顯著性水平 α 條件下的拒絕域為:

$$|t| \geq t_\alpha(n-1) \qquad (7.11)$$

其中 $t_\alpha(n-1)$ 為 t 分佈的 α 和 $1-\alpha$ 分位點,可查 t 分佈概率表得其值。

【例7.4】某種電子元件的壽命(小時)服從正態分佈,總體平均數 μ 和方差 σ^2 未知。現測得16只元件的壽命如下:188,280,194,226,245,189,256,260,270,234,306,336,255,247,195,207。試問在顯著性水平 $\alpha = 0.05$ 下,是否有理由認為元件的平均壽命大於230小時?

解:本題總體平均數 μ 和方差 σ^2 未知,要檢驗總體均值 μ 是否比230小時有顯著上升。總體呈正態分佈:$X \sim N(\mu, \sigma^2)$,$\mu_0 = 230$ 小時,$n = 16$。提出原假設與備擇假設為:
$H_0: \mu \leq 230$ 小時;$H_1: \mu > 230$ 小時

在 H_0 成立條件下,檢驗統計量:$t = \dfrac{\bar{x} - \mu_0}{s/\sqrt{n}} \sim t_\alpha(n-1)$

對給定的 $\alpha = 0.05$,得此問題的拒絕域為:$t \geq t_{0.05}(n-1)$

查 t 分佈表,得 $t_{0.05}(n-1) = t_{0.05}(15) = 1.753,1$

根據樣本數據,計算樣本平均數:

$$\bar{x} = \frac{\sum x}{n} = \frac{188 + 280 + 194 + \cdots + 195 + 207}{16} = \frac{3,888}{16} = 243(小時)$$

樣本標準差:

$$s = \sqrt{\frac{\sum(x-\bar{x})^2}{n-1}} = \sqrt{\frac{(188-243)^2 + (280-243)^2 + \cdots + (207-243)^2}{16-1}}$$

$$= \sqrt{\frac{27,650}{15}} = 42.93(小時)$$

計算檢驗統計量:$t = \dfrac{\bar{x} - \mu_0}{s/\sqrt{n}} = \dfrac{243 - 230}{42.93/\sqrt{16}} = 1.211,2$

由於 $1.211,2 < 1.735,1$,樣本落入接受域,不能拒絕 H_0,因此不能證明元件的平均壽命大於230小時。

單個正態總體均值假設檢驗歸納如表7.2:

表7.2 單個正態總體均值檢驗的幾種情形

檢驗法	條件	原假設 H_0	備擇假設 H_1	檢驗統計量	拒絕域
Z 檢驗法	σ^2 已知 或 σ^2 未知,大樣本	$\mu = \mu_0$	$\mu \neq \mu_0$	$Z = \dfrac{\bar{x} - \mu_0}{\sigma/\sqrt{n}}$	$\lvert Z \rvert \geq z_{\alpha/2}$
		$\mu \leq \mu_0$	$\mu > \mu_0$	$Z = \dfrac{\bar{x} - \mu_0}{s/\sqrt{n}}$	$Z \geq z_\alpha$
		$\mu \geq \mu_0$	$\mu < \mu_0$		$Z \leq -z_\alpha$
t 檢驗法	σ^2 未知 且 小樣本	$\mu = \mu_0$	$\mu \neq \mu_0$	$t = \dfrac{\mu - \mu_0}{s/\sqrt{n}}$	$\lvert t \rvert \geq t_{\alpha/2}(n-1)$
		$\mu \leq \mu_0$	$\mu > \mu_0$		$t \geq t_\alpha(n-1)$
		$\mu \geq \mu_0$	$\mu < \mu_0$		$t \leq -t_\alpha(n-1)$

二、總體比率的檢驗

比率問題通常屬於二項分佈,可以證明當 n 很大,且 np 和 $n(1-p)$ 都大於 5 時,二項分佈近似於正態分佈。在 $\frac{n}{N} \leq 0.05$ 的情形下,關於單個總體比率假設檢驗的統計量為:

$$Z = \frac{p - p_0}{\sqrt{p_0(1-p_0)/n}} \tag{7.12}$$

其中 p_0 是假設的總體比率,p 為樣本比率,以 $\hat{p}$ 代表總體比率。檢驗統計量 Z 近似服從標準正態分佈。如果 n 相對於 N 很大時,就要用有限總體修正系數 $\sqrt{\frac{N-n}{N-1}}$ 對抽樣平均誤差進行修正。

有時也可以用樣本比率代替假定的總體比率,計算檢驗統計量:

$$Z = \frac{p - p_0}{\sqrt{p(1-p)/n}} \tag{7.13}$$

實際上,按式 7.12 與式 7.13 兩種方法計算的檢驗統計量是近似相等的。

單個總體比率假設檢驗的幾種情況歸納如表 7.3:

表 7.3　　　　　　　　　　單個總體比率檢驗的幾種情形

檢驗法	條　件	原假設 H_0	備擇假設 H_1	檢驗統計量	拒絕域
Z 檢驗法	$np > 5$ $n(1-p) > 5$	$\hat{p} = p_0$	$\hat{p} \neq p_0$	$Z = \frac{p - p_0}{\sqrt{p_0(1-p_0)/n}}$	$\|Z\| \geq z_{\alpha/2}$
		$\hat{p} \leq p_0$	$\hat{p} > p_0$		$Z \geq z_\alpha$
		$\hat{p} \geq p_0$	$\hat{p} < p_0$		$Z \leq -z_\alpha$

【例 7.5】某公司產品暢銷於國內市場。據以往調查,消費該產品的顧客有 50% 是 30 歲以上的男子。該公司負責人關心這個比率是否發生了變化,於是,委託一家諮詢機構進行調查,這家諮詢機構從眾多的消費者中隨機抽選了 400 名進行調查,結果有 210 名為 30 歲以上的男子。該公司負責人希望在顯著性水平 $\alpha = 0.05$ 下,檢驗「50% 的顧客是 30 歲以上的男子」這個假設。

解:很顯然,本題中 $n = 400$ 為大樣本,且 np 和 $n(1-p)$ 兩者都大於 5,二項分佈近似於正態分佈。$p = \frac{210}{400} = 52.5\%$,$p_0 = 50\%$,$n = 400$。提出原假設與備擇假設為:

$H_0 : \hat{p} = 50\%$;$H_1 : \hat{p} \neq 50\%$

在 H_0 成立條件下,檢驗統計量:$Z = \frac{p - p_0}{\sqrt{p_0(1-p_0)/n}} \sim N(0,1)$

對給定的 $\alpha = 0.05$,得此問題的拒絕域為:$Z \geq z_{0.025}$ 或 $Z \leq -z_{0.025}$

查標準正態分佈表,得 $z_{\alpha/2} = z_{0.025} = 1.96$

計算檢驗統計量：$Z = \dfrac{p - p_0}{\sqrt{p_0(1-p_0)/n}} = \dfrac{52.5\% - 50\%}{\sqrt{50\%(1-50\%)/400}} = 1$

如果以樣本比率代替總體比率計算的檢驗統計量為：

$$Z = \dfrac{p - p_0}{\sqrt{p(1-p)/n}} = \dfrac{52.5\% - 50\%}{\sqrt{52.5\%(1-52.5\%)/400}} = 1.001,3$$

以上結果驗證了按式 7.12 與式 7.13 兩種方法計算的檢驗統計量是近似相等的。

由於 1 < 1.96，樣本落入接受域，故不能拒絕 H_0，從而該負責人可以得到如下結論：消費其產品的顧客中 30 歲以上的男子所占比率與假設的 50% 沒有顯著的差異。

三、總體方差的檢驗

對如下假設檢驗問題：

$$H_0: \sigma^2 = \sigma_0^2, \quad H_1: \sigma^2 \neq \sigma_0^2 \tag{7.14}$$

設樣本 $x_1, x_2, \cdots, x_n$ 來自正態總體 $N(\mu, \sigma^2)$。

首先考慮總體均值 μ 未知的情形。此時，樣本方差 s^2 是總體方差 σ^2 的一致最小方差無偏估計。為了利用已知分佈來確定拒絕域，這裡不適合用兩者之差來比較，而選用兩者之比更為恰當。因此，當原假設 H_0 成立，即總體方差 $\sigma^2 = \sigma_0^2$ 時，比值 s^2/σ_0^2 應接近 1，即 s^2/σ_0^2 不應太大，也不應太小。若 s^2/σ_0^2 過大或過小，就有理由懷疑原假設 H_0 的正確性，從而拒絕 H_0。比值 s^2/σ_0^2 到底大到什麼程度或小到什麼程度才拒絕 H_0，我們可通過設置兩個臨界值 c_1 和 c_2 來實現，這樣拒絕域為：

$$W = \left\{(x_1, x_2, \ldots, x_n): \dfrac{s^2}{\sigma_0^2} \leq c_1 \right\} \cup \left\{(x_1, x_2, \ldots, x_n): \dfrac{s^2}{\sigma_0^2} \geq c_2 \right\} \tag{7.15}$$

其中 c_1, c_2 為兩個待定的常數。由於當 H_0 成立時，我們有 $(n-1)s^2/\sigma_0^2 \sim \chi^2(n-1)$，對假設檢驗問題式 7.14，可取檢驗統計量為：

$$\chi^2 = \dfrac{(n-1)s^2}{\sigma_0^2} \sim \chi^2(n-1) \tag{7.16}$$

對給定的顯著性水平 α，H_0 的拒絕域為：

$$\chi^2 \leq \chi_{1-\frac{\alpha}{2}}^2(n-1) \text{ 以及 } \chi^2 \geq \chi_{\frac{\alpha}{2}}^2(n-1) \tag{7.17}$$

其中 $\chi_{\frac{\alpha}{2}}^2(n-1)$ 和 $\chi_{1-\frac{\alpha}{2}}^2(n-1)$ 分別是自由度為 $(n-1)$ 的 χ^2 分佈的 $\dfrac{\alpha}{2}$ 和 $1 - \dfrac{\alpha}{2}$ 分位點。這種用服從 χ^2 分佈的統計量作為檢驗統計量的檢驗稱為 χ^2 檢驗。

若為左單側檢驗，對給定的顯著性水平 α，H_0 的拒絕域為：

$$\chi^2 \leq \chi_{1-\alpha}^2(n-1) \tag{7.18}$$

若為右單側檢驗，對給定的顯著性水平 α，H_0 的拒絕域為：

$$\chi^2 \geq \chi_\alpha^2(n-1) \tag{7.19}$$

【例 7.6】某運動員的跳遠成績服從正態分佈，根據以往經驗，該運動員跳遠成績的標準差為 10cm。隨機抽測該運動員最近 20 次的跳遠成績 (cm) 為：502,522,513,498,515,512,505,515,495,515,515,516,523,518,514,514,510,495,512,491。試在顯著性水平

$\alpha = 0.05$ 的條件下,檢驗該運動員的跳遠成績是否穩定。

解:很顯然,本題屬於單個總體的方差檢驗,應採用雙側檢驗,$\sigma_0^2 = 100, n = 20$。提出原假設與備擇假設為:

$$H_0 : \sigma^2 = 100, \quad H_1 : \sigma^2 \neq 100$$

在 H_0 成立條件下,檢驗統計量:$\chi^2 = \dfrac{(n-1)s^2}{\sigma_0^2} \sim \chi^2(n-1)$

對給定的 $\alpha = 0.05$,得此問題的拒絕域為:$\chi^2 \geq \chi_{0.025}^2(19)$ 或 $\chi^2 \leq \chi_{0.975}^2(19)$

查 χ^2 分佈表,得 $\chi_{0.025}^2(20-1) = 32.852, \chi_{0.975}^2(19) = 8.907$

根據樣本數據,計算樣本平均數:

$$\bar{x} = \dfrac{\sum x}{n} = \dfrac{502 + 522 + 513 + \cdots + 512 + 491}{20} = \dfrac{10,200}{20} = 510(cm)$$

樣本方差:

$$s^2 = \dfrac{\sum (x - \bar{x})^2}{n-1} = \dfrac{(502-510)^2 + (522-510)^2 + \cdots + (491-510)^2}{20-1}$$

$$= \dfrac{1,606}{19} = 84.53(cm)$$

計算檢驗統計量:$\chi^2 = \dfrac{(n-1)s^2}{\sigma_0^2} = \dfrac{(20-1) \times 84.53}{100} = 16.06$

由於 $8.907 < 16.06 < 32.852$,樣本落入接受域,故不能拒絕 H_0,從而得出如下結論:該運動員的跳遠成績是穩定的。

當總體均值 μ 已知時,$\hat{\sigma}^2 = \dfrac{1}{n}\sum_{i=1}^{n}(x_i - \mu)^2$ 是總體方差 σ^2 的一致最小方差無偏估計。同 μ 未知時的推導類似,對假設檢驗問題(式 7.14),選取檢驗統計量:

$$\chi^2 = \dfrac{n\hat{\sigma}^2}{\sigma_0^2} = \dfrac{1}{\sigma_0^2}\sum_{i=1}^{n}(x_i - \mu)^2 \sim \chi^2(n) \tag{7.20}$$

在顯著性水平 α 下,可得拒絕域為:

$$\chi^2 \geq \chi_{\frac{\alpha}{2}}^2(n) \text{ 以及 } \chi^2 \leq \chi_{1-\frac{\alpha}{2}}^2(n) \tag{7.21}$$

若為左單側檢驗,對給定的顯著性水平 α, H_0 的拒絕域為:

$$\chi^2 \leq \chi_{1-\alpha}^2(n) \tag{7.22}$$

若為右單側檢驗,對給定的顯著性水平 α, H_0 的拒絕域為:

$$\chi^2 \geq \chi_{\alpha}^2(n) \tag{7.23}$$

單個總體方差的假設檢驗歸納如表 7.4。

表 7.4 單個正態總體方差的檢驗

條件	原假設 H_0	備擇假設 H_1	檢驗統計量	拒絕域
μ 未知	$\sigma^2 = \sigma_0^2$	$\sigma^2 \neq \sigma_0^2$	$\chi^2 = \dfrac{(n-1)s^2}{\sigma_0^2}$	$\chi^2 \geq \chi^2_{\frac{\alpha}{2}}(n-1)$ $\chi^2 \leq \chi^2_{1-\frac{\alpha}{2}}(n-1)$
	$\sigma^2 \leq \sigma_0^2$	$\sigma^2 > \sigma_0^2$		$\chi^2 \geq \chi^2_{\alpha}(n-1)$
	$\sigma^2 \geq \sigma_0^2$	$\sigma^2 < \sigma_0^2$		$\chi^2 \leq \chi^2_{1-\alpha}(n-1)$
$\mu = \mu_0$ μ 已知	$\sigma^2 = \sigma_0^2$	$\sigma^2 \neq \sigma_0^2$	$\chi^2 = \dfrac{n\hat{\sigma}^2}{\sigma_0^2}$	$\chi^2 \geq \chi^2_{\frac{\alpha}{2}}(n)$ $\chi^2 \leq \chi^2_{1-\frac{\alpha}{2}}(n)$
	$\sigma^2 \leq \sigma_0^2$	$\sigma^2 > \sigma_0^2$		$\chi^2 \geq \chi^2_{\alpha}(n)$
	$\sigma^2 \geq \sigma_0^2$	$\sigma^2 < \sigma_0^2$		$\chi^2 \leq \chi^2_{1-\alpha}(n)$

第三節 兩個總體參數的假設檢驗

兩個總體參數的假設檢驗主要關注兩個總體的均值差異、兩個總體的比率差異以及兩個總體的方差差異是否顯著。

一、兩個總體均值之差的檢驗

假設兩個總體 $X \sim N(\mu_1, \sigma_1^2)$, $Y \sim N(\mu_2, \sigma_2^2)$, $x_1, x_2, \ldots, x_n$ 和 $y_1, y_2, \ldots, y_n$ 分別是來自總體 X 和 Y 的樣本,且兩個樣本相互獨立。樣本均值和樣本方差分別記為 $\bar{x}, s_1^2$ 和 $\bar{y}, s_2^2$,考慮假設檢驗問題:

$$H_0: \mu_1 = \mu_2, \quad H_1: \mu_1 \neq \mu_2 \tag{7.24}$$

這個問題等價於假設檢驗:

$$H_0: \mu_1 - \mu_2 = 0, \quad H_1: \mu_1 - \mu_2 \neq 0 \tag{7.25}$$

這與單個總體均值假設檢驗的情形十分類似,只要由樣本構造出 $\mu_1 - \mu_2$ 的良好估計來進行比較就行了。下面分兩種情形來討論(7.25)中的假設檢驗問題。

(一) 方差 σ_1^2, σ_2^2 已知

由於 $\bar{x}$ 和 $\bar{y}$ 分別是 μ_1 和 μ_2 的一致最小方差無偏估計,因此 $\bar{x} - \bar{y}$ 是 $\mu_1 - \mu_2$ 的優良估計。並且:

$$\bar{x} - \bar{y} \sim N(\mu_1 - \mu_2, \frac{\sigma_1^2}{n_1} + \frac{\sigma_2^2}{n_2}) \tag{7.26}$$

當 H_0 成立時,有:

$$Z = \frac{(\bar{x} - \bar{y}) - (\mu_1 - \mu_2)}{\sqrt{\dfrac{\sigma_1^2}{n_1} + \dfrac{\sigma_2^2}{n_2}}} \sim N(0,1) \tag{7.27}$$

選取 Z 作為檢驗統計量,在顯著性水平 α 下的拒絕域為:
$$|Z| \geq z_{\alpha/2} \tag{7.28}$$

【例7.7】有關研究結果顯示,7 歲男童和女童身高的標準差分別為 $4.53cm$、$4.86cm$。現分別抽選 7 歲男兒童和女兒童 400 人、380 人進行調查,測得的平均身高分別為 118.64 厘米、120.86 厘米。試問在顯著性水平 $\alpha = 0.05$ 下,能否說明性別對 7 歲兒童的身高有顯著影響?

解:很顯然,本題應採用雙側檢驗,$\bar{x} = 118.64$,$\bar{y} = 120.86$,$\sigma_1^2 = 4.53^2$,$\sigma_2^2 = 4.86^2$,$n_1 = 400$,$n_2 = 380$。提出原假設與備擇假設為:

$H_0: \mu_1 - \mu_2 = 0$, $H_1: \mu_1 - \mu_2 \neq 0$

在 H_0 成立條件下,檢驗統計量:$Z = \dfrac{(\bar{x} - \bar{y}) - (\mu_1 - \mu_2)}{\sqrt{\dfrac{\sigma_1^2}{n_1} + \dfrac{\sigma_2^2}{n_2}}} \sim N(0,1)$

對給定的 $\alpha = 0.05$,得此問題的拒絕域為:$|Z| \geq z_{\alpha/2}$

查標準正態分佈表,$z_{\alpha/2} = z_{0.025} = 1.96$

計算檢驗統計量:

$$Z = \frac{(\bar{x} - \bar{y}) - (\mu_1 - \mu_2)}{\sqrt{\dfrac{\sigma_1^2}{n_1} + \dfrac{\sigma_2^2}{n_2}}} = \frac{(118.64 - 120.86) - 0}{\sqrt{\dfrac{4.53^2}{400} + \dfrac{4.86^2}{380}}} = \frac{-2.22}{0.336,8} = -6.59$$

由於 $|-6.59| > 1.96$,樣本落入拒絕域,故不能接受 H_0,從而得出如下結論:性別對 7 歲兒童的身高有顯著影響。

(二) 方差 σ_1^2,σ_2^2 未知,但有 $\sigma_1^2 = \sigma_2^2 = \sigma^2$

此時用 $s_p^2 = \dfrac{(n_1 - 1)s_1^2 + (n_2 - 1)s_2^2}{n_1 + n_2 - 2}$ 來估計 σ^2,s_p^2 稱為合併方差(Pooled variance),這個估計是無偏的,且充分利用兩個樣本所提供的有關 σ^2 的信息。當 H_0 成立時,有統計量:

$$t = \frac{(\bar{x} - \bar{y}) - (\mu_1 - \mu_2)}{s_p \sqrt{\dfrac{1}{n_1} + \dfrac{1}{n_2}}} \sim t(n_1 + n_2 - 2) \tag{7.29}$$

在顯著性水平 α 下的拒絕域為:
$$|t| \geq t_{\frac{\alpha}{2}}(n_1 + n_2 - 2) \tag{7.30}$$

【例7.8】為研究游泳鍛煉對心肺功能有無積極影響,在某市同年齡組男生中抽測了兩類學生的肺活量,一類是經常參加游泳鍛煉的學生,抽測 20 人;另一類是不經常參加游泳鍛煉的學生,抽測 25 人。測得的肺活量數據如下表 7.5 所示。

表 7.5　　　　　　　　　　肺活量抽樣數據

計量單位：ml

參加游泳鍛煉	3,015	3,200	2,870	2,955	3,065	3,120	2,880	2,970	2,890	3,025
	3,120	2,965	2,850	2,760	3,140	3,065	2,920	3,080	3,150	3,100
不參加 游泳鍛煉	2,765	2,980	2,770	2,785	2,925	2,950	2,700	2,830	2,710	2,825
	2,940	2,935	2,950	2,530	2,860	2,785	2,750	2,780	2,650	2,810
	2,540	2,690	2,770	2,970	2,750					

問在顯著性水平 $\alpha = 0.05$ 的條件下，兩類學生的肺活量有無顯著差異？

解：假定兩總體「經常參加游泳鍛煉學生的肺活量」和「不經常參加游泳鍛煉學生的肺活量」分別近似服從正態分佈 $N(\mu_1, \sigma^2)$ 和 $N(\mu_2, \sigma^2)$，兩總體的方差相等。已知條件為：$n_1 = 20$，$n_2 = 25$，提出原假設與備擇假設為：

$$H_0: \mu_1 - \mu_2 = 0, \quad H_1: \mu_1 - \mu_2 \neq 0$$

在 H_0 成立條件下，檢驗統計量：$t = \dfrac{(\bar{x} - \bar{y}) - (\mu_1 - \mu_2)}{s_p\sqrt{\dfrac{1}{n_1} + \dfrac{1}{n_2}}} \sim t(n_1 + n_2 - 2)$

對給定的顯著性水平 $\alpha = 0.05$，得此問題的拒絕域為：$|t| \geq t_{\frac{\alpha}{2}}(n_1 + n_2 - 2)$

查 t 分佈表得，$t_{\alpha/2}(20 + 25 - 2) = t_{0.025}(43) = 2.016,7$

根據樣本數據計算：

$$\bar{x} = \frac{\sum x}{n_1} = \frac{3,015 + 3,200 + 2,870 + \cdots + 3,150 + 3,100}{20} = \frac{60,140}{20} = 3,007\,(ml)$$

$$s_1^2 = \frac{\sum(x - \bar{x})^2}{n_1 - 1}$$

$$= \frac{(3,015 - 3,007)^2 + (3,200 - 3,007)^2 + \cdots + (3,100 - 3,007)^2}{20 - 1}$$

$= 14,193.16$

$$\bar{y} = \frac{\sum y}{n_2} = \frac{2,765 + 2,980 + 2,770 + \cdots + 2,970 + 2,750}{25} = \frac{69,950}{25} = 2,798\,(ml)$$

$$s_2^2 = \frac{\sum(y - \bar{y})^2}{n_2 - 1}$$

$$= \frac{(2,765 - 2,798)^2 + (2,980 - 2,798)^2 + \cdots + (2,750 - 2,798)^2}{25 - 1}$$

$= 15,289.58$

合併標準差：

$$s_p = \sqrt{\frac{(n_1 - 1)s_1^2 + (n_2 - 1)s_2^2}{n_1 + n_2 - 2}}$$

$$= \sqrt{\frac{(20-1) \times 14,193.16 + (25-1) \times 15,289.58}{20 + 25 - 2}} = 121.68(ml)$$

計算檢驗統計量：$t = \dfrac{(\bar{x} - \bar{y}) - (\mu_1 - \mu_2)}{s_p \sqrt{\dfrac{1}{n_1} + \dfrac{1}{n_2}}} = \dfrac{(3,007 - 2,798) - 0}{121.68 \times \sqrt{\dfrac{1}{20} + \dfrac{1}{25}}} = 5.73$

由於 5.73 > 2.016,7，樣本落入拒絕域，故不能接受 H_0，從而得出如下結論：游泳對學生的肺活量有顯著影響。

兩個總體均值之差的檢驗可通過 Excel 來完成。以本題為例說明如下：

將表7.5中「參加游泳鍛煉」的數據輸入到 Excel 工作表中的 A1:A20，將「不參加游泳鍛煉」的數據輸入到 Excel 工作表中的 B1:B25。然後按以下步驟操作：

第1步：選擇「工具」下拉菜單，選中「數據分析」選項。

第2步：在彈出的「分析工具」中選擇「t 檢驗，雙樣本等方差假設」。

第3步：在彈出對話框後：

在「變量1 的區域」框內輸入「參加游泳鍛煉」的數據區域 A1:A20。

在「變量2 的區域」框內輸入「不參加游泳鍛煉」的數據區域 B1:B25。

在「假設平均差」方框內輸入 0。因為本例的原假設為 $\mu_1 - \mu_2 = 0$。如果要檢驗的兩個總體均值之差是否等於某個具體數值，如 $H_1: \mu_1 - \mu_2 = 10$，則在該數字框內輸入 10。

在「$\alpha(A)$」數字框內輸入 0.05。

在「輸出選項」中選中「新工作表組」。

單擊「確定」。

輸出結果如圖7.2 所示。

	A	B	C	D
1	t-檢驗：双样本等方差假設			
2				
3		变量 1	变量 2	
4	平均	3007	2798	
5	方差	14193.16	15289.58	
6	观测值	20	25	
7	合并方差	14805.12		
8	假设平均差	0		
9	df	43		
10	t Stat	5.725575		
11	P(T<=t) 单尾	4.58E-07		
12	t 单尾临界	1.681071		
13	P(T<=t) 双尾	9.15E-07		
14	t 双尾临界	2.016692		
15				

圖7.2 雙樣本等方差假設檢驗輸出表

兩個正態總體均值檢驗的幾種情形歸納如表7.6 所示。

表 7.6　　　　　　　　　　兩個正態總體均值檢驗的幾種情形

檢驗法	條件	原假設 H_0	備擇假設 H_1	檢驗統計量	拒絕域
Z 檢驗法	σ_1^2, σ_2^2 已知	$\mu_1 = \mu_2$	$\mu_1 \neq \mu_2$	$Z = \dfrac{(\bar{x}-\bar{y})-(\mu_1-\mu_2)}{\sqrt{\dfrac{\sigma_1^2}{n_1}+\dfrac{\sigma_2^2}{n_2}}}$	$\|Z\| \geq z_{\alpha/2}$
		$\mu_1 \leq \mu_2$	$\mu_1 > \mu_2$		$Z \geq z_\alpha$
		$\mu_1 \geq \mu_2$	$\mu_1 < \mu_2$		$Z \leq -z_\alpha$
t 檢驗法	σ_1^2, σ_2^2 未知 $\sigma_1^2 = \sigma_2^2 = \sigma^2$	$\mu_1 = \mu_2$	$\mu_1 \neq \mu_2$	$t = \dfrac{(\bar{x}-\bar{y})-(\mu_1-\mu_2)}{s_p\sqrt{\dfrac{1}{n_1}+\dfrac{1}{n_2}}}$	$\|t\| \geq t_{\frac{\alpha}{2}}(n_1+n_2-2)$
		$\mu_1 \leq \mu_2$	$\mu_1 > \mu_2$		$t \geq t_\alpha(n_1+n_2-2)$
		$\mu_1 \geq \mu_2$	$\mu_1 < \mu_2$		$t \leq -t_\alpha(n_1+n_2-2)$

二、兩個總體比率之差的檢驗

兩個總體比率之差的假設檢驗包括兩個方面:檢驗兩個總體的比率是否相等和檢驗兩個總體比率之差為某一個不為零的常數。

(一) 檢驗兩個總體比率是否相等

假設 p_1、p_2 為來自比率分別為 $\tilde{p}_1$、$\tilde{p}_2$ 兩個總體的樣本比率,檢驗兩個總體比率是否相等,等價於檢驗兩個總體比率之差是否為零。這時,可建立假設:

$$H_0: \tilde{p}_1 - \tilde{p}_2 = 0, \quad H_1: \tilde{p}_1 - \tilde{p}_2 \neq 0 \tag{7.31}$$

其適當的檢驗統計量為:

$$Z = \frac{(p_1 - p_2) - (\tilde{p}_1 - \tilde{p}_2)}{\sqrt{\dfrac{\tilde{p}_1(1-\tilde{p}_1)}{n_1} + \dfrac{\tilde{p}_2(1-\tilde{p}_2)}{n_2}}} \sim N(0,1) \tag{7.32}$$

由於真正的總體比率 $\tilde{p}_1$ 和 $\tilde{p}_2$ 並不知道,通常用相應的樣本比率進行估計。

原假設 $\tilde{p}_1 - \tilde{p}_2 = 0$ 相當於假設兩個總體比率相等,這就有理由將兩個樣本的結果聯繫起來,得出一個被設定為公共比率的聯合估計值:

$$\bar{p} = \frac{x_1 + x_2}{n_1 + n_2} \tag{7.33}$$

其中 x_1 和 x_2 分別是兩個樣本中具有某種特徵的總體單位個數。因此,檢驗統計量就成為:

$$Z = \frac{(p_1 - p_2) - 0}{\sqrt{\dfrac{\bar{p}(1-\bar{p})}{n_1} + \dfrac{\bar{p}(1-\bar{p})}{n_2}}} = \frac{p_1 - p_2}{\sqrt{\bar{p}(1-\bar{p})\left(\dfrac{1}{n_1}+\dfrac{1}{n_2}\right)}} \sim N(0,1) \tag{7.34}$$

在顯著性水平 α 下的拒絕域為:

$$|Z| \geq z_{\alpha/2} \tag{7.35}$$

根據經驗,一般要求在 $np > 5$ 以及 $n(1-p) > 5$ 的時候才使用 Z 統計量。

【例7.9】甲、乙兩公司屬於同一行業,有人關注這兩個公司的工人是更願意增加福利費還是更願意增加基本工資。在甲公司150名工人組成的簡單隨機樣本中,有72人更願意增加基本工資;在乙公司200名工人組成的隨機樣本中,有105人更願意增加基本工資。兩個公司的樣本容量占全部工人數的比率不超過5%。在 $\alpha = 0.01$ 的顯著水平下,可否判定這兩個公司中更願意增加基本工資的工人比率不同?

解:本題中 $n_1 = 150, n_2 = 200$ 均為大樣本,且兩個樣本的 np 和 $n(1-p)$ 都大於5,二項分佈近似於正態分佈。$x_1 = 72, x_2 = 105, p_1 = \frac{72}{150} = 0.48, p_2 = \frac{105}{200} = 0.525$。提出原假設與備擇假設為:

$$H_0: \tilde{p}_1 - \tilde{p}_2 = 0, H_1: \tilde{p}_1 - \tilde{p}_2 \neq 0$$

在 H_0 成立條件下,檢驗統計量:$Z = \dfrac{p_1 - p_2}{\sqrt{\bar{p}(1-\bar{p})\left(\dfrac{1}{n_1} + \dfrac{1}{n_2}\right)}} \sim N(0,1)$

對給定的 $\alpha = 0.01$,得此問題的拒絕域為:$Z \geq z_{0.005}$ 或 $Z \leq -z_{0.005}$
查標準正態分佈表,得 $-z_{\alpha/2} = -z_{0.005} = -2.575$
根據樣本數據,計算公共比率的聯合估計值:

$$\bar{p} = \frac{x_1 + x_2}{n_1 + n_2} = \frac{72 + 105}{150 + 200} = 0.505,7$$

計算檢驗統計量:

$$Z = \frac{p_1 - p_2}{\sqrt{\bar{p}(1-\bar{p})\left(\dfrac{1}{n_1} + \dfrac{1}{n_2}\right)}} = \frac{0.48 - 0.525}{\sqrt{0.505,7 \times (1 - 0.505,7) \times \left(\dfrac{1}{150} + \dfrac{1}{200}\right)}} = -0.833,3$$

由於 $-0.833,3 > -2.575$,樣本落入接受域,故不能拒絕 H_0。從而得出如下結論:兩個公司更願意增加基本工資的工人比率沒有顯著差異。

(二) 檢驗兩個總體比率之差為某一個不為零的常數

即檢驗 $\tilde{p}_1 - \tilde{p}_2 = d_0 (d_0 \neq 0)$。在這種情況下,兩個樣本比率之差 $p_1 - p_2$ 近似服從以 $\tilde{p}_1 - \tilde{p}_2$ 為期望值,以 $\dfrac{\tilde{p}_1(1-\tilde{p}_1)}{n_1} + \dfrac{\tilde{p}_2(1-\tilde{p}_2)}{n_2}$ 為方差的正態分佈,因而可以選擇 Z 作為檢驗統計量:

$$Z = \frac{(p_1 - p_2) - (\tilde{p}_1 - \tilde{p}_2)}{\sqrt{\dfrac{p_1(1-p_1)}{n_1} + \dfrac{p_2(1-p_2)}{n_2}}} = \frac{(p_1 - p_2) - d_0}{\sqrt{\dfrac{p_1(1-p_1)}{n_1} + \dfrac{p_2(1-p_2)}{n_2}}} \sim N(0,1) \quad (7.36)$$

在顯著性水平 α 下的拒絕域為:

$$|Z| \geq z_{\alpha/2} \quad (7.37)$$

【例7.10】根據經驗,某廠質檢員認為一車間的產品一級品率高出二車間的一級品率5%。現從一車間和二車間分別獨立抽出200件、300件產品進行檢驗,得到的一級品數

量分別為 150 件、195 件。試在顯著性水平 $\alpha = 0.05$ 下,檢驗質檢人員的觀點。

解:本題中 $n_1 = 200, n_2 = 300$ 均為大樣本,且兩個樣本的 np 和 $n(1-p)$ 都大於 5,二項分佈近似於正態分佈。$p_1 = \frac{150}{200} = 0.75, p_2 = \frac{195}{300} = 0.65, d_0 = 0.05$。提出原假設與備擇假設為:

$$H_0: \tilde{p}_1 - \tilde{p}_2 \leq 0.05, H_1: \tilde{p}_1 - \tilde{p}_2 > 0.05$$

在 H_0 成立條件下,檢驗統計量:$Z = \frac{(p_1 - p_2) - d_0}{\sqrt{\frac{p_1(1-p_1)}{n_1} + \frac{p_2(1-p_2)}{n_2}}} \sim N(0,1)$

對給定的 $\alpha = 0.05$,得此問題的拒絕域為:$Z \geq z_{0.05}$ 或 $Z \leq -z_{0.05}$

查標準正態分佈表,得 $z_\alpha = z_{0.05} = 1.645$

計算檢驗統計量:

$$Z = \frac{(p_1 - p_2) - d_0}{\sqrt{\frac{p_1(1-p_1)}{n_1} + \frac{p_2(1-p_2)}{n_2}}} = \frac{(0.75 - 0.65) - 0.05}{\sqrt{\frac{0.75 \times (1 - 0.75)}{200} + \frac{0.65 \times (1 - 0.65)}{300}}}$$

$$= 1.214\,2$$

由於 $1.214\,2 < 1.645$,樣本落入接受域,故不能拒絕 H_0。從而得出如下結論:檢驗結果不支持該廠質量檢驗人員的觀點,即檢驗結果不支持一車間產品的一級品率高出二車間 5% 的說法。

兩個總體比率之差的檢驗歸納如表 7.7:

表 7.7　　　　　　　　兩個總體比率之差假設檢驗的幾種情形

條　件	原假設 H_0	備擇假設 H_1	檢驗統計量	拒絕域
二項分佈近似於正態分佈	$\tilde{p}_1 - \tilde{p}_2 = 0$	$\tilde{p}_1 - \tilde{p}_2 \neq 0$	$Z = \frac{p_1 - p_2}{\sqrt{\bar{p}(1-\bar{p})\left(\frac{1}{n_1} + \frac{1}{n_2}\right)}}$	$Z \geq z_{\alpha/2}$ $Z \leq -z_{\alpha/2}$
二項分佈近似於正態分佈,$d_0 \neq 0$	$\tilde{p}_1 - \tilde{p}_2 = d_0$	$\tilde{p}_1 - \tilde{p}_2 \neq d_0$	$Z = \frac{(p_1 - p_2) - d_0}{\sqrt{\frac{p_1(1-p_1)}{n_1} + \frac{p_2(1-p_2)}{n_2}}}$	$Z \geq z_{\alpha/2}$ $Z \leq -z_{\alpha/2}$
	$\tilde{p}_1 - \tilde{p}_2 \geq d_0$	$\tilde{p}_1 - \tilde{p}_2 < d_0$		$Z \leq -z_\alpha$
	$\tilde{p}_1 - \tilde{p}_2 \leq d_0$	$\tilde{p}_1 - \tilde{p}_2 > d_0$		$Z \geq z_\alpha$

三、兩個總體方差比的檢驗

假設總體 $X \sim N(\mu_1, \sigma_1^2), Y \sim N(\mu_2, \sigma_2^2), x_1, x_2, \ldots, x_{n_1}$ 和 $y_1, y_2, \ldots, y_{n_2}$ 分別是來自總體 X 和 Y 的樣本,且兩個樣本相互獨立。樣本均值和樣本方差分別記為 $\bar{x}, s_1^2$ 和 $\bar{y}, s_2^2$,考慮假設檢驗問題:

$$H_0: \sigma_1^2 = \sigma_2^2, \quad H_1: \sigma_1^2 \neq \sigma_2^2 \tag{7.38}$$

先討論 μ_1, μ_2 未知的情形。此時，樣本方差 s_1^2 和 s_2^2 分別是總體方差 σ_1^2 和 σ_2^2 的一致最小方差無偏估計，當 H_0 成立時，即 $\sigma_1^2 = \sigma_2^2$，樣本方差之比 s_1^2/s_2^2 應接近於 1。而當 H_0 不成立時，比值 s_1^2/s_2^2 有偏大或偏小的趨勢。那麼拒絕域的形式為：

$$W = \left\{ \frac{s_1^2}{s_2^2} \leq c_1 \right\} \cup \left\{ \frac{s_1^2}{s_2^2} \geq c_2 \right\} \tag{7.39}$$

其中 c_1 和 c_2 是待定的常數。由相關定理可知，當 H_0 成立時有：

$$F = \frac{s_1^2}{s_2^2} = \frac{s_1^2/\sigma_1^2}{s_2^2/\sigma_2^2} \sim F(n_1 - 1, n_2 - 1) \tag{7.40}$$

為使檢驗的功效盡可能的大，即犯第二類錯誤的概率盡可能的小，且便於計算，選取（式 7.38）的檢驗統計量為：

$$F = \frac{s_1^2}{s_2^2} \tag{7.41}$$

在給定的顯著性水平 α 下的拒絕域為：

$$F \geq F_{\frac{\alpha}{2}}(n_1 - 1, n_2 - 1) \text{ 或者 } F \leq F_{1-\frac{\alpha}{2}}(n_1 - 1, n_2 - 1) \tag{7.42}$$

這種用服從 F 分佈的統計量作為檢驗統計量的檢驗稱為 F 檢驗。

通常情況下，F 分佈概率表僅給出 $F_{\frac{\alpha}{2}}(n_1 - 1, n_2 - 1)$ 的值，可以用它來推算 $F_{1-\frac{\alpha}{2}}(n_1 - 1, n_2 - 1)$，推算公式為：

$$F_{1-\frac{\alpha}{2}}(n_1 - 1, n_2 - 1) = \frac{1}{F_{\frac{\alpha}{2}}(n_2 - 1, n_1 - 1)} \tag{7.43}$$

【例 7.11】甲、乙兩臺車床都加工某種車軸，車軸的直徑分別服從正態分佈 $N(\mu_1, \sigma_1^2), N(\mu_2, \sigma_2^2)$。從各自加工的車軸中分別抽取 10 根和 8 根，測得其直徑（cm）如表 7.8 所示：

表 7.8　　　　　　　　　　　車軸直徑抽樣數據

總體	直徑（cm）								
x（甲車床）| 20.2	20.5	19.8	20.5	20.4	20.1	20.0	20.8	20.5	20.2
y（乙車床）| 20.1	20.7	20.3	20.7	20.8	20.4	19.6	20.6		

試問在顯著性水平 $\alpha = 0.05$ 下，兩臺車床加工的精度是否有顯著差異？

解：兩個總體均服從正態分佈，但均值未知，應採用 F 檢驗法。$n_1 = 10, n_2 = 8$，提出原假設與備擇假設為：

$$H_0: \sigma_1^2 = \sigma_2^2, H_1: \sigma_1^2 \neq \sigma_2^2$$

在 H_0 成立條件下，檢驗統計量：$F = \frac{s_1^2}{s_2^2} \sim F(n_1 - 1, n_2 - 1)$

對給定的 $\alpha = 0.05$，得此問題的拒絕域為：$F \geq F_{0.025}(9,7)$ 或 $F \leq F_{0.975}(9,7)$

查 F 分佈表，得 $F_{0.025}(9,7) = 4.82$

推算出 $F_{0.975}(9,7) = \dfrac{1}{F_{0.025}(7,9)} = \dfrac{1}{4.20} = 0.238,1$

根據樣本數據計算：

$$\bar{x} = \frac{\sum x}{n_1} = \frac{20.2 + 20.5 + 19.8 + \cdots + 20.5 + 20.2}{10} = \frac{203}{10} = 20.3(\text{cm})$$

$$s_1^2 = \frac{\sum(x-\bar{x})^2}{n_1 - 1} = \frac{(20.2 - 20.3)^2 + (20.5 - 20.3)^2 + \cdots + (20.2 - 20.3)^2}{10 - 1}$$
$$= 0.086,7(\text{cm})$$

$$\bar{y} = \frac{\sum y}{n_2} = \frac{20.1 + 20.7 + 20.3 + \cdots + 19.6 + 20.6}{8} = \frac{163.2}{8} = 20.4(\text{cm})$$

$$s_2^2 = \frac{\sum(y-\bar{y})^2}{n_2 - 1} = \frac{(20.1 - 20.4)^2 + (20.7 - 20.4)^2 + \cdots + (20.6 - 20.4)^2}{8 - 1} = 0.16(\text{cm})$$

計算檢驗統計量：$F = \dfrac{s_1^2}{s_2^2} = \dfrac{0.086,7}{0.16} = 0.541,9$

由於 $0.238,1 < 0.541,9 < 4.82$，樣本落入接受域，故不能拒絕 H_0。從而得出如下結論：兩臺車床加工的精度沒有顯著差異。

當總體均值 μ_1 和 μ_2 中至少有一個已知，如 μ_1 已知，μ_2 未知時，$\hat{\sigma}_1^2 = \dfrac{1}{n}\sum_{i=1}^{n_1}(x_i - \mu_1)^2$ 和樣本方差 s_2^2 分別是總體方差 σ_1^2 和 σ_2^2 的一致最小方差無偏估計，對於假設檢驗問題(7.38)，若 H_0 成立，則檢驗統計量：

$$F = \frac{\hat{\sigma}_1^2}{s_2^2} \sim F(n_1, n_2 - 1) \tag{7.44}$$

在給定的顯著性水平 α 下的拒絕域為：

$$F \geq F_{\frac{\alpha}{2}}(n_1, n_2 - 1) \text{ 或 } F \leq F_{1-\frac{\alpha}{2}}(n_1, n_2 - 1) \tag{7.45}$$

當總體均值 μ_1 和 μ_2 都為已知時，$\hat{\sigma}_1^2 = \dfrac{1}{n}\sum_{i=1}^{n_1}(x_i - \mu_1)^2$ 和 $\hat{\sigma}_2^2 = \dfrac{1}{n}\sum_{i=1}^{n_2}(y_i - \mu_2)^2$ 分別是總體方差 σ_1^2 和 σ_2^2 的一致最小方差無偏估計，對於假設檢驗問題(7.38)，若 H_0 成立，則檢驗統計量：

$$F = \frac{\hat{\sigma}_1^2}{\hat{\sigma}_2^2} \sim F(n_1, n_2) \tag{7.46}$$

在給定的顯著性水平 α 下的拒絕域為：

$$F \geq F_{\frac{\alpha}{2}}(n_1, n_2) \text{ 或 } F \leq F_{1-\frac{\alpha}{2}}(n_1, n_2) \tag{7.47}$$

兩個正態總體方差的假設檢驗歸納如表 7.9 所示。

表7.9　　　　　　　　　　兩個正態總體方差假設檢驗的幾種情形

檢驗法	條件	原假設 H_0	備擇假設 H_1	檢驗統計量	拒絕域
F 檢驗法	μ_1, μ_2 未知	$\sigma_1^2 = \sigma_2^2$	$\sigma_1^2 \neq \sigma_2^2$	$F = \dfrac{s_1^2}{s_2^2}$	$F \geq F_{\frac{\alpha}{2}}(n_1 - 1, n_2 - 1)$ $F \leq F_{1-\frac{\alpha}{2}}(n_1 - 1, n_2 - 1)$
		$\sigma_1^2 \leq \sigma_2^2$	$\sigma_1^2 > \sigma_2^2$		$F \geq F_\alpha(n_1 - 1, n_2 - 1)$
		$\sigma_1^2 \geq \sigma_2^2$	$\sigma_1^2 < \sigma_2^2$		$F \leq F_{1-\alpha}(n_1 - 1, n_2 - 1)$
F 檢驗法	μ_1 已知 μ_2 未知	$\sigma_1^2 = \sigma_2^2$	$\sigma_1^2 \neq \sigma_2^2$	$F = \dfrac{\hat{\sigma}_1^2}{s_2^2}$	$F \geq F_{\frac{\alpha}{2}}(n_1, n_2 - 1)$ $F \leq F_{1-\frac{\alpha}{2}}(n_1, n_2 - 1)$
		$\sigma_1^2 \leq \sigma_2^2$	$\sigma_1^2 > \sigma_2^2$		$F \geq F_\alpha(n_1, n_2 - 1)$
		$\sigma_1^2 \geq \sigma_2^2$	$\sigma_1^2 < \sigma_2^2$		$F \leq F_{1-\alpha}(n_1, n_2 - 1)$
F 檢驗法	μ_1, μ_2 已知	$\sigma_1^2 = \sigma_2^2$	$\sigma_1^2 \neq \sigma_2^2$	$F = \dfrac{\hat{\sigma}_1^2}{\hat{\sigma}_2^2}$	$F \geq F_{\frac{\alpha}{2}}(n_1, n_2)$ $F \leq F_{1-\frac{\alpha}{2}}(n_1, n_2)$
		$\sigma_1^2 \leq \sigma_2^2$	$\sigma_1^2 > \sigma_2^2$		$F \geq F_\alpha(n_1, n_2)$
		$\sigma_1^2 \geq \sigma_2^2$	$\sigma_1^2 < \sigma_2^2$		$F \leq F_{1-\alpha}(n_1, n_2)$

本章小結

通常情況下，人們總是對原假設 H_0 作出接受或拒絕的決策。由於判斷原假設 H_0 是否為真的依據是一個樣本，而樣本具有隨機性，當 H_0 為真時，檢驗統計量的觀察值也會落入拒絕域，致使我們做出拒絕 H_0 的錯誤決策；當 H_0 為不真時，檢驗統計量的觀察值也會落入接受域，致使我們作出接受 H_0 的錯誤決策。我們使用「接受假設」或「拒絕假設」這樣的術語，接受一個假設並不意味著確信它是真的，它只意味著決定採取某種行動；拒絕一個假設也不意味著它是假的，這也僅僅是作出採取另一種不同的行動。不論哪種情況，都存在作出錯誤選擇的可能性。在進行顯著性檢驗時，犯第一類錯誤的概率是由我們控制的，α 取得小，保證了當 H_0 為真時錯誤地拒絕 H_0 的可能性很小。如果在兩類錯誤中，沒有一類錯誤的后果嚴重更需要避免時，常常取 H_0 為維持現狀，即取 H_0 為「無效益」「無改進」「無價值」等。例如，「H_0：新技術未提高效益，H_1：新技術提高效益」。實際上，我們感興趣的是 H_1「提高效益」，但對新技術提高效益應持慎重態度。選取 H_0 為「新技術未提高效益」，一旦被拒絕了，表示有較強的理由去採用新技術。在實際問題中，情況比較複雜，如何選取 H_0、H_1，只能在實踐中累積經驗，根據實際情況去判斷了。

中英文對照專業名詞

假設檢驗	Hypothesis Testing
原假設	Null hypothesis
備擇假設	Alternative Hypothesis
單側檢驗	One-sided Testing
雙側檢驗	Two-sided Testing
臨界值	Critical Value
顯著性水平	Significance Level
第 I 類錯誤	Type I Error
第 II 類錯誤	Type II Error

思考與練習

思考題

1. 假設檢驗和參數估計有何異同？
2. 何謂假設檢驗中的第 I 類錯誤與第 II 類錯誤？它們之間是什麼關係？
3. 如何理解假設檢驗中的顯著性水平 α？確定顯著性水平 α 的原則是什麼？
4. 假設檢驗依據的基本原理是什麼？
5. 單側檢驗中，應怎樣確定原假設 H_0 和備擇假設 H_1 的方向？
6. 簡述假設檢驗的一般步驟。
7. 試列舉兩個通俗的例子說明原假設 H_0 與備擇假設 H_1 的關係。
8. 你是讚成還是反對以下說法：「你在假設檢驗中，若設定很低的顯著性水平 α，比如說 0.001，則你將很少出現誤差。因此，你總應當如此行事。」

練習題

1. 根據以往資料，某種電子元件的使用壽命服從於均值為 2,350 小時、標準差為 25 小時的正態分佈。現從一週內生產的一批電子元件中隨機的抽取 15 只，測得其使用壽命為：2,315，2,360，2,340，2,325，2,350，2,320，2,335，2,385，2,325，2,355，2,360，2,350，2,345，2,340，2,370。

試在顯著性水平 $\alpha = 0.05$ 下，檢驗這批電子元件的平均使用壽命是否發生顯著變化。

2. 某磚瓦廠所產磚塊的抗壓強度（計量單位：$10^6 Pa$）服從正態分佈，且標準差為 0.6。從其兩個磚窯中分別抽取 10 塊和 8 塊，檢測其抗壓強度如下：

甲磚窯：3.05，2.55，3.07，3.72，3.62，2.59，3.62，2.69，2.46，2.53

乙磚窯：2.66，2.56，3.25，3.30，3.10，3.48，3.16，3.37

試在顯著性水平 $\alpha = 0.05$ 下，檢驗兩磚窯所產磚的抗壓強度有無明顯差異。

3. 已知某種礦砂的含鎳量服從正態分佈。現測定 10 個樣品的含鎳量(%) 如下：

　　　3.25, 3.28, 3.27, 3.30, 3.24, 3.21, 3.26, 3.22, 3.24, 3.28

試在顯著性水平 $\alpha = 0.01$ 下,檢驗這批礦砂的含鎳量是否為 3.25%。

4. 一個大公司會計部門的負責人發現開出去的發票中有錯誤,他估計在這些發票中,至少包含一個錯誤的發票占 5% 以上。於是該負責人在眾多發票中隨機抽出 400 張,經檢查發現至少包含一個錯誤的發票有 22 張。

試在顯著性水平 $\alpha = 0.05$ 下,檢驗這些數據是否支持這個負責人的看法。

5. 在正常情況下,某肉類加工廠生產的小包裝精肉每包重量(單位:g)服從正態分佈,標準差為 $10g$。某日隨機抽取 12 包,測得其重量為:501, 497, 483, 492, 510, 503, 478, 494, 483, 496, 502, 513。

試在顯著性水平 $\alpha = 0.05$ 下,檢驗該日生產的純精肉每包重量的標準差是否正常。

6. 已知某種化學纖維的抗拉度服從正態分佈,標準差為 1.4。改進工藝后提高了抗拉強度,要求標準差保持不變。現從改進工藝后的產品中抽取 25 根纖維測量其抗拉強度,計算得到的樣本標準差為 1.38。

試在顯著性水平 $\alpha = 0.05$ 下,檢驗改進工藝后纖維的抗拉強度是否符合要求。

7. 具有耐 $360^{0}C$ 溫度能力,是對於製造某種產品的材料必須提出的要求。今有兩種合適的材料,一種是天然的材料,另一種是比較經濟的合成材料。合成材料在各方面都同樣令人滿意,只有耐熱性能也許例外。從這兩種材料中各取 400 個樣品組成兩個獨立隨機樣本,並對它們進行耐熱試驗。有 36 個天然材料的樣品和 42 個合成材料的樣品在不到 $360^{0}C$ 時就已不合格。

試在顯著性水平 $\alpha = 0.05$ 下,檢驗這些數據是否支持「這兩種材料的耐熱性有差別」的結論。

8. 某種食品的含脂率服從正態分佈。抽樣分析該種食品在處理前和處理后的含脂率,測得數據如下：

處理前　0.19, 0.18, 0.21, 0.30, 0.41, 0.12, 0.27, 0.25, 0.32

處理后　0.15, 0.13, 0.07, 0.24, 0.19, 0.06, 0.08, 0.12, 0.14, 0.16

試在顯著性水平 $\alpha = 0.02$ 下,檢驗處理前后食品含脂率差異是否顯著。

9. 從過去的數據可知某廠生產的電子元件的壽命服從均值為 500 小時,標準差未知的正態分佈。通過改進生產工藝后,抽檢 15 件樣品的數據(小時) 如下：

502, 509, 513, 504, 498, 506, 510, 495, 501, 508, 507, 511, 508, 507, 496

試在顯著性水平 $\alpha = 0.05$ 下,檢驗改進工藝后這種電子元件的壽命是否有所提高。

10. 有兩種藥物能使從事緊張工作的職員解除精神緊張。在一項旨在比較這兩種藥物效果的研究中,醫療小組抽取兩個小組各 8 名職員分別服用這兩種藥物,2 個月後收集到這兩組的試驗數據, $s_1^2 = 4.836, s_2^2 = 3.024$。

試問:在 0.05 的顯著水平下,這些數據能否證明兩種藥物在解除職員精神緊張上有顯著差異?

案例討論

討論目的：正確理解假設檢驗的基本原理；正確應用假設檢驗方法；掌握 Excel 在假設檢驗中的運用。

資料：

為研究不同藥物對肥胖患者的療效，將身高體重指數（BMI）超過28的肥胖患者隨機分成兩組，每組10人，測得他們服藥前及服藥2個月后體重的變化（見表7.10）。

表 7.10　　　　　　　　兩組肥胖患者服藥前後體重變化

計量單位：kg

藥 物		1	2	3	4	5	6	7	8	9	10
A	服藥前	75.6	61.2	67.8	77.2	73.2	65.4	80.0	74.4	82.6	68.6
	服藥後	73.0	60.2	63.6	72.0	74.6	60.8	69.4	77.4	79.6	63.4
B	服藥前	69.4	89.9	66.8	63.4	70.0	86.6	90.4	74.8	67.4	84.4
	服藥後	60.8	95.5	61.6	62.0	69.4	78.0	71.0	76.6	58.2	75.4

討論分析：

（1）A、B 兩種藥物對肥胖患者是否有效；

（2）A、B 兩種藥物的療效有無差別；

（3）請對以下兩種做法發表你的看法。

有人假設數據服從正態分佈，且總體方差未知，在評價 A、B 兩種藥物對肥胖患者是否有效時，作者對 A、B 兩組患者分別採用了獨立樣本的 t 檢驗，結果：A 組患者服藥前后比較 $t = 1.040$；B 組患者服藥前后比較 $t = 1.125$。從而得出結論，兩種藥物均無效。

有人認為上述方法不太好，他採用獨立樣本的 t 檢驗，首先比較服藥前兩組基線水平，結果 $t = 1.533$，表明差異沒有統計學意義，兩組有可比性。進而，比較治療后兩組體重的差異，結果 $t = 0.346$，從而得出結論：A、B 兩種藥物的療效差異無統計學意義。

第八章 方差分析

假設檢驗主要是針對單個或兩個總體均值的檢驗，方差分析是檢驗多個總體均值是否存在顯著差異的統計方法，著重因素效應鑑別。本章介紹方差分析的原理與應用。

第一節 方差分析的一般問題

一、方差分析案例引入

【例 8.1】某家紙品公司使用四種不同的顏色作為餐巾紙外包裝的底色，隨機抽取五個城市進行試銷，獲得的月銷量數據如下，試分析外包裝底色對於產品銷量是否有顯著影響（表 8.1）。

表 8.1　　　　　　　　　不同外包裝底色的餐巾紙月銷量表

單位：萬件

市場	紅色	橙色	紫色	藍色
北京	36	28	30	22
上海	35	26	32	27
深圳	27	31	28	20
西安	29	30	26	21
成都	38	24	35	29

要判斷「外包裝底色」對「產品銷量」是否有顯著影響，實際上就是要檢驗四種顏色對應的餐巾紙銷量的均值是否相等。如果它們的均值相等，說明「顏色」對「餐巾紙銷量」沒有顯著影響；如果均值不全相等，說明「顏色」對「餐巾紙銷量」有顯著影響。

類似的案例還有分析電視、報紙、廣播、宣傳品等不同廣告形式下產品銷售額是否不同，檢驗三種品牌的顧客滿意度是否存在顯著差異，判斷不同行業的服務質量是否有顯著差異等。這些問題都可以通過方差分析得到答案。

方差分析是 20 世紀 20 年代由英國的大統計學家費歇爾創立的，之後在農業、商業、工程、醫學、社會學等諸多領域得到廣泛應用。

二、方差分析的概念

方差分析（Analysis of Variance），是指檢驗多個總體均值是否存在顯著差異的統計

方法。

　　上一章的假設檢驗主要是研究兩個總體的均值是否存在顯著差異,對於多個總體的問題,一次只能檢驗兩個總體。而方差分析能夠一次性完成對多個總體均值的比較,與假設檢驗相比更簡便,效率更高,同時由於它採用了所有的樣本信息,因此也增加了分析的可靠性。

　　方差分析同下一章的相關與迴歸分析也有很大區別,方差分析研究的是分類自變量與數值型因變量之間是否有關係,關係是否顯著,而相關與迴歸分析研究的是兩個數值型變量之間的關係。

　　方差分析中所要檢驗的對象稱為因素。因素的不同表現稱為水平。每個水平下得到的樣本數據稱為觀測值。

　　在例 8.1 中,「外包裝底色」是所要檢驗的對象,我們把它稱為因素或因子;紅色、橙色、紫色、藍色等四種顏色是「外包裝底色」這一因素的具體表現,因此稱為水平或處理;在每種顏色下對應的產品月銷量稱為觀測值。因素的每一個水平可以看作是一個總體,如紅色、橙色、紫色、藍色可以看作是 4 個總體,表 8.1 中的餐巾紙月銷量數據可看作是各總體中抽取的樣本數據,即觀測值。

三、方差分析的基本思想

　　如何判斷不同外包裝底色對產品銷量是否有顯著影響呢?這需要從產品銷量數據之間的差異入手,包括同一外包裝底色下的產品銷量差異和不同外包裝底色對應的產品銷量差異。

　　仔細觀察表 8.1 中的數據,我們會注意到,在同一個外包裝底色下,各餐巾紙月銷量數據(觀測值)是不同的。如以橙色為外包裝底色的餐巾紙,銷往所抽取的 5 個城市的月銷量都是不同的。由於城市是隨機抽取的,因此同一外包裝底色(水平)的餐巾紙在不同城市的銷量數據之間的差異可看成是由抽樣的隨機性造成的,我們稱之為隨機誤差。

　　在不同的外包裝底色下,各餐巾紙月銷量數據也是有差異的,造成這種差異的原因可能來自兩個方面:一方面是隨機因素的影響,另一方面是外包裝底色的不同。后者形成的差異是由系統性因素造成的,因此稱之為系統誤差。

　　衡量同一水平(同一總體)下各樣本數據的誤差,稱為組內誤差(*Within Groups*)。例如,以藍色為外包裝底色的餐巾紙,銷往所抽取的 5 個城市的月銷量數據之間的誤差。衡量不同水平下各樣本數據的誤差,稱為組間誤差(*Between Groups*)。例如,紅色、橙色、紫色、藍色等四種外包裝底色對應的餐巾紙銷量之間的誤差。

　　從以上分析看出,組內誤差只包含隨機誤差,而組間誤差不僅包含隨機誤差,還可能包含系統誤差。那麼判斷組間誤差中是否包含系統誤差就成了分析不同外包裝底色(自變量)對餐巾紙銷量(因變量)是否有顯著影響的關鍵。如果組間誤差中包含系統誤差,不同外包裝底色對餐巾紙銷量就有顯著影響;反之,不同外包裝底色對餐巾紙銷量沒有顯著影響。

　　那如何判斷組間誤差中是否包含系統誤差呢?一種可行的方法就是將組間誤差與組內誤差相比較。若組間誤差與組內誤差經過平均后的數值很接近,其比值接近 1,則組間

誤差中只包含隨機誤差,而不包含系統誤差;若組間誤差的數值大於組內誤差平均后的數值,其比值大於1,當這個比值大到某種程度時,我們就可以認定,組間誤差中除了包含隨機誤差外,還包含系統誤差,那麼對於不同外包裝底色的餐巾紙,其銷量之間存在顯著差異,也就是外包裝底色(自變量)對餐巾紙銷量(因變量)有顯著影響。

因此,方差分析是通過對數據誤差來源的分析判斷自變量對因變量是否有顯著影響。在方差分析的假定條件下,這實際上是檢驗自變量的各個水平的均值是否相等。

四、方差分析的假定和檢驗

方差分析中有三個基本假定:

(一) 每個總體都服從正態分佈

如例8.1,4種外包裝底色中每一種的產品銷量都必須服從正態分佈。

(二) 每個總體的方差 σ^2 必須相同

如例8.1,4種外包裝底色對應的產品銷量的方差都相同。

(三) 觀測值是獨立的

如例8.1,每個被抽中的某一種外包裝底色對應的產品銷量與另一種外包裝底色對應的產品銷量之間沒有影響,是相互獨立的。

在以上基本假定成立的前提下,判斷外包裝底色對產品銷量是否有顯著影響,就是要檢驗具有相同方差的4個正態總體的均值(4種顏色對應的產品銷量均值)是否相等:

$H_0: \mu_1 = \mu_2 = \mu_3 = \mu_4$

$H_1: \mu_1, \mu_2, \mu_3, \mu_4$ 不全相等

其中,$\mu_1, \mu_2, \mu_3, \mu_4$ 分別為4種顏色對應的產品銷量。

我們可能無法找到4個總體的均值,但可以用樣本數據代替總體進行檢驗。如果4個樣本的均值越接近,可以推斷4個總體的均值相等的證據越充分,就越支持 H_0;反之,如果樣本均值越遠離,那麼推斷總體均值不等的證據越充分,就越支持 H_1。

如果檢驗結果接受 H_0,則有充分證據表明每個樣本都來自均值為 μ,方差為 σ^2 的同一個正態總體,即外包裝底色(自變量)對產品銷量(因變量)沒有影響,如圖8.1所示。

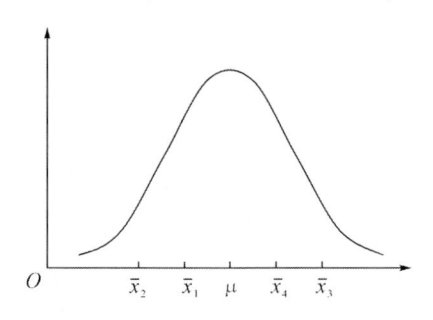

圖8.1 H_0 為真時 $\bar{x}$ 的抽樣分佈

如果檢驗結果拒絕 H_0，說明4個樣本分別來自均值不同的4個正態總體，因此有4個不同的抽樣分佈，即外包裝底色對產品銷量有顯著影響，如圖8.2所示。

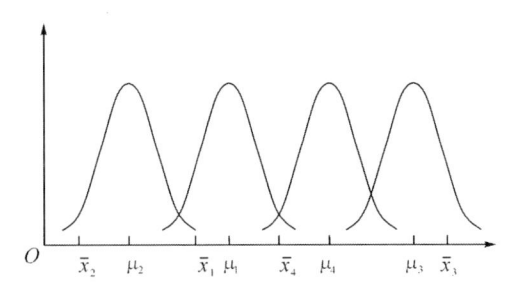

圖8.2 H_0 為假時 $\bar{x}$ 的抽樣分佈

第二節　單因素方差分析

一、單因素方差分析概述

單因素方差分析（*One - way Analysis of Variance*），是用來研究一個分類自變量（單個因素）的不同水平是否對數值型因變量產生顯著影響的方法。

如例8.1中，分析不同外包裝底色對產品銷量是否產生顯著影響，這裡僅研究「外包裝底色」一個因素對產品銷量的影響，就屬於單因素方差分析。另外，考察不同施肥量對農作物產量是否產生顯著影響，判斷學歷是否會顯著影響工資收入，研究不同年齡階段的女性是否對化妝品費用有顯著影響等問題，都可以通過單因素方差分析得到答案。

因素通常用 A、B、C……來表示。在單因素方差分析中，我們用 A 來表示因素，因素下的水平用 i 表示，共有 k 個，分別用 $A_1, A_2, A_3, \cdots, A_k$ 來表示。每個觀測值用 $x_{ij}(i = 1, 2, \cdots, k; j = 1, 2, \cdots, n)$ 表示，即第 i 個水平下的第 j 個觀測值。這樣，單因素方差分析的數據結構如表8.2所示。

表8.2　　　　　　　　　　單因素方差分析的數據結構

觀測值 (j)	因素(i)			
	A_1	A_2	…	A_k
1	x_{11}	x_{21}	…	x_{k1}
2	x_{12}	x_{22}	…	x_{k2}
…	…	…	…	…
n	x_{1n}	x_{2n}	…	x_{kn}

這裡需要注意的是，從不同水平下抽取的樣本容量 n 可以相等，也可以不等。

二、單因素方差分析的步驟

分析單個因素的不同水平對因變量是否有顯著影響,需要檢驗「不同水平下總體均值相等」的原假設,然后確定一個統計量來檢驗這一假設是否成立。檢驗的關鍵是要判斷組間誤差中是否包含系統誤差。接下來將介紹單因素方差分析的具體步驟。

(一) 確定原假設和備選假設

檢驗分類自變量的不同水平對數值型因變量有無顯著影響,實際上就是檢驗 k 個水平下總體的均值是否相等,那麼首先要確定以下假設:

$$H_o : \mu_1 = \mu_2 = \cdots = \mu_k$$
$$H_1 : \mu_1, \mu_2, \cdots, \mu_k \text{ 不全相等}$$

如果拒絕原假設 H_0,則認為自變量對因變量存在顯著影響,即組間誤差中包含系統誤差;如果拒絕備選假設 H_1,則認為自變量對因變量沒有顯著影響,即組間誤差不包含系統誤差,只存在隨機誤差。如例8.1中,若不同的顏色對餐巾紙銷量有影響,那麼4種顏色對應的產品銷量均值之間的差異由於還包含系統誤差,與每種顏色對應的產品銷量的內部差異相比,前者大於后者;反之,若不同的顏色對餐巾紙銷量沒有影響,那麼4種顏色對應的產品銷量均值之間的差異與每種顏色對應的產品銷量的內部差異相差不大,因為組間誤差中不包含系統誤差。

(二) 計算數據誤差

要判斷組間誤差中是否包含系統誤差,需要將組間誤差和組內誤差進行比較,比較之前應該計算兩類誤差的大小,要想得到結果,首先必須計算單因素各水平的均值以及全部觀測值的總均值。

1. 計算均值

(1) 計算單因素各水平的均值。設從該水平下隨機抽取一個容量為 n_i (即第 i 個水平下的樣本觀測值個數) 的樣本,$\bar{x}_i$ 為第 i 個水平的樣本均值,則有:

$$\bar{x}_i = \frac{\sum_{j=1}^{n_i} x_{ij}}{n_i} \quad (i = 1, 2, \cdots, k) \tag{8.1}$$

根據表8.1的數據,計算以紅色為外包裝底色的產品銷量的樣本均值,得:

$$\bar{x}_1 = \frac{\sum_{j=1}^{5} x_{1j}}{5} = \frac{36 + 35 + 27 + 29 + 38}{5} = 33$$

同樣能夠得到以橙色、紫色、藍色為外包裝底色的產品銷量的均值,分別為:$\bar{x}_2 = 27.8, \bar{x}_3 = 30.2, \bar{x}_4 = 23.8$。

(2) 計算全部觀測值的總均值。這是由全部觀測值的總和除以觀測值的總個數得到的,設總均值為 $\bar{x}$,則有:

$$\bar{x} = \frac{\sum_{i=1}^{k} \sum_{j=1}^{n_i} x_{ij}}{n} \tag{8.2}$$

在上式中，$n = n_1 + n_2 + \cdots + n_k$。根據表8.1的數據，計算總均值為：

$$\bar{x} = \frac{36 + 35 + \cdots + 21 + 29}{5 + 5 + 5 + 5} = \frac{574}{20} = 28.7$$

2. 計算誤差

數據的誤差通常是用離差平方和來表示的。要進行方差分析，就必須計算總離差平方和、組間離差平方和、組內離差平方和等3個數值。

(1) 總離差平方和(Sum of Squares for Total，縮寫為SST)。這是全部觀測值x_{ij}與總均值$\bar{x}$的離差平方和，反應了全部觀測值相對於總平均數的分散程度。其公式為：

$$SST = \sum_{i=1}^{k} \sum_{j=1}^{n_i} (x_{ij} - \bar{x})^2 \tag{8.3}$$

如計算例8.1的總離差平方和，剛才已經計算出$\bar{x} = 28.7$，那麼總離差平方和為：
$SST = (36 - 28.7)^2 + \cdots + (29 - 28.7)^2 = 462.2$

(2) 組間離差平方和(Sum of Squares for Factor A，縮寫為SSA)。這是衡量組間誤差的方法，即單因素下各水平(各組)的均值$\bar{x}_i$與總均值$\bar{x}$的離差平方和，反應各水平的樣本均值之間的分散程度。其公式為：

$$SSA = \sum_{i=1}^{k} \sum_{j=1}^{n_i} (\bar{x}_i - \bar{x})^2 = \sum_{i=1}^{k} n_i (\bar{x}_i - \bar{x})^2 \tag{8.4}$$

如計算例8.1的組間離差平方和，得

$$\begin{aligned} SSA &= \sum_{i=1}^{4} n_i (\bar{x}_i - \bar{x})^2 \\ &= 5 \times (33 - 28.7)^2 + 5 \times (27.8 - 28.7)^2 + 5 \times (30.2 - 28.7)^2 \\ &\quad + 5 \times (23.8 - 28.7)^2 = 227.8 \end{aligned}$$

(3) 組內離差平方和(Sum of Squares for Error，縮寫為SSE)。這是衡量組內誤差的方法，即各水平的觀測值x_{ij}與其相應均值$\bar{x}_i$的離差平方和，反應了各相同水平下觀測值的分散程度，前已提及，組內誤差只包含隨機誤差，因此組內離差平方和實際上反應了隨機誤差的大小。其公式為：

$$SSE = \sum_{i=1}^{k} \sum_{j=1}^{n_i} (x_{ij} - \bar{x}_i)^2] \tag{8.5}$$

如計算例8.1的組內離差平方和，需要先計算每種外包裝底色的產品在5個城市的銷量與其均值之間的離差平方和，然後將4種底色的離差平方和加總，才得到SSE。例如分別計算4種底色的離差平方和，得

紅色：$\sum_{j=1}^{5} (x_{1j} - \bar{x}_1)^2 = (36 - 33)^2 + (35 - 33)^2 + \cdots + (38 - 33)^2 = 90$

橙色：$\sum_{j=1}^{5} (x_{2j} - \bar{x}_2)^2 = (28 - 27.8)^2 + (26 - 27.8)^2 + \cdots + (24 - 27.8)^2 = 32.8$

紫色：$\sum_{j=1}^{5} (x_{3j} - \bar{x}_3)^2 = (30 - 30.2)^2 + (32 - 30.2)^2 + \cdots + (35 - 30.2)^2 = 48.8$

藍色：$\sum_{j=1}^{5} (x_{4j} - \bar{x}_4)^2 = (22 - 23.8)^2 + (27 - 23.8)^2 + \cdots + (29 - 23.8)^2 = 62.8$

將以上結果加總后可得:$SSE = 90 + 32.8 + 48.8 + 62.8 = 234.4$

可以證明 $SST = SSA + SSE$(證明過程略,請見其他相關參考書)。從以上計算結果可以驗證,即:$462.2 = 227.8 + 234.4$。

(三) 進行顯著性檢驗

1. 確定檢驗統計量

在計算出組間離差平方和與組內離差平方和以後,還不能直接進行比較,因為觀測值的數量對離差平方和的大小有相當影響,如果直接比較,將有可能得到錯誤的結果。為了消除這一影響,需要將各離差平方和除以其對應的自由度,得到的結果稱為均方。3 個離差平方和對應的自由度分別為:

SST 的自由度為 $n-1$,其中 n 為全部觀測值的個數。

SSA 的自由度為 $k-1$,其中 k 為單因素下水平的數量。

SSE 的自由度為 $n-k$。

要比較組間誤差和組內誤差,需要分別計算 SSA 和 SSE 的均方。

SSA 的均方也稱為組間均方,記為 MSA,其公式為:

$$MSA = \frac{組間離差平方和}{自由度} = \frac{SSA}{k-1} \quad (8.6)$$

如計算例 8.1 的組間均方,得

$$MSA = \frac{SSA}{k-1} = \frac{227.8}{4-1} = 75.933,333$$

SSE 的均方也稱為組內均方,記為 MSE,其公式為:

$$MSE = \frac{組內離差平方和}{自由度} = \frac{SSE}{n-k} \quad (8.7)$$

如計算例 8.1 的組內均方,得

$$MSE = \frac{SSE}{n-k} = \frac{234.4}{20-5} = 15.626,667$$

在原假設成立的條件下,確定檢驗統計量為 F 統計量,即組間均方 MSA 與組內均方 MSE 的比值:

$$F = \frac{組間均方}{組內均方} = \frac{MSA}{MSE} \sim F(k-1, n-k) \quad (8.8)$$

它是服從分子自由度為 $k-1$,分母自由度為 $n-k$ 的 F 分佈。

如計算例 8.1 的 F 統計量,得

$$F = \frac{MSA}{MSE} = \frac{75.933,333}{14.65} = 5.183,163$$

2. 判斷顯著性

根據給定的顯著性水平 α,在 F 分佈表中查找與分子自由度 $df_1 = k-1$,分子自由度 $df_2 = n-k$ 相應的臨界值 $F_\alpha(k-1, n-k)$。若 $F > F_\alpha$,則拒絕原假設 H_0,即 $\mu_1 = \mu_2 = \cdots = \mu_k$ 不成立,表明自變量對因變量有顯著影響;若 $F < F_\alpha$,則接受原假設 H_0,即 $\mu_1 = \mu_2 = \cdots = \mu_k$ 成立,表明自變量對因變量沒有顯著影響。由於 F 統計量的分子、分母

都為正值,所以其抽樣分佈在 y 軸右方,如圖 8.3 所示。

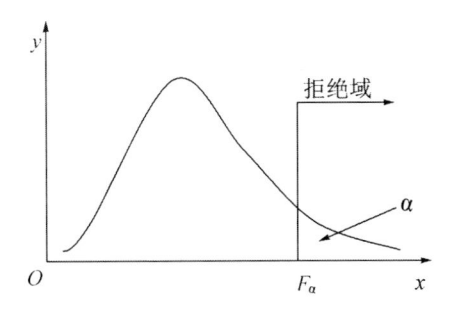

圖 8.3　F 統計量的抽樣分佈

如例 8.1,已算出 $F = 5.183,163$。假定取顯著性水平 $\alpha = 0.05$,查 F 分佈表得到臨界值 $F_{0.05}(4-1, 20-4) = F_{0.05}(3,16) = 3.238,872$。由於 $F > F_\alpha$,拒絕原假設,表明外包裝底色對產品銷量有顯著影響。

三、$Excel$ 在方差分析中的運用

我們採用表 8.1 的數據在 $Excel$ 中進行方差分析,其具體步驟如下。

第一步,在 $A1:E7$ 中輸入數據。

第二步,將鼠標移到「工具」菜單,選擇「數據分析」選項。

第三步,在「數據分析」對話框中選擇第一項「方差分析:單因素方差分析」,然后點擊確定,出現「方差分析:單因素方差分析」對話框。

圖 8.4　在 $Excel$ 中使用方差分析工具

第四步,在「輸入區域」中,點擊紅色箭頭圖標,然后按住鼠標左鍵不放,選取 $B2:$

$E7$（選取可包括所有數據的最小區域即可，不用選擇 A 列）；在「標誌位於第一行」的前面點「√」；α 默認為 0.05（也可設定其他數值）；在「輸出區域」中選擇 $A11$（也可選擇「新工作表組」，結果將保存在一張新的工作表中），如圖 8.4 所示；然後點擊「確定」，得到以下結果，如圖 8.5 所示。

11	方差分析：單因素方差分析					
12						
13	SUMMARY					
14	組	觀測數	求和	平均	方差	
15	紅色	5	165	33	22.5	
16	橙色	5	139	27.8	8.2	
17	紫色	5	151	30.2	12.2	
18	藍色	5	119	23.8	15.7	
19			574			
20				28.7		
21	方差分析					
22	差異源	SS	df	MS	F	P-value	F crit
23	組間	227.8	3	75.9333333	5.18316268	0.010814	3.238872
24	組內	234.4	16	14.65			
25							
26	總計	462.2	19				

圖 8.5　使用 *Excel* 計算出的單因素方差分析結果

以上結果的方差分析部分中，「SS」表示離差平方和；「df」表示自由度（*Degree of Freedom*）；「MS」表示均方；「F」表示檢驗統計量；「P-value」表示用於檢驗的 P 值；「F crit」表示給定的顯著性水平下的臨界值。

從 *Excel* 的輸出結果可得：

$$F = 5.183,163 > F_{0.05}(3,16) = 3.238,872$$

所以拒絕原假設 H_0，即 $\mu_1 = \mu_2 = \mu_3 = \mu_4$ 不成立，表明 $\mu_1, \mu_2, \mu_3, \mu_4$ 之間的差異顯著，這表明不同外包裝底色對產品銷量具有顯著影響。

在判斷顯著性時，也可直接利用 P 值與顯著性水平 α 的值進行比較。如果 $P > \alpha$，則接受原假設 H_0；如果 $P < \alpha$，則拒絕原假設 H_0。在本例中，由於 $P = 0.010,814 < \alpha = 0.05$，所以得到同樣的結論，即外包裝底色對產品銷量的影響是顯著的。

第三節　雙因素方差分析

一、雙因素方差分析的分類

單因素方差分析是研究一個分類自變量對數值型因變量的影響。但從實際看來，往往有多個分類自變量對數值型因變量產生了影響。例如，影響某種食品銷售額的因素除廣告形式外，可能還有季節、品牌、銷售地域等。當研究多個分類自變量對數值型因變量

是否產生顯著影響時,稱之為多因素方差分析。當分類自變量為兩個時,稱為雙因素方差分析。如研究農作物的品種和土壤質量兩個因素對農作物產量是否存在顯著影響。又如例8.1中的餐巾紙銷量除受到外包裝底色的影響外,可能還會受到不同市場區域的影響,當研究「外包裝底色」和「市場區域」兩個因素對餐巾紙銷量的影響時,就應該採用雙因素方差分析。

如果這兩個因素對產品銷量的影響是相互獨立的,即「外包裝底色」對「產品銷量」的影響不會干擾「市場區域」對「產品銷量」的影響,反之亦然,那麼我們可以分別判斷「外包裝底色」因素和「市場區域」因素對「產品銷量」的影響,這樣的分析稱為無交互作用(Interaction)的雙因素方差分析,或稱為無重複雙因素分析(Two-factor Without Replication)。如果除了兩個因素對「產品銷量」的獨立影響外,這兩個因素的共同作用還可能對「產品銷量」產生顯著影響,如某一市場區域的消費者對某種顏色有偏好,兩個因素共同作用就可能對「產品銷量」有顯著影響,這樣的分析稱為有交互作用的雙因素方差分析,或稱為可重複雙因素分析(Two-factor With Replication)。因此,雙因素方差分析按照兩個分類自變量是否對因變量產生共同影響,分為無交互作用的雙因素方差分析和有交互作用的雙因素方差分析兩類。

二、無交互作用的雙因素方差分析

(一)無交互作用的雙因素方差分析概述

設可能對試驗結果(因變量)產生影響的兩個因素為 A 和 B,它們對因變量的影響相互獨立。無交互作用的雙因素方差分析的數據結構如表8.3所示。

表8.3　　　　　　　　無交互作用的雙因素方差分析的數據結構

		列因素 (j)				均值 $\bar{x}_i.$
		B_1	B_2	...	B_r	
行因素 (i)	A_1	x_{11}	x_{12}	...	x_{1r}	$\bar{x}_1.$
	A_2	x_{21}	x_{22}	...	x_{2r}	$\bar{x}_2.$
	...	...	...	...	...	
	A_k	x_{k1}	x_{k2}	...	x_{kr}	$\bar{x}_k.$
均值 $\bar{x}._j$		$\bar{x}._1$	$\bar{x}._2$	...	$\bar{x}._r$	$\bar{\bar{x}}$

表中一個因素被安排在行的位置上,稱為行因素;另一個因素被安排在列的位置上,稱為列因素。設行因素下的水平用 i 表示,共有 k 個,分別用 $A_1, A_2, A_3, \cdots, A_k$ 來表示;列因素下的水平用 j 表示,共有 r 個,分別用 $B_1, B_2, B_3, \cdots, B_r$ 來表示。每個觀測值用 $x_{ij}(i=1, 2, \cdots, k; j=1, 2, \cdots, r)$ 表示,可看作是由行因素的 k 個水平和列因素的 r 個水平所組合成的 $k \times r$ 個總體中抽取的容量為1的獨立隨機樣本。這 $k \times r$ 個總體中的每一個總體都服從正態分佈,且有相同的方差。

(二) 無交互作用的雙因素方差分析的步驟

進行無交互作用的雙因素方差分析,其思路與單因素方差分析類似,不過其內容更複雜。

1. 確定原假設和備選假設

檢驗兩個自變量的不同水平對數值型因變量有無顯著影響,實際上就是分別檢驗各自的總體均值是否相等,那麼首先要確定以下假設:

對行因素的假設為

$$H_o: \mu_1 = \mu_2 = \cdots = \mu_k$$
$$H_1: \mu_1, \mu_2, \cdots, \mu_k \text{ 不全相等}$$

對列因素的假設為

$$H_o: \mu_1 = \mu_2 = \cdots = \mu_r$$
$$H_1: \mu_1, \mu_2, \cdots, \mu_r$$

2. 計算數據誤差

總離差平方和是全部觀測值 x_{ij} 與總均值 $\bar{x}$ 的離差平方和,記為 SST。其公式為:

$$\begin{aligned} SST &= \sum_{i=1}^{k} \sum_{j=1}^{r} (x_{ij} - \bar{x})^2 \\ &= \sum_{i=1}^{k} \sum_{j=1}^{r} (\bar{x}_{i.} - \bar{x})^2 + \sum_{i=1}^{k} \sum_{j=1}^{r} (\bar{x}_{.j} - \bar{x})^2 + \\ &= \sum_{i=1}^{k} \sum_{j=1}^{r} (x_{ij} - \bar{x}_{i.} - \bar{x}_{.j} + \bar{x})^2 \end{aligned} \quad (8.9)$$

其中分解后的等式右邊的第一項是行因素所產生的離差平方和,記為 SSR,即:

$$SSR = \sum_{i=1}^{k} \sum_{j=1}^{r} (\bar{x}_{i.} - \bar{x})^2 \quad (8.10)$$

第二項是列因素所產生的離差平方和,記為 SSC,即:

$$SSC = \sum_{i=1}^{k} \sum_{j=1}^{r} (\bar{x}_{.j} - \bar{x})^2 \quad (8.11)$$

第三項是除行因素和列因素之外的剩餘因素影響產生的離差平方和,稱為隨機誤差項離差平方和,記為 SSE,即:

$$SSE = \sum_{i=1}^{k} \sum_{j=1}^{r} (x_{ij} - \bar{x}_{i.} - \bar{x}_{.j} + \bar{x})^2 \quad (8.12)$$

可以證明: $SST = SSR + SSC + SSE$ (證明略)。

3. 進行顯著性檢驗

在上述離差平方和的基礎上,計算均方,即將各平方和除以相應的自由度。4 個離差平方和對應的自由度分別為:

總離差平方和 SST 的自由度為 $kr - 1$。

行因素的離差平方和 SSR 的自由度為 $k - 1$。

列因素的離差平方和 SSC 的自由度為 $r - 1$。

隨機誤差項離差平方和 SSE 的自由度為 $(k - 1) \times (r - 1)$。

為確定檢驗統計量,需要計算下列 3 個均方:

行因素的均方,記為 MSR,其公式為:

$$MSR = \frac{SSR}{k-1} \tag{8.13}$$

列因素的均方,記為 MSC,其公式為:

$$MSC = \frac{SSC}{r-1} \tag{8.14}$$

隨機誤差項的均方,記為 MSE,即

$$MSE = \frac{SSE}{(k-1)(r-1)} \tag{8.15}$$

為檢驗行因素對因變量的影響是否顯著,確定檢驗統計量為:

$$F_R = \frac{MSR}{MSE} \sim F(k-1,(k-1)(r-1)) \tag{8.16}$$

為檢驗列因素對因變量的影響是否顯著,確定檢驗統計量為:

$$F_C = \frac{MSC}{MSE} \sim F(r-1,(k-1)(r-1)) \tag{8.17}$$

根據給定的顯著性水平 α 和兩個自由度,在 F 分佈表中查找得到相應的臨界值 F_α,然后將 F_R、F_C 與 F_α 進行比較。

若 $F_R > F_\alpha$,則拒絕原假設 H_0,即 $\mu_1 = \mu_2 = \cdots = \mu_k$ 不成立,表明所檢驗的行因素對觀測值有顯著影響;若 $F_C > F_\alpha$,則拒絕原假設 H_0,即 $\mu_1 = \mu_2 = \cdots = \mu_r$ 成立,表明所檢驗的列因素對觀測值有顯著影響。

(三) *Excel* 在無交互作用的雙因素方差分析中的運用

我們採用表 8.1 的數據在 *Excel* 中進行無交互作用的雙因素方差分析,其具體步驟如下。

第一步,在 $A1:E7$ 中輸入數據。

第二步,將鼠標移到「工具」菜單,選擇「數據分析」選項。

第三步,在「數據分析」對話框中選擇第一項「方差分析:無重複雙因素分析」,然后點擊確定,出現「方差分析:無重複雙因素分析」對話框。

第四步,在「輸入區域」中,點擊紅色箭頭圖標,然后按住鼠標左鍵不放,選取 $A2:E7$(選取包括行標題和列標題在內的所有數據區域);在「標誌」的前面點「√」;α 默認為 0.05(也可設定其他數值);在「輸出區域」中選擇 $A30$(也可選擇「新工作表組」,結果將保存在一張新的工作表中),如圖 8.6 所示;然后點擊「確定」,得到以下結果,如圖 8.7 所示。

圖 8.7 中的「行」表示行因素,即市場區域,「列」表示列因素,即外包裝底色。從 *Excel* 的輸出結果可得:

$$F_R = 1.473,282 < F_{0.05}(412) = 3.259,167$$

則接受原假設 H_0,即 $\mu_1 = \mu_2 = \mu_3 = \mu_4 = \mu_5$ 成立,沒有證據表明 $\mu_1, \mu_2, \mu_3, \mu_4, \mu_5$ 之間的差異顯著,表明不同的市場區域對產品銷量不具有顯著影響。

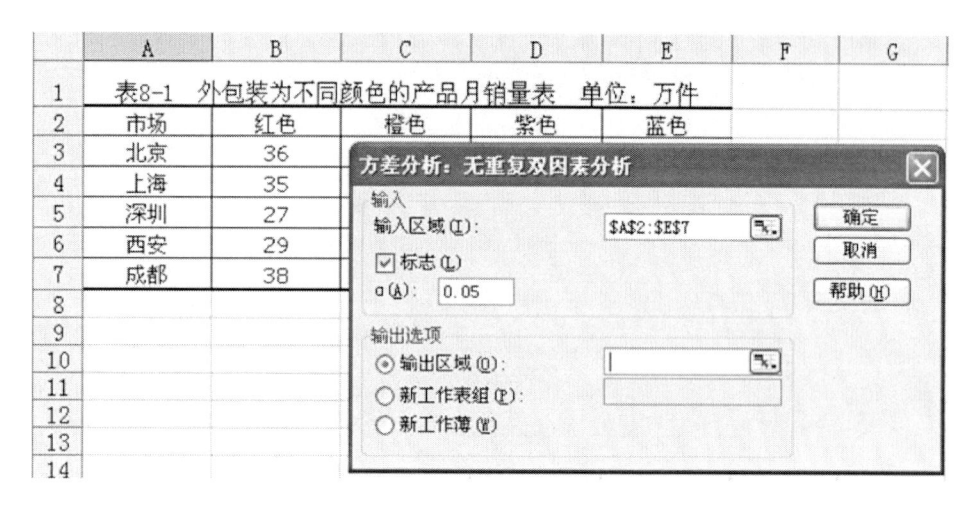

	A	B	C	D	E	F	G
1	表8-1 外包裝為不同顏色的產品月銷量表 單位：萬件
2	市場	紅色	橙色	紫色	蓝色
3	北京	36
4	上海	35
5	深圳	27
6	西安	29
7	成都	38

圖 8.6　在 *Excel* 中使用無重複雙因素分析工具

30	方差分析：无重复双因素分析
31
32	SUMMARY	观测数	求和	平均	方差
33	北京	4	116	29	33.33333
34	上海	4	120	30	18
35	深圳	4	106	26.5	21.66667
36	西安	4	106	26.5	16.33333
37	成都	4	126	31.5	39
38
39	红色	5	165	33	22.5
40	橙色	5	139	27.8	8.2
41	紫色	5	151	30.2	12.2
42	蓝色	5	119	23.8	15.7
43
44
45	方差分析
46	差异源	SS	df	MS	F	P-value	F crit
47	行	77.2	4	19.3	1.473282	0.270781	3.259167
48	列	227.8	3	75.9333333	5.796438	0.010949	3.490295
49	误差	157.2	12	13.1
50
51	总计	462.2	19

圖 8.7　使用 *Excel* 計算出的無交互作用的雙因素方差分析結果

$$F_C = 5.796,438 > F_{0.05}(3,12) = 3.490,295$$

則拒絕原假設 H_0，即 $\mu_1 = \mu_2 = \mu_3 = \mu_4$ 不成立，表明 $\mu_1, \mu_2, \mu_3, \mu_4$ 之間的差異顯著，表明不同外包裝底色對產品銷量具有顯著影響。

直接用 P 值進行分析，能得到同樣的結果。用於檢驗行因素的 $P = 0.270,781 > \alpha =$

0.05，所以接受原假設 H_0；用於檢驗列因素的 $P = 0.010,949 < \alpha = 0.05$，所以拒絕原假設 H_0。

三、有交互作用的雙因素方差分析

(一) 有交互作用的雙因素方差分析概述

為研究兩個因素之間有無交互作用，我們需要在各個因素水平組合下，進行重複試驗。於是設因素 A 和因素 B 每一對水平搭配下重複試驗的次數都是 m，得到有交互作用的雙因素方差分析的數據結構如表 8.4 所示。

表 8.4　　　　　　　有交互作用的雙因素方差分析的數據結構

		列因素（j）			
		B_1	B_2	...	B_r
行因素（i）	A_1	x_{111} x_{112} ... x_{11m}	x_{121} x_{122} ... x_{12m}	...	x_{1r1} x_{1r2} ... x_{1rm}
	A_2	x_{211} x_{212} ... x_{21m}	x_{221} x_{222} ... x_{22m}	...	x_{2r1} x_{2r2} ... x_{2rm}
	...	...	...	...	...
	A_k	x_{k11} x_{k12} ... x_{k1m}	x_{k21} x_{k22} ... x_{k2m}	...	x_{kr1} x_{kr2} ... x_{krm}

表 8.4 中的 x_{ijl} 表示的是在因素水平組合 (A_i, B_j) 下第 l 次試驗的結果。

(二) 有交互作用的雙因素方差分析的步驟

1. 計算數據誤差

$\bar{x}_{i\cdot}$ 為行因素的第 i 個水平的樣本均值；$\bar{x}_{\cdot j}$ 為列因素的第 j 個水平的樣本均值；$\bar{x}_{ij}$ 為對應於行因素的第 i 個水平和列因素的第 j 個水平的樣本均值；$\bar{x}$ 為全部 n 個觀測值的總均值。

各平方和的計算公式如下：
總離差平方和 SST 為：

$$SST = \sum_{i=1}^{k} \sum_{j=1}^{r} \sum_{l=1}^{m} (x_{ijl} - \bar{x})^2 \tag{8.18}$$

行因素所產生的離差平方和 SSR 為：

$$SSR = rm \sum_{i=1}^{k} (\bar{x}_{i\cdot} - \bar{x})^2 \tag{8.19}$$

列因素所產生的離差平方和 SSC 為：

$$SSC = km \sum_{j=1}^{r} (\bar{x}_{\cdot j} - \bar{x})^2 \quad (8.20)$$

兩因素交互作用所產生的離差平方和 $SSRC$ 為：

$$SSRC = m \sum_{i=1}^{k} \sum_{j=1}^{r} (\bar{x}_{ij} - \bar{x}_{i\cdot} - \bar{x}_{\cdot j} + \bar{x})^2 \quad (8.21)$$

隨機誤差項離差平方和 SSE 為：

$$SSE = SST - SSR - SSC - SSRC \quad (8.22)$$

2. 進行顯著性檢驗

與無交互作用的雙因素方差分解相比，這裡多了一項 $SSRC$，它反應的是兩個因素交互作用的結果。在上述離差平方和的基礎上，計算均方，即將各平方和除以相應的自由度。5 個離差平方和對應的自由度分別為：

總離差平方和 SST 的自由度為 $krm - 1$。

行因素的離差平方和 SSR 的自由度為 $k - 1$。

列因素的離差平方和 SSC 的自由度為 $r - 1$。

兩因素交互作用的離差平方和 $SSRC$ 的自由度為 $(k-1) \times (r-1)$。

隨機誤差項離差平方和 SSE 的自由度為 $kr(m-1)$。

計算以下 4 個均方為：

$$MSR = \frac{SSR}{k-1} \quad (8.23)$$

$$MSC = \frac{SSC}{r-1} \quad (8.24)$$

$$MSRC = \frac{SSRC}{(k-1)(r-1)} \quad (8.25)$$

$$MSE = \frac{SSE}{kr(m-1)} \quad (8.26)$$

檢驗行因素 A 和列因素 B 分別對因變量的影響是否顯著的檢驗統計量為：

$$F_R = \frac{MSR}{MSE} \sim F(k-1, kr(m-1)) \quad (8.27)$$

$$F_C = \frac{MSC}{MSE} \sim F(r-1, kr(m-1)) \quad (8.28)$$

檢驗兩因素交互作用對因變量的影響是否顯著的檢驗統計量為：

$$F_{RC} = \frac{MSRC}{MSE} \sim F((k-1)(r-1), kr(m-1)) \quad (8.29)$$

(三) $Excel$ 在有交互作用的雙因素方差分析中的運用

【例8.2】為了研究光照因素與噪音因素對工人生產有無影響，光照效應與噪音效應有無交互作用，在這兩個因素不同水平的組合下做試驗，結果如表8.5所示。試分析光照、噪音以及光照和噪音的交互作用對工人生產是否有顯著影響。

表 8.5　　　　　　　　　不同光照和不同噪音下的工人生產量

單位:箱

		噪音(因素 B)		
		B_1	B_2	B_3
光照 (因素 A)	A_1	15	19	16
		15	19	18
		17	16	21
	A_2	17	15	19
		17	15	22
		17	15	22
	A_3	15	18	18
		17	17	18
		16	16	18
	A_4	18	16	17
		20	17	17
		20	17	17

解:

用於檢驗的假設有三個:

H_{01}:光照因素 A 對工人生產量沒有顯著影響;

H_{11}:光照因素 A 對工人生產量具有顯著影響;

H_{02}:噪音因素 B 對工人生產量沒有顯著影響;

H_{12}:噪音因素 B 對工人生產量具有顯著影響;

H_{03}:光照因素與噪音因素沒有交互作用;

H_{13}:光照因素與噪音因素有交互作用。

我們採用表 8.5 的數據在 *Excel* 中進行有交互作用的雙因素方差分析,其具體步驟如下:

第一步,在 $A1:E15$ 中輸入數據。

第二步,將鼠標移到「工具」菜單,選擇「數據分析」選項。

第三步,在「數據分析」對話框中選擇第一項「方差分析:可重複雙因素分析」,然后點擊確定,出現「方差分析:可重複雙因素分析」對話框。

第四步,在「輸入區域」中,點擊紅色箭頭圖標,然後按住鼠標左鍵不放,選取 $B3:E15$(注意:數據區域只需包含行和列的不同水平,不需要選取行標題和列標題);在「每一樣本的行數」后面輸入「3」(表示在每一種因素水平組合下,分別進行了 3 次試驗;注意每一個樣本必須包含相同的行數);α 默認為 0.05(也可設定其他數值);在「輸出區域」中選擇 $A19$(也可選擇「新工作表組」),如圖 8.8 所示;然後點擊「確定」,得到以下結果,

如圖 8.9 所示。

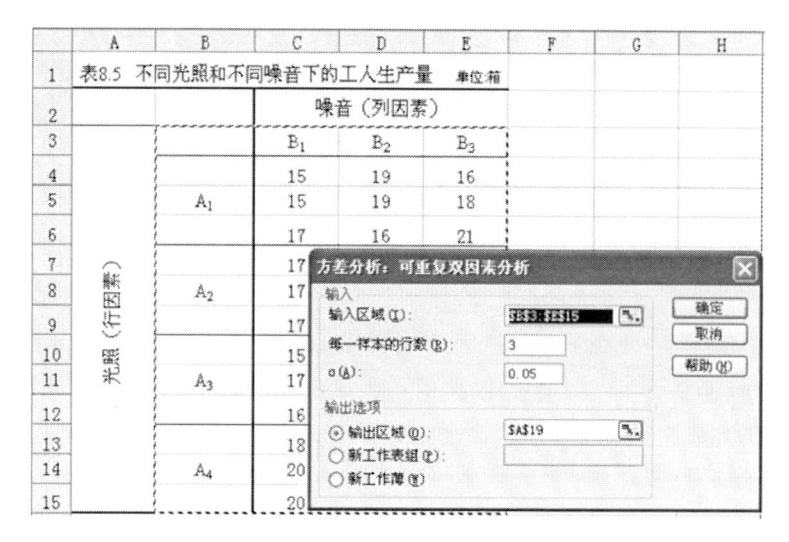

圖 8.8　在 Excel 中使用可重複雙因素分析工具

圖 8.9　使用 Excel 計算出的有交互作用的雙因素方差分析結果

圖8.9中的「樣本」表示行因素,即光照,「列」表示列因素,即噪音。從 Excel 的輸出結果可得:

$F_R = 0.634,615 < F_{0.05}(3,24) = 3.008,787$

接受 H_{01},即沒有充分證據說明光照因素對工人生產量有顯著影響;

$F_C = 8.711,538 > F_{0.05}(2,24) = 3.008,787$

拒絕 H_{02},即有充分證據說明噪音因素對工人生產量有顯著影響;

$F_{RC} = 7.173,077 > F_{0.05}(6,24) = 2.508,189$

拒絕 H_{03},即有充分證據說明光照與噪音因素存在交互作用並對工人生產量有顯著影響。

直接用 P 值分析,能得同樣的結果。用於檢驗行因素的 $P = 0.599,955 > \alpha = 0.05$,所以接受原假設 H_{01};用於檢驗列因素的 $P = 0.001,431 < \alpha = 0.05$,所以拒絕原假設 H_{02};用於檢驗兩因素交互作用的 $P = 0.000,181 < \alpha = 0.05$,所以拒絕原假設 H_{03}。

本章小結

(1) 方差分析的基本概念:檢驗多個總體均值是否存在顯著差異的統計方法。根據因素的個數可分為:單因素方差分析和多因素方差分析;在自變量為多因素的情況下,需要考慮因素之間是否存在交互作用。

(2) 單因素方差分析表如表8.6所示。

表8.6　　　　　　　　　單因素方差分析表

差異源	離差平方和 SS	自由度 df	均方 MS	統計量 F	P 值	F 臨界值
組間	SSA	$k-1$	MSA	$\dfrac{MSA}{MSE}$		
組內	SSE	$n-k$	MSE			
總計	SST	$n-1$	—	—		

(3) 無交互作用的雙因素方差分析表如表8.7所示。

表8.7　　　　　　　無交互作用的雙因素方差分析表

差異源	離差平方和 SS	自由度 df	均方 MS	統計量 F	P 值	F 臨界值
行因素	SSR	$k-1$	MSR	F_R		
列因素	SSC	$r-1$	MSC	F_C		
誤差項	SSE	$(k-1)\times(r-1)$	MSE			
總計	SST	$kr-1$	—	—		

(4) 有交互作用的雙因素方差分析表如表 8.8 所示。

表 8.8　　　　　　　　　有交互作用的雙因素方差分析表

差異源	離差平方和 SS	自由度 df	均方 MS	統計量 F	P 值	F 臨界值
行因素	SSR	$k-1$	MSR	F_R		
列因素	SSC	$r-1$	MSC	F_C		
交互作用	SSRC	$(k-1)\times(r-1)$	MSRC	F_{RC}		
誤差項	SSE	$kr(m-1)$	MSE	—		
總計	SST	$krm-1$	—	—		

(5) 從以上方差分析表中的 F 統計量(與 F 臨界值比較)或 P 值(與給定 α 值比較)就可以對原假設進行判斷,從而得出自變量對因變量的影響是否顯著。

(6) 以上 3 張方差分析表可以分別通過 *Excel* 中的單因素方差分析、無重複雙因素分析和可重複雙因素分析等 3 種工具來完成。

中英文對照專業名詞

方差分析　　　　　　　　　　　Analysis of Variance(ANOVA)
組內誤差　　　　　　　　　　　Within Groups
組間誤差　　　　　　　　　　　Between Groups
單因素方差分析　　　　　　　　One-way Analysis of Variance
總離差平方和　　　　　　　　　Sum of Squares for Total(SST)
組間離差平方和　　　　　　　　Sum of Squares for Factor A(SSA)
組內離差平方和　　　　　　　　Sum of Squares for Error(SSE)
均方　　　　　　　　　　　　　Mean Square
無交互作用的雙因素方差分析/無重複雙因素分析
　　　　　　　　　　　　　　　Two-factor Without Replication
有交互作用的雙因素方差分析/可重複雙因素分析
　　　　　　　　　　　　　　　Two-factor With Replication

練習題

1. 某企業準備用三種方法組裝一種新的產品,為確定哪種方法組裝的產品數量最多,隨機抽取了 30 名工人,並指定每個人使用其中的一種方法。每個工人生產的產品數如表 8.9 所示。

表 8.9 每個工人生產的產品數量表

組裝方法	A_1	A_2	A_3
產品數量	99	73	55
	94	100	77
	87	93	93
	66	73	100
	59	97	93
	86	95	83
	88	92	91
	72	86	90
	84	100	85
	75	91	73

用 Excel 給出方差分析結果，並分析每種方法組裝的產品數量是否相同。（α = 0.05）

2. 5 種不同品牌的鮮牛奶在不同的超市出售。為研究不同品牌的牛奶銷售量是否有差異，隨機抽取了 8 家超市，記錄了一週中各品牌牛奶的銷售量數據（單位：箱。每箱 30 袋，每袋 500 克），結果如表 8.10 所示：

表 8.10 各品牌牛奶一週內的銷售量統計表

品牌＼超市	1	2	3	4	5	6	7	8
A1	71	73	66	69	58	60	70	61
A2	71	78	81	89	78	85	90	84
A3	73	78	76	86	74	80	81	76
A4	73	75	73	80	75	71	73	72
A5	62	66	69	81	60	64	61	57

取顯著性水平 α = 0.05，假定品牌和超市兩個因素之間無交互作用，從 Excel 中計算出的無重複雙因素分析表如表 8.11 所示：

表 8.11 無重複雙因素分析表

差異源	SS	df	MS	F	P - value	F crit
行	1,760	4	—	—	2.28E - 08	2.714,1
列	520	7	—	—	0.005,333	2.359,3

表8.11(續)

差異源	SS	df	MS	F	P - value	F crit
誤差	552	28	—			
總計	2,832	39				

要求：

(1) 請在方差分析表中劃線部分填上所缺的數值。

(2) 分析品牌和超市對牛奶銷售量是否有影響。

案例討論

討論目的：正確理解方差分析的原理；正確應用方差分析方法；掌握 Excel 在方差分析中的運用。

資料：

為瞭解某大學經濟管理學院學生整體的學習情況，以便與全校的情況進行比較，考察經濟管理學院的整體學習氛圍水平，2008 年 5 月，經濟管理學院工商管理專業 2006 級的王某、楊某、張某三位同學，對經濟管理學院大一、大二、大三各年級在校生的自習情況以及逃課情況進行了抽樣調查。調查採用分層抽樣，先根據年級劃分層次，然后對每個年級的各個班進行隨機抽樣，抽中了 2005 級市場行銷一班、會計二班、國際貿易一班、2006 級國際貿易三班、財務管理二班、電子商務一班，2007 級會計三班、國際貿易一班、市場行銷二班。問卷的發放方式採用調查員親自走訪所抽班級的寢室，並當場回收問卷。本次調查問卷中，關於逃課情況的調查包括以下三個問題：

(1) 你平均每週逃課的次數：

A. 幾乎一次不逃　　B. 1～3 次　　　　C. 3～5 次　　　　D. 5 次以上

(2) 你一般逃什麼樣的課？

A. 選修課　　　　B. 全校公共課　　C. 專業課　　　　D. 沒有偏好

(3) 你逃課的原因是：

A. 對課程不感興趣　　　　　　　B. 對教師的授課方式不滿意

C. 心情不好　　　　　　　　　　D. 客觀原因，如生病，有親友來訪

E. 其他(請註明)

根據調查結果得到逃課情況的有關數據，各年級學生每週平均逃課次數匯總如表 8.12 所示，男、女學生每週平均逃課次數匯總如表 8.13 所示。

表 8.12　　　　　　　各年級學生每週平均逃課次數匯總表

逃課情況	2005 級	2006 級	2007 級
A. 幾乎一次不逃	31	23	23
B. 1～3 次	21	23	11
C. 3～5 次	1	5	4
D. 5 次以上	1	3	2
合　計	54	54	40

表 8.13　　　　　　　男、女學生每週平均逃課次數匯總表

逃課情況	男	女
A. 幾乎一次不逃	28	49
B. 1～3 次	24	31
C. 3～5 次	6	4
D. 5 次以上	3	3
合　計	61	87

　　從上表可看出:「幾乎一次不逃」和「1～3 次」人數的比例較大,而且各年級之間和男女學生之間的差異不是很大。這說明年級和性別對逃課次數沒有太大影響。

　　年級和性別對每週平均逃課次數有沒有顯著影響? 它們之間到底有沒有顯著的關係? 為分析這一問題,對不同年級和性別「幾乎一次不逃」的數據進行整理,如表 8.14 所示:

表 8.14　　　　　　不同年級和性別「幾乎不逃」的數據統計表

年　級	性別	
	男	女
2005 級	8	23
2006 級	10	13
2007 級	10	13

　　為分析逃課的原因,將有關數據整理,如表 8.15 所示:

表 8.15　　　　　　　　逃課原因分析統計表

逃課理由	2005 級	2006 級	2007 級	男	女
A. 對課程不感興趣	11	21	20	28	49
B. 對教師的授課方式不滿意	4	14	25	24	31
C. 心情不好	7	13	15	6	4
D. 客觀原因(生病等)	19	19	17	3	3
E. 其他	4	6	2	1	2

年級和性別對逃課原因有沒有影響？它們之間到底有沒有顯著的關係？下面是將「A. 對課程不感興趣」和「B. 對教師的授課方式不滿意」兩個原因綜合考慮，得到的有關數據如表 8.16 所示：

表 8.16　　　各年級對逃課原因 A 和 B 的學生性別統計表

年　級	性別	
	男	女
2005 級	18	27
2006 級	15	20
2007 級	6	9

試討論分析：
(1)「年級」和「性別」對逃課次數有無顯著影響。
(2)「年級」和「性別」對逃課原因有無顯著影響。

第九章 相關與迴歸分析

　　方差分析研究分類自變量與數值型因變量之間是否有關係,關係是否顯著,而相關和迴歸分析是研究數值型變量之間關係的重要統計方法,在經濟、管理、社會、醫學以及自然科學等諸多領域得到廣泛應用。本章主要介紹相關與迴歸分析的基本問題、簡單線性相關關係的測度和檢驗、基於最小二乘法的一元線性迴歸方程估計、擬合優度評價以及顯著性檢驗。

第一節 相關與迴歸分析概述

一、相關關係

(一)相關關係的概念

　　現象之間往往存在相互的依存關係,當我們用變量來反應這些現象的特徵時,便表現為變量之間的依存關係。按其數量上是否確定,可以分為函數關係和相關關係兩大類型。函數關係是指變量之間存在一一對應的確定關係,即當一個或者幾個變量取一定數值時,另一個變量總有確定的值與之對應。例如,圓的面積與其半徑之間的關係,商品的銷售額與其銷售量之間的關係等,都屬於函數關係。

　　相關關係是指變量之間存在著不確定性的依存關係,即變量之間的關係不能用函數關係精確表達。當一個變量或幾個變量取一定數值時,另一個變量不是只有唯一的數值與之對應,而是可能有若干個值與之對應。例如,收入與受教育程度之間的關係,即使受教育程度相同,工作收入也可能存在很大的差別,因為工資收入不僅僅受教育程度的影響,還可能受到包括工作經驗、個人能力等其他因素的影響,因此工作收入與受教育程度之間的關係屬於相關關係。除此之外,像居民消費與可支配收入之間的關係,商品銷售額與廣告費支出之間的關係,糧食畝產量與施肥量、降雨量以及溫度之間的關係,固定資產投資與國內生產總值之間的關係等,都屬於相關關係。

　　變量 x 與變量 y 之間如果存在函數關係,可以表示為 $y = f(x)$,如果存在相關關係,可以表示為 $y = f(x) + u$,其中 u 為隨機變量,代表其他所有影響 y 的因素。

　　研究相關關係時,必須注意相關關係與因果關係的區別。因果關係是指原因與結果、影響與被影響之間的關係,即一個變量的變化是導致另一個變量變化的一個原因。現象之間存在相關關係,並不一定存在因果關係;如果現象之間存在因果關係,就必然存在相關關係。例如,人的身高與體重之間存在密切的相關關係,但不能就此認為就是因

果關係。

　　研究相關關係時,還要注意區別真相關和偽相關。真相關是指現象之間確實存在某種客觀的內在聯繫,不是主觀臆造的或者只是數據上的一種巧合。偽相關是指原本沒有實質聯繫的現象,由於某種偶然的巧合或者同時受到某種因素的影響而使數據呈現表面上的聯繫。要鑑別真相關和偽相關,必須進行定性分析。

(二)相關關係的種類

　　1. 按照相關關係涉及的變量數目,可分為單相關和復相關

　　兩個變量之間的相關關係為單相關,也稱為一元相關。三個或三個以上變量之間的相關關係統稱為復相關或多元相關。例如,企業銷售額與廣告費之間的相關關係屬於單相關,而糧食畝產量與施肥量、降雨量以及溫度之間的相關關係屬於復相關。

　　2. 按照相關關係的表現形式不同,可分為線性相關與非線性相關

　　當變量之間的數量關係大體上接近一條直線時,就稱變量之間存在線性相關或者直線相關。當變量之間的數量關係大體上接近於一條曲線時,就稱變量之間存在非線性相關或曲線相關。

　　3. 按照數量變化的方向不同,可分為正相關和負相關

　　如果一個變量增加,另一個變量大體上也隨之增加,這樣的相關關係稱為正相關。例如,家庭消費支出總體上會隨著可支配收入的增加而增加,因此家庭消費支出與可支配收入之間存在正相關關係。如果一個變量增加時,另一個變量大體上卻隨之減少,則表明這兩個變量之間存在負相關關係。例如,商品的銷售量與銷售價格之間的關係,空氣污染程度與森林覆蓋率之間的關係,都表現為負相關關係。

　　4. 按照相關程度的不同,可分為完全相關、不完全相關和不相關

　　如果一個變量完全隨另一個變量的變動而變動,兩者之間存在嚴格的依存關係,就稱為完全相關。完全相關實際上表現為一種函數關係,也可以說函數關係是相關關係的一種特例。如果兩個變量之間的變化彼此獨立,互不影響,則稱為不相關。如果一個變量的變動除受到另一個變量變動的影響之外,還受到其他變量的影響,那麼這兩個變量之間的相關關係表現為不完全相關。通常所說的相關關係即指不完全相關。

二、相關與迴歸分析的內容

(一)相關分析的主要內容

　　相關分析的主要目的在於分析變量之間相關的性質和相關的密切程度,為下一步的迴歸分析打下基礎。具體而言,相關分析的主要內容包括:

　　1. 判斷變量之間是否存在相關關係及其表現形式

　　在進行相關分析時,首先應該通過理論分析或者利用圖表觀察法,判斷變量之間是否存在相關關係,因為只有客觀上存在依存關係,進行相關分析才有意義。其次,判斷變量之間相關關係的表現形式,是線性相關還是非線性相關,以便選擇相應的分析方法。

　　2. 確定變量之間相關的方向以及密切程度

　　在確定變量之間存在相關關係的基礎之上,應該進一步根據變量數據的類型,選擇

適當的分析方法,確定變量之間相關關係的密切程度以及相關的方向,並進行顯著性檢驗,為進一步的迴歸分析提供依據。

(二)迴歸分析的主要內容

迴歸分析是在相關分析的基礎之上,研究存在相關關係的變量之間具體的數量變化關係。迴歸分析的主要內容包括:首先,根據觀測數據擬合迴歸方程,即尋找一個適當的數量關係式來代表變量間平均的數量變化關係,這種數量關係式稱為迴歸方程;其次,對迴歸直線進行擬合優度評價和顯著性檢驗;最后,利用迴歸方程對因變量進行估計和預測。

三、相關與迴歸分析的區別和聯繫

(一)相關與迴歸分析的區別

1. 研究目的和內容不同

相關分析旨在探究變量之間相關的類型、密切程度和方向,而迴歸分析主要是建立迴歸方程,以反應變量間相關關係的具體數量變化關係,並根據迴歸方程進行估計和預測。

2. 研究變量的性質不同

僅就兩個變量而言,相關分析中的兩個變量是對等的,都被看作隨機變量,不必區分自變量和因變量。而迴歸分析旨在通過一個或幾個變量去解釋或預測另一個變量,因此迴歸分析必須首先區分自變量和因變量。對於存在因果關係的變量,應該將「原因」作為自變量,將「結果」作為因變量。迴歸分析是在給定不同自變量數值的條件下,觀察因變量對應的數值變化,因此因變量是隨機變量,而自變量被視為非隨機變量。

(二)相關與迴歸分析的聯繫

雖然相關和迴歸分析有明顯區別,但是它們之間也有密切的聯繫。相關分析是迴歸分析的前提,迴歸分析是相關分析的繼續和拓展。一般來說,只有當變量之間存在較高的相關關係時,迴歸分析才具有必要性和實際應用價值,當兩個變量相關程度很低時,就不必再進一步去擬合迴歸方程。若兩個變量之間存在非線性相關關係,相關程度的測定通常又要以迴歸分析的結果為基礎。此外,如果要測定多個變量之間復相關的密切程度,通常也要依靠迴歸分析的結果。

第二節 簡單線性相關分析

簡單線性相關分析用於分析兩個變量之間的線性相關關係。在進行簡單線性相關分析時,首先可以通過編製統計表和繪製散點圖來判斷變量之間關係的表現形式,如果是線性關係,則可以利用簡單線性相關係數進一步測度兩個變量之間關係的密切程度,然后對簡單線性相關係數進行顯著性檢驗,以判斷樣本所反應的線性相關關係能否代表

兩個變量總體上的線性相關關係。

一、相關表和相關圖

(一) 相關表

相關表是直接根據觀測數據，將一個變量的若干變量值按從小到大的順序排列，並將另一變量的值與之對應排列形成的統計表。例如，表9.1是2014年8個省份的固定資產投資與地區生產總值的相關表。固定資產投資按照從小到大的順序進行了排序，可以看到隨著固定資產投資的增加，地區生產總值總體上也是增加的。由此可以初步判斷固定資產投資與地區生產總值之間存在正相關的關係。

表9.1　　　　　　　2014年8個省份的固定資產投資與地區生產總值

省份	固定資產投資(億元)	地區生產總值(億元)
福建省	18,177.86	24,055.76
湖南省	21,242.92	27,037.32
安徽省	21,875.58	20,848.75
湖北省	22,915.30	27,379.22
四川省	23,318.57	28,536.66
遼寧省	24,730.80	28,626.58
河北省	26,671.92	29,421.15
河南省	30,782.17	34,938.24

資料來源：國家統計局〔EB/OL〕. http://www.stats.gov.cn

(二) 散點圖

假設兩個變量 x 和 y，以變量 x 為橫軸，變量 y 為縱軸，將成對的觀測數據 $(x_i, y_i)(i=1,2,\cdots,n)$ 在坐標圖上描繪出來，每組觀測值對應一個點，這樣形成的圖形稱為散點圖，也稱為相關圖。散點圖是描述變量之間關係的一種直觀方法，從中可以大體看出變量之間關係的表現形式，例如，是線性相關還是非線性相關、是正相關還是負相關以及相關程度如何。圖9.1是不同類型相關關係的散點圖。

就兩個變量而言，如果變量之間的關係近似表現為一條直線，則是線性相關，如圖9.1(a)和圖9.1(b)。如果變量之間的關係近似的表現為一條曲線，則是非線性相關，如圖9.1(c)。如果兩個變量的觀測點很分散，無任何規律，則是不相關，如圖9.1(d)。如果散點圖從左到右向上方傾斜，則是正相關，如圖9.1(a)；如果散點圖是從左向右向下傾斜的，則是負相關，如圖9.1(b)。

(a) 線性正相關　　(b) 線性負相關

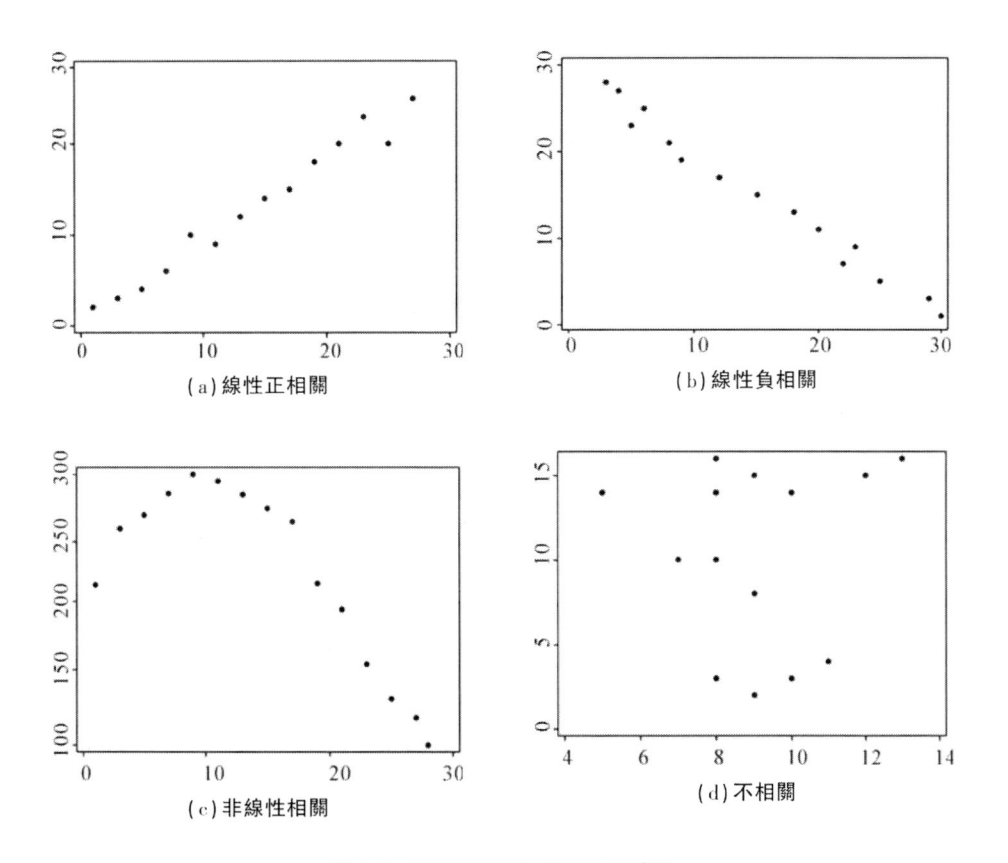

(c) 非線性相關　　(d) 不相關

圖 9.1　不同類型相關關係的散點圖

例如，為了研究固定資產投資與國內生產總值(GDP)之間的關係，選取中國 2005—2014 年各年度的全社會固定資產投資總額與國內生產總值的數據，如表 9.2 所示。根據表 9.2 的數據，可以繪製出對應的散點圖，如圖 9.2 所示。從散點圖中可以很明顯地看出，固定資產投資與國內生產總值之間存在線性正相關關係。

表 9.2　　　　　　　　　　固定資產投資與國內生產總值

年度	固定資產投資(萬億元)	國內生產總值(萬億元)
2005	9	19
2006	11	22
2007	14	27
2008	17	32
2009	22	35
2010	25	41
2011	31	48
2012	37	53

表9.2(續)

年度	固定資產投資(萬億元)	國內生產總值(萬億元)
2013	45	59
2014	51	64

資料來源:國家統計局[EB/OL].http://www.stats.gov.cn;表格中的數據精確度保留到個位。

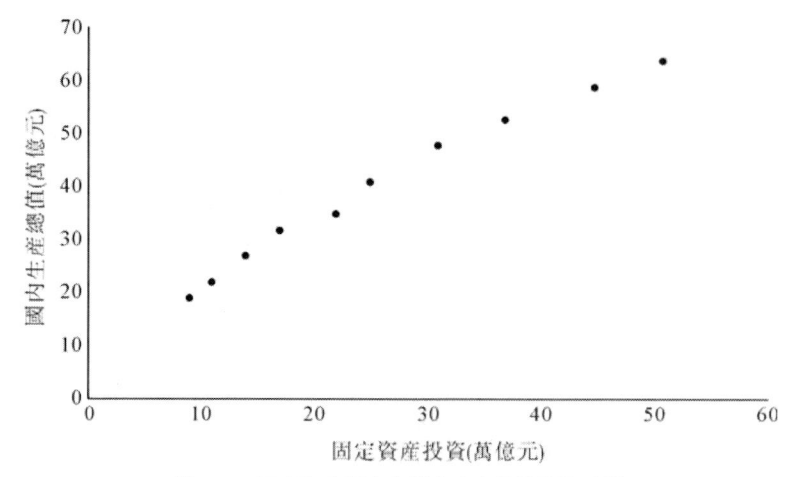

圖9.2　固定資產投資與國內生產總值的散點圖

二、相關係數

(一)相關係數的計算

通過散點圖可以大致判斷兩個變量之間有無相關關係,以及相關的方向,但是散點圖不能準確反應變量之間關係的強度。為此,需要計算兩個變量之間的相關係數。度量兩個定量變量之間線性相關強度的指標稱為簡單線性相關係數,或簡稱為相關係數。用 x 和 y 代表兩個變量,兩者之間的總體相關係數用 ρ 來表示,其計算公式如下:

$$\rho = \frac{\sigma_{xy}}{\sigma_x \sigma_y} \tag{9.1}$$

式(9.1)中,分子 σ_{xy} 是變量 x 和 y 的總體協方差,分母 σ_x 和 σ_y 分別代表變量 x 和變量 y 的總體標準差。由於無法完全收集到兩個變量的全部數據,總體相關係數通常是未知的,因此需要用樣本數據來計算樣本相關係數,作為總體相關係數的估計。樣本相關係數用 r 來表示,其計算公式為:

$$r = \frac{S_{xy}}{S_x S_y} = \frac{\sum (x - \bar{x})(y - \bar{y})}{\sqrt{\sum (x - \bar{x})^2} \sqrt{\sum (y - \bar{y})^2}} \tag{9.2}$$

$$= \frac{n \sum xy - \sum x \sum y}{\sqrt{n \sum x^2 - (\sum x)^2} \sqrt{n \sum y^2 - (\sum y)^2}} \tag{9.3}$$

式(9.2)中，S_{xy} 為變量 x 和 y 的樣本協方差，S_x 和 S_y 分別代表變量 x 和變量 y 的樣本標準差。按照上述公式計算的相關係數也稱為 Pearson 相關係數。相關係數 r 具有如下性質：

(1) 相關係數的取值範圍是 $[-1, 1]$，即 $-1 \leqslant r \leqslant 1$。當 $|r|=1$ 時，表明兩個變量存在完全線性相關；$|r|$ 約接近於 1，表示線性相關程度越高；$|r|$ 越接近於 0，表示線性相關程度越弱。

(2) 若 $r>0$，表示兩個變量之間存在正相關關係；若 $r<0$，表示兩個變量之間存在負相關關係；$r=0$ 表示兩個變量之間不存在線性相關關係，但並不排除存在非線性相關關係。

(3) r 具有對稱性，即變量 x 與變量 y 之間的相關係數等於變量 y 與變量 x 之間的相關係數。

(4) 相關係數 r 的大小與變量 x 和 y 的計量單位無關。改變 x 和 y 的計量單位，並不改變相關係數 r 的數值大小。

【例 9.1】使用表 9.2 中固定資產投資與國內生產總值的數據，計算這兩個變量之間的相關係數。

表 9.3　　　　　　　　固定資產投資與國內生產總值相關係數計算表

年度	固定資產投資 x	國內生產總值 y	xy	x^2	y^2
2005	9	19	171	81	361
2006	11	22	242	121	484
2007	14	27	378	196	729
2008	17	32	544	289	1,024
2009	22	35	770	484	1,225
2010	25	41	1,025	625	1,681
2011	31	48	1,488	961	2,304
2012	37	53	1,961	1,369	2,809
2013	45	59	2,655	2,025	3,481
2014	51	64	3,264	2,601	4,096
合計	262	400	12,498	8,752	18,194

解：根據表 9.3 可以得到，$n=10$，$\sum x = 262$，$\sum y = 400$，$\sum xy = 12,498$，$\sum x^2 = 8,752$，$\sum y^2 = 18,194$，根據式(9.3)可以計算得到固定資產投資與國內生產總值的樣本相關係數為：

$$r = \frac{n\sum xy - \sum x \sum y}{\sqrt{n\sum x^2 - (\sum x)^2}\sqrt{n\sum y^2 - (\sum y)^2}} = \frac{20,180}{\sqrt{18,876} \times \sqrt{21,940}} \approx 0.99$$

上述計算結果表明，中國的固定資產投資與國內生產總值之間存在高度的線性正相關關係。

(二) 相關係數的顯著性檢驗

一般情況下，總體相關係數 ρ 是未知的，通常用樣本相關係數 r 去估計總體相關係數。由於樣本相關係數 r 是根據樣本數據計算得到的，會隨著抽樣數據的變化而變化，因此樣本相關係數是一個隨機變量。那麼，樣本相關係數是否能夠代表總體的相關程度呢？為此，有必要對相關係數進行顯著性檢驗。

通常，對樣本相關係數的顯著性檢驗是檢驗總體相關係數是否等於 0，即檢驗的假設為：

$$H_0:\rho = 0$$
$$H_1:\rho \neq 0$$

要檢驗上述假設需要知道樣本相關係數 r 的抽樣分佈，可以證明如果變量 x 和 y 都服從正態分佈，在原假設成立的前提下，相應的檢驗統計量服從自由度為 $n-2$ 的 t 分佈，即檢驗統計量為 t 統計量：

$$t = \frac{r\sqrt{n-2}}{\sqrt{1-r^2}} \sim t(n-2) \qquad (9.4)$$

根據給定的顯著性水平 α 和自由度 $n-2$，查 t 分佈表可以得到臨界值 $t_{\alpha/2}(n-2)$，如果 $|t| \geq t_{\alpha/2}(n-2)$，則拒絕原假設 H_0，表明總體的兩個變量之間存在顯著的線性相關關係。

【例 9.2】根據表 9.2 中的數據，檢驗總體中固定資產投資與國內生產總值之間是否存在顯著的線性相關關係。

解：根據例 9.1 中計算出樣本相關係數 $r=0.99$，相應的 t 統計量的值為：

$$t = \frac{0.99 \times \sqrt{10-2}}{\sqrt{1-0.99^2}} = 19.85$$

即使是在 1% 的顯著性水平下，即 $\alpha = 0.01$，查 t 分佈表可得自由度為 8 的臨界值 $t_{\alpha/2}=3.36$。t 統計量的取值都大於臨界值，因此拒絕原假設，說明兩個變量之間的總體相關關係顯著，即固定資產投資與國內生產總值之間存在顯著的線性相關關係。

第三節　一元線性迴歸分析

相關分析雖然能夠告訴我們變量之間是否相關、相關的方向和程度，但是並不能確定變量之間具體的數量變化關係。為了尋找一個具體的數量關係式來近似刻畫變量之間的依存關係，需要進行迴歸分析。在迴歸分析中，首先需要確定自變量和因變量。被預測或被解釋的變量稱為因變量，用 y 表示，把用來預測或解釋因變量的一個或多個變量稱為自變量，用 x 表示。例如，在分析廣告費用對銷售收入的影響時，被預測的變量應

該是銷售收入，即因變量為銷售收入，用來預測銷售收入的廣告費用為自變量。

當迴歸模型中只有一個自變量時，稱為一元迴歸，如果因變量 y 和自變量 x 之間的關係為線性關係，則稱為一元線性迴歸（或簡單線性迴歸）。包括兩個或者兩個以上自變量的迴歸分析稱為多元迴歸分析。

一、一元線性迴歸模型和迴歸方程

（一）一元線性迴歸模型

描述因變量 y 如何依賴於自變量 x 和誤差項 u 的方程稱為迴歸模型。只有一個自變量的一元線性迴歸模型可以表示為：

$$y = \alpha + \beta x + u \tag{9.5}$$

式（9.5）中，α 和 β 稱為模型的參數，u 被稱為誤差項或隨機擾動項，代表其他影響因變量 y 的因素，它是一個隨機變量。由於 u 的存在，即使在給定 x 的情況下，y 依然是一個隨機變量。如果假定在給定 x 的情況下，u 的期望值為 0，那麼 y 的期望值 $E(y) = \alpha + \beta x$，也就是說 y 的期望值是 x 的線性函數。描述因變量 y 的期望值如何依賴於自變量 x 的方程稱為迴歸方程。一元線性迴歸方程的形式為：

$$E(y) = \alpha + \beta x \tag{9.6}$$

一元線性迴歸方程表現為一條直線，該方程也被稱為總體迴歸方程或總體迴歸直線。其中，α 是迴歸直線在 y 軸上的截距，稱為截距項，β 是該直線的斜率，表示當 x 變動一個單位時，y 的平均變動量。

（二）估計的一元線性迴歸方程

由於總體迴歸方程中的兩個參數 α 和 β 是未知的，為此，我們需要根據樣本數據來估計。a 和 b 分別表示兩個參數 α 和 β 的估計量，從而得到估計的一元線性迴歸方程：

$$\hat{y} = a + bx \tag{9.7}$$

該方程稱為樣本迴歸方程或樣本迴歸直線。對於第 i 個 x 的值，樣本迴歸方程可以表示為：

$$\hat{y}_i = a + bx_i \tag{9.8}$$

式中，$\hat{y}_i$ 是自變量取值 x_i 時，相對應的因變量的均值 $E(y_i)$ 的估計。a 是樣本迴歸直線的截距，b 是樣本迴歸直線的斜率，也稱為樣本迴歸系數。需要注意的是，總體迴歸方程中的兩個參數 α 和 β 是唯一的，但是未知的，而樣本迴歸方程的估計量 a 和 b 是隨樣本數據變化的隨機變量。因此，總體迴歸直線只有一條，而樣本迴歸直線可以有許多條。

二、一元線性迴歸方程的估計

（一）參數的最小二乘估計

如何得到估計的迴歸方程呢？一個很自然的想法是使得擬合的迴歸直線與各點的距離最近。對迴歸模型的參數進行估計的常用方法叫最小二乘法，該方法最早是由德國數學家高斯（Carl Friedrich Gauss，1777—1855）提出的。最小二乘法的基本思想是使散點

圖中的各個點到迴歸直線的垂直距離最小,即因變量的觀測值 y_i 與因變量的估計值 $\hat{y}_i$ 之間的離差平方和最小,如圖9.2 所示。

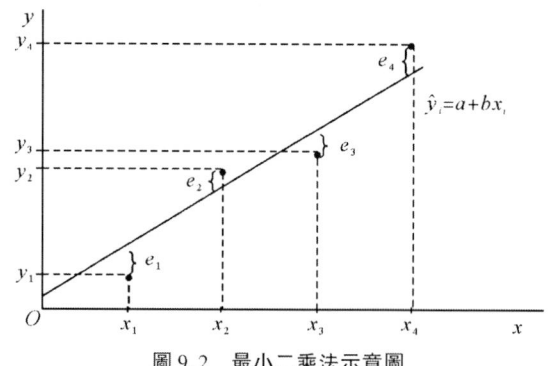

圖 9.2　最小二乘法示意圖

最小二乘法的基本準則是:

$$\min \sum (y_i - \hat{y}_i)^2 \tag{9.9}$$

因變量的觀測值與估計值的離差平方和可以表示為:

$$Q = \sum (y_i - \hat{y}_i)^2 = \sum (y_i - a - bx_i) \tag{9.10}$$

令 $y_i - \hat{y}_i = e_i$,e_i 稱為估計的殘差。因此,最小二乘法實際上是使殘差平方和最小。要使得該式取最小值,其一階條件為:

$$\begin{aligned} \frac{\partial Q}{\partial a} &= -2 \sum (y_i - a - bx_i) = 0 \\ \frac{\partial Q}{\partial b} &= -2 \sum x_i(y_i - a - bx_i) = 0 \end{aligned} \tag{9.11}$$

進一步整理化簡可得如下方程組:

$$\begin{cases} \sum y = na + b \sum x \\ \sum xy = a \sum x + b \sum x^2 \end{cases} \tag{9.12}$$

解上面的方程組可得:

$$\begin{cases} b = \dfrac{n \sum xy - \sum x \sum y}{n \sum x^2 - (\sum x)^2} \\ a = \bar{y} - b\bar{x} \end{cases} \tag{9.13}$$

【例9.3】根據表9.3 中的數據,以固定資產投資總額為自變量,以國內生產總值為因變量,建立迴歸方程。

解:根據表9.3 中的數據,可以得到 $\sum xy = 12,498$,$\sum x^2 = 8,752$,$\sum x = 262$,$\sum y = 400$。根據公式(9.13)可以計算得到:

$$b = \frac{10 \times 12,498 - 262 \times 400}{10 \times 8,752 - 262^2} = 1.069$$

$$a = \frac{400}{10} - 1.069 \times \frac{262}{10} = 11.99$$

因此,所估計的迴歸方程為:$\hat{y} = 11.99 + 1.069x$。該迴歸方程表明,固定資產投資每增加 1 萬億元,預計國內生產總值將會增加 1.069 萬億元。

(二) 利用 Excel 進行迴歸分析

利用 Excel 進行迴歸分析,需要打開「數據分析」,選擇「迴歸」,然后在迴歸對話框中「Y 值輸入區域」一欄輸入因變量觀測數據所在的單元格範圍(在本例中為 $C$1:$C$11),「X 值輸入區域」一欄輸入自變量觀測數據所在的單元格範圍(在本例中為 $B$1:$B$11),勾選「標誌」(如果輸入區域只有觀測值,而沒有變量名稱,則不勾選),並在「輸出區域」一欄指定顯示輸出結果的單元格起點(本例中為 $D$14),如圖 9.3 所示。最后點擊「確定」,即可得到迴歸估計結果,如圖 9.4 所示。

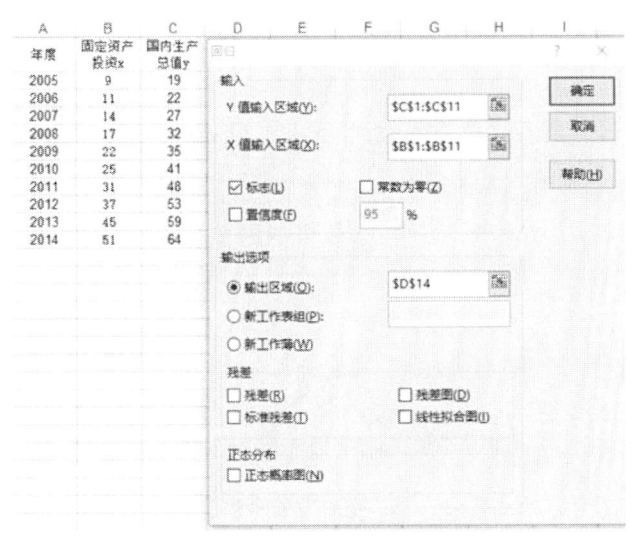

圖 9.3　Excel 進行迴歸的步驟

圖 9.4　Excel 輸出的迴歸結果

Excel 輸出的迴歸結果包括三個部分：第一部分是迴歸統計，第二部分是方差分析，第三部分是迴歸系數的相關結果。從第三部分結果可以看到，「intercept」對應的是截距項系數為 11.99，固定資產投資 x 對應的是斜率系數為 1.069。這一結果與前面利用公式(9.13)計算的結果完全一致。

三、迴歸直線的擬合優度

估計的迴歸方程是否很好地擬合了樣本數據呢？如果各觀測數據對應的散點都落在一條直線上，那麼這條直線就是對數據的完全擬合。各觀測點越是緊密圍繞直線，說明迴歸直線對觀測數據的擬合效果就越好，反之就越差。迴歸直線與各觀測點的接近程度稱為迴歸直線的擬合優度。為了說明迴歸直線的擬合優度，需要計算判定系數。

（一）判定系數

判定系數可以用來反應估計的迴歸方程的擬合優度。判定系數是基於對因變量的總離差平方和進行分解得到的。樣本數據中每個觀測值與其均值的離差可以分解為兩部分，如圖 9.5 所示：

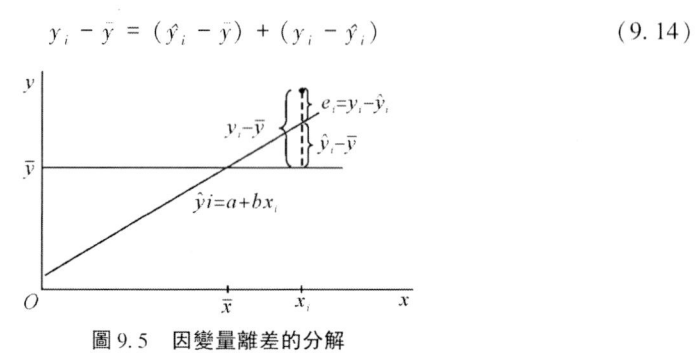

$$y_i - \bar{y} = (\hat{y}_i - \bar{y}) + (y_i - \hat{y}_i) \tag{9.14}$$

圖 9.5　因變量離差的分解

將式(9.14)兩邊取平方並對所有觀測值加總，可以證明有：

$$\sum (y_i - \bar{y})^2 = \sum (\hat{y}_i - \bar{y})^2 + \sum (y_i - \hat{y}_i)^2 \tag{9.15}$$

式(9.15)中，$\sum (y_i - \bar{y})^2$ 稱為總離差平方和，記為 SST，反應了因變量總的變異程度；$\sum (\hat{y}_i - \bar{y})^2$ 稱為迴歸平方和，記為 SSR，表示因變量的變異中能夠被迴歸直線所解釋的部分；$\sum (y_i - \hat{y}_i)^2$ 稱為殘差平方和，記為 SSE，表示因變量的變異中迴歸直線無法解釋的部分，反應了其他因素對因變量變異的影響。式(9.15)可以簡寫為：

$$SST = SSR + SSE \tag{9.16}$$

很顯然，迴歸直線擬合的好壞取決於 SSR 與 SSE 的大小，更準確地說是取決於迴歸平方和 SSR 占總離差平方和 SST 的比例。各觀測點越是靠近直線，SSR/SST 就越大，樣本迴歸直線對樣本數據的擬合效果就越好。迴歸平方和占總離差平方和的比重稱為判定系數（或稱為可決系數），記為 R^2，其計算公式為：

$$R^2 = \frac{SSR}{SST} = 1 - \frac{SSE}{SST} \tag{9.17}$$

判定系數 R^2 度量了迴歸直線對觀測數據的擬合優度。它具有如下性質：

(1)判定系數的取值範圍為：$0 \leq R^2 \leq 1$。若所有觀測點都落在直線上,此時殘差平方和 $SSE=0$,則 $R^2=1$；如果 y 的變化完全不能由 y 與 x 的線性關係來解釋,此時 $R^2=0$。R^2 越接近於 1,表明迴歸平方和占總平方和的比重越大,迴歸直線與各觀測點越接近,說明迴歸直線的擬合效果越好；相反 R^2 越接近於 0,表明迴歸直線的擬合程度越差。

(2)在一元線性迴歸中,判定系數 R^2 等於相關係數 r 的平方。根據這一關係,可以根據判定系數來計算相關係數。而相關係數的正負與迴歸系數 b 的正負是相同的。即：

$$r = (b \text{ 的符號}) \sqrt{R^2} \tag{9.18}$$

【例 9.4】計算例 9.3 中得到的迴歸方程的判定系數,並解釋其含義。

解：利用圖 9.4 中 Excel 輸出的迴歸結果,可得總平方和 $SST=2,194$,迴歸平方和 $SSR=2,157.408$,殘差平方和 $SSE=36.592$。根據式(9.17)可以計算得到迴歸方程的判定系數：

$$R^2 = \frac{SSR}{SST} = \frac{2,157.408}{2,194} \approx 0.98$$

實際上,判定系數在圖 9.4 中的第一部分迴歸統計中已經給出了,即 R Square 對應的結果。該結果表明,在國內生產總值的變異中,有 98% 可以由國內生產總值與固定資產投資之間的線性關係來解釋,或者說,固定資產投資的變動能夠解釋國內生產總值變動的 98%。

(二)估計標準誤差

判定系數僅能說明迴歸方程對樣本觀測值擬合程度的高低,卻不能表明因變量估計值與實際觀測值的絕對離差(或誤差)的一般水平。估計標準誤差正是反應了估計誤差大小的一般水平,一般用 S_e 表示：

$$S_e = \sqrt{\frac{\sum (y_i - \hat{y}_i)^2}{n-2}} = \sqrt{\frac{e_i^2}{n-2}} = \sqrt{\frac{SSE}{n-2}} = \sqrt{MSE} \tag{9.19}$$

式(9.19)中 $n-2$ 表示殘差平方和的自由度,MSE 稱為均方誤差,它是隨機誤差項 u 的總體方差 σ^2 的無偏估計。對於預測而言,S_e 反應了用估計的迴歸方程預測因變量 y 時預測誤差的大小。對於迴歸直線而言,S_e 值越小,所有樣本觀測點越靠近迴歸直線,迴歸直線對各觀測點的代表性越好,平均來看迴歸估計的誤差就越小。圖 9.4 報告了例 9.3 中迴歸估計的標準誤差為 2.138,681。

四、顯著性檢驗

迴歸分析中的顯著性檢驗包括兩個方面的內容：一是線性關係的顯著性檢驗；二是迴歸系數的顯著性檢驗。

(一)線性關係的顯著性檢驗

線性關係的顯著性檢驗是指檢驗自變量和因變量之間是否存在顯著的線性關係,也被稱為迴歸方程的顯著性檢驗。對於一元線性迴歸方程 $E(y) = \alpha + \beta x$,如果 $\beta = 0$,即

$E(y) = \alpha$，說明 x 和 y 之間不存在線性關係。相反，如果 $\beta \neq 0$，說明 x 和 y 之間存在線性關係。因此，一元線性迴歸方程的顯著性檢驗的假設為：

$$H_0 : \beta = 0$$
$$H_1 : \beta \neq 0 \qquad (9.20)$$

一元線性迴歸方程的顯著性檢驗使用的是 F 檢驗，F 檢驗是根據方差分析的基本思想，將因變量 y 的離差分解為迴歸離差和殘差，檢驗由於 x 的線性影響而引起的變差是否顯著。我們知道均方殘差 MSE 是隨機誤差項 u 的總體方差 σ^2 的無偏估計，而在原假設成立的情況下，迴歸平方和 SSR 除以它的自由度（自變量的個數）也是 σ^2 的一個獨立的估計量，記為 MSR。對假設(9.20)的檢驗，可以構造如下 F 統計量：

$$F = \frac{MSR}{MSE} \sim F(1, n-2) \qquad (9.21)$$

對於給定的顯著性水平 α，查 F 分佈表可得臨界值 $F_\alpha(1, n-2)$，如果 $F \geq F_\alpha$，或者對應的 P 值 $\leq \alpha$，則拒絕原假設 H_0，表明變量 x 和變量 y 之間存在顯著的線性關係；反之如果 $F < F_\alpha$ 或者 P 值 $> \alpha$，則不能拒絕 H_0，表明變量 y 和變量 x 之間的線性關係是不顯著的。上述檢驗方法也被稱為一元線性迴歸的方差分析，相關的計算結果可以用方差分析表展示出來，如圖 9.4 中的方差分析部分。從圖 9.4 中可以看到，方差分析的 F 統計量對應的 P 值為 $2.129,9 \times 10^{-8}$，說明迴歸方程在 1% 的顯著性水平上也是顯著的。

(二) 迴歸系數的顯著性檢驗

檢驗迴歸系數是否顯著，對應的原假設為：$H_0 : \beta = 0$，備擇假設為：$H_1 : \beta \neq 0$。為了檢驗該假設，需要構造檢驗統計量，可以證明在原假設成立的前提下，有：

$$t = \frac{b}{S_e / \sqrt{\sum (x_i - \bar{x})^2}} \sim t(n-2) \qquad (9.22)$$

由於統計量服從自由度為 $n-2$ 的 t 分佈，因此該檢驗方法稱為 t 檢驗。對於給定顯著性水平 α，查自由度為 $n-2$ 的 t 分佈表可以確定臨界值 $t_{\alpha/2}(n-2)$。如果 $|t| \geq t_{\alpha/2}(n-2)$ 或者 P 值 $\leq \alpha$，則拒絕 H_0，表明迴歸系數是顯著的，即變量 y 和 x 之間的線性關係是顯著的；反之，則不能拒絕 H_0。由圖 9.4 中的第三部分迴歸系數估計結果可知，斜率系數對應的 t 統計量的取值為 8.23，對應的 P 值為 3.55×10^{-5}，因此即使在 $\alpha = 1\%$ 的顯著性水平下，P 值 $< \alpha$，因此，斜率系數是顯著的，說明固定資產投資對國內生產總值有顯著影響。

由上面的介紹可知，對於一元線性迴歸，由於只有一個自變量，迴歸方程的 F 檢驗和迴歸系數的 t 檢驗是等價的，兩者的結論也是一致的。但是需要說明的是，在存在多個自變量的多元迴歸分析中，這兩種檢驗的意義是不同的。F 檢驗只是用來檢驗總體迴歸線性關係的顯著性，而 t 檢驗則是檢驗各個迴歸系數的顯著性。

五、利用迴歸方程進行預測

所謂預測就是通過自變量 x 的取值來預測因變量 y 的取值，也稱為估計。如果迴歸

方程通過了顯著性檢驗,並且迴歸方程也是有實際意義的,就可以利用迴歸方程來預測因變量的取值。這種預測稱為迴歸預測,迴歸預測包括點預測和區間預測。

(一) 點預測

點預測,也稱為點估計,就是將自變量的一個特定取值代入所估計的迴歸方程,即可計算出因變量相應的預測值。即當 $x = x_f$ 時,因變量相應的預測值為:

$$\hat{y}_f = a + bx_f \qquad (9.23)$$

例如,在例 9.3 中,估計的迴歸方程為 $\hat{y} = 11.99 + 1.069x$。根據該方程,我們可以作如下預測,當固定資產投資為 4 萬億時,即 $x_f = 4$,預計國內生產總值將達到 16.266 萬億元。

根據迴歸方程的定義,利用式(9.23)計算的 $\hat{y}_f$ 實際上是對 y_f 的均值 $E(y_f)$ 的點預測。而 $y_f = E(y_f) + u$,由於一般假設 u 服從均值為 0,方差為 σ^2 的正態分佈,因此對 y 的個別值的點估計也等於 $\hat{y}_f$。

(二) 區間預測

點估計不能提供預測的精確度,從而引入區間預測或者叫區間估計。對於估計的迴歸方程,對於 x 的一個特定值,求出 y 的一個估計值的區間就是區間預測。區間預測包括兩種情況,一是 y 的平均值的估計區間,稱為置信區間估計;二是預測區間估計,它是對 y 的一個個別值的區間估計。

1. 置信區間估計

y 的置信區間估計是對自變量的一個給定值 x_f,求出 y_f 的平均值 $E(y_f)$ 的區間估計。由於 $\hat{y}_f$ 是對 y_f 的平均值的點預測,因此我們自然想到以 $\hat{y}_f$ 為中心構造一個對稱的區間:

$$(\hat{y}_f - \Delta, \hat{y}_f + \Delta) \qquad (9.24)$$

式(9.24)中,Δ 為預測誤差範圍。給定置信水平 $1 - \alpha$,可以求出預測誤差範圍的計算公式為:

$$\Delta = t_{\alpha/2}(n-2) \cdot S_e \cdot \sqrt{\frac{1}{n} + \frac{(x_f - \bar{x})^2}{\sum (x - \bar{x})^2}} \qquad (9.25)$$

因此,對於給定的 x_f,$E(y_f)$ 在 $1 - \alpha$ 置信水平下的置信區間可以表示為:

$$\hat{y}_f \pm t_{\alpha/2}(n-2) \cdot S_e \cdot \sqrt{\frac{1}{n} + \frac{(x_f - \bar{x})^2}{\sum (x - \bar{x})^2}} \qquad (9.26)$$

2. 預測區間估計

預測區間估計是對 x 的一個給定值 x_f,求出 y 的一個個別值 y_f 的區間預測。給定置信水平 $1 - \alpha$,可以求出個別估計值 y_f 的預測誤差範圍的計算公式為:

$$\Delta = t_{\alpha/2}(n-2) \cdot S_e \cdot \sqrt{1 + \frac{1}{n} + \frac{(x_f - \bar{x})^2}{\sum (x - \bar{x})^2}} \qquad (9.27)$$

因此,對於給定的 x_f,y_f 在 $1 - \alpha$ 置信水平下的預測區間可以表示為:

$$\hat{y}_f \pm t_{\alpha/2}(n-2) \cdot S_e \cdot \sqrt{1 + \frac{1}{n} + \frac{(x_f - \bar{x})^2}{\sum (x - \bar{x})^2}} \qquad (9.28)$$

【例 9.5】 根據例 9.3 中所估計的迴歸方程,當固定資產投資為 4 萬億元時,以 95% 的置信水平對國內生產總值的個別值進行區間預測。

解:當 $x = 4$ 時,國內生產總值的個別值的預測誤差範圍為:

$$\Delta = t_{\alpha/2}(n-2) \cdot S_e \cdot \sqrt{1 + \frac{1}{n} + \frac{(x_f - \bar{x})^2}{\sum (x - \bar{x})^2}}$$

$$= 2.306 \times 2.14 \times \sqrt{1 + \frac{1}{8} + \frac{(16.266 - 26.2)^2}{1,887.6}}$$

$$\approx 5.35 (萬億元)$$

因此,在 95% 的置信水平下,國內生產總值個別值的預測區間為:(11.266 ± 5.35),即 $(16.616, 5.916)$ 萬億元。

第四節　多元線性與非線性迴歸分析

一、多元線性迴歸分析

在現實中,影響一個變量的因素往往是多方面的,例如,消費支出不僅受當期可支配收入的影響,還受到物價水平,預期未來收入等因素的影響。工資收入不僅受到你教育水平的影響,還收到工作經驗,年齡,個人能力等因素的影響。因此,在進行相關和迴歸分析時,在模型中往往包含兩個或兩個以上的自變量進行迴歸分析。

一元迴歸分析中,只使用一個自變量來解釋因變量的變化,而在多元迴歸分析用多個自變量來解釋因變量的變化。包含兩個或者兩個以上自變量的線性迴歸分析稱為多元線性迴歸分析。一般地,對於含有 n 個自變量的多元線性迴歸模型可以表示為:

$$y = \beta_0 + \beta_1 x_1 + \beta_2 x_2 + \cdots + \beta_n x_n + u \qquad (9.29)$$

式 (9.29) 中,$\beta_0, \beta_1, \cdots, \beta_n$ 是需要估計的參數,總共有 $n+1$ 個待估計的參數。

若對應的估計量分別為 $\hat{\beta}_0, \hat{\beta}_1, \cdots, \hat{\beta}_n$,則估計的多元線性迴歸方程可以表示為:

$$\hat{y} = \hat{\beta}_0 + \hat{\beta}_1 x_1 + \hat{\beta}_2 x_2 + \cdots + \hat{\beta}_n x_n \qquad (9.30)$$

對於多元線性迴歸模型的估計,依然可以採用最小二乘法,使得殘差平方和最小,求解出個參數的估計值。即使得:

$$\min Q = \sum (y_i - \hat{y}_i)^2 = \sum (y_i - \hat{\beta}_0 - \hat{\beta}_1 x_1 - \hat{\beta}_2 x_2 - \cdots - \hat{\beta}_n x_n) \qquad (9.31)$$

對式 (9.30) 分別對 $\hat{\beta}_0, \hat{\beta}_1, \cdots, \hat{\beta}_n$ 求偏導,並令其等於 0,可得到一個方程組,解該方程組即可求得所有參數的估計值 $\hat{\beta}_0, \hat{\beta}_1, \cdots, \hat{\beta}_n$。

二、非線性迴歸分析

有時變量之間的關係可能呈現出拋物線、雙曲線、指數曲線等各種各樣的非線性關

係。對於因變量與自變量的非線性迴歸分析，基本思路是用變量變換的方法轉化為線性迴歸模型，然后用線性迴歸分析的方法，求解出模型中的參數即可。下面舉例說明相應的轉換方法：

1. 雙曲線方程

$$\frac{1}{y} = a + b\frac{1}{x}$$

令 $y' = \frac{1}{y}, x' = \frac{1}{x}$，於是有：

$$y' = a + bx'$$

2. 拋物線方程

$$y = a + bx + cx^2$$

令 $x_1 = x, x_2 = x^2$，於是有：

$$y = a + bx_1 + cx_2$$

3. 指數曲線方程

$$y = ab^x$$

令 $y' = \ln y, a' = \ln a, b' = \ln b$，於是有：

$$y' = a' + b'x$$

4. 冪指數曲線方程

$$y = ax^b$$

令 $y' = \ln y, a' = \ln a, x' = \ln x$，於是有：

$$y' = a' + bx'$$

本章小結

相關和迴歸分析是現代統計學中非常重要的組成部分，是研究變量之間依存關係的重要統計方法。本章結合實例討論了相關關係的含義及其種類、相關和迴歸分析的主要內容、相關關係的測度和檢驗、一元線性相關分析、多元線性迴歸分析的基本方法以及如何將非線性模型轉化為線性模型。重點討論了一元線性迴歸的基本原理、參數估計的最小二乘法、迴歸方程的擬合優度、迴歸方程的顯著性檢驗、如何利用 Excel 進行迴歸分析以及利用迴歸方程進行預測等內容。

中英文對照專業名詞

相關關係	Correlation
相關分析	Correlation Analysis
迴歸分析	Regression Analysis
散點圖	Correlation Diagram

相關係數　　　　　　　　　　　　Correlation Coefficient
迴歸模型　　　　　　　　　　　　Regression Model
迴歸方程　　　　　　　　　　　　Regression Equation
迴歸系數　　　　　　　　　　　　Regression Coefficient
線性迴歸　　　　　　　　　　　　Linear Regression
迴歸直線　　　　　　　　　　　　Regression Line
最小二乘法　　　　　　　　　　　Least Squares Method
非線性迴歸　　　　　　　　　　　Nonlinear Regression
標準誤差　　　　　　　　　　　　Standard Error
判定系數　　　　　　　　　　　　Coefficient of Determination

思考與練習

思考題

1. 從統計角度看，變量之間的關係有哪兩種類型？相關與迴歸分析研究的是哪種類型的變量關係？
2. 什麼是相關關係？相關關係的種類有哪些？
3. 相關分析和迴歸分析的主要內容有哪些？兩者的聯繫及區別是什麼？
4. 如何估計一元線性迴歸模型中的未知參數？
5. 為什麼要進行一元線性迴歸的顯著性檢驗？如何進行 t 檢驗或 F 檢驗？
6. 因變量離差平方和、迴歸平方和、殘差平方和的含義，並說明其關係。
7. 如何衡量迴歸方程的擬合效果？

練習題

1. 下表所列的數據取自由10家某種類型的企業構成的一個隨機樣本，分別代表這些企業的設備維修費和納稅前的收入。

表9.4　　　　　　　　　設備維修費和納稅前的純收入

設備維修費(萬元)	納稅前的純收入(萬元)
20	10
24	12
30	15
32	14
34	16
36	20
40	18
44	22
46	24
42	22

依據上述資料：
(1) 繪製散點圖，並在散點圖上擬合一條迴歸直線；
(2) 計算設備維修費和納稅前純收入的相關係數；
(3) 以設備維修費作自變量，用最小二乘法建立迴歸方程，並解釋迴歸系數的含義；
(4) 計算迴歸方程的判定系數，並解釋其含義；
(5) 計算迴歸估計標準誤差；
(6) 編製方差分析表，並檢驗自變量和因變量之間沒有線性關係的零假設；
(7) 在5%的顯著性水平下，用t檢驗法檢驗零假設 β = 0；
(8) 若設備維修費為35萬元，預計納稅前純收入將達到多少萬元？
(9) 若設備維修費為35萬元時，構建置信度為95%的 y 的平均值的置信區間和 y 的預測區間。

2. 在某市超市中隨機抽取7家，得到某季度的資料如下表：

表9.5　　　　　　　　某市7家超市廣告費與銷售額

超市編號	廣告費支出(萬元)	銷售額(萬元)
1	1	19
2	2	32
3	4	44
4	6	40
5	10	52
6	14	53
7	20	54

依據上述資料：
(1) 繪製廣告費與銷售額的散點圖，判斷兩者之間關係的形式；
(2) 計算廣告費與銷售額之間的相關關係的密切程度；
(3) 建立迴歸方程，並解釋迴歸系數的含義；
(4) 對迴歸系數進行顯著性檢驗，並對檢驗結果作出解釋；
(5) 當廣告費支出為12萬元時，估計超市的季度銷售額為多少？

案例討論

討論目的：正確理解相關與迴歸分析的理論與方法；掌握Excel在相關與迴歸分析中的應用；正確運用相關與迴歸分析方法解決實際經濟生活的問題。

資料：1995—2012年中國農村居民家庭人均純收入和人均消費

農村居民人均純收入，又稱農民人均純收入，是指農村居民家庭全年總收入中，扣除從事生產和非生產經營費用支出、繳納稅款和上交承包集體任務金額以後剩餘的，可直接用於進行生產性、非生產性建設投資、生活消費和積蓄的那一部分收入。農村居民人均純收入，在一定程度上反應了農村居民的收入狀況，並進一步決定了農村居民的消費水平。根據凱恩斯消費理論，收入決定消費，中國農村居民的消費與收入之間存在什麼樣的關係呢？選擇農村居民人均純收入與人均消費的內容來進行分析，希望從中發現其

相關關係，建立相應的迴歸模型，從而更好地對其進行預測，並為經濟發展決策提供依據。

下表資料是中國 1995—2012 年農村居民家庭人均純收入與人均消費支出的數據。借助於 Excel 等統計分析軟件，可以對它們之間的數量關係進行較為準確的反應，為有關決策提供依據。

表9.6　　　　1995—2012 年中國農村居民家庭人均純收入和人均消費

年度	農村居民家庭人均純收入(元)	農村居民家庭人均消費(元)
1995	1,577.7	1,310.4
1996	1,926.1	1,572.1
1997	2,090.1	1,617.2
1998	2,162.0	1,590.3
1999	2,210.3	1,577.4
2000	2,253.4	1,670.1
2001	2,366.4	1,741.1
2002	2,475.6	1,834.3
2003	2,622.2	1,943.3
2004	2,936.4	2,184.7
2005	3,254.9	2,555.4
2006	3,587.0	2,829.0
2007	4,140.4	3,223.9
2008	4,760.6	3,660.7
2009	5,153.2	3,993.5
2010	5,919.0	4,381.8
2011	6,977.3	5,221.1
2012	7,916.6	5,908.0

(資料來源：國家統計局[EB/OL]. http://www.stats.gov.cn)

根據上述資料討論分析：

(1) 農村居民家庭人均純收入與人均消費支出之間是否存在關係？如果有關係，它們之間是一種什麼樣的關係？密切程度如何？

(2) 能否將居民家庭人均可支配收入與人均消費性支出之間的關係用一定的數學關係式表達出來？如果能，用什麼關係式表述它們之間的關係？

第十章 時間數列分析

統計分析的一個重要任務就是用統計學方法,從動態上分析研究客觀現象的數量變化,即分析客觀現象在時間上的變動。它著眼於事物在較長時間的變化,並通過這種動態分析,進一步研究和反應客觀現象發展變化及其過程的規律性和趨勢。因此,需要編製時間數列,計算動態分析指標、測定長期趨勢等。

第一節 時間數列概述

一、時間數列的意義

隨著時間的推移,任何現象都會呈現出一種在時間上的發展和運動過程。時間序列分析,就是從時間的發展變化角度,研究客觀事物在不同時間的發展狀況,探索其隨時間推移的演變趨勢和規律,揭示其數量變化和時間的關係,預測客觀事物在未來時間上可能達到的數量和規模。時間序列分析的依據是時間數列(又稱動態數列)。

所謂動態,是指事物隨著時間推移而發展變化的趨勢。如果把說明某種事物的統計指標,按照時間的先后順序加以排列,就構成了時間數列。從表10.1可以看出,時間數列形式上包含兩部分:一是現象所屬的時間,二是反應現象數量特徵的統計指標兩部分組成,這兩部分是任何一個時間數列所應具備的兩個基本要素。現象所屬的時間可以是年份、季度、月份或其他任何時間形式。

時間數列還可利用直角坐標系,用橫軸表示時間,縱軸表示指標數值,進行圖像描述。通過圖形可以大致反應出社會現象的發展變化的特徵和趨勢。

研究時間數列具有重要的作用,通過時間數列的編製和分析:① 可以描述客觀現象發展變化的基本特徵和過程,如現象發展變化的水平、速度等;② 可以探索現象發展變化的規律,如現象的長期趨勢、季節變動和循環變動等;③ 進行統計預測,如趨勢外推預測等。

表 10.1　　　　中國的國內生產總值、人口及第三產業產值

年份	國內生產總值(億元)	年末人口數(萬人)	年平均人口數(萬人)	人均國內生產總值(元/人)	第三產業產值(億元)	第三產業所占比重(%)
(1)	(2)	(3)	(4)	(5)	(6)	(7)
2001	110,270.4	127,627	127,185	8,670.0	45,507.2	41.3

表10.1(續)

年份	國內生產總值（億元）	年末人口數（萬人）	年平均人口數（萬人）	人均國內生產總值（元／人）	第三產業產值（億元）	第三產業所占比重（％）
2002	121,002.0	128,453	128,040	9,450.3	51,189.0	42.3
2003	136,564.6	129,227	128,840	10,599.5	57,475.6	42.1
2004	160,714.4	129,988	129,607.5	12,400.1	66,282.8	41.2
2005	185,895.8	130,756	130,372	14,258.9	76,964.9	41.4
2006	217,656.6	131,448	131,102	16,602.0	91,180.1	41.9
2007	268,019.4	132,129	131,788.5	20,337.1	115,090.9	42.9
2008	316,751.7	132,802	132,465.5	23,912.0	135,906.9	42.9
2009	345,629.2	133,450	133,126	25,962.6	153,625.1	44.4
2010	408,903.0	134,091	133,770.5	30,567.5	180,743.4	44.2
2011	484,123.5	134,735	134,413	36,017.6	214,579.9	44.3
2012	534,123.0	135,404	135,069.5	39,544.3	243,030.0	45.5
2013	588,018.8	136,072	135,738	43,320.1	275,887.0	46.9
2014	636,138.7	136,782	136,427	46,628.5	306,038.2	48.1

資料來源：① 中國統計年鑒2015[EB/OL]. http:www.stats.gov.ch；
② 年平均人口數(4) 根據年末人口數(3) 計算所得；
③ 人均國內生產總值(5) 根據國內生產總值(2) 和年平均人口數(4) 計算所得。

二、時間數列的種類

時間數列按其指標表現形式的不同分為總量指標數列（亦稱絕對數時間數列）、相對指標時間數列和平均指標時間數列。其中，絕對數時間數列是基本的時間數列，而相對數時間數列和平均數時間數列，則因為它們是根據絕對數時間數列計算出來的，屬於派生數列。

（一）絕對數時間數列

絕對數時間數列是指將絕對數指標按時間先后順序排列而成的數列，如表10.2所示。

表10.2　　　　　　　　　2011—2015 年某地區鋼產量

單位：萬噸

年　份	2011	2012	2013	2014	2015
鋼產量	12.3	14.5	17.8	19.0	20.6

絕對數時間數列，根據數列中指標的時間性質不同，又可分為時期數列和時點數列。

1. 時期數列

時期數列中的各指標反應的是某種事物在一定時期(月、季、年等)的發展過程的總量,如表10.3。

表10.3　　　　　　　　　2011—2015年某企工業總產值

年　份	2011	2012	2013	2014	2015
工業總產值(萬元)	805	961	1,120	1,250	1,340

2. 時點數列

時點數列中的各項指標反應的是某種事物在某一時點上所達到的規模或水平,如表10.4所示。

表10.4　　　　　　　　　2011—2015年某企業年末職工人數

年份	2011	2012	2013	2014	2015
年末職工人數(人)	540	832	1,250	1,480	2,127

(二) 相對數時間數列

相對數時間數列是指將一系列同類相對數指標,按時間先後順序加以排列所形成的數列。它反應客觀現象之間的相互聯繫發展的過程。例如表10.5資料。

表10.5　　　　　　　　　某地2015年下半年月人均鋼產量

月　份	7月	8月	9月	10月	11月	12月
產量(萬噸)	70.61	73.71	76.14	83.83	108.24	83.77
月平均人數(千人)	780	791	810	850	980	815
人均鋼產量(噸/人)	0.95	0.932	0.94	0.986	1.23	1.028

註:各月的人均鋼產量數列即為相對數時間數列。

相對數時間數列中的各項指標,由於計算時間基數不同,不具有可加性。

(三) 平均數時間數列

平均數時間數列是指將一系列同類平均指標按時間先后順序加以排列而成的數列,反應客觀現象一般水平的發展變化趨勢。例如表10.6資料。

表10.6　　　　　　　　　2016年某工業企業各月工人的平均產值

月　份	1	2	3	4	5	6
產值(元)	330,000	396,500	394,400	441,000	458,000	483,000
工人人數	60	65	68	70	72	70
每一工人平均產值(元/人)	5,500	6,100	5,800	6,300	6,500	6,900

註:各月的工人平均產值數列為平均數時間數列。

平均數時間數列又分為靜態平均數時間數列和動態平均數時間數列。

與相對數時間數列一樣,平均數時間數列的各項指標也不具有可加性。

三、時間數列的編製原則

編製時間數列的目的,是為了進行時間序列分析,因而,保證數列中各項指標值具有可比性,是編製時間數列的基本原則。所謂可比性,是要求各指標值所屬時間、總體範圍、經濟內容、計算方法、計算價格、計量單位等可比。具體含義如下:

(一) 各項指標值所屬時間可比

即要求各項指標值所屬時間的一致性。對時間數列而言,由於各指標值的大小與所屬時間的長短直接相關,因此各指標值所屬時間的長短應該一致,否則不便於對比分析。對於時點數列,雖然兩時點間間隔長短與指標值大小無明顯關係,但為了更好地反應現象的發展變化狀況,兩時點間的間隔也應盡可能相等。

(二) 各項指標值總體範圍可比

這是就所屬空間範圍而言,如地區範圍、隸屬範圍、分組範圍等。當時間數列中某些指標值總體範圍不一致時,必須進行適當調整使其一致,否則前、后期指標值不能直接對比。

(三) 各項指標值經濟內容可比

指標的經濟內容是由其理論內涵所決定的,隨著社會經濟條件的變化,有些指標的經濟內容也發生了變化。對於名稱相同而經濟內涵不一致的指標,尤其要注意這一點,務必使各時間上的指標值內涵一致,否則也不具備可比性。例如:中國的工業總產值指標,有的年份包括了鄉村企業的工業產值,有的年份則不包括。

(四) 各項指標值計算方法可比

對於指標所屬時間、總體範圍和經濟內容都相同的指標,其計算方法不同也會導致數值差異,有時甚至是極大的差異。例如國內生產總值(GDP),按照生產法、支出法、分配法計算的結果就有差異。因此,同一時間數列中,各個時期(時點)指標值的計算方法要統一。如果從某一時期,計算方法做了重大改變,那麼發布資料必須註明,以便動態比較時進行調整。

(五) 各項指標值計算價格和計量單位可比

統計指標值的計算價格種類很多,有現行價格和不變價格之分。不變價格為了適應客觀經濟條件的變化也在不斷調整,形成了多個時期的不變價格,編製時間數列遇到前、后時期所用的計算價格不同,就需要進行調整,使其統一。對於實物指標的時間數列,則要求計量單位保持一致,否則也要進行調整。

四、時間數列分析方法

時間數列分析最常用的方法有兩種,一是指標分析法,二是構成因素分析法。

(一) 時間數列指標分析法

所謂指標分析法,是指通過計算一系列時間序列分析指標,包括發展水平、平均發展水平、增減量、平均增減量、發展速度、平均發展速度、增減速度、平均增減速度等來揭示現象的發展狀況和發展變化程度。

(二) 時間數列構成因素分析法

這種方法是將時間數列看作是由長期趨勢、季節變動、循環變動和不規則變動幾種因素所構成,通過對這些因素的分解、分析,揭示現象隨時間變化而演變的規律,並在揭示這些規律的基礎上,假定事物今后的發展趨勢遵循這些規律,從而對事物的未來發展做出預測。

時間數列的這兩種基本分析方法,各有不同的特點和作用,各揭示不同的問題和狀況,分析問題時應視研究的目的和任務,分別採用或綜合應用。

第二節　時間數列指標分析法

一、時間數列水平指標分析

時間數列水平分析指標有:發展水平、平均發展水平、增減量、平均增減量四種。

(一) 發展水平

在時間數列中,用$t_i(i=1,2,\cdots,n)$表示現象所屬的時間,a_i表示現象在不同時間上的觀察值(指標值)。$a_i(i=1,2,\cdots,n)$也稱為現象在時間t_i上的發展水平,它表示現象在某一時間上所達到的一種數量狀態。若觀察的時間範圍為$t_1,t_2,\cdots,t_n$,相應的觀察值表示為$a_1,a_2,\cdots,a_n$,其中a_1稱為最初發展水平,a_n稱為最末發展水平。若將整個觀察時期內的各觀察值與某個特定時期t_0的觀察值作比較時,時間t可表示為$t_0,t_1,\cdots,t_n$,相應的觀察值表示為$a_0,a_1,\cdots,a_n$,其中a_0稱為固定基期水平,a_i稱為報告期水平。

(二) 平均發展水平

平均發展水平是現象在時間$t_i(i=1,\cdots,n)$上取值的平均數,又稱為序時平均數或動態平均數。它可以概括性地描述現象在一段時期內所達到的一般水平。序時平均數作為一種平均數,與靜態平均數有相同點,即它們都抽象了現象的個別差異,以反應現象總體的一般水平。但二者又有明顯的區別,主要表現在:序時平均數抽象的是現象在不同時間上的數量差異,因而它能夠從動態上說明現象在一定時期內發展變化的一般趨勢;靜態平均數抽象的是總體各單位某一數量標誌值在同一時間上的差異,因此,它是從靜態上說明現象總體各單位的一般水平。由於不同時間數列中觀察值的表現形式不同,序時平均數有不同的計算方法。

1. 絕對數時間數列的序時平均數

絕對數時間數列序時平均數的計算方法是最基本的,它是計算相對數或平均數時間

數列序時平均數的基礎。絕對數時間數列有時期數列和時點數列之分,序時平均數的計算方法也有所區別。

(1) 時期數列的序時平均數,其計算公式為:

$$\bar{a} = \frac{a_1 + a_2 + \cdots + a_n}{n} = \frac{\sum a}{n} \tag{10.1}$$

式中 $\bar{a}$ 為序時平均數,n 為觀察值的個數。

【例 10.1】對表 10.1 中的國內生產總值數列,計算年度平均國內生產總值。

解:根據時期數列序時平均數公式有:

$$\bar{a} = \frac{\sum a}{n} = \frac{110,270.4 + 121,002.0 + \cdots + 636,138.7}{14} \approx 322,415.08(億元)$$

(2) 由時點數列計算序時平均數。在社會經濟統計中一般是將一天看作一個時點,即以「一天」作為最小時間單位。這樣時點數列可認為有連續時點和間斷時點數列之分;而間斷時點數列又有間隔相等與間隔不等之別。其序時平均數的計算方法略有不同,分述如下:

① 連續時點數列計算序時平均數。在統計中,對於逐日排列的時點資料,視其為連續時點資料。這樣的連續時點數列,其序時平均數公式可按公式 10.1 計算,即

$$\bar{a} = \frac{\sum a}{n} \tag{10.2}$$

例如,存款(貸款)平均余額指標,通常就是由報告期內每日存款(貸款)余額之和除以報告期日曆數而求得。

另一種情形是,資料登記的時間單位仍然是 1 天,但實際上只在指標值發生變動時才記錄一次。此時需採用加權算術平均數的方法計算序時平均數,權數是每一指標值的持續天數。

計算公式如下:

$$\bar{a} = \frac{\sum af}{\sum f} \tag{10.3}$$

【例 10.2】某種商品 5 月份的庫存量記錄如表 10.7,計算 5 月份平均日庫存量。

表 10.7　　　　　　　某種商品 5 月份庫存資料

日期	1 ~ 4	5 ~ 10	8 ~ 20	21 ~ 26	27 ~ 31
庫存量(臺)	50	55	40	35	30

解:該商品 5 月份平均日庫存量為

$$\bar{a} = \frac{\sum af}{\sum f} = \frac{50 \times 4 + 55 \times 6 + 40 \times 13 + 35 \times 6 + 30 \times 5}{4 + 6 + 13 + 6 + 5} \approx 42(臺)$$

② 間斷時點數列計算序時平均數。實際統計工作中,很多現象並不是逐日對其時點數據進行統計,而是隔一段時間(如一月、一季度、一年等)對其期末時點數據進行登記。這樣得到的時點數列稱為間斷時點數列。如果每隔相同的時間登記一次,所得數列稱為

間隔相等的間斷時點數列;如果每兩次登記時間的間隔不盡相同,所得數列稱為間隔不等的間斷時點數列。

當其時點資料是以月度、季度、年度為時間間隔單位,我們已不可能像連續時點資料那樣求得準確的時點平均數。這種情況下,我們可以根據資料所屬時間的間隔特點,選用不同的計算公式。假設時間段內數值變化呈均勻或對稱狀態,對於間隔相等的資料,採用「首尾折半」;對於間隔不等的資料,採用「間隔加權」的方法計算序時平均數。

【例10.3】某商業企業2016年第二季度某種商品的庫存量如表10.8,試求該商品第二季度月平均庫存量。

表10.8　　　　　某商業企業2016年第二季度某商品庫存量

月末	3	4	5	6
庫存量(百件)	66	72	64	68

解：4月份平均庫存量 $= \dfrac{66+72}{2} = 69$(百件)

5月份平均庫存量 $= \dfrac{72+64}{2} = 68$(百件)

6月份平均庫存量 $= \dfrac{64+68}{2} = 66$(百件)

第二季度平均庫存量 $= \dfrac{69+68+66}{3} = 67.67$(百件)

為簡化計算過程,上述計算步驟可表示為:

第二季度平均庫存量 $= \dfrac{\dfrac{66+72}{2}+\dfrac{72+64}{2}+\dfrac{64+68}{2}}{3} = \dfrac{\dfrac{66}{2}+72+64+\dfrac{68}{2}}{3}$

$= 67.67$(百件)

根據上述計算過程可推導出計算公式為:

$$\bar{a} = \dfrac{\dfrac{a_1+a_2}{2}+\dfrac{a_2+a_3}{2}+\cdots+\dfrac{a_{n-1}+a_n}{2}}{n-1} = \dfrac{\dfrac{a_1}{2}+a_2+\cdots+a_{n-1}+\dfrac{a_n}{2}}{n-1} \quad (10.4)$$

該公式形式上表現為首末兩項觀察值折半,故稱為「首尾折半法」。這種方法適用於間隔相等的間斷時點數列求序時平均數。

【例10.4】表10.9列示了中國2004—2014年年末人口的部分年份資料,計算年平均人口數。

表10.9　　　　　中國2004—2014年部分年份年末人口數

年份	2004	2007	2009	2013	2014
年底總人口(萬人)	129,988	132,129	133,450	136,072	136,782

解:對資料進行觀察分析,屬間隔不等的間斷時點資料,採用「間隔加權」方法。

$$\bar{a} = \frac{\frac{(a_1 + a_2)}{2}f_1 + \frac{(a_2 + a_3)}{2}f_2 + \cdots + \frac{(a_{n-1} + a_n)}{2}f_{n-1}}{f_1 + f_2 + \cdots + f_{n-1}} \qquad (10.5)$$

$$= \frac{\frac{129,988 + 132,129}{2} \times 3 + \frac{132,129 + 133,450}{2} \times 2 + \frac{133,450 + 136,072}{2} \times 4 + \frac{136,072 + 136,782}{2} \times 1}{3 + 2 + 4 + 1}$$

$= 133,422.55(萬人)$

2. 相對數時間數列的序時平均數

相對數時間數列是由兩個絕對數時間數列對應項對比派生出來的數列,用符號表示即 $c = \frac{a}{b}$。因此,由相對數時間數列計算序時平均數,不能直接根據該相對數時間數列中各項觀察值簡單平均計算(即不應當用 $\bar{c} = \sum c/n$ 或 $\frac{\sum c}{n}$ 的公式),而應當先分別計算構成該相對數時間數列的分子數列和分母數列的序時平均數,再對比求得。用公式表示為:

$$\bar{c} = \frac{\bar{a}}{\bar{b}} \qquad (10.6)$$

【例10.5】 某企業2015年第四季度職工人數資料如表10.10,計算工人占職工人數的平均比重。

表10.10　　　　　　　某企業2015年四季度職工人數資料

時間	9月末	10月末	11月末	12月末
工人人數(人)	342	355	358	364
職工人數(人)	448	456	469	474
工人占職工比重(%)	76.34	77.85	76.33	76.79

解:$\bar{c} = \frac{\bar{a}}{\bar{b}} = \frac{a_1/2 + a_2 + a_3 + \cdots + a_n/2}{b_1/2 + b_2 + b_3 + \cdots + b_n/2}$

$= \frac{342/2 + 355 + 358 + 364/2}{448/2 + 456 + 469 + 474/2} = 76.91\%$

3. 平均數時間數列的序時平均數

平均數時間數列有靜態平均數時間數列和動態平均數時間數列兩種。

通常,靜態平均數時間數列的分子數列是標誌總量數列,分母數列是總體總量數列,因此,由靜態平均數時間數列計算序時平均數的方法,與相對數時間數列計算序時平均數的方法相同,即分別計算出分子數列和分母數列的序時平均數,然後再將這兩個序時平均數對比,得到靜態平均數時間數列的序時平均數。

【例10.6】某企業2015年下半年勞動生產率資料如表10.11,計算平均月勞動生產率和下半年平均職工勞動生產率。

表 10.11　　　　　　　某企業 2015 年下半年勞動生產率資料

月份	6	7	8	9	10	11	12
(a) 總產值(萬元)	87	91	94	96	102	98	91
(b) 月末職工人數(人)	460	470	480	480	490	480	450
(c) 勞動生產率(元／人)	1,948	1,957	1,979	2,000	2,103	2,021	1,957

解：從表 10.11 中可以看到，勞動生產率的分子總產值是時期指標，分母職工人數是時點指標，計算平均月勞動生產率應用下列公式：

$$\bar{c} = \frac{\bar{a}}{\bar{b}}$$

$$= \frac{(\sum a)/n}{(b_1/2 + b_2 + b_3 + \cdots + b_n/2)/(n-1)}$$

代入表中資料：

$$\bar{c} = \frac{(91+94+96+102+98+91)/6}{(460/2+470+480+480+490+480+450/2)/(7-1)}$$

$$= 0.200,35(萬元／人)$$

$$= 2,003.5(元／人)$$

若計算下半年平均職工勞動生產率，則有兩種計算形式。一種是用下半年平均月勞動生產率乘月份個數 n 即 $n\bar{c} = 2,003.5 \times 6 = 12,021$ 元／人得出，另一種則採用下列公式計算：

$$\bar{c} = \frac{\sum a}{(b_1/2 + b_2 + b_3 + \cdots + b_n/2)/(n-1)}$$

代入表中資料

$$\bar{c} = \frac{91+94+96+102+98+91}{(460/2+470+480+480+490+480+450/2)/(7-1)}$$

$$= 1.202,1(萬元／人)$$

$$= 12,021(元／人)$$

由動態平均數時間數列計算序時平均數時，若時間數列的間隔相等，則直接採用簡單算術平均法計算；若間隔期不相等，則以時期數為權數，採用加權算術平均法計算。

(三) 增減量

增減量是報告期水平與基期水平之差，用以說明現象在一定時期內增長的絕對數量。由於所選擇基期的不同，增減量可分為逐期增減量和累積增減量。

逐期增減量是報告期水平與其前一期水平之差，說明本期較上期增長的絕對數量，用公式表示為：

$$a_i - a_{i-1} (i=1,2,\cdots,n) \tag{10.7}$$

累積增減量是報告期水平與某一固定基期水平之差，說明報告期與某一固定時期相比增長的絕對數量。用公式表示為：

$$a_i - a_0 (i = 1, 2, \cdots, n) \qquad (10.8)$$

逐期增減量與累積增減量之間存在一定的關係:各逐期增減量的和等於相應時期的累積增減量;兩相鄰時期累積增減量之差等於相應時期的逐期增減量。用公式分別表示為:

$$\sum_{i=1}^{n} (a_i - a_{i-1}) = a_n - a_0 \qquad (10.9)$$

$$(a_i - a_0) - (a_{i-1} - a_0) = a_i - a_{i-1} (i = 1, 2, \cdots n) \qquad (10.10)$$

具體計算實例見表 10.12。

表 10.12　　　　　　　　2006—2014 年國內生產總值

單位:億元

年　份	2006	2007	2008	2009	2010	2011	2012	2013	2014
國內生產總值	217,656.6	268,019.4	316,751.7	345,629.2	408,903.0	484,123.5	534,123.0	588,018.8	636,138.7
逐期增減量	—	50,362.8	48,732.3	28,877.5	63,273.8	75,220.5	49,999.5	53,895.8	48,119.9
累積增減量	0	50,362.8	99,095.1	127,972.6	191,246.4	266,466.9	316,466.4	370,362.2	418,482.1

(四) 平均增減量

平均增減量是觀察期各逐期增減量的序時平均數,用於描述現象在觀察期內平均每期增長的數量,時距一般為年。它可以根據逐期增減量求得,也可以根據累積增減量求得。計算公式為:

$$平均增減量 = \frac{\sum_{i=1}^{n} (a_i - a_{i-1})}{n} = \frac{a_n - a_0}{n} \qquad (10.11)$$

其中 n 為逐期增減量個數。

【例 10.7】以表 10.12 資料,計算國內生產總值平均增減量

解:

$$國內生產總值平均增長量 = \frac{50,362.8 + 48,732.3 + \cdots + 48,119.9}{8}$$

$$= \frac{636,138.7 - 217,656.6}{9 - 1}$$

$$= \frac{418,482.1}{8}$$

$$\approx 52,310.26 (億元)$$

二、時間數列速度指標分析

速度指標有發展速度、增減速度、平均發展速度、平均增減速度。

(一) 發展速度

發展速度是報告期發展水平與基期發展水平之比,用於描述現象在觀察期內相對的發展變化程度。

由於採用的基期不同,發展速度可以分為環比發展速度和定基發展速度。環比發展速度是報告期水平與前一時期水平之比,說明現象逐期發展變化的程度;定基發展速度是報告期水平與某一固定時期水平之比,說明現象在整個觀察期內總的發展變化程度。

設時間數列的觀察值為 $a_i , (i = 1, 2, \cdots, n)$,發展速度為 R,環比發展速度和定基發展速度的一般形式可以寫為:

環比發展速度:

$$R_i = \frac{a_i}{a_{i-1}} \quad (i = 1, 2, \cdots, n) \tag{10.12}$$

定基發展速度:

$$R_i = \frac{a_i}{a_0} \quad (i = 1, 2, \cdots, n) \tag{10.13}$$

環比發展速度與定基發展速度之間存在著重要的數量關係:觀察期內各個環比發展速度的連乘積等於相應時期的定基發展速度;兩個相鄰的定基發展速度,用後者除以前者,等於相應時期的環比發展速度。即

$$\prod_{i=1}^{n} \frac{a_i}{a_{i-1}} = \frac{a_n}{a_0} \quad (\prod \text{為連乘符號}) \tag{10.14}$$

$$\frac{a_i}{a_0} \div \frac{a_{i-1}}{a_0} = \frac{a_i}{a_{i-1}} \tag{10.15}$$

利用上述關係,可以根據一種發展速度去推算另一種發展速度。

(二) 增減速度

增減速度也稱增減率,是增減量與基期水平之比,用於說明報告期水平較基期水平的相對增減程度。它可以根據增減量求得,也可以根據發展速度求得。其基本計算公式為:

$$\text{增減速度} = \frac{\text{增減量}}{\text{基期水平}} = \frac{\text{報告期水平} - \text{基期水平}}{\text{基期水平}} = \text{發展速度} - 1 \tag{10.16}$$

從上式可以看出,增減速度等於發展速度減1,但各自說明的問題是不同的。發展速度說明報告期水平較基期發展到多少;而增減速度說明報告期水平較基期增減多少(扣除了基數)。當發展速度大於1時,增減速度為正值,表示現象的增加程度;當發展速度小於1時,增減速度為負值,表示現象的降低程度。

由於採用的基期不同,增減速度也可分為環比增減速度和定基增減速度。前者是逐期增減量與前一時期水平之比,用於描述現象逐期增減的程度,後者是累積增減量與某一固定時期水平之比,用於描述現象在觀察期內總的增減程度。

設增減速度為 G,環比增減速度和定基增減速度的公式可寫為:

環比增減速度:

$$G_i = \frac{a_i - a_{i-1}}{a_{i-1}} = \frac{a_i}{a_{i-1}} - 1 \quad (i = 1, 2, \cdots, n) \tag{10.17}$$

定基增減速度:

$$G_i = \frac{a_i - a_0}{a_0} = \frac{a_i}{a_0} - 1 \quad (i = 1, 2, \cdots, n) \tag{10.18}$$

定基增減速度是累積增減量除以固定基期的發展水平,或是定基發展速度減1,表明現象在這一時期內增減的速度。環比增減速度是逐期增減量對前一期發展水平之比,表明現象逐期增減的速度。定基增減速度和環比增減速度之間雖然有一定的聯繫,但環比增減速度與定基增減速度之間沒有直接的換算關係,並不像定基發展速度和環比發展速度那樣有直接的積、商關係,必須將增減速度還原為發展速度才能換算,然后再還原回來,也就是可先將各環比增減速度加1后連乘,再將結果減1,即得定基增減速度。

通常我們所說的「翻番」一詞,也是速度指標。具體說,翻一番表示指標數值是原來的2倍,翻兩番表示指標數值是原來2^{2}倍,翻n番表示指標數值是原來2^{n}倍。

【例10.8】以表10.1中的國內生產總值為例,計算見表10.13。

表10.13   國內生產總值計算表

年份		2006	2007	2008	2009	2010	2011	2012	2013	2014
GDP(億元)		217,656.6	268,019.4	316,751.7	345,629.2	408,903.0	484,123.5	534,123.0	588,018.8	636,138.7
發展速度(%)	環比	—	123.14	118.18	109.12	118.31	118.40	110.33	110.09	108.18
	定基	100	123.14	145.53	158.80	187.87	222.43	245.40	270.16	292.27
增減速度(%)	環比	—	23.14	18.18	9.12	18.31	18.40	10.33	10.09	8.18
	定基	0	23.14	45.53	58.80	87.87	122.43	145.40	170.16	192.27

註:計算國內生產總值發展速度和增長速度未考慮價格變動。

(三) 平均發展速度

對於一個時間數列,可計算若干個環比發展速度,這些環比發展速度分別體現了現象在每兩個相鄰時間內的發展變化情況,顯然這些環比發展速度在數值上是有差異的,要想反應一個較長時期內現象發展變化的一般情況,需將這些數量差異抽象化,即計算這些環比發展速度的平均數。所以平均發展速度是各個時期環比發展速度的平均數,用於描述現象在整個觀察期內平均發展變化的程度。

由於總速度不等於各期環比發展速度之和,而等於各期環比發展速度之積,所以,平均發展速度的計算不能直接用算術平均法計算。根據被研究現象的特點和統計分析的目的不同,平均發展速度有兩種計算方法:

1. 水平法(幾何平均法)

其計算公式為:

$$\bar{R} = \sqrt[n]{\frac{a_1}{a_0} \times \frac{a_2}{a_1} \times \cdots \times \frac{a_n}{a_{n-1}}} = \sqrt[n]{\frac{a_n}{a_0}} = \sqrt[n]{R} \tag{10.19}$$

式中,$\bar{R}$為平均發展速度;n為環比發展速度的個數,它等於觀察數據的個數減1。

【例10.9】已知國內生產總值2006—2014年環比發展速度見表10.13,計算平均發展速度。

解:

$$\bar{R} = \sqrt[8]{1.231,4 \times 1.181,8 \times \cdots \times 1.081,8} = \sqrt[8]{\frac{636,138.7}{217,656.6}} = \sqrt[8]{2.922,7} = 114.35\%$$

從水平法計算平均發展速度的公式中可以看出，$\bar{R}$ 實際上只與數列的最初觀察值 a_0 和最末觀察值 a_n 有關，而與其他各觀察值無關，這一特點表明，水平法旨在考察現象在最後一期所達到的發展水平。因此，如果我們所關心的是現象在最後一期應達到的水平，採用水平法計算平均發展速度比較合適。

2. 累計法（方程法）

它是以定基發展速度為基礎計算的。在時間序列中，各期發展水平是基期水平與各該期定基發展速度的乘積，也是基期水平與有關各期環比發展速度的連乘積。據此可計算出各期發展水平之和，進而計算平均發展速度。即：

$$a_0 \frac{a_1}{a_0} + a_0 \frac{a_2}{a_0} + a_0 \frac{a_3}{a_0} + \cdots + a_0 \frac{a_n}{a_0} = \sum_{i=1}^{n} a_i$$

用 x_i 代表第 i 期的環比發展速度，上式變成：

$$a_0 x_1 + a_0 x_1 x_2 + \Lambda + a_0 x_1 x_2 x_3 \Delta x_n = \sum_{i=1}^{n} a_i$$

將各期環比發展速度平均化，用平均發展速度 $\bar{x}$ 取代各期環比發展速度 x_i，則

$$a_0 \bar{x} + a_0 \bar{x} \cdot \bar{x} + \cdots + a_0 \bar{x} \cdot \bar{x} \cdot \bar{x} \cdot \cdots \cdot \bar{x} = \sum_{i=1}^{n} a_i$$

$$a_0 \bar{x} + a_0 \bar{x}^2 + a_0 \bar{x}^3 + \cdots + a_0 \bar{x}^n = \sum_{i=1}^{n} a_i$$

$$\bar{x} + \bar{x}^2 + \bar{x}^3 + \cdots + \bar{x}^n = \frac{\sum_{i=1}^{n} a_i}{a_0} \tag{10.20}$$

這個方程的正根就是所求的平均發展速度。求解這個方程式是比較複雜的，在實際統計工作中，一般是根據事先編好的《平均增長速度查對表》查得所需的平均發展速度。

水平法和累計法計算平均發展速度除基本思路不同外，在應用上還有以下區別：

（1）考察重點不同。水平法側重於考察最末水平；累計法著重考察整個計算期的累計水平。

（2）影響因素不同。水平法求平均發展速度，大小只取決於最初水平和最末水平；累計法則受各期發展水平的影響。

（3）適用對象不同。按水平法推算的末期定基發展速度和最末水平與實際相同，故適用於按期末水平提出任務或目標的研究對象；按累計法推算的累計定基發展速度和各期發展水平的累計總和與實際相同，故其適用於按各期累計總量提出任務或目標的研究對象。

（四）平均增減速度

平均增減速度說明現象逐期增減的平均程度。平均增減速度（$\bar{G}$）與平均發展速度僅相差一個基數，即：

$$\bar{G} = \bar{R} - 1 \tag{10.21}$$

平均增減速度為正值，表明現象在某段時期內逐期平均遞增的程度，也稱為平均遞增率；若為負值，表明現象在某段時間內逐期平均遞減的程度，也稱為平均遞減率。

(五) 速度指標的分析與應用

對於大多數時間數列,特別是有關客觀現象的時間數列,我們經常利用速度來描述其發展的數量特徵。儘管速度在計算與分析上都比較簡單,但實際應用中,有時也會出現誤用甚至濫用速度的現象。因此,在應用速度分析實際問題時,應注意以下幾方面的問題:

(1) 當時間數列中的觀察值出現 0 或負數時,不宜計算速度。比如,假如某企業連續五年的利潤額分別為 5 萬元、2 萬元、0 萬元、-3 萬元、2 萬元,對這一數列計算速度,要麼不符合數學公理,要麼無法解釋其實際意義。在這種情況下,適宜直接用絕對數進行分析。

(2) 在有些情況下,不能單純就速度論速度,要注意速度與基期絕對水平的結合分析。我們先看一個例子。

【例 10.10】假定有兩個生產條件基本相同的企業,各年的利潤額及有關的速度值如表 10.14。

表 10.14　　　　　　　　　甲、乙兩個企業的有關資料

年份	甲企業 利潤額(萬元)	甲企業 增長率(%)	乙企業 利潤額(萬元)	乙企業 增長率(%)
2014	500	—	60	—
2015	600	20	84	40

解:如果不看利潤額的絕對值,僅就速度對甲、乙兩個企業進行分析評價,可以看出乙企業的利潤增長速度比甲企業高出 1 倍。如果就此得出乙企業的生產經營業績比甲企業要好得多,這樣的結論就是不切實際的。因為速度是一個相對值,它與對比的基期值的大小有很大關係。大的速度背後,其隱含的增長絕對值可能很小;小的速度背後,其隱含的增長絕對值可能很大。這就是說,由於對比的基點不同,可能會造成速度數值上的較大的差異,進而造成速度上的虛假現象。上述例子表明,由於兩個企業的生產起點不同,基期的利潤額不同,才造成了二者速度上的較大差異。從利潤的絕對額來看,兩個企業的速度每增長 1% 所增加的利潤絕對額是不同的。在這種情況下,我們需要將速度與絕對水平結合起來進行分析,通常要計算增長 1% 的絕對值來彌補速度分析中的局限性。

增長 1% 絕對值表示速度每增長 1% 而增加的絕對數量,其計算公式為:

$$增長1\%絕對值 = \frac{逐期增長量}{環比增長速度 \times 100} = \frac{前期水平}{100} \quad (10.22)$$

根據表 10.14 的資料計算,甲企業速度每增長 1%,增加的利潤額為 5 萬元,而乙企業則為 0.6 萬元,甲企業遠高於乙企業。這說明甲企業的生產經營業績不是比乙企業差,而是更好。

第三節　時間數列構成因素分析法

一、時間數列的構成因素及其組合模型

(一) 時間數列的構成因素

一個時間數列受若干因素的影響，例如農產量，受到天氣、病蟲害、政策、價格等各種因素的影響，理論上說，是所有這些變量的函數。但這種研究方法，並不是時間數列的統計研究方法。統計學中對時間數列的研究，是忽略各個具體的非時間因素對時間數列的影響，而是將各種因素的出現看成在時間軸上必然的現象。因此，統計學中對時間數列的研究，是從時間軸出發的。

在統計中，研究時間數列的方法是將影響時間數列的因素分為下列四類：

1. 長期趨勢 (Secular Trend)

指客觀現象在較長的一段時間內所表現出來的穩定的趨勢性。

例如中國的經濟發展，從 1949 年以來，一直保持了較為穩定的增長的趨勢。

2. 季節變動 (Seasonal Fluctuation)

客觀現象表現出來的與日曆週期同步的週期性。

例如商場中電風扇等具有鮮明季節特徵的商品的銷售量，就具有受季節變動影響很大的特點。在商場中，冬季的電風扇銷售量很小，而夏季則增大。年復一年，這種規律與季節的變化是嚴格同步的，雖然有的年份早一些，有的年份晚一些。

需要注意的是，雖然與日曆同步的週期性稱為季節變動，但並不一定是指一年四季的概念。按月、按周、按天的循環變動，也可以稱為季節變動。

例如，一個城市一天中的用電量就具有鮮明的季節特徵，早晨上班的時候，各單位開始使用機器或者辦公設備，城市用電量上升，到下班時，用電量下降。晚上天黑以後，照明用電增加，城市的總用電量達到高峰。當人們逐漸熄燈睡覺后，用電量下降到了最低點。這樣周而復始，也可以表現為一種季節變動。

3. 循環變動 (Cyclical Movement)

循環變動也是一種週期性的變動，不過這種週期無法直接用日曆週期來進行解釋。一般來說，循環變動的週期往往比一年時間要長，根據週期的不同，一般又分為幾級：

(1) 短週期：一般在 3 ~ 5 年之內的週期；

(2) 中週期：10 ~ 20 年的週期；

(3) 長週期：20 年以上的週期。

4. 不規則變動 (Irregular Variations)

由各種無法解釋的因素而引起的經濟波動，一般不表現出明顯的規律性。

不規則變動中，如果存在尚未被發現的系統性因素，就會出現殘差異常的情況。

(二) 時間數列組合模型的表現形式

時間數列的一般表現形式如下。

$$Y_t = f(T, S, C, I) \qquad (10.23)$$

常見的簡化模型包括兩種：

加法模型：

$$Y_t = T + S + C + I \qquad (10.24)$$

在加法模型中，構成時間數列的各個因素均是絕對量的形式，分別作為影響時間數列的一個組成部分，佔有一定的比例。

乘法模型：

$$Y_t = T \times S \times C \times I \qquad (10.25)$$

在乘法模型中，T是絕對量，而S、C和I均是以相對量的形式影響時間數列值，表現為對長期趨勢的一個影響比例。從理論上說，這種模型更為合理。

更複雜的時間數列模型涉及複雜的數列形式，在我們的課程中不予介紹。

二、時間數列趨勢變動分析

趨勢變動的測定目的在於從時間數列中分離出長期趨勢值，測定現象發展變化的長期趨勢就是對時間數列進行修勻，以顯示現象發展變化的基本態勢。測定趨勢變動的方法包括兩大類。

（一）修勻方法

修勻方法是指從數列本身出發，通過平均的方法，消除數列的短期波動，使數列表現出穩定的趨勢性。常見修勻方法有時距擴大法和移動平均法。

1. 時距擴大法

時距擴大法是測定長期趨勢最原始、最簡單的方法。通過將計量統計指標的時間跨度加大，使得較小時距數據所受到的偶然因素的影響相互抵消，來獲得一個相對平衡的數列，因為在較長的時間內，週期變動的影響和隨機擾動，都會得到有效的平衡。

【例10.11】根據表10.15的數據，用時距擴大法分析某商場商品銷售額的長期趨勢。

表 10.15　　　　　　　　某商場某年商品銷售額資料

單位：萬元

月份	1	2	3	4	5	6	7	8	9	10	11	12
銷售額	50	55	48	46	56	57	56	52	57	54	60	66

解：將以月為時距的時間數列合併為以季為時距的時間數列，如表10.16所示。原時間數列中並不能很好地觀察出長期趨勢來，通過擴大時距後的新時間數列中，可以明顯地看出商場的銷售量呈現出增加的趨勢。

表 10.16　　　　　時距擴大法計算某商場某年商品銷售額的長期趨勢

銷售額	一季	二季	三季	四季
商品銷售額(萬元)	153	159	165	180
平均月銷售額(萬元)	51	53	55	60

2. 移動平均法

時距擴大法的優點是簡便直觀,但它最大的問題在於時間點減少,信息量大量流失,使數列表現得比較粗糙,不便於做進一步分析。移動平均法是將時距擴大法進行了一個平移,從數列頂端向下,選擇 N 個時間點進行一次平均,然后將選擇範圍向下移動一個時間點,再進行一次平均,依此類推。每次平均的結果,記錄在 N 個時間點的中間位置上,如表 10.17 所示。

表 10.17　　　　　某地區汽車產量移動平均趨勢

年份	時間標號	產量(萬輛)	3 年移動	5 年移動
1998	1	17.56		
1999	2	19.63	20.39	
2000	3	23.98	25.08	27.31
2001	4	31.64	33.11	31.19
2002	5	43.72	37.45	36.70
2003	6	36.98	42.63	44.80
2004	7	47.18	49.54	50.14
2005	8	64.47	56.67	51.68
2006	9	58.35	58.07	58.56
2007	10	51.40	60.39	70.46
2008	11	71.42	76.50	83.54
2009	12	106.67	102.65	99.21
2010	13	129.85	124.40	117.98
2011	14	136.69	137.27	133.20
2012	15	145.27	143.16	143.52
2013	16	147.52	150.35	150.15
2014	17	158.25	156.26	
2015	18	163.00		

(1) 對於奇數週期的移動平均法,計算出來的平均值直接記錄在居中的時間點上;對於偶數週期的移動平均法,則需要進行兩次移動平均,第一次按偶數週期計算,結果分別寫在居中的兩個時間點中間,第二次再將居中的時間點兩側的兩個移動平均結果再進

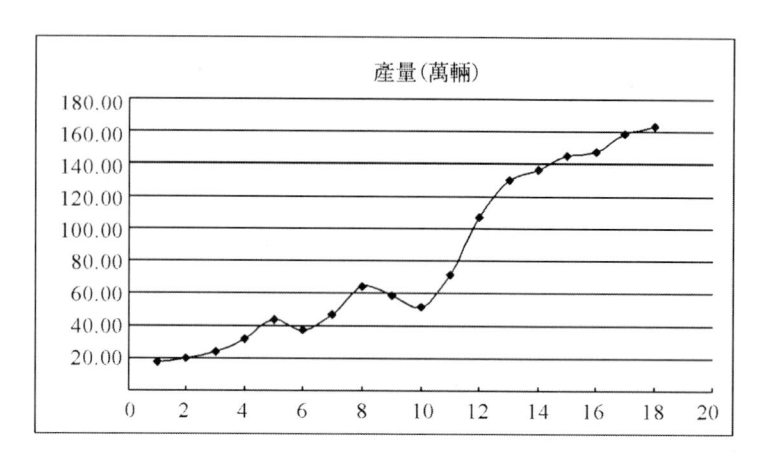

圖10.1　汽車產量移動平均趨勢

行一次移動平均,計算出最終結果。

(2) 移動平均法除了選擇時距之外,還可以選擇移動平均計算時的權重,以三年移動平均為例,如果在計算移動平均數時,不是採用簡單移動平均,而是採用加權移動平均,則公式如下:

$$T_t = \frac{Y_{t-1} \times W_1 + Y_t \times W_2 + Y_{t+1} \times W_3}{W_1 + W_2 + W_3} \qquad (10.26)$$

其中三個 W 的選擇,決定了移動平均的效果。如果試圖更多地保留原數列的面貌,則中間時間點的 W 應當大一點,兩側小一些;反之,則應當使兩側的權重與中間保持一致。

(3) 移動平均法的時距選擇是根據研究目的而定的。

如果研究的目的是為了將週期變動的影響去除掉,則移動平均的週期需要與實際經濟波動的週期一致;如果研究目的是為了修勻不規則變動,顯示出週期的影響,則移動平均的週期應當大大地小於實際週期,並採用加權移動平均法,一定程度地突出實際數值。

(二) 擬合方法

擬合方法是從數據的內在規律性出發,利用數學模型來對數列進行擬合處理,尋找最適合數列的數學模型,並以數學模型的規律來推斷時間數列的規律。

尋找時間數列的擬合模型,一般有兩種途徑:

一是通過將時間數列在圖上表現出來,直觀地判斷數列的數學規律性。例如,如果數列表現為直線型,則可用一次函數表示;如果數列表現為拋物型,則可以用二次函數表示,等等。

二是通過分析經濟規律,使用已有的經濟模型進行概括。例如邏輯斯蒂曲線,最早被用於研究人口增長規律,近代以來,又被廣泛運用於研究成長現象。如果我們所研究的時間數列是具有成長特徵的客觀現象,則可以試著使用邏輯斯蒂曲線進行擬合。

進行數列擬合的方法有許多種,在此介紹兩種簡單的方法。

1. 分段平均法

分段平均法是一種進行直線、曲線擬合的簡單方法，其做法是將時間數列的各項數值平均分為幾部分，分別求各部分的平均數，然後將各個平均數標在圖上，由此確定兩個點或者三個點，根據這些點確定對應的直線和曲線。

分段平均法一般只限於在線性趨勢或者拋物線型趨勢的數列中使用。

【例 10.12】2001—2015 年襯衫銷售量資料，見表 10.18。

表 10.18　　　　　　　　　　2001—2015 年襯衫銷售量

年份	年份	零售量（億件）
2001	1	7.00
2002	2	9.10
2003	3	9.70
2004	4	10.80
2005	5	11.70
2006	6	12.10
2007	7	13.10
2008	8	14.30
2009	9	14.40
2010	10	14.80
2011	11	15.00
2012	12	12.30
2013	13	11.20
2014	14	9.40
2015	15	8.90

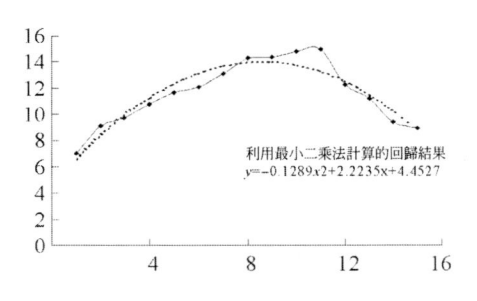

圖 10.2　2001—2015 年襯衫銷售量趨勢圖

（利用最小二乘法計算的回歸結果 $y=-0.1289x^2+2.2235x+4.4527$）

由曲線的圖形，我們可以看到，2001—2015 年襯衫的銷售量表現出拋物線形式，因此

可以用二次曲線進行擬合。擬合形式為：

$$y = cx^2 + bx + a \qquad (10.27)$$

將數據等分成三段，每五年為一段，分別計算每一段的 X 和 Y 坐標的平均值，獲得三個平均值點為：$(3,9.66)$，$(8,13.74)$，$(13,11.36)$，將三個平均值點的坐標代入上式，得下列方程組：

$$\begin{cases} 9.66 = 9c + 3b + a \\ 13.74 = 64c + 8b + a \\ 11.36 = 169c + 13b + a \end{cases}$$

解上述方程組，得：

$$\begin{cases} c = -0.129,2 \\ b = 2.237,2 \\ a = 4.111,2 \end{cases}$$

即擬合模型為：$y = -0.129,2x^2 + 2.237,2x + 4.111,2$

使用最小二乘方法擬合出來的結果為：$y = -0.128,9x^2 + 2.223,5x + 4.452,7$

我們可以看到，在本題中，使用分段平均法所獲得的結果，與使用更為精確的方法獲得的結果差異是很小的，說明分段平均法可以作為其他方法的一種替代形式。由於分段平均法的計算過程比較簡單，適合於在社會生產實踐中進行精度要求不太高的曲線擬合分析。

2. 最小二乘法

時間數列的長期趨勢可以分為線性趨勢和非線性趨勢。當時間數列的長期趨勢近似地呈現為直線，每期的增減數量大致相同時，則稱時間數列具有線性趨勢。當時間數列在各時期的變動隨時間而不同，各時期的變化率或趨勢線的斜率有明顯變動但又有一定規律性時，現象的長期趨勢就不再是線性趨勢，而可能是非線性趨勢。

（1）線性趨勢擬合。線性趨勢擬合法，是利用以時間 t 作為解釋變量和指標值 Y 為被解釋變量的線性迴歸方法，對原時間數列進行擬合線性方程，消除其他成分變動，揭示時間數列的長期線性趨勢。線性方程的一般形式為：

$$Y_c = a + bt \qquad (10.28)$$

式中，Y_c 是時間數列的趨勢值，t 是時間標號，a 是趨勢線在 Y 軸上的截距，b 是趨勢線的斜率，表示時間 t 變動一個單位時趨勢值 Y_c 的平均變動數量。通常利用最小二乘法估計線性趨勢方程的參數，即：

$$\begin{cases} b = \dfrac{n \sum tY - \sum t \sum Y}{n \sum t^2 - (\sum t)^2} \\ a = \bar{Y} - b\bar{t} \end{cases} \qquad (10.29)$$

上式中，n 為時間數列中數據的項數，Y 為原時間數列中各項的原始數值。

【例10.13】根據表10.19 中年末人口數據，用最小二乘法確定直線趨勢方程，計算出各期的趨勢值，預測 2015 年的人口趨勢值，並將原數列和各期的趨勢值數列繪製成圖形

進行比較。

表 10.19　　　　　　　　　中國年末人口數及其趨勢值

年份	時間 t	年末人口數(萬人) Y_t	年末人口數的趨勢值 $\hat{Y}_t$
2001	1	127,627	127,854.57
2002	2	128,453	128,546.88
2003	3	129,227	129,239.19
2004	4	129,988	129,931.49
2005	5	130,756	130,623.80
2006	6	131,448	131,316.11
2007	7	132,129	132,008.42
2008	8	132,802	132,700.73
2009	9	133,450	133,393.03
2010	10	134,091	134,085.34
2011	11	134,735	134,777.65
2012	12	135,404	135,469.96
2013	13	136,072	136,162.26
2014	14	136,782	136,854.57

解：利用最小二乘法求得 $a \approx 127,162.264$，$b \approx 692.308$，線性趨勢方程為：

$$Y_c = 127,162.264 + 692.308t$$

將 $t = 1, 2, \cdots, 14$ 分別代入上式中，算出趨勢值列在表 10.19 中。預測 2015 年的人口趨勢值，即將 $t = 15$ 代入上式中，得到：

$$Y_c = 127,162.264 + 692.308 \times 15 = 137,546.879 (萬人)$$

原數列和各期的趨勢值數列繪製成圖如下：

有時，為簡化 a 和 b 的計算，可以使時間在重排后滿足 $\sum t = 0$，則式(10.29)變為

$$\begin{cases} b = \dfrac{\sum tY}{\sum t^2} \\ a = \dfrac{\sum Y}{n} \end{cases} \quad (10.30)$$

不過此時要注意：時間數列項數為奇數時，令中點時間為原點，原點以前各時間依次記作($-1, -2, -3, \cdots$)，原點以后各時間依次記作($1, 2, 3, \cdots$)。時間數列項數為偶數時，則中間兩個時間分別記作 -1 和 1，其他各時間依次記作($-3, -5, -7, \cdots$)和($3, 5, 7, \cdots$)。

我國人口數及趨勢圖

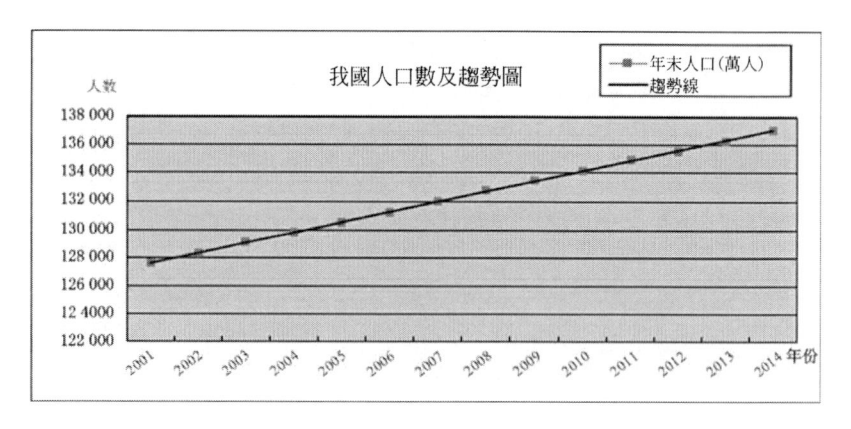

圖 10.3　中國人口數及長期趨勢圖

【例 10.14】用式（10.30）重新求上例的直線趨勢的擬合方程（參見表 10.20）。

解：設直線趨勢的擬合方程為

$$Y_c = a + bt$$

由表 10.20 可得（此時 $\sum t = 0$）

$$b = \frac{\sum tY}{\sum t^2} = \frac{315,000}{910} = 346.153,8$$

$$a = \frac{\sum Y}{n} = \frac{1,852,964}{14} = 132,354.571,4$$

所以，直線趨勢的擬合方程為：

$Y_c = 132,354.571,4 + 346.153,8t$

對照表 10.19 和表 10.20 可以看出，同一數列的時間原點取的位置不同，求得的擬合方程的參數 a 的值就不同，b 的值則分成相同和不相同兩種情況。但是按方程推算所得的各時間上的擬合值（Y_c）一定要相同。

表 10.20　　　　　　　　　擬合方程的參數值

年份	Y	t	tY	t^2	擬合值 Y_c
2001	127,627	-13	-1,659,151	169	127,854.57
2002	128,453	-11	-1,412,983	121	128,546.88
2003	129,227	-9	1,163,043	81	129,239.19
2004	129,988	-7	-909,916	49	129,931.49
2005	130,765	-5	-653,780	25	130,623.80
2006	131,448	-3	-394,344	9	131,316.11
2007	132,129	-1	-132,129	1	132,008.42

表10.20(續)

年份	Y	t	tY	t^2	擬合值 Y_c
2008	132,802	1	132,802	1	132,132,700.73
2009	133,450	3	400,350	9	133,393.03
2010	134,091	5	670,455	25	134,085.34
2011	134,735	7	943,145	49	134,777.65
2012	135,404	9	1,218,636	81	135,469.96
2013	136,072	11	1,496,792	121	136,162.26
2014	136,782	13	1,778,166	169	136,854.57
合計	1,852,964	0	315,000	910	

(2) 非線性趨勢擬合。若現象的發展呈非線性變化,則應對其作非線性曲線的擬合。非線性方程的形式多種多樣,最常見的有拋物線(即二次曲線)和指數曲線這兩種形式。

① 如果關於時間數列的歷史曲線大體呈現出拋物線狀,則可以使用最小平方法對現象變化趨勢作拋物線擬合。設拋物線方程為

$$Y_c = a + bt + ct^2$$

方程中三個待定參數 a、b、c 可用最小二乘法求得。由於有三個參數,運用最小二乘法可得到三個標準方程,即

$$\begin{cases} \sum Y = na + b\sum t + c\sum t^2 \\ \sum tY = a\sum t + b\sum t^2 + c\sum t^3 \\ \sum t^2 Y = a\sum t^2 + b\sum t^3 + c\sum t^4 \end{cases} \quad (10.31)$$

參照前面所述的方法,可使 $\sum t = 0$、$\sum t^3 = 0$,則式(10.31) 可簡化為

$$\begin{cases} \sum Y = na + c\sum t^2 \\ \sum tY = b\sum t^2 \\ \sum t^2 Y = a\sum t^2 + c\sum t^4 \end{cases} \quad (10.32)$$

【例10.15】設某企業一產品投放市場后2007—2015年銷售資料如表10.21所示,用最小平方法,求其拋物線擬合方程。

表10.21　　　　某企業某一產品2007—2015年銷售資料

年份	Y(萬件)	t	tY	t^2	$t^2 Y$	t^4	擬合值 Y_c
2007	5	−4	−20	16	80	256	3.4
2008	7	−3	−21	9	63	81	7.8
2009	10	−2	−20	4	40	16	11.1

表10.21(續)

年份	Y(萬件)	t	tY	t^2	t^2Y	t^4	擬合值 Y_c
2010	13	−1	−13	1	13	1	13.5
2011	15	0	0	0	0	0	14.8
2012	16	1	16	1	16	1	15.0
2013	14	2	28	4	56	16	14.3
2014	12	3	36	9	108	81	12.8
2015	11	4	44	16	176	256	10.1
合計	103	0	50	60	532	708	103.0

解：設拋物線擬合方程為：

$$Y_c = a + bt + ct^2$$

將表10.21中有關數據代入(10.30)式可得

$$\begin{cases} 103 = 9a + 60c \\ 50 = 60b \\ 532 = 60a + 708c \end{cases}$$

解聯立方程得

$a = 14.8 \qquad b = 0.83 \qquad c = -0.5$

所以，該產品2007—2015年銷售量變化的拋物線擬合方程是

$$Y_c = 14.8 + 0.83t - 0.5t^2$$

② 如果關於時間數列的歷史曲線大體呈現出指數曲線狀，則可以使用最小平方法對現象變化趨勢作指數曲線擬合。

設指數曲線方程為

$$Y_c = ab^t \qquad (10.33)$$

為了求出方程中的兩個參數 a 和 b，通過對式(10.33)兩邊求對數得

$$\ln Y_c = \ln a + t\ln b$$

設 $Y_c' = \ln Y_c$，$a' = \ln a$，$b' = \ln b$，則上式被化為直線擬合方程

$$Y_c' = a' + b't$$

只要使 $\sum t = 0$，借用式(10.30)可知

$$\begin{cases} b' = \dfrac{\sum t\ln Y}{\sum t^2} \\ a' = \dfrac{\sum \ln Y}{n} \end{cases} \qquad (10.34)$$

求反對數，可得參數 a、b 的值。

【例10.16】中國某區域國際互聯網用戶發展情況(2009—2015)如表10.22所示，用

最小平方方法,求其指數曲數擬合方程。

解：設指數曲線擬合方程為

$$Y_c = ab^t$$

將表 10.22 中有關數據代入(10.32)式可得：

$$b' = \frac{\sum t \ln Y}{\sum t^2} = \frac{38.43}{28} = 1.37$$

$$a' = \frac{\sum \ln Y}{n} = \frac{92.53}{7} = 13.22$$

求反對數,得 $a = 551,300$。所以,中國某區域國際互聯網用戶發展的指數擬合方程是 $Y_c = 551,300 \times (3.935)^t$

表 10.22　　中國某區域(2009—2015)國際互聯網用戶發展情況

年份	t	Y(用戶數)	$\ln Y$	$t \ln Y$	t^2	Y_c
2009	-3	7,213	8.88	-26.64	9	9,000
2010	-2	35,652	10.48	-20.96	4	36,000
2011	-1	160,157	11.98	-11.88	1	143,000
2012	0	676,755	13.43	0.00	0	551,000
2013	1	3,014,918	14.92	14.92	1	2,170,000
2014	2	5,021,717	15.43	30.86	4	8,538,000
2015	3	36,562,356	17.41	52.23	9	33,600,00
合計	0	45,478,768	92.53	38.43	28	45,047,000

三、時間數列季節與循環變動分析

(一) 季節變動的測定

季節變動的測定目的在於計算出季節指數,季節指數反應季節的實際數量與理論數量的差異,通常用比值表示。

$$季節指數 = \frac{各季實際值}{各季期望值} \tag{10.35}$$

1. 按月(季) 平均法

按月(季) 平均法是將全年的總量分配到每個月份,作為當月的理論數量,再以各月的實際數量進行比較。

這種方法是測定季節變動最簡便的方法,其特點是測定季節變動時,不考慮長期趨勢的影響。它是以若干年資料數據求出同月(季) 的平均水平與全年各月(季) 水平,二者對比得出各月(季) 的季節指數來表明季節變動的程度。季節指數是用來刻畫數列在一個年度內各月或季的典型季節特徵,反應某一月份或季度的數值占全年平均數值的大小。

如果現象的發展沒有季節變動,則各期的季節指數應等於100%,季節變動的程度是根據各季節指數與其平均數(100%)的偏差程度來測定,如果某一月份或季度有明顯的季節變化,則各期的季節指數應大於或小於100%。

同期平均法的具體步驟如下:
(1) 列表,將各年同月(季)的數值列在同一欄內;
(2) 將各年同月(季)數值加總,求出月(季)平均;
(3) 將所有月(季)數值加總,求出總的月(季)平均;
(4) 求季節指數 S = 各月(季)平均 / 全期各月(季)平均 × 100%。
(5) 計算出來的季節比率之和應該等於1,200%(或400%),但實際上由於計算過程的四捨五入近似處理,往往季節比率之和與理論值不符,需要進行調整,即用調整系數乘以各未調整的季節比率,調整系數的計算式如下:

$$調整系數(K) = \frac{1,200\%(或400\%)}{未調整季節比率之和} \quad (10.36)$$

【例10.17】根據表10.23中數據用按月(季)平均法計算季節指數,並假設今年4月份禽蛋增加值100萬元,預計今年10月份的禽蛋增加值為多少?

解:第一步:列表,將各年同月的數值列在同一欄內;
第二步:將各年同月數值加總,求出月平均;
第三步:將所有月數值加總,求出總的月平均;

$$各月總平均 = \frac{2,667}{60} = 44.45(萬元)$$

第四步:求季節指數 S = 各月(季)平均 / 全期 各月(季)平均 × 100%。季節指數之和等於1,200%,不需調整。

第五步:畫出季節指數圖
第六步:預測10月份的禽蛋增加值。

$$10月份產量增加值 = \frac{100}{213} × 176 = 82.63(萬元)$$

表10.23　　　　　　　　　某禽蛋加工廠增加值資料

單位:萬元

月份	1	2	3	4	5	6	7	8	9	10	11	12
第一年	10	50	80	90	50	20	8	9	10	60	50	20
第二年	15	54	85	93	51	22	9	9	11	75	54	22
第三年	22	60	88	95	56	23	9	10	14	81	51	23
第四年	23	64	90	99	60	30	11	12	15	85	59	25
第五年	25	70	93	98	62	30	13	14	19	90	61	28
月平均數	19	60	87	95	56	25	10	11	14	78	56	24
季節比率%	43	134	196	213	125	57	22	24	31	176	126	53

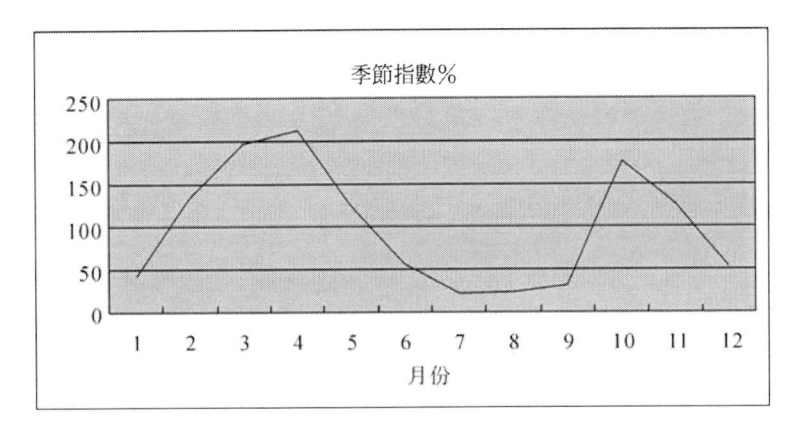

圖 10.4　禽蛋加工增加值的季節指數

　　按月(季)平均法計算簡單,易於理解。但採用這一方法的前提是假定原時間數列的資料沒有明顯的長期趨勢變動和循環波動。(長期趨勢是水平變動也可)。但實際上,許多時間數列所包含的趨勢變動和循環波動,很少能通過平均予以消除。當時間數列存在明顯的趨勢變動時,該方法計算的季節指數不夠準確。當存在劇烈的上升趨勢時,年末季節指數明顯高於年初的季節指數;當存在下降趨勢時,年末的季節指數明顯低於年初季節指數。因此,對於長期趨勢比較明顯的時間數列,測定其季節變動,需要在計算季節指數之前,先剔除長期趨勢變動因素,然后計算季節指數,這種先剔除趨勢變動因素,而后計算季節指數的方法,就稱趨勢剔除法。

2. 趨勢剔除法

　　在具有明顯的長期趨勢變動的數列中,為了測定季節變動,必須先將長期趨勢變動因素加以剔除。假定長期趨勢、季節變動、循環變動和不規則變動對時間數列的影響可以用乘法模型來反應,為了精確計算季節指數,首先設法從數列中消除趨勢因素(T),然后再用平均的方法消除循環變動(S),從而分解出季節變動成分。具體的步驟如下:

　　(1)計算移動平均值(季度數據採用 4 項移動平均,月份數據採用 12 項移動平均),並將其結果進行「中心化」處理,得到各期的長期趨勢值 T。

　　(2)計算移動平均的比值,即將數列的各觀察值除以相應的中心化移動平均值,得到包含了循環變動和不規則變動的季節變動指數 $S \times C \times I$。

$$S \times C \times I = \frac{T \times S \times C \times I}{T} = \frac{Y_t}{T} \tag{10.37}$$

　　(3)用平均的方法消除循環變動和不規則變動,計算出各比值的季度(或月份)平均值,即季節指數。

　　(4)季節指數調整,各季節指數的平均數應等於 1 或 100%,若根據第三步計算的季節比率的平均值不等於 1 時,則需要進行調整,具體方法是:將第三步計算的每個季節比率的平均值除以它們的總平均值。

　　【例 10.18】按趨勢剔除法計算表 10.24 中某企業電視機銷售量的季節指數。

表 10.24　　　　　　　　某企業四年的季度電視機銷售量

單位：千臺

年＼季度	第一季度	第二季度	第三季度	第四季度
第一年	4.8	4.1	6	6.5
第二年	5.8	5.2	6.8	7.4
第三年	6	5.6	7.5	7.8
第四年	6.3	5.9	8	8.4

解：首先，將用移動平均法求得長期趨勢值 T_t，然後利用公式 $S \times C \times I = Y_t/T$ 計算出各季的包含了循環變動和不規則變動的季節變動指數，如表10.25所示。

表 10.25　　　　　　　　電視機銷售量季節指數計算表（一）

年	季度	銷售量（千臺）Y_t	四季移動平均	移正平均 T	季節—不規則值 $S \times C \times I$
第一年	1	4.8			
	2	4.1	5.350		
	3	6.0	5.600	5.475	1.096
	4	6.5	5.875	5.738	1.113
第二年	1	5.8	6.075	5.975	0.971
	2	5.2	6.300	6.188	0.840
	3	6.8	6.350	6.325	1.075
	4	7.4	6.450	6.400	1.156
第三年	1	6.0	6.625	6.538	0.918
	2	5.6	6.725	6.675	0.839
	3	7.5	6.800	6.763	1.109
	4	7.8	6.875	6.838	1.141
第四年	1	6.3	7.000	6.938	0.908
	2	5.9	7.150	7.075	0.834
	3	8.0			
	4	8.4			

其次，利用同季平均的方法計算出電視機銷售量時間數列的季節指數，消除循環變動和不規則變動。求得的季節指數分別是 0.93、0.84、1.09、1.14，如表10.26。

表 10.26　　　　　　　　電視機銷售量季節指數計算表(二)

季節變動指數	第一季度	第二季度	第三季度	第四季度
第一年			1.096	1.113
第二年	0.971	0.840	1.075	1.156
第三年	0.918	0.839	1.109	1.141
第四年	0.908	0.834		
各季平均	0.932	0.838	1.093	1.137
季節指數(%)	93.2	83.8	109.3	113.7

如果上一步求得的四個季節指數的平均數不為1,還要進行調整,先求得四個季節指數的總平均數,再用四個季節指數和總平均數的比例作為最後的季節指數。該例題中上一步計算的四個季節指數的平均數已經為1,所以不用再進行調整。

(二) 循環變動的測定

1. 利用殘余法測定循環變動

循環變動各個時期有不同的原因,變動的程度也有自己的特點,這和季節變動基於大體相同的原因和相對穩定的週期形成對照,所以不能用測定季節變動的方法來研究循環變動。通常用殘余法測定循環變動的程度。基本思想是:對各期時間數列資料用長期趨勢和季節比率消除趨勢變動和季節變動,而得出反應循環變動與不規則變動的數列,然後再採用移動平均法消除不規則變動,便可得出反應循環變動程度的各期循環變動系數。

$$Y_t = T \times S \times C \times I$$

$$\frac{Y_t}{T \times S} = \frac{T \times S \times C \times I}{T \times S} = C \times I \qquad (10.38)$$

將 $C \times I$ 數列進行移動平均修勻,則修勻后的數列即為各期循環變動的系數。

測定循環變動的程度,認識經濟波動的某些規律,預測下一個循環變動可能產生的各種影響,以便充分利用有利因素,避免不利因素,對於保持國民經濟持續穩定的發展有重要的意義。但是循環變動預測和長期趨勢預測不同,循環變動主要屬於景氣預測,在很大程度上要依靠經濟分析,僅僅對歷史資料的統計處理是不夠的。

2. 景氣分析方法

(1) 景氣分析的含義。景氣是對經濟發展狀況的一種綜合性描述,指經濟活躍的程度。經濟景氣研究源於西方,已經有100多年的歷史,經濟景氣監測的實踐在這100多年中雖然幾度興衰,但方法日臻完善,監測結果也逐漸成為各國政府制定經濟政策的重要依據。經濟景氣指數就像晴雨表一樣,指示著經濟的上升和下降、繁榮和蕭條。在中國,隨著市場經濟改革的不斷深入,經濟景氣理論與方法的研究也逐漸興起。

景氣監測就是對經濟的週期波動進行監測,並預測經濟波動的轉折點。經濟的週期波動一般是指經濟運行過程中交替出現的擴張和收縮、繁榮與蕭條、高漲與衰退現象。經濟波動大都由一個經濟擴張期和接下來的經濟收縮期構成,並用「峰頂」和「谷底」分別

表示兩個階段的轉折點。從統計角度講，經濟波動主要是指經濟運行中經濟增長率的升降，而不是指增長方向的逆轉；在擴張期，經濟增長率呈上升的趨勢；而在收縮期，經濟增長率呈下降的趨勢。經濟的週期性波動又稱景氣循環。通常，我們把經濟變量由一個谷底到下一個谷底，經歷一次擴張和收縮的過程視為一個週期。經濟波動是經濟領域客觀事物運動的必然表現，無論是何種經濟制度的國家都是難以完全避免的。因此，如何避免經濟的大波動，保持經濟的穩定發展，一直是各國政府和經濟學家在宏觀調控與決策中優先考慮的課題之一。

宏觀經濟景氣分析方法，是在大量的統計指標基礎之上，篩選出具有代表性的指標，建立一個經濟監測指標體系，並以此建立各種指數或模型來描述宏觀經濟的運行狀況和預測未來走勢。由於這套指標的描述和預測功能，我們也稱該指標體系為宏觀經濟的「晴雨表」或「報警器」。但它之所以能像「晴雨表」或「報警器」那樣發揮監測和預警的作用，第一是因為經濟本身在客觀上存在著週期波動；第二是因為在經濟波動過程中，經濟運行中的一些問題可以通過一些指標率先暴露或反應出來。

經濟波動由一個上升期或擴張期（*Expansion*）和隨之而來的下降期或收縮期（*Contraction*）組成。進一步的細分，可分為四個階段。

① 復甦期：*Recovery*，由谷底到繁榮轉折點。
② 繁榮期：*Prosperity*，由繁榮轉折點到峰。
③ 衰退期：*Recession*，由峰到蕭條轉折點。
④ 蕭條期：*Depression*，由蕭條轉折點到谷。

利用景氣指數進行分析，就是用經濟變量之間的時差關係指示景氣動向。首先是確定時差關係的參照系，即基準循環，編製景氣循環年表；其次，根據基準循環選擇先行、同步、滯後指標；最後編製擴散指數和合成指數來描述總體經濟運行狀況、預測轉折點。

先行指標：也叫領先指標。利用這些指標可以事先預測總體經濟運行的峰和谷。如機械產品訂貨、股票指數、廣義貨幣 $M2$ 等。一致指標，也叫同步指標。這些指標峰與谷出現的時間與總體經濟運行峰與谷出現的時間一致，可以綜合地描述總體經濟所處狀態。如工業總產值，社會消費品零售總額等。滯後指標是對總體經濟運行中已經出現的峰和谷的一種確認，如利息率、庫存等。對這些指標進行逆轉，也可以得到很好的先行指標。這些先行、一致、滯後指標，共同構成了景氣指標體系。

編製景氣指數的最主要的目的就是預測經濟週期波動的轉折點，如果先行指數走出谷底，出現回升，預示著同步指數在若干個月後也會回升，也就是總體經濟將出現復甦，而滯後指標則是對同步指數的確認，也就是再過幾個月以後滯後指標也會出現回升。

（2）景氣指標的選擇。在運用經濟指標進行景氣變動的分析與預測時，首先應選定景氣指標。選擇標準一般為如下五個方面：

① 經濟的重要性。一是經濟活動進程的重要性，二是指標內涵的廣度和深度。為了把握景氣變動的全貌，需要選擇能代表各經濟活動的保險系數大的指標。如在生產領域中，日本是選擇包含整個行業的工礦業生產指數作為景氣指標的。

② 景氣對應性。景氣指標也應該具有明顯的循環性變動的特徵。相對於景氣變動不敏感的指標，不論有多麼重要的經濟性，也不能納入景氣指標系列。

③ 時間的規則性。即所選指標與景氣轉換點的時間關係具有相對的穩定性。指標的波動傾向與基準循環中波動的趨勢基本一致,時間數列的變動能呈現出週期性,並能說明和標出該週期的起訖時間,而且要求一個週期長度不得少於 15 個月,要求繁榮和衰退階段不得少於 5 個月,以排除短期波動和不規則變動的影響,要求數列的隨機擾動較小。

④ 統計的充足性。指所選指標對於景氣觀測具備必要的統計條件。用景氣指標進行預測,主要是通過分析過去的歷史推斷未來狀況。為了檢驗景氣對應性和時間的規則性,需要長期的誤差較小的經濟統計。景氣變動通常具有數年的週期,一般要求有 8 ~ 10 年,約 100 個月的樣本數據才能滿足分析的要求,至少也要有覆蓋二至三個循環的數據。

⑤ 數據的速報性。景氣分析一般用於短期分析,對景氣判斷與預測來說,數據的速報性是極其重要的。數據的時間性測量單位分為月份、季度、半年度和年度四種。在景氣觀測上,時間單位以小為宜。為此,要高度重視速報性高的月份數據。

(3) 國家統計局選擇的景氣指標。

① 先行指標(10 項):外貿出口收匯,農副產品收購額,鋼材原材料庫存,水泥原材料庫存,木材原材料庫存,基本建設財政撥款,財政支出,工業貸款,農業貸款,一次能源生產總額。

② 同步指標(9 項):工業總產值,工業銷售收入,國內商業純購進,國內商業純銷售,社會商品零售額,貨幣供應量,銀行現金工資性支出,鐵路貨運量,發電量。

③ 滯后指標(5 項):國內商業庫存,基本建設投資完成額,財政收入,財政存款,商業貸款。

(4) 擴散指數的計算。在研究經濟動向指標分析問題中,在一群指標範圍內,分別根據不同指標類型,計算一群景氣循環指標中擴張狀態的指數數目占全部指標數的百分比。公式如下:

$$DI_t = \frac{\text{上升的週期指標數目}}{\text{週期指標總數}} \times 100\% \qquad (10.39)$$

第一步:首先計算各指標各年月距環比發展速度,然后消除季節變動和不規則變動影響,從而使各指標數列比較穩定地反應循環波動。

第二步:將每個指標各年月距環比發展速度與其比較基期的發展速度相比,若當月值大,則為擴張,此時 $I = 1$;若當月值小,則為收縮,此時 $I = 0$;若兩者基本相等,則 $I = 0.5$。

第三步:將這些指標升降應得的數值相加,即得出「擴張的指標數」,即在 t 時刻擴張的變量個數。

第四步:以擴張指標數除以全部指標數,乘以 100%,即得 t 時刻的擴散指數(DI_t)。

DI_t 按其數值從 0 ~ 1 分為五段,分別以藍、淺藍、綠、黃、紅五種燈號進行標註,用以反應綜合景氣狀況的「紅燈」「黃燈」「綠燈」「淺藍燈」和「藍燈」五種狀態,如圖 10.5,反應某省 1986—2006 年社會經濟綜合景氣狀況,每種狀態既表示當前的景氣狀況,又表示針對這種狀況應採取的宏觀政策取向。例如,「紅燈」表示景氣過熱,應當控制需求的增長,避免或降低通貨膨脹率;「藍燈」表示經濟冷縮,應當刺激需求,提高增長速度,避免或降低失業。

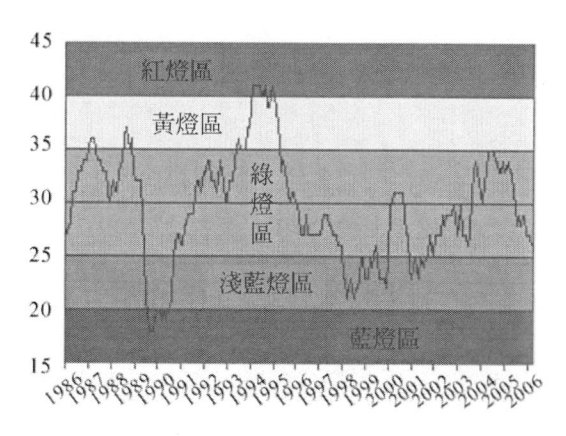

圖 10.5　某省 1986—2006 年社會經濟綜合景氣狀況

本章小結

　　時間序列是指把反應社會經濟現象的同一指標在不同時間上的指標數值，按時間先后順序排列起來形成的序列；編製時間序列，對時間序列進行分析和研究，是計算動態分析指標、考察現象發展變化的方向和速度、預測現象發展趨勢的基礎；時間序列按統計指標表現形式不同，分為總量指標時間序列、相對指標時間序列和平均指標時間序列三種；編製時間序列的原則是各時期指標數值可比性得到保證，可比性要求時間序列中各個指標數值反應的時間長短統一、總體範圍一致、計算方法統一、經濟內容統一；利用時間序列研究事物發展變化的趨勢和規律，一般有兩種不同方法：一種是指標分析法，另一種是構成因素分析法。

　　動態分析指標主要分為兩大類：現象發展的水平指標和現象發展的速度指標。水平分析指標有：發展水平、平均發展水平、增長量、平均增長量，速度分析指標有：發展速度、增長速度、平均發展速度和平均增長速度。這些指標不僅可以概括現象發展變化的過程和特點，而且是進行縱向、橫向比較評價的依據。

　　時間數列構成因素分析法是對時間數列進行分解，從中抽象出長期趨勢、季節變動、循環變動和不規則變動，並加以測定，可以更具體地認識時間序列的特徵和便於選擇預測模型。長期趨勢測定的主要方法是移動平均法和用最小平方法擬合線性或非線性模型；測定季節變動則有按月平均法和長期趨勢剔除法；測定循環變動和不規則變動通常用殘余法。

中英文對照專業名詞

時間數列綜合指標	Time Series
發展水平	Development Level
報告期水平	Current Level
基期水平	Base Level
序時平均數	Chronological Average
增減量	Growth Quantity
發展速度	Development Speed
增長速度	Growth Speed
長期趨勢	Secular Trend
季節變動	Seasonal Fluctuation
循環變動	Cyclical Movement
不規則變動	Irregular Variations
移動平均	Moving Average
季節比率	Seasonal Ratio
擴散指數	Diffusion Indexes

思考與練習

思考題

1. 簡述時間數列的概念和種類。
2. 時期數列和時點數列有什麼區別?
3. 什麼是發展水平、增減量、平均增減量、發展速度和增減速度?定基發展速度和環比發展速度、發展速度與增減速度的關係如何?
4. 什麼是平均發展水平?它的計算可以分成幾種情況?
5. 時間數列可以分解為哪幾種因素?各種因素的基本概念是什麼?

練習題

1. 某種股票2015年各統計時點的收盤價如表10.27所示,計算該股票2015年的年平均價格。

表10.27　　　　某種股票2015年各統計時點的收盤價

統計時點	1月1日	3月1日	7月1日	10月1日	12月31日
收盤價(元)	15.2	14.2	17.6	16.3	15.8

2. 某企業 2015 年 9—12 月月末職工人數資料如表 10.28 所示。

表 10.28　　　　　　　　　　　職工人數　　　　　　　　　　單位：人

日　　期	9 月 30 日	10 月 31 日	11 月 30 日	12 月 31 日
職工人數	1,400	1,510	1,460	1,420

計算該企業第四季度的平均職工人數。

3. 2010—2015 年各年底某企業職工人數和工程技術人員數資料如表 10.29 所示。

表 10.29　　　　2010—2015 年年末職工人數和工程技術人員數

年　　份	2010	2011	2012	2013	2014	2015
職工人數	1,000	1,020	1,085	1,120	1,218	1,425
工程技術人員數	50	50	52	60	78	82

試計算工程技術人員占全部職工人數的平均比重。

4. 某機械廠 2015 年第四季度各月產值和職工人數資料如表 10.30 所示，試計算該季度平均勞動生產率。

表 10.30　　　　某機械廠 2015 年第四季度各月產值和職工人數

月份	10	11	12
產值(元)	400,000	46,200	494,500
平均職工人數(人)	400	420	430
月平均勞動生產率(元)	1,000	1,100	1,150

5. 某地區糧食總產量如表 10.31 所示。

表 10.31　　　　　　　　　某地區糧食總產量

年　　份	2006	2007	2008	2009	2010	2011	2012	2013	2014	2015
產量(萬噸)	230	236	241	246	252	257	262	276	281	286

要求：

（1）試檢查該地區糧食生產發展趨勢是否接近於直線型？

（2）如果是直線型，用最小平方法配合直線趨勢方程。

（3）預測 2016 年的糧食產量。

6. 某產品專賣店 2013—2015 年各季度銷售額資料如表 10.32 所示。

表 10.32　　　　　某產品專賣店 2013—2015 年各季度銷售額

年份	一季度	二季度	三季度	四季度
2013	51	75	87	54
2014	65	67	82	62
2015	76	77	89	73

要求：採用按季平均法和移動平均趨勢剔除法計算季節指數。

案例討論

討論目的：正確計算和運用動態分析指標；掌握長期趨勢的測度方法及其運用；掌握 Excel 在長期趨勢分析中的應用。

資料：2006—2014 年中國彩色電視機生產量

表 10.33　　　　　2006—2014 年中國彩色電視機生產量　　　　　單位：萬臺

年份	2006	2007	2008	2009	2010	2011	2012	2013	2014
產量	8,375	8,478	9,187	9,899	11,830	12,231	12,824	12,745	14,129

註：表中數據精確度只保留到個位。
（資料來源：中國統計年鑒 2015[EB/OL]. http://www.stats.gov.cn）

討論分析：

(1) 通過哪些指標可以描述 2006—2015 年中國彩色電視機生產量水平的變化？怎麼計算？

(2) 通過哪些指標可以描述 2006—2015 年中國彩色電視機生產量速度的變化？怎麼計算？

(3) 通過什麼方法可以形象地描述 2006—2015 年中國彩色電視機生產量的變化過程及其發展變化趨勢？

(4) 通過什麼方法可以測度 2006—2015 年中國彩色電視機生產量的發展變化趨勢？

第十一章 統計指數

統計指數是一種非常重要的統計分析方法,它在社會經濟活動中的應用很廣泛,既可以用於動態分析,又可以用於靜態分析。本章所談及的指數是側重於從動態上來分析複雜社會經濟現象總體數量綜合變動程度的。

第一節 統計指數概述

一、統計指數的意義

(一) 統計指數的概念

統計指數的概念產生於18世紀的后半期,最早計算的是價格指數。價格指數是說明商品價格變動情況的比較指標,一般用相對數表示,反應商品價格的漲落情況。

統計指數,簡稱指數。最早的指數是用於反應某種物品價格的變動。隨著指數在經濟領域各個方面的運用推廣,指數的概念也有了進一步的擴展,已超出了動態對比的範疇,延伸至靜態的領域。迄今為止,統計指數有廣義與狹義之分。廣義的指數是指同類社會經濟現象數量對比的相對數,包括動態相對數、比較相對數、計劃完成程度相對數等。狹義的指數是一特殊的動態相對數,是反應由不能直接加總的多要素所構成的複雜社會經濟現象總體數量綜合變動程度的動態相對數。例如,中國國家統計局編製的零售物價指數、居民消費價格指數等。本章主要介紹狹義的指數。

(二) 統計指數的作用

統計指數被廣泛用於分析研究社會經濟現象的數量關係,其主要作用如下:

(1) 利用統計指數可以綜合反應複雜社會經濟現象變動的方向和程度。複雜社會經濟現象往往是由不能直接相加的許多個別事物構成的,統計指數的主要作用就在於對這些複雜總體能夠進行科學綜合,並能反應其總的變動方向和變動程度。指數的計算結果一般是用百分比來表示的。這個百分比大於或小於100%,表示升降變動的方向,比100%大多少或小多少,就是升降變動的程度。例如,某市商品零售價格總指數為110%,說明報告期與基期相比,各種商品的零售價格可能有升有降,但總的來說是上升的,上升的幅度為10%。此外,在總指數的計算中,由於指數的子項與母項是兩個總量指標,所以我們還可以通過子項與母項的差額來分析由於指數變動后所產生的實際效果。

(2) 利用統計指數(體系)可以分析受多種因素影響的複雜現象數量總變動中,各因

素的影響方向和影響程度。社會經濟現象的數量變動往往是許多因素共同作用的結果。例如,商品銷售額的變動要受商品銷售量和商品銷售價格兩個因素的影響;企業生產多種產品的某種主要材料支出總額的變動要受產品產量、單位產品原材料消耗量和單位材料的購進價格三個因素的影響。統計指數是利用各因素之間的聯繫編製成指數體系,再運用指數體系中各指數之間的數量關係來分析現象總變動中各個因素的變動對其所產生的影響。例如,為了研究商品銷售額的變動,就必須計算商品銷售量變動的總指數以及商品銷售價格變動的總指數。

(3) 利用統計指數可以測定平均指標變動中各組標誌值水平和總體構成變動的影響程度。在分組條件下,平均指標的變動,除取決於各組標誌值水平的變動外,還受總體結構變動的影響。例如,企業職工平均工資的變動,不僅取決於各類職工工資水平的變動,而且還取決於各類職工人數占職工總人數比重的變動。運用統計指數可以分析這兩個因素變動對全部職工平均工資的影響方向和程度。

(4) 利用統計指數可以研究事物在長時間內的變動趨勢。運用編製的動態指數所形成的連續指數數列,可以對所研究的社會經濟現象總體在長時間內的發展變化趨勢進行分析。同時,還可以把反應不同現象而又有聯繫的指數數列加以比較分析。例如,將工業品零售價格指數數列與農產品收購價格指數數列作對比,可獲得工農業產品的綜合比價指數數列,從而分析工農業產品交換過程中的價格變化趨勢。

二、統計指數的種類

為了研究的需要,統計指數可以按照不同的標誌進行分類,常用的分類有下列幾種:

1. 個體指數與總指數

統計指數按其所反應的對象範圍不同,可分為個體指數和總指數。

個體指數是反應某一個別現象或單一現象數量變動的相對數,屬於廣義指數。例如,說明一種工業產品產量變動的個體產量指數;說明一種商品價格變動的個體價格指數等。個體指數是報告期水平與基期水平的比值。常用的個體指數有:

個體物量指數 $k_q = \dfrac{q_1}{q_0}$, q_0 與 q_1 分別代表基期與報告期的物量;

個體價格指數 $k_p = \dfrac{p_1}{p_0}$, p_0 與 p_1 分別代表基期與報告期的價格;

個體成本指數 $k_z = \dfrac{z_1}{z_0}$, z_0 與 z_1 分別代表基期與報告期的成本。

總指數是反應由不能直接相加的許多個別事物構成的現象總體數量變動的相對數,屬於狹義指數。例如,說明多種產品產量總變動的產量指數,說明多種商品零售價格總變動的零售價格指數等。總指數根據編製形式不同,可以分為綜合指數和平均(數) 指數。

指數分析法常常與統計分組法結合運用,即對總體進行分類(分組),並按類(組) 編製指數,這樣在總指數與個體指數之間又產生了一個類(組) 指數。如全部商品價格總指數與每種商品價格個體指數之間,還可以編製食品類、服裝類、烟酒類、日用品類等類指數。類指數實質上也是總指數,因為它也是反應不能直接相加的複雜現象總體數量綜合

變動情況的相對數。

2. 數量指標指數與質量指標指數

按指數化指標性質的不同，統計指數可分為數量指標指數與質量指標指數。

數量指標指數是反應現象總體的規模、水平等數量指標變動情況的相對數。如銷售量指數、職工人數指數等。

質量指標指數是反應管理水平、工作質量等質量指標變動情況的相對數。如成本指數、價格指數、勞動生產率指數等。

3. 定基指數與環比指數

統計指數按其在指數數列中所採用的基期不同，可分為定基指數和環比指數。

指數數列是指將不同時期的某種指數按時間先後順序加以排列而形成的數列，它是一種相對數動態數列。定基指數是指在指數數列中各個指數都以某一固定時期為對比基期而編製的指數；環比指數是指在指數數列中各個指數都以其前一期為對比基期而編製的指數。可見，定基指數的基期不依分析時期的變化而變化，可用來反應現象在一個較長時期的變動情況；而環比指數的基期隨報告期的變化而變化，可用來反應被研究現象逐期變動的情況。

4. 動態指數與靜態指數

統計指數按其對比的兩個數值是否為同一時間，可分為動態指數與靜態指數。

動態指數是指研究對象在兩個不同時間的數值對比而形成的指數，指數本來的含義就是動態指數，動態指數是指數分析法的基礎。

靜態指數是動態指數的推廣，它是指研究對象在同一時間條件下兩個不同數值相比較而形成的指數。這兩個數值可以是兩個不同空間同類現象的數值，如比較相對指標；也可以是同一時間、同一空間的實際指標與計劃指標，如計劃完成情況指數。

5. 現象總體指數與影響因素指數

統計指數按其在指數體系中所處的位置與作用不同，可分為現象總體指數與影響因素指數。

現象總體指數是指包括兩個或兩個以上因素同時變動的相對數。如銷售額指數，既有銷售量的變動，同時也有價格的變動。

影響因素指數是指只有一個因素變動，並從屬於某一現象總體指數的相對數，如銷售量指數，只有銷售量一個因素變動，並從屬於銷售額指數；如價格指數，只有價格一個因素變動，並從屬於銷售額指數。

現象總體指數與影響因素指數的關係不能隨意形成，而是由現象的客觀聯繫決定的。如「銷售額 = 銷售量 × 價格」，由此形成了「銷售額指數 = 銷售量指數 × 價格指數」的關係。

第二節　總指數的編製方法

總指數有兩種表現形式：一是綜合指數、二是平均（數）指數。綜合指數是直接以被研

究現象總體中的兩個總量指標為基礎編製的總指數,它是總指數的基本形式;平均指數是以被研究現象總體中的個體指數為基礎,對若干個體指數進行加權平均而編製的總指數,它是綜合指數的變形,但又具有相對獨立的意義。

一、綜合指數

(一) 綜合指數的概念

綜合指數是將不能同度量的個別現象的量,通過另一因素作媒介,使其過渡為可同度量的量,然后再將過渡后的報告期數值與基期數值進行對比,來綜合說明複雜現象總體數量的變動方向和變動程度。

例如,要研究全國工業產品產量的變動,首先遇到的一個問題是各種不同類的產品產量不能直接相加,如一噸鋼材和一萬雙皮鞋是不能直接相加的。這在統計上就是不能同度量。這些產品為什麼不能同度量呢?這是因為不同種類產品的使用價值不同,計量單位不同。馬克思指出:「作為使用價值,商品首先有質的差別。」因此,不同質的使用價值,是不能同度量的。但是,在商品貨幣存在的條件下,各種商品有一個共同點,即它們都是人類一般勞動的凝結物,這就是商品的價值量。作為商品的價值量,都是同質的。由此,我們可以找到一條把不可同度量的現象,過渡到可以同度量的途徑。這就是把具有不同使用價值的各種產品,由使用價值形態變為價值形態。例如,可以將不同使用價值的產品數量乘以其價格,即:

產品產量 × 產品價格 = 總產值

商品銷售量 × 商品價格 = 商品銷售額

這樣,具有不同使用價值的產品產量和商品銷售量,通過價格這個因素過渡到可以同度量的價值量。

(二) 綜合指數的編製

1. 數量指標綜合指數的編製

現以表 11.1 中的商品銷售量資料為例,說明數量指標綜合指數的編製原則和方法。

表 11.1　　　　　　某商業企業的商品銷售量與商品價格資料

商品名稱	計量單位	銷售量 基期 q_0	銷售量 報告期 q_1	價格(元) 基期 p_0	價格(元) 報告期 p_1
甲	臺	100	115	100	120
乙	噸	200	220	50	50
丙	件	300	280	20	15
合計	—	—	—	—	—

根據表 11.1 資料,可以計算出三種商品的銷售量個體指數:

甲商品:$K_q = \dfrac{q_1}{q_0} = \dfrac{115}{100} = 115.00\%$

乙商品:$K_q = \dfrac{q_1}{q_0} = \dfrac{220}{200} = 110.00\%$

丙商品：$K_q = \dfrac{q_1}{q_0} = \dfrac{280}{300} = 93.33\%$

從計算結果來看，甲、乙兩種商品的報告期銷售量與基期銷售量相比都增長了，而丙商品的報告期銷售量比基期降低了6.67%。那麼三種商品銷售量的綜合變動情況是多少呢？為此要計算銷售量綜合指數。其編製原則與過程如下：

（1）加入同度量因素，使不能直接相加的個別現象的量轉化為可以相加的量。編製銷售量指數，要求把各種商品報告期與基期的銷售量分別加總，然後將兩個時期的銷售總量進行對比。但是，由於各種商品的使用價值不同，計量單位不同，因而其銷售量不能直接相加。因此，需要加入價格這個同度量因素，將各種商品的銷售量乘以其單位價格，得出每一種商品的銷售額：

商品銷售量 × 價格 = 商品銷售額

在這裡，商品銷售量是被研究對象，即要說明變動方向和變動程度所指的事物，統計中稱為指數化因素；價格將不能同度量的銷售量轉化為可以同度量的銷售額，是起媒介作用的事物，統計中稱為同度量因素。這一因素不僅起到媒介作用，還有權數的作用。

通過價格這個同度量因素，將兩個不同時期各種商品的銷售量轉化為銷售額后，再進行加總對比，即得銷售額總指數的計算公式：

$$\bar{K}_{qp} = \dfrac{\sum q_1 p}{\sum q_0 p}$$

計算的是銷售額總指數，而銷售額的總變動是受商品銷售量與商品價格兩個因素共同影響的。因此，要想單純反應銷售量綜合變動情況的總指數，就必須從銷售額的變動中排除同度量因素（價格）變動的影響。

（2）固定同度量因素，排除同度量因素變動的影響。通過商品價格這個同度量因素，解決了三種商品銷售量不同度量的問題，但是，這裡對比的是銷售額，其仲介入了價格因素。要想從兩個時期的銷售額對比中單純地反應出多種商品銷售量總的變動情況，就必須假定價格因素沒有變動，即報告期與基期所用的價格要相同，或者用基期價格，或者用報告期價格，或者用某一時期的不變價格等。由此可形成以下計算公式：

第一，以基期價格作為同度量因素，其銷售量總指數的公式為：

$$\bar{K}_q = \dfrac{\sum q_1 p_0}{\sum q_0 p_0} \qquad (11.1)$$

以基期價格作為同度量因素的數量指標綜合指數計算公式是1864年德國學者拉斯佩爾首次提出的，因此被稱為拉氏公式。

運用這一公式，以表11.2中資料計算的三種商品銷售量總指數為：

$$\bar{K}_q = \dfrac{\sum q_1 p_0}{\sum q_0 p_0} = \dfrac{28,100}{26,000} = 108.08\%$$

計算結果表明，三種商品的銷售量綜合指數為108.08%，報告期的銷售量比基期增長了8.08%；由於三種商品的報告期銷售量比基期增長了8.08%，在價格不變的條件

下,使得銷售額增加的絕對量為:

$$\sum q_1p_0 - \sum q_0p_0 = 28,100 - 26,000 = 2,100(元)$$

表 11.2　　　　　　　　　　綜合指數計算表

商品名稱	計量單位	銷售量 基期 q_0	銷售量 報告期 q_1	價格(元) 基期 p_0	價格(元) 報告期 p_1	銷售額(元) 基期 p_0q_0	銷售額(元) 報告期 p_1q_1	銷售額(元) 假定 p_1q_0	銷售額(元) 假定 p_0q_1
甲	臺	100	115	100	120	10,000	13,800	12,000	11,500
乙	噸	200	220	50	50	10,000	11,000	10,000	11,000
丙	件	300	280	20	15	6,000	4,200	4,500	5,600
合計	——	——	——	——	——	26,000	29,000	26,500	28,100

第二,以報告期價格作為同度量因素,其銷售量總指數的公式為:

$$\bar{K}_q = \frac{\sum q_1p_1}{\sum q_0p_1} \tag{11.2}$$

以報告期價格作為同度量因素的數量指標綜合指數計算公式是 1874 年德國學者派許首次提出的,因此被稱為派氏公式。

運用這一公式,以表 11.2 中資料計算的三種商品銷售量總指數為:

$$\bar{K}_q = \frac{\sum q_1p_1}{\sum q_0p_1} = \frac{29,000}{26,500} = 109.43\%$$

計算結果表明,三種商品的銷售量綜合指數為 109.43%,報告期的銷售量比基期增長了 9.43%;由於三種商品的報告期銷售量比基期增長了 9.43%,在價格不變的條件下,使得銷售額增加的絕對量為:

$$\sum q_1p_1 - \sum q_0p_1 = 29,000 - 26,500 = 2,500(元)$$

第三,以某一不變價格作為同度量因素,其銷售量總指數的公式為:

$$\bar{K}_q = \frac{\sum q_1p_n}{\sum q_0p_n} \tag{11.3}$$

以不變價格作為同度量因素的數量指標綜合指數計算公式是 1818 年由揚格提出的,因而也稱為揚格公式。

其他還有馬歇爾——埃奇沃斯指數(主張以基期和報告期價格的平均數為同度量因素)、理想指數(主張對拉氏指數和派氏指數直接進行簡單幾何平均)、鮑萊指數(主張對拉氏指數和派氏指數直接進行簡單算術平均)等。

(3) 確定同度量因素的所屬時期。不難看出,採用不同的同度量因素,商品銷售量綜合指數的計算結果是不一樣的。那麼,數量指標綜合指數的同度量因素究竟固定在什麼時期為宜呢?這應根據實際情況和研究目的而定。理論上講,上述公式都有其合理性,只是從指數的現實經濟意義、構成指數體系的需要,以及便於實際工作的統一規範,需要作

出相應地選擇。

一般地,我們認為,用式(11.1)計算的三種商品銷售量綜合指數,把價格固定在基期,報告期銷售總額的計算不受價格變動的影響,因而對比的結果純粹反應了銷售量的變動方向和程度;用式(11.2)計算的三種商品銷售量綜合指數,把價格固定在報告期,而報告期價格 p_1 是由基期價格 p_0 變化而來的,用 p_1 作同度量因素,就會把價格變化的影響帶入到銷售量指數中去。因而,在實際工作中,編製數量指標綜合指數時,一般將作為同度量因素的質量指標固定在基期,即採用拉氏公式(11.1)。

2. 質量指標綜合指數的編製

質量指標綜合指數是說明總體內部數量變動的指數,如商品價格指數、產品成本指數、勞動生產率指數等。現仍以表11.1中的商品價格資料為例,說明質量指標綜合指數的編製原則與方法。

根據表11.1的資料,可以計算出三種商品價格的個體指數:

甲商品: $K_p = \dfrac{p_1}{p_0} = \dfrac{120}{100} = 120.00\%$

乙商品: $K_p = \dfrac{p_1}{p_0} = \dfrac{50}{50} = 100.00\%$

丙商品: $K_p = \dfrac{p_1}{p_0} = \dfrac{15}{20} = 75.00\%$

從計算結果來看,甲商品的報告期價格比基期提高了20%,乙商品的報告期價格與基期持平,而丙商品的報告期價格比基期降低了25%。那麼三種商品價格的綜合變動情況怎樣呢?為此要計算價格綜合指數。其編製原則與過程如下:

(1)加入同度量因素,使不能直接相加的個別現象的量轉化為可以相加的量。從表面來看,商品的價格都是以貨幣表現的,似乎可以相加。其實不然,首先,各種不同商品的價格代表著不同質的商品價值,簡單相加是沒有意義的;其次,各種商品的銷售量是不同的,如果不考慮各種商品銷售量的大小,不加區別地將它們直接在報告期和基期的價格分別相加並進行對比,那麼,價格變動幅度大的商品,即使銷售量很小,其價格變動對價格總變動的影響仍很大,這顯然是不合理的;最後,各種商品的價格都是單位價格,而商品數量的計量單位是可大可小的(如重量的單位可以是噸、千克、克等),那麼,其單位價格也會隨著擴大或縮小,隨著計量單位的改動,將各種商品的單位價格相加計算的總指數,會得出不同的結果,這顯然是不科學的。為了將不能直接同度量的商品價格過渡到可以同度量,則可用商品的價格乘其銷售量,得出商品的銷售額。即:

商品價格 × 商品銷售量 = 商品銷售額

在這裡,價格是指數化因素,即要說明變動方向和變動程度所指的事物;商品銷售量是同度量因素,它將不能同度量的價格轉化為可以同度量的銷售額,起著媒介作用。

(2)固定同度量因素,排除同度量因素變動的影響。和編製銷售量綜合指數一樣,在編製價格總指數時,要想從兩個時期的銷售額對比中單純地反映出多種商品價格總的變動情況,就必須假定銷售量因素沒有變動,即報告期與基期所採用的銷售量要相同,或者用基期銷售量,或者用報告期銷售量,或者用某一時期的特定銷售量等,由此可形成以下

計算公式：

第一，以基期銷售量 q_0 作為同度量因素，其價格總指數的公式為：

$$\bar{K}_p = \frac{\sum q_0 p_1}{\sum q_0 p_0} \tag{11.4}$$

以基期銷售量作為同度量因素的質量指標綜合指數計算公式也稱為拉氏公式。

運用這一公式，根據表 11.2 中資料計算的三種商品價格總指數為：

$$\bar{K}_p = \frac{\sum q_0 p_1}{\sum q_0 p_0} = \frac{26,500}{26,000} = 101.92\%$$

計算結果表明，三種商品的價格綜合指數為 101.92%，報告期的價格比基期增長了 1.92%；由於三種商品的報告期價格比基期增長了 1.92%，在銷售量不變的條件下，使得銷售額增加的絕對量為：$\sum q_0 p_1 - \sum q_0 p_0 = 26,500 - 26,000 = 500(元)$。

第二，以報告期銷售量 q_1 作為同度量因素，其價格總指數的計算公式為：

$$\bar{K}_p = \frac{\sum q_1 p_1}{\sum q_1 p_0} \tag{11.5}$$

以報告期銷售量作為同度量因素的質量指標綜合指數計算公式也稱為派氏公式。

運用這一公式，根據表 11.2 中資料計算的三種商品價格總指數為：

$$\bar{K}_p = \frac{\sum q_1 p_1}{\sum q_1 p_0} = \frac{29,000}{28,100} = 103.20\%$$

計算結果表明，三種商品的價格綜合指數為 103.20%，報告期的價格比基期增長了 3.20%；由於三種商品的報告期價格比基期增長了 3.20%，在銷售量不變的條件下，使得銷售額增加的絕對量為：$\sum q_1 p_1 - \sum q_0 p_1 = 29,000 - 28,100 = 900(元)$。

第三，以某一特定銷售量作為同度量因素，其價格總指數的公式為：

$$\bar{K}_p = \frac{\sum q_n p_1}{\sum q_n p_0} \tag{11.6}$$

以某一特定銷售量作為同度量因素的質量指標綜合指數計算公式也稱為揚格公式。

其他也還有馬歇爾—埃奇沃斯指數（主張以基期和報告期銷售量的平均數為同度量因素）、理想指數、鮑萊指數等。

(3) 確定同度量因素的所屬時期。不難看出，採用不同的同度量因素，商品銷售價格綜合指數的計算結果是不一樣的。那麼，質量指標綜合指數的同度量因素究竟固定在什麼時期為宜呢？這同樣應該根據實際情況和研究目的而定。

用式(11.4)計算的三種商品價格指數，是報告期價格按基期銷售量計算的假定銷售總額與基期實際銷售總額的對比，即以基期銷售量不變為前提。這種假定雖然排除了銷售量變動的影響，但其分子與分母的差額是個假定值，沒有現實經濟意義；用式(11.5)計算三種商品價格指數，是報告期實際銷售總額與報告期銷售量按基期價格計算的假定銷售總額的對比，所觀察和測定的是報告期實際銷售商品的價格水平變動情況，以及由此

帶來的實際經濟效果。這樣計算的商品價格總指數有明顯的現實經濟意義,符合統計研究的目的,因此在實際工作中被廣泛運用。

綜上所述,編製質量指標綜合指數時,應將作為同度量因素的數量指標固定在報告期,即採用派氏公式(11.5)。

二、平均指數

綜合指數是總指數的基本形式。在實際中,用綜合指數公式計算總指數時常常會遇到資料不易取得的困難,因為不論是採用什麼綜合指數形式,都必須計算出一個假定的價值量指標,要計算出這個假定的價值量指標就必須掌握相應的資料。例如,計算商品價格綜合指數時,必須有各種商品的價格資料和銷售量資料,但實際工作部門只有價格資料,而各商品的銷售量資料就不易取得。這樣,綜合指數公式在實際應用上就受到一定的限制,因而,需要採用總指數的其他形式,即平均指數。

平均指數是對個體指數進行平均而求得的一種總指數形式。由於平均的方法不同,平均指數可分為簡單平均指數和加權平均指數。

(一) 簡單平均指數

簡單平均指數是對個體指數採用簡單平均的方法求得的總指數形式。在指數發展的初始階段,曾經應用這種方法計算指數,以后則逐漸被加權平均法代替,但因其方法簡便,資料易於取得,因此在某些場合仍被用於計算指數。

例如,已知表 11.1 中三種商品的個體價格指數分別為 120%、100%、75%,由此可採用簡單平均法計算三種商品的價格總指數。

簡單算術平均指數:$\bar{K}_p = \frac{\sum K_p}{n} = \frac{120\% + 100\% + 75\%}{3} = 98.33\%$

簡單調和平均指數:$\bar{K}_p = \frac{n}{\sum \frac{1}{K_p}} = \frac{3}{\frac{1}{120\%} + \frac{1}{100\%} + \frac{1}{75\%}} = 94.73\%$

簡單幾何平均指數:$\bar{K}_p = \sqrt[n]{\prod K_p} = \sqrt[3]{120\% \times 100\% \times 75\%} = 96.55\%$

根據統計平均數的性質,對同一資料,分別按以上三種不同方法計算,則

算術平均數 > 幾何平均數 > 調和平均數。從以上計算結果可以看出,這一結論也適用於指數計算。

(二) 加權平均指數

加權平均指數是以個體指數為基礎,通過對個體指數進行加權平均而得到的總指數。其形式主要有兩種:一是加權算術平均數指數;二是加權調和平均數指數。在每種平均指數中,由於所用權數的不同,可再分為綜合指數變形權數和固定權數兩種。

1. 加權算術平均指數

加權算術平均指數是指對個體指數採用加權算術平均的方法求得的平均數指數。它主要適用於編製數量指標平均指數。加權算術平均指數可以由綜合指數演變而來。在前

面介紹了數量指標綜合指數的計算公式：

$$\bar{K}_q = \frac{\sum q_1 p_0}{\sum q_0 p_0}$$

根據銷售量個體指數 $K_q = \frac{q_1}{q_0}$，得 $q_1 = K_q q_0$，將此式代入到數量指標綜合指數公式中得：

$$\bar{K}_q = \frac{\sum K_q q_0 p_0}{\sum q_0 p_0} \tag{11.7}$$

這個平均指數的計算公式與加權算術平均數的公式 $\bar{x} = \frac{\sum xf}{\sum f}$ 相似，故稱為加權算術平均指數。

現以商品銷售量指數為例、以表 11.1 的資料為基礎來說明加權算術平均指數的編製。

根據表 11.1 計算得到表 11.3：

表 11.3　　　　　　　　　加權算術平均數指數計算表

商品名稱	計量單位	銷售量 基期 q_0	銷售量 報告期 q_1	個體指數 $K_q = \frac{q_1}{q_0}$（%）	銷售額(元) 基期 $p_0 q_0$	銷售額(元) 假定 $K_q p_0 q_0$
甲	臺	100	115	115.00	10,000	11,500
乙	噸	200	220	110.00	10,000	11,000
丙	件	300	280	93.33	6,000	5,600
合計	—	—	—	—	26,000	28,100

$$\bar{K}_q = \frac{\sum K_q q_0 p_0}{\sum q_0 p_0} = \frac{28,100}{26,000} = 108.08\%$$

$$\sum K_q q_0 p_0 - \sum q_0 p_0 = 28,100 - 26,000 = 2,100(元)$$

上述計算結果與數量指標綜合指數公式計算的結果完全相同。

2. 加權調和平均指數

加權調和平均指數，是對個體指數進行加權調和平均而得到的平均指數。加權調和平均指數主要適合編製質量指標平均指數。加權調和平均指數可以由綜合指數演變而來。在前面介紹了質量指標綜合指數的計算公式：

$$\bar{K}_p = \frac{\sum q_1 p_1}{\sum q_1 p_0}$$

根據個體價格指數 $k_p = \frac{p_1}{p_0}$，得 $p_0 = \frac{p_1}{k_p}$ 代入質量指標綜合指數的計算公式中：

$$\bar{k}_p = \frac{\sum q_1 p_1}{\sum \dfrac{q_1 p_1}{k_p}} \qquad (11.8)$$

這個平均指數的計算公式與加權調和平均數的公式 $x = \dfrac{\sum m}{\sum \dfrac{m}{x}}$ 相似，故稱為加權調和平均數指數。

現以商品銷售價格指數為例，以表 11.1 的資料為基礎來說明加權調和平均指數的編製。

根據表 11.1 計算得到表 11.4：

表 11.4 　　　　　　　　　加權調和平均數指數計算表

商品名稱	計量單位	價格(元) 基期 p_0	價格(元) 報告期 p_1	個體指數 $K_p = \dfrac{p_1}{p_0}(\%)$	銷售額(元) 報告期 $p_1 q_1$	銷售額(元) $\dfrac{p_1 q_1}{K_p}$
甲	臺	100	120	120.00	13,800	11,500
乙	噸	50	50	100.00	11,000	11,000
丙	件	20	15	75.00	4,200	5,600
合計	—	—	—	—	29,000	28,100

$$\bar{k}_p = \frac{\sum q_1 p_1}{\sum \dfrac{q_1 p_1}{k_p}} = \frac{29,000}{28,100} = 103.2\%$$

$$\sum q_1 p_1 - \sum \frac{q_1 p_1}{k_p} = 29,000 - 28,100 = 900(元)$$

上述計算結果與質量指標綜合指數的計算結果完全相同。

3. 固定權數加權算術平均指數

在實際應用中，平均指數除了是綜合指數的變形形式外，還廣泛採用以固定權數加權計算的平均指數。

固定權數加權算術平均指數是計算總指數的一種獨立形式。有些情況下，由於缺乏全面的統計資料，直接用綜合指數公式或綜合指數的變形公式都有困難，這時就需要利用固定權數加權平均指數。固定權數加權算術平均指數的應用相當廣泛，中國統計實踐中，零售價格指數用的就是這種方法。

中國現行的零售物價總指數的編製要點為：

（1）指數的分類。全部零售商品分為食品、衣著、日用雜品、文化用品、醫藥、燃料等六類，大類以下再分小類，小類以下再分若干細類。例如，在食品這一大類中，分為糧食、副食品、烟茶酒、其他食品等四小類；在糧食這一小類中，再分為細糧與粗糧兩個細類；在細糧這一細類中，還可再分為大米與麵粉兩個商品集團。當然，全社會零售商品種類很多，分類只能適可而止。因此，在編製指數時，只能在商品集團中選取一種或幾種代表品。

（2）代表品的選擇。各地應根據實際情況參考統一規定的《商品目錄》確定應選擇哪些價格變動能夠反應該商品集團價格變動趨勢的商品作為代表品。

（3）典型地區的選擇。零售物價總指數反應的是全國平均價格水平，包括全國價格上漲幅度不同的地區，選擇具有代表性的典型地區作為物價調查點是很重要的。

（4）商品價格的確定。零售物價指數中所採用的商品價格，是按月、季、年編製的平均價格。

（5）權數的確定。零售物價指數是長期連續不斷地進行編製的，所採用的權數必須是固定權數。零售物價指數的權數，一般根據上年的實際銷售額，並參照本年度市場變動情況加以確定。在確定權數時，首先確定大類的權數，其次確定小類的權數，最後確定商品的權數。大類權數之和、大類中的小類權數之和、小類中各商品集團的權數之和，均應等於100。

（6）基期的選擇。價格指數的基期，應根據不同的研究目的採用不同的基期，例如，為了觀察價格的連續變動，則應選擇上期為基期；為了測定消除季節影響的價格變動，則應選擇往年同季度的水平為基期。

中國零售商品物價指數的編製程序是：先小類指數，再大類指數，最後編製總指數。其計算公式為：

$$\bar{K}_p = \frac{\sum k_p w}{\sum w} \tag{11.9}$$

其中，$k_p = \frac{p_1}{p_0}, w = \frac{q_0 p_0}{\sum q_0 p_0}$

現舉例說明零售物價總指數的編製過程，見表11.5。

第一步：計算各代表品的價格指數。例如，面粉價格指數為：$2.88/2.64 = 109.1\%$；大米價格指數為：$2.4/2.4 = 100\%$。

第二步：根據各代表品的價格指數及給出的權數，計算各細類價格指數。例如，

細類價格指數 $= \frac{109.1\% \times 40 + 100\% \times 60}{100} = 103.6\%$

第三步：根據各細類價格指數及給出的權數，計算各小類價格指數。例如，

糧食價格指數 $= \frac{103.6\% \times 60 + 101\% \times 40}{100} = 102.6\%$

第四步：根據各小類價格指數及給出的權數，計算各大類價格指數。例如，食品類價格指數為：

$\frac{102.6\% \times 46 + 102.5\% \times 42 + 108.4\% \times 8 + 97.2\% \times 4}{100} = 102.8\%$

表 11.5　　　　　　　　　零售物價總指數計算表

類別	代表品	計量單位	平均價格(元) 上年同月	本月	權數 w	指數(%) k_p	$k_p w$(%)
一、食品類					54	102.8	5,552
1. 糧食					46	102.6	4,720
(1) 細糧					60	103.6	6,216
① 麵粉	富強粉	千克	2.64	2.88	40	109.1	4,364
② 大米	標二	千克	2.4	2.4	60	100	6,000
(2) 粗糧					40	101	4,040
2. 副食品					42	102.5	4,305
3. 菸酒					8	108.4	867
4. 其他					4	97.2	389
二、衣著類					21	99.9	2,098
三、日雜類					11	98.8	1,087
四、文化用品					5	108	540
五、醫藥類					3	110	330
六、燃料類					6	101.5	609
……					……	……	……
總計					100	102.2	10,216

第五步：根據各大類價格指數及給出的權數，計算價格總指數。例如，價格總指數

$$= \frac{102.8\% \times 54 + 99.9\% \times 21 + 98.8\% \times 11 + 108\% \times 5 + 110\% \times 3 + 101.5\% \times 6}{100}$$

$= 102.2\%$

三、綜合指數與平均指數的比較

平均指數不僅是綜合指數的變形，而且它本身具有獨立的意義。平均指數與綜合指數相比，有以下特點：

1. 計算條件不同

運用綜合指數要求掌握計算對象的全面資料，即每一種商品的價格和物量數據，有多少種商品就需要有多少價格和物量的對應數據，當需要計算的商品種類較多時，收集數據以及數據計算的工作量比較大；而平均指數既可以根據全面資料計算，也可以根據非全面資料計算，尤其在難以獲得全面資料的情況下，更顯示出平均數指數在計算上的靈活性。比如，運用平均指數在分析市場價格變動時，由於商品種類繁多，可以用一種商品代表一組商品，然后用該種商品的總值作為權數用以加權平均，這樣就不必收集所有商品的價格和物量數據，節省了時間和工作量，只要所選的商品恰當，計算結果仍能較為準確地反應價格水平的變動。

2. 權數不同

綜合指數所採用的權數是某一時期的物量或價格的實際值，平均指數使用的權數是某一時期的價值總量，如果研究對象按價值指標計算的內部構成相對穩定，加權平均指

數的權數也可採用比重(%)。

　　3. 計算程序不同

　　綜合指數是先借助於權數對報告期和基期的物量或價格進行綜合,然后用報告期的綜合量除以基期的綜合量,其程序是先綜合、后對比。加權平均數指數是先計算各個體指數(類指數),然后以各個體指數(類指數)所對應的權數進行加以平均,其程序是先對比、后綜合。

　　4. 計算結果不同

　　若使用全面資料,綜合指數與平均指數的計算結果一樣,而且兩種方法都既可以分析報告期對基期的相對量變動,也可以分析報告期對基期的絕對量變動;如果使用非全面資料,採用加權平均指數只能分析報告期對基期的相對量變動,而不能分析報告期對基期的絕對量變動。

第三節　　指數體系與因素分析

一、指數體系的意義

(一) 指數體系的概念

　　社會經濟現象不是孤立存在的,而是相互聯繫、相互依存的。在複雜現象總體的變動中,往往存在著若干因素的影響,而這些因素在意義和數量上都有必然聯繫。這種聯繫不僅存在於靜態中,而且也存在於動態中。

　　例如,在靜態上,商品銷售額等於商品銷售量乘以商品價格。即:

$$商品銷售額 = 商品價格 \times 商品銷售量$$

由此可見,商品銷售量和商品價格是影響商品銷售額的兩個因素。

類似這種因果關係的還有很多,我們可以用下列經濟關係式表示:

$$總產值 = 產品產量 \times 產品價格$$

$$總成本 = 單位產品成本 \times 產品產量$$

$$原材料費用總額 = 產品產量 \times 單位產品原材料消耗量 \times 原材料單價$$

　　上述因素之間的數量聯繫是靜態指標之間的聯繫。如果現象之間存在靜態指標之間的聯繫,則動態指標也具有同樣的聯繫。例如:

$$總產值指數 = 產品產量指數 \times 產品價格指數$$

$$總成本指數 = 單位產品成本指數 \times 產量指數$$

$$原材料費用總額指數 = 產品產量指數 \times 單位產品原材料消耗量指數 \times 原材料單價指數$$

　　這種動態上的聯繫就是指數體系。可見,指數體系是指由一系列相互聯繫的指數所構成的整體。

(二) 建立指數體系的基本要求

1. 分析被研究對象中各因素間存在的必然聯繫

上述指數體系中各指數間的數量關係，反應了客觀經濟現象與其影響因素間的動態聯繫，而這種動態聯繫是由它們固有的內在經濟聯繫所決定的。因此，在建立指數體系時，首先要分析研究對象與影響因素之間的內在經濟聯繫。

2. 確定質量指標指數、數量指標指數及其相互關係

無論是含有兩個因素的指數體系還是含有三個以上因素的指數體系，等式右邊的影響因素指數中，總是由質量指標指數與數量指標指數所構成的。它們的順次乘積必須有實際經濟意義。例如，產品產量指數乘單位產品原材料消耗量指數構成原材料總耗指數；單位產品原材料消耗量指數乘原材料單價指數構成單位產品原材料成本指數。

3. 區分各指數內的指數化因素和同度量因素

在指數體系的影響因素指數中，均包含指數化因素與同度量因素。統計研究時，只有一個是指數化因素，其餘都為同度量因素。例如，要研究產量變動對原材料費用總額的影響時，產品產量是指數化因素，而單位產品原材料消耗量與原材料單價都是同度量因素。指數化因素與同度量因素的區分應與質量指標和數量指標的準確定位相銜接，以便科學選擇同度量因素的固定時期。

(三) 指數體系的作用

指數體系是統計因素分析法的基本依據，在統計分析中得到廣泛運用，其作用表現在：

1. 運用指數體系可以進行因素分析

指數體系中各指數間的數量關係有相對數和絕對數兩個方面，運用指數體系可以從相對數與絕對數兩個方面來分析各影響因素變動對現象總體變動的影響。

2. 為確定同度量因素所屬時期提供依據

確定同度量因素所屬時期是編製統計指數的重要問題，同度量因素所屬時期的確定，不是隨意的，必須以指數體系為依據，既要考慮指數本身的經濟意義，還要保持指數體系的完整性和科學性。

3. 利用指數體系進行指數之間的相互推算

指數體系表現為各指數之間的數量對等關係，這樣要根據指數體系中的各指數之間的聯繫，利用已知的某幾個指數，推算出另一個未知的指數。例如，已知產品產值指數和產品價格指數，就可以推算出產品產量指數。即：

$$產品產量指數 = 產品產值指數 / 產品價格指數$$

(四) 指數體系的種類

按照因素分析的指標不同，指數體系可分為個體指數體系、總指數體系和平均指標指數體系。

1. 個體指數體系

個體指數體系是指由若干個在數量上有聯繫的個體指數所構成的整體。例如，某商

品的銷售額指數 = 某商品銷售量指數 × 該商品銷售價格指數。在個體指數體系中,各指數之間的數量關係表現在:

從相對數上看,總變動個體指數等於各影響因素變動的個體指數的連乘積。即,

$$\frac{q_1p_1}{q_0p_0} = \frac{q_1}{q_0} \times \frac{p_1}{p_0}$$

從絕對數上看,總變動因素增加或減少的絕對量等於各影響因素變動使其增加或減少的絕對量之和。

$$q_1p_1 - q_0p_0 = (q_1p_0 - q_0p_0) + (q_1p_1 - q_1p_0)$$

2. 總指數體系

總指數體系是指由若干個在數量上有聯繫的總指數所構成的一個整體。例如,某市零售商品銷售額指數 = 某市零售商品銷售量指數 × 該市零售商品價格指數。在總指數體系中,各總指數之間的數量關係表現在:

從相對數上看,總變動因素綜合指數等於各影響因素變動的綜合指數的連乘積。即,

$$\frac{\sum q_1p_1}{\sum q_0p_0} = \frac{\sum q_1p_0}{\sum q_0p_0} \times \frac{\sum q_1p_1}{\sum q_1p_0}$$

從絕對數上看,總變動因素增加或減少的絕對量等於各影響因素變動使其增加或減少的絕對量之和。即,

$$(\sum q_1p_1 - \sum q_0p_0) = (\sum q_1p_0 - \sum q_0p_0) + (\sum q_1p_1 - \sum q_1p_0)$$

3. 平均指標指數體系

平均指標指數體系是指由反應現象總體的總平均數變動的指數所構成的一個整體。例如,某企業職工平均工資指數 = 某企業各組職工工資水平指數 × 該企業各組職工在總職工人數中所占比重指數。關於平均指標指數體系的有關內容,我們在因素分析中作詳細介紹。

二、因素分析

因素分析是依據指數體系的理論,分析受多種因素影響的社會經濟現象總變動中,各影響因素的影響方向和程度的方法。

因素分析法按分析的指標種類不同可分為總量指標變動的因素分析和平均指標變動的因素分析。

(一) 總量指標變動的因素分析

總量指標變動的因素分析可按其影響因素的多少不同,分為兩因素分析和多因素分析。

1. 總量指標變動的兩因素分析

總量指標變動的兩因素分析是將現象總量分解為兩個構成因素,然后再對其總量變動進行因素分析。

假定某企業三種產品產量及單位產品成本資料如表11.6 所示。

表 11.6　　　　　　　　某企業產品產量與產品成本資料

產品名稱	計量單位	產量 基期 p_0	產量 報告期 p_1	單位產品成本(元) 基期 z_0	單位產品成本(元) 報告期 z_1	產品總成本(元) z_0q_0	產品總成本(元) z_1q_1	產品總成本(元) z_0q_1
甲	個	320	350	350	340	112,000	119,000	122,500
乙	件	1,300	1,500	160	180	208,000	270,000	240,000
丙	臺	480	470	1,100	1,000	528,000	470,000	517,000
合計	—	—	—	—	—	848,000	859,000	879,500

產品總成本指數 $\bar{K} = \dfrac{\sum q_1 z_1}{\sum q_0 z_0} = \dfrac{859,000}{848,000} = 101.3\%$

$\sum q_1 z_1 - \sum q_0 z_0 = 859,000 - 848,000 = 11,000(元)$

以上計算結果表明，該企業三種產品的總成本報告期比基期提高了 1.3%，增加的絕對數量為 11,000 元。

產品總成本的變動是由於產品產量和單位產品成本兩個因素相互作用的結果，所以要分別計算這兩個因素變動對總成本變動的影響。

產品產量指數 $K_q = \dfrac{\sum q_1 z_0}{\sum q_0 z_0} = \dfrac{879,500}{848,000} = 103.7\%$

$\sum q_1 z_0 - \sum q_0 z_0 = 879,500 - 848,000 = 31,500(元)$

以上計算結果表明，三種產品的報告期產量比基期提高了 3.7%，由於產量提高了 3.7%，使得報告期的產品總成本比基期增加了 31,500 元。

單位產品成本指數 $K_z = \dfrac{\sum q_1 z_1}{\sum q_1 z_0} = \dfrac{859,000}{879,500} = 97.7\%$

$\sum q_1 z_1 - \sum q_1 z_0 = 859,000 - 879,500 = -20,500(元)$

以上計算結果表明，三種產品的報告期單位產品成本比基期降低了 2.3%，由於單位產品成本降低了 2.3%，使得報告期的產品總成本比基期減少了 20,500 元。

綜上，該企業產品總成本報告期比基期提高了 1.3%，這是由於產品產量提高了 3.7%，單位產品成本下降了 2.3% 共同影響的結果。產品總成本增加了 11,000 元，這是由於產量提高使其增加 31,500 元，單位產品成本下降使其減少 20,500 元綜合影響的結果。用指數體系加以反應：

$$101.3\% = 103.7\% \times 97.7\%$$
$$11,000 \text{ 元} = 31,500 \text{ 元} + (-20,500) \text{ 元}$$

2. 總量指標變動的多因素分析

總量指標變動的多因素分析是指將現象總量分解為三個或三個以上的構成因素，然後再對其總量變動進行因素分析。例如，工業企業總產值是工人人數、人均產量與產品價格三因素的乘積。其指數關係為：

$$總產值指數 = 工人人數指數 \times 人均產量指數 \times 產品價格指數$$

受多因素影響的現象是很多的，即使是受兩個因素影響的現象，也常常可以分解為多因素。多因素現象的指數體系，由於所包括的影響因素較多，指數的編製過程比較複雜，所以在進行總量指標變動的多因素分析時，需要注意兩點：

第一，測定某一因素的變動影響時，要把其他兩個或兩個以上因素固定不變。例如，分析工人人數變動對總產值的影響時，必須假定人均產量與產品價格保持不變。

第二，要注意分清各因素指標的性質和各因素的排列順序。判斷各因素之間的排列順序是否正確，可以用如下的兩條原則來檢驗：一是數量指標在前，質量指標在后的原則。如果相鄰兩個指標同時都是數量指標或質量指標，則把相對來看屬於數量指標的因素排在前面。二是兩個相鄰指標相乘必須有實際經濟意義，只有這樣排列，才能保持各因素之間彼此適應和相互結合。掌握了這兩條原則，就能夠合理排列各因素的先后順序，然后再逐項測定變動，凡是已經測定過的指標都固定在報告期，未測定過的都固定在基期，這與綜合指數關於同度量因素的時期確定原則是一致的。現以表 11.7 資料為例，說明總量指標的多因素分析方法。

表 11.7　　某企業產量資料

產品	單位	工人人數		人均產量		產品價格(元)		總產值(萬元)			
		基期 m_0	報告期 m_1	基期 t_0	報告期 t_1	基期 p_0	報告期 p_1	$m_0t_0p_0$	$m_1t_0p_0$	$m_1t_1p_0$	$m_1t_1p_1$
甲	臺	150	180	50	55	600	570	450	540	594	546.3
乙	件	100	70	500	480	35	42	175	122.5	117.6	141.12
丙	個	200	250	140	150	220	190	616	77	825	712.5
合計	—	—	—	—	—	—	—	1,241	1,432.5	1,536.6	1,417.92

$$總產值指數 = \frac{\sum m_1t_1p_1}{\sum m_0t_0p_0} = \frac{1,417.92}{1,241} = 114.26\%$$

$$\sum m_1t_1p_1 - \sum m_0t_0p_0 = 1,417.92 - 1,241 = 176.92(萬元)$$

以上計算結果表明，報告期總產值比基期增長了 14.26%，總產值增加的絕對量為 176.92 萬元。

由於總產值是工人人數、人均產量和產品價格三個因素的乘積，所以必須注意根據指標的性質及因素乘積的經濟意義來確定因素的排列順序和時期固定問題。

工人人數是數量指標，相對於工人人數來說，人均產量與價格的乘積為人均產值，人均產值是質量指標。計算工人人數指數時，必須將人均產量與產品價格同時固定在基期，即：

$$\bar{k}_m = \frac{\sum m_1t_0p_0}{\sum m_0t_0p_0} = \frac{1,432.5}{1,241} = 115.43\%$$

$$\sum m_1t_0p_0 - \sum m_0t_0p_0 = 1,432.5 - 1,241 = 191.5(萬元)$$

以上計算結果表明,在人均產量與產品價格不變的條件下,由於工人人數增長了 15.43%,使得總產值增加 191.5 萬元。

人均產量與工人人數的乘積是總產量,人均產量與產品價格的乘積是人均產值,具有明顯的經濟意義,且產品價格是質量指標,所以人均產量應排在中間位置。人均產量相對於工人人數來說是質量指標,但相對於產品單價來說是數量指標。因此,人均產量指數為:

$$\bar{k}_t = \frac{\sum m_1 t_1 p_0}{\sum m_1 t_0 p_0} = \frac{1,536.6}{1,432.5} = 107.27\%$$

$$\sum m_1 t_1 p_0 - \sum m_1 t_0 p_0 = 1,536.6 - 1,432.5 = 104.1(萬元)$$

以上計算結果表明,在工人人數與產品價格不變的條件下,由於人均產量報告期比基期增長了 7.27%,使得總產值增加了 104.1 萬元。

產品單價是質量指標,相對於價格來說,工人人數與人均產量的乘積是總產量,總產量是數量指標。因此,產品單價指數為:

$$\bar{k}_p = \frac{\sum m_1 t_1 p_1}{\sum m_1 t_1 p_0} = \frac{1,417.92}{1,536.6} = 92.28\%$$

$$\sum m_1 t_1 p_1 - \sum m_1 t_1 p_0 = 1,417.92 - 1,536.6 = -118.68(萬元)$$

以上計算結果表明,在工人人數與人均產量不變的條件下,由於產品價格下降了 7.72%,使得總產值減少了 118.68 萬元。

上述 4 個指數組成一個指數體系,各指數之間在數量上的關係表現為:

從相對數上看:

$$\bar{K} = \bar{k}_m \times \bar{k}_t \times \bar{k}_p$$

$$114.26\% = 115.43\% \times 107.27\% \times 92.28\%$$

從絕對數上看:

$$\sum m_1 t_1 p_1 - \sum m_0 t_0 p_0 = (\sum m_1 t_0 p_0 - \sum m_0 t_0 p_0) + (\sum m_1 t_1 p_0 - \sum m_1 t_0 p_0) +$$
$$(\sum m_1 t_1 p_1 - \sum m_1 t_1 p_0)$$

176.92 萬元 = 191.5 萬元 + 104.1 萬元 + (-118.68) 萬元

(二) 平均指標變動的因素分析

這裡所講的平均指標是指總體在分組的條件下,用加權算術平均法計算出來的平均指標。這種平均指標可分解為兩個因素:一是各組的比重;二是各組的水平。平均指標的變動,既受總體結構變動的影響,也受各組標誌值變動的影響。要分別分析各因素的變動對平均指標變動的影響,就要建立平均指標指數體系。

1. 平均指標指數(可變構成指數)

平均指標指數是指將兩個不同時期、同一經濟內容的平均指標值作對比,以說明同類現象在兩個不同時期平均水平的動態變化情況。它的一般公式如下。

$$\bar{K} = \frac{\bar{x}_1}{\bar{x}_0}$$

式中：$\bar{x}_1$ 為報告期的平均指標；$\bar{x}_0$ 為基期的平均指標。

常見的平均指標指數有平均工資指數、平均勞動生產率指數、平均單位成本指數、平均價格指數等。

在第四章中，我們已經介紹了總平均數的計算公式：$\bar{x} = \dfrac{\sum xf}{\sum f}$

將此式代入上式，則得平均指標指數的計算公式為：

$$\bar{K} = \frac{\bar{x}_1}{\bar{x}_0} = \frac{\dfrac{\sum x_1 f_1}{\sum f_1}}{\dfrac{\sum x_0 f_0}{\sum f_0}} \qquad (11.10)$$

式中：x_1 為報告期各組平均水平；x_0 為基期各組平均水平；f_1 為報告期各組單位數；f_0 為基期各組單位數。

計算平均指標指數不僅可以反應總平均指標的動態，而且還可以反應各組平均水平及總體內部結構變動對其產生的影響。現以表 11.8 的資料為例，說明平均指標指數的分析方法。

表 11.8　　　　　某企業職工工資水平和人數資料

職工類別	工資水平(元) 基期 x_0	工資水平(元) 報告期 x_1	職工人數(人) 基期 f_0	職工人數(人) 報告期 f_1	工資總額(元) $x_0 f_0$	工資總額(元) $x_1 f_1$	工資總額(元) $x_0 f_1$
新職工	1,200	1,400	400	720	480,000	1,008,000	864,000
老職工	1,500	1,600	600	480	900,000	768,000	720,000
合計	1,380	1,480	1,000	1,200	1,380,000	1,776,000	1,584,000

$$\bar{K} = \frac{\bar{x}_1}{\bar{x}_0} = \frac{\dfrac{\sum x_1 f_1}{\sum f_1}}{\dfrac{\sum x_0 f_0}{\sum f_0}} = \frac{1,480}{1,380} = 107.25\%$$

$$\frac{\sum x_1 f_1}{\sum f_1} - \frac{\sum x_0 f_0}{\sum f_0} = 1,480 - 1,380 = 100(元)$$

計算結果表明，全廠總平均工資報告期與基期相比提高了 7.25%，報告期的總平均工資比基期增加了 100 元。

在分組條件下，總平均數的變動，往往取決於兩個因素，一個因素是各組平均水平的變動影響；另一個因素是各組單位數在總體中的比重變動影響。如下式所示。

$$\bar{x} = \frac{\sum xf}{\sum f} = \sum x \frac{f}{\sum f}$$

所以，上面的平均指標指數還可以寫成以下形式：

$$\bar{K} = \frac{\bar{x}_1}{\bar{x}_0} = \frac{\sum x_1 \dfrac{f_1}{\sum f_1}}{\sum x_0 \dfrac{f_0}{\sum f_0}}$$

為了考察和分析總平均指標的動態及其構成因素的變動影響，需要編製固定構成指數與結構影響指數。

2. 固定構成指數

固定構成指數是指在平均指標的動態分析中，把作為權數的總體結構固定下來，只反應各組平均水平變動影響程度的指數。

構成加權算術平均數的兩個因素 x 與 f，其指標性質是：x 為質量指標，f 為數量指標。為了分析組平均水平 x 的變動對總平均數變動的影響，必須將權數 f 固定下來，根據質量指標指數的編製原則，應把 f 固定在報告期。其計算公式如下：

$$\bar{K}_x = \frac{\dfrac{\sum x_1 f_1}{\sum f_1}}{\dfrac{\sum x_0 f_1}{\sum f_1}} \tag{11.11}$$

將表 11-8 的資料代入 (11.11) 式中，

$$\bar{K}_x = \frac{\dfrac{\sum x_1 f_1}{\sum f_1}}{\dfrac{\sum x_0 f_1}{\sum f_1}} = \frac{1,480}{1,320} = 112.12\%$$

$$\frac{\sum x_1 f_1}{\sum f_1} - \frac{\sum x_0 f_1}{\sum f_1} = 1,480 - 1,320 = 160(元)$$

計算結果表明，消除職工結構因素變動的影響，單純由於各組工資水平的變動，使報告期的平均工資比基期提高了 12.12%，報告期平均工資比基期增加 160 元。

3. 結構影響指數

結構影響指數是指在平均指標的動態分析中，將各組平均水平固定下來，只反應總體各組結構變動影響程度的指數。

為了分析總體結構變動對總平均數變動的影響，必須將組平均水平 x 固定下來，根據數量指標指數的編製原則，應把 x 固定在基期。其計算公式如下。

$$\bar{K}_f = \frac{\dfrac{\sum x_0 f_1}{\sum f_1}}{\dfrac{\sum x_0 f_0}{\sum f_0}} \tag{11.12}$$

將表11.8的資料代入到公式中,

$$\bar{K}_f = \frac{\dfrac{\sum x_0 f_1}{\sum f_1}}{\dfrac{\sum x_0 f_0}{\sum f_0}} = \frac{1,320}{1,380} = 95.65\%$$

$$\frac{\sum x_0 f_1}{\sum f_1} - \frac{\sum x_0 f_0}{\sum f_0} = 1,320 - 1,380 = -60(元)$$

計算結果表明,消除各組平均水平變動的影響,單純由於各組職工結構的變動,使報告期的平均工資比基期降低了4.35%,報告期每人的平均工資比基期減少60元。那麼,該企業職工結構是怎樣變動的呢?基期老職工所占的結構為60%,新職工所占的結構為40%;報告期老職工所占的結構為40%,新職工所占的結構為60%,由於報告期新職工所占的比例提高,再加上新職工的工資較老職工低,因此使得平均工資減少60元。

綜上,可以得出平均指標指數體系中各指數之間的數量關係:

從相對數上看,平均指標指數 = 固定構成指數 × 結構影響指數

$$\bar{K} = \frac{\dfrac{\sum x_1 f_1}{\sum f_1}}{\dfrac{\sum x_0 f_0}{\sum f_0}} = \frac{\dfrac{\sum x_1 f_1}{\sum f_1}}{\dfrac{\sum x_0 f_1}{\sum f_1}} \times \frac{\dfrac{\sum x_0 f_1}{\sum f_1}}{\dfrac{\sum x_0 f_0}{\sum f_0}}$$

從絕對數上看,$\dfrac{\sum x_1 f_1}{\sum f_1} - \dfrac{\sum x_0 f_0}{\sum f_0} = \left(\dfrac{\sum x_1 f_1}{\sum f_1} - \dfrac{\sum x_0 f_1}{\sum f_1}\right) + \left(\dfrac{\sum x_0 f_1}{\sum f_1} - \dfrac{\sum x_0 f_0}{\sum f_0}\right)$

(三) 綜合指數與平均指標指數的結合應用

綜合指數體系是用來研究在複雜現象總體的總動態中,數量指標因素與質量指標因素的變動所引起的影響。平均指標指數體系是在分組條件下,分析總平均指標(質量指標)的動態變動中,各組平均指標與總體內部結構的變動對總平均指標的影響。因此,這兩種指數體系的分析內容和作用是有區別的。

在某些場合,即在指數體系內的數量指標指數中,當數量指標能夠加總(如人數、播種面積等)的條件下,這兩種指數體系可結合起來運用。現仍以表11.8資料為例來進行分析。

首先,運用綜合指數體系分析該企業工資總額的變動中,各個影響因素變動對其所產生的影響。

$$工資總額指數 = \frac{\sum x_1 f_1}{\sum x_0 f_0} = \frac{1,776,000}{1,380,000} = 128.70\%$$

$$\sum x_1 f_1 - \sum x_0 f_0 = 1,776,000 - 1,380,000 = 396,000(元)$$

計算結果表明，該企業報告期的工資總額與基期的工資總額相比提高了 28.70%，增加了 396,000 元。

$$職工人數指數 = \frac{\sum f_1}{\sum f_0} = \frac{1,200}{1,000} = 120\%$$

$$(\sum f_1 - \sum f_0)\bar{x}_0 = 200 \times 1,380 = 276,000(元)$$

計算結果表明，該企業報告期職工人數比基期人數增長了 20%，即增加了 200 人。在平均工資不變的條件下，由於報告期比基期增加了 200 人，使得工資總額增加了 276,000 元。

$$平均工資指數 = \frac{\bar{x}_1}{\bar{x}_0} = \frac{\dfrac{\sum x_1 f_1}{\sum f_1}}{\dfrac{\sum x_0 f_0}{\sum f_0}} = \frac{1,480}{1,380} = 107.25\%$$

$$\left(\frac{\sum x_1 f_1}{\sum f_1} - \frac{\sum x_0 f_0}{\sum f_0}\right)\sum f_1 = (1,480 - 1,380) \times 1,200 = 120,000(元)$$

計算結果表明，該企業報告期職工平均工資比基期提高了 7.25%，報告期與基期相比平均每人工資增加了 100 元。在職工人數不變的條件下，由於每人工資增加 100 元，使得工資總額增加 120,000 元。

上述綜合指數體系中，各指數之間的數量關係表現為：

從相對數上看，工資總額指數 = 工人人數指數 × 平均工資指數

$$128.70\% = 120\% \times 107.25\%$$

從絕對數上看，工資總額增加的絕對量 = 職工人數變動使其增加的絕對量 + 平均工資變動使其增加的絕對量。

$$396,000 元 = 276,000 元 + 120,000 元$$

其次，運用平均指標指數體系分析平均工資的總變動中，各影響因素變動對其所產生的影響。

$$固定構成指數 \bar{K}_x = \frac{\dfrac{\sum x_1 f_1}{\sum f_1}}{\dfrac{\sum x_0 f_1}{\sum f_1}} = \frac{1,480}{1,320} = 112.12\%$$

$$\left(\frac{\sum x_1 f_1}{\sum f_1} - \frac{\sum x_0 f_1}{\sum f_1}\right)\sum f_1 = (1,480 - 1,320) \times 1,200 = 160 \times 1,200 = 192,000(元)$$

計算結果表明，該企業各組職工的工資水平報告期比基期提高了 12.12%，每個職工的平均工資增加了 160 元，在職工人數不變的條件下，使得工資總額增加 192,000 元。

結構影響指數 $\bar{K}_f = \dfrac{\dfrac{\sum x_0 f_1}{\sum f_1}}{\dfrac{\sum x_0 f_0}{\sum f_0}} = \dfrac{1,320}{1,380} = 95.65\%$

$\left(\dfrac{\sum x_0 f_1}{\sum f_1} - \dfrac{\sum x_0 f_0}{\sum f_0}\right)\sum f_1 = (1,320 - 1,380) \times 1,200 = -60 \times 1,200 = -72,000(元)$

計算結果表明，由於職工結構的變動，使得報告期的平均工資比基期降低了4.35%，每個職工的平均工資減少60元，在職工人數不變的條件下，使得工資總額減少72,000元。

上述平均指標指數體系中，各指數之間的數量關係表現為：

從相對數上看，平均工資可變構成指數 = 固定構成指數 × 結構影響指數
$$107.25\% = 112.12\% \times 95.65\%$$

從絕對數上看，平均工資變動的絕對量 = 各組工資水平變動使其變動的絕對量 + 職工結構變動使其變動的絕對量。

$$100 元 = 160 元 + (-60 元)$$
$$120,000 元 = 192,000 元 + (-72,000) 元$$

第四節　幾種常用的經濟指數

一、工業生產指數

工業生產指數就是用加權算術平均數編製的工業產品實物量指數，是西方國家普遍用來計算和反應工業發展速度的指標，也是景氣分析的首選指標。

工業生產指數是以代表產品的生產量為基礎，用報告期除以基期取得產品產量的個體指數，以工業增加值計算權數來加權計算總指數的。因此，在工業生產指數的計算中，產品增加值的計算是權數計算的關鍵。其計算公式為：

$$\bar{K} = \dfrac{\sum kw}{\sum w}$$

式中：k 為各種代表品的產量個體指數；w 為各種代表品的基期增加值。

二、消費者物價指數和零售物價指數

消費者物價指數（$Consumer\ Price\ Index$，簡稱 CPI）是世界各國普遍編製的一種指數，它可以用來分析市場價格的基本動態，是政府制定物價政策和工資政策的重要依據。

(一) 消費者物價指數

1. 消費者物價指數的概念

消費者物價指數是反應與居民生活有關的產品及勞務價格統計出來的物價變動指標，通常作為觀察通貨膨脹水平的重要指標。中國從 1951 年就開始編製 CPI 了，那時叫「職工生活費用價格指數」，1994 年更名為「居民消費價格指數」。居民消費價格指數可按城鄉分別編製城市居民消費價格指數和農村居民消費價格指數，也可按全社會編製全國居民消費價格總指數。

2. 居民消費價格指數的編製

（1）將居民消費分為八大類。包括食品、衣著、醫療保健和個人用品、交通及通訊、娛樂教育文化用品、居住、雜項商品及服務等八個大類。

（2）從各類中選定代表性的商品項目入編指數，利用有關對比時期的價格資料，分別計算個體價格指數。中國根據全國城鄉近 11 萬戶居民家庭消費支出調查資料中消費額較大的項目以及居民消費習慣，確定了 263 個基本分類，每個基本分類下設 1～25 個代表規格品。

（3）確定代表品的比重權數，它包括代表品本身權數，還包括該類商品中其他項的權數。CPI 指數的權數確定主要是根據居民家庭用於各種商品和勞務的開支在所有消費商品或勞務總開支中所占的比重來計算，權數資料來源於城市住戶調查統計中的居民人均消費性支出數據，中國 CPI 權數每五年調整一次。

（4）採用固定權數算術平均指數公式，依次編製各小類、中類的消費價格指數和價格總指數。其計算公式為：

$$\bar{K}_p = \frac{\sum k_p w}{\sum w}$$

式中：k_p 為各小類、中類或大類商品的價格指數；w 為各類商品所占的權數（比重 %）。

例：已知某市 2007 年度消費的各大類及其代表商品的有關資料，要求根據資料編製該市 2007 年度的消費物價指數。

表 11.9　　　　　　　　　消費物價指數計算表

類別及品名	平均價格（元） 2006 年	平均價格（元） 2007 年	指數 %	權數 %	指數 × 權數
總指數			106.62	100	
一、食品類			112.3	33.6	37.73
二、菸酒及用品			108.74	14.4	15.66
三、衣著類			95.46	9	8.59
四、家庭設備及用品			102.7	6.2	6.17
五、醫療保障			110.43	9.4	10.38
六、交通和通信			101.73	9.3	9.46
1. 交通工具			104.37	60	62.62
摩托車	8,450	8,580	101.54	45	45.69
自行車	336	360	107.14	50	53.57
電動車	1,300	1,329	102.23	5	5.11
2. 通信工具			97.77	40	39.11
七、娛樂教育文化			101.26	4.5	4.56
八、居住			103.5	13.6	14.08

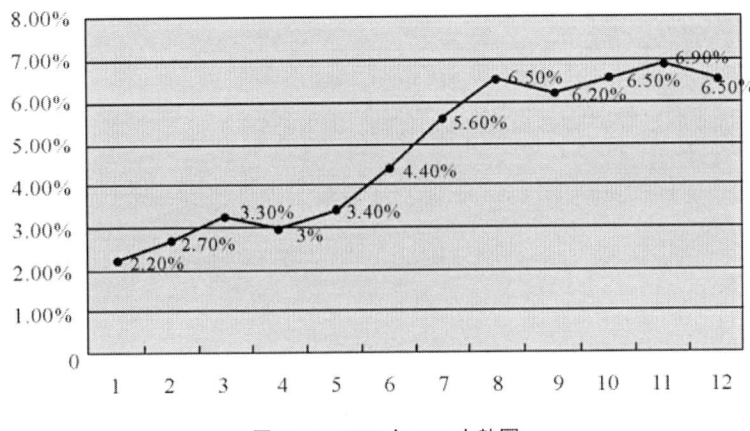

下面我們從圖11.1與表11.10、表11.11中來瞭解一下中國近年來的消費物價指數。

圖11.1　2007年CPI走勢圖

表11.10　　2008年7月份消費物價分類指數

消費品及服務項目類別	幅度	消費品及服務項目名稱	幅度
居民消費價格	+6.3%	城市價格	+6.1%
		農村價格	+6.8%
		消費品價格	+7.8%
		服務項目	+1.5%
		非食品價格	+2.1%
		食品價格	+14.4%
食品類	+14.4%	糧食	+8.6%
		油脂	+30.8%
		肉禽及其製品	+16%
		鮮蛋	+5.9%
		水產品	+18.3%
		鮮菜	+8.4%
		鮮果	+17.4%
		調味品	+5.9%
菸酒及用品類	+3.1%	菸草	+0.4%
		酒類	+8.1%
衣著類	-1.4%	服裝	-1.5%

消費品及服務項目類別	幅度	消費品及服務項目名稱	幅度
家庭設備用品及維修服務	+3.1%	耐用消費品	+1.5%
		家庭服務及加工維修服務	+9.8%

表 11.10(續)

消費品及服務項目類別	幅度	消費品及服務項目名稱	幅度
醫療保健及個人用品類	+3.1%	西藥	+1.2%
		中藥材及中成藥	+5.4%
		醫療保健服務	+0.3%
交通和　類	-0.3%	交通工具	-1%
		車用燃料及零配件	+22.2%
		車輛使用及維修	+0.9%
		城市間交通	+4.8%
		市區交通	+0.5%
		通信工具	-19%
娛樂教育文化用品及服務類	-0.9%	學雜托幼費	+0.2%
		教材參考書	0
		文娛費	+2%
		旅遊	+0.1%
		文娛用品	-0.1%
居住類	+7.7%	水、電及燃料	+9.1%
		建房及裝修材料	+8.8%
		租房	+3.8%

表 11.11　　　　中國 2008 年 1～11 月消費物價指數

單位:%

月份	CPI 同比	城市	農村
1	7.1	6.8	7.7
2	8.7	8.5	9.2
3	8.3	8	9
4	8.5	8.1	9.3
5	7.7	7.3	8.5
6	7.1	6.8	7.8
7	6.3	6.1	6.8
8	4.9	4.7	5.4
9	4.6	4.4	5.3
10	4	3.7	4.6
11	2.4	2.2	2.9

(註:表 11.10 和 11.11 中的數據來源於國家統計局發布的 2008 年國民經濟和社會發展統計公報。)

3. 消費者物價指數的作用

(1) 反應通貨膨脹狀況。通貨膨脹的嚴重程度是用通貨膨脹率來反應的,它說明了一定時期內商品價格持續上升的幅度。通貨膨脹率一般以消費者物價指數來表示。

$$通貨膨脹率 = \frac{報告期消費者物價指數 - 基期消費者物價指數}{基期消費者物價指數} \times 100\%$$

一般說來,當 $CPI > 3\%$ 的增幅時,我們稱為 $INFLATION$,就是通貨膨脹;當 $CPI > 5\%$ 的增幅時,我們稱為 $SERIOUS\ INFLATION$,就是嚴重的通貨膨脹。

(2) 反應貨幣購買力變動。貨幣購買力是指單位貨幣能夠購買到的消費品和服務的數量。消費者物價指數上漲,貨幣購買力則下降;反之則上升。消費者物價指數的倒數就是貨幣購買力指數。

$$貨幣購買力指數 = \frac{1}{消費者物價指數} \times 100\%$$

(3) 反應對職工實際工資的影響。消費者物價指數的提高意味著實際工資的減少,消費者物價指數的下降意味著實際工資的提高。因此,可利用消費者物價指數將名義工資轉化為實際工資,其計算公式為:

$$實際工資 = \frac{名義工資}{消費者物價指數}$$

(二) 零售物價指數

零售物價指數($Retail\ Price\ Index$),簡稱 RPI。是指反應一定時期內商品零售價格變動趨勢和變動程度的相對數。商品零售價格指數分為食品、飲料烟酒、服裝鞋帽、紡織品、中西藥品、化妝品、書報雜誌、文化體育用品、日用品、家用電器、首飾、燃料、建築裝潢材料、機電產品14個大類,國家規定304種必報商品,需要予以特別說明的是,從1994年起,國家、各省(區)和縣編製的商品零售價格指數不再包括農業生產資料。

中國的零售物價指數主要有:零售商品牌價指數、零售商品議價指數、集市貿易價格指數和全社會零售物價總指數。商品零售價格指數變動直接影響城鄉居民的生活費用開支,直接關係國家財政的收支,直接影響居民購買力和市場商品供需平衡,直接影響消費和累積的比例。

目前,統計工作中按月、季、年編製零售物價指數,零售物價指數採用加權算術平均公式計算。權數直接影響指數的可靠性,因此每年要根據居民家庭收支調查的資料調整一次權數。物價不可能全面調查,只能在部分市、縣調查,在中國根據人力、財力,大約選145個市、81個縣城作為物價變動資料的基層填報單位。在城市選商品304種,在縣城選350餘種。每種商品的價格指數採用代表規格品的平均價格計算,其計算過程見固定權數的加權平均數指數。表11.12與表11.13分別是中國商品零售價格總指數與商品零售價格分類指數資料。

表 11.12　　　　　　中國 2008 年 1～11 月份商品零售價格總指數

單位：%

月份	全國	城鎮	農村
1	106.2	105.7	107.4
2	108.1	107.6	109.2
3	107.8	107.3	109.1
4	108.1	107.6	109.2
5	107.5	107	108.7
6	107.1	106.7	108.2
7	107.4	106.9	108.5
8	105.5	105.3	106.1
9	105.3	105.1	105.9
10	104.6	104.4	105.1
11	102.7	102.6	103

表 11.13　　　　　　中國 2008 年 11 月商品零售價格分類指數

項目	上年同月 = 100			上年同期 = 100		
	全國	城市	農村	全國	城市	農村
商品零售價格指數	102.7	102.6	103.0	106.3	105.9	107.2
一、食品	105.9	106.6	104.4	115.4	115.5	115.1
二、飲料、菸酒	103.8	104.2	103.2	103.4	103.8	102.8
三、服裝、鞋帽	98.3	97.9	99.2	98.4	98.1	99.2
四、紡織品	100.5	100.3	100.7	100.6	100.4	100.8
五、家用電器及音像器材	96.4	95.8	97.7	97.0	96.4	98.4
六、文化辦公用品	97.0	96.2	99.3	96.7	95.8	99.2
七、日用品	105.1	105.1	105.0	103.6	103.5	103.9
八、體育娛樂用品	97.7	96.5	100.6	97.7	96.7	100.1
九、交通、通訊用品	93.6	93.1	95.3	93.1	92.6	94.7
十、家具	102.7	102.8	102.5	102.6	102.5	102.7
十一、化妝品	101.4	101.5	101.2	100.6	100.6	100.7
十二、金銀珠寶	100.4	99.4	103.7	118.6	118.2	119.9
十三、中西藥品及醫療保健用品	102.1	102.3	101.6	103.2	103.1	103.3
十四、書報雜誌及電子出版物	103.7	104.6	101.9	101.3	101.7	100.5
十五、燃料	111.0	109.3	114.8	117.1	115.3	121.3
十六、建築材料及五金電料	104.4	104.1	104.8	108.3	107.8	109.

（註：表 11.12、表 11.13 的數據查於國家統計局網站。）

(三) 消費者物價指數和零售物價指數的區別

消費者物價指數和商品零售物價指數是兩個具有不同意義的價格指數,二者都是依據商品零售價格編製的,而且都包括生活消費品部分,但二者也有明顯區別。

1. 編製目的不同

消費者物價指數屬於消費領域的價格指數,它是反應一定時期居民生活消費品及服務項目價格變動趨勢和程度的一種相對數,它可以觀察居民生活消費品及服務項目價格變動對居民生活的影響,為各級政府掌握居民消費狀況,研究和制定居民消費價格政策、工資政策以及為新國民經濟核算體系中消除價格變動因素的核算提供科學依據。零售物價指數屬於流通領域的價格指數,它是反應一定時期市場零售價格變動趨勢和變動程度的一個相對數,據此掌握零售商品的平均價格水平,為各級政府制定經濟政策,研究市場流通和新國民經濟核算體系提供科學依據。

2. 含義不同

消費者物價指數是從買方角度觀察居民生活消費品零售價格和服務項目價格變動情況,說明價格變動對居民(購買者)生活的影響。零售物價指數是從賣方角度觀察商品零售價格變動情況,說明價格變動對賣者的影響。

3. 統計口徑不同

消費者物價指數的調查範圍是居民用於日常生活消費的商品和服務項目價格,它既包括商品,如食品、衣著、家庭設備及用品、醫療保健、交通通信工具、娛樂教育文化用品、居住等,也包括非商品與服務,如學雜費、保育費等。但不包括居民一般不消費而主要供集團消費的商品,如辦公用品、轎車等。零售物價指數只反應商品,包括居民消費和集團消費,而不反應非商品與服務價格。商品按用途分為14大類,即食品、烟酒飲料、服裝鞋帽、紡織品、中西藥、化妝品、書報雜誌、文化體育用品、日用品、家用電器、首飾、燃料、建築裝潢材料和機電產品。

4. 權數來源不同

編製消費者物價指數的權數來源於居民用於各類商品和服務項目的消費支出額以及各種商品、服務項目的實際消費支出額的構成比重,根據城鎮居民住戶調查資料計算。編製零售物價指數的權數來源於各類消費品零售額和各種消費品零售額的構成比重,主要根據社會消費品零售額資料計算。

5. 用途不同

消費者物價指數主要是用於說明價格變動對居民生活的影響程度,分析貨幣購買力之強弱,是反應通貨膨脹的重要指標。零售物價指數主要用於說明市場商品價格的變動情況,分析供求關係,核算商業經濟效益和經濟規模。

6. 重要性不同

一般說來,消費者物價指數強於零售物價指數。因為消費者價格指數是世界各國政府和居民都很關注的價格指數,在各國的價格統計中都有。而零售物價指數在多數國家的價格統計中都只是一項派生指標,基本上是在消費者價格指數的基礎上派生的。

三、生產者物價指數

生產者物價指數(Producer Price Index,簡稱PPI),生產者物價指數是衡量工業企業產品出廠價格變動趨勢和變動程度的指數,是反應某一時期生產領域價格變動情況的重要經濟指標,也是制定有關經濟政策和國民經濟核算的重要依據。目前,中國PPI的調查產品有4,000多種(含規格品9,500多種),覆蓋全部39個工業行業大類,涉及調查種類186個。

從理論上講,根據價格傳導規律,PPI對CPI有一定的影響。PPI反應生產環節價格水平,CPI反應消費環節的價格水平,生產過程中所面臨的物價波動將反應至最終產品的價格上,因此觀察PPI的變動情形將有助於預測未來物價的變化狀況。

表11.14　　　　　　　　　中國2008年1～11月PPI資料

月份	PPI同比上漲的幅度 %
1	6.1
2	6.6
3	8.0
4	8.1
5	8.2
6	8.8
7	10.0
8	10.1
9	9.1
10	6.6
11	2.0

四、農產品收購價格指數

農產品收購價格指數是反應國有商業、集體商業、個體商業、外貿部門、國家機關、社會團體等各種經濟類型的商業企業和有關部門收購農產品價格的變動趨勢和程度的相對數。農產品收購價格指數可以觀察和研究農產品收購價格總水平的變化情況,以及對農民貨幣收入的影響,作為制定和檢查農產品價格政策的依據。

農產品收購價格指數分為糧食、經濟作物、竹木材、工業用油漆、禽畜產品、蠶繭蠶絲、干鮮果、干鮮菜及調味品、藥材、土副產品、水產品11個大類,包括250種商品。

農產品收購價格指數的計算公式是加權調和平均數指數,其權數資料來源於農村住戶主要農林產品出售量、農村住戶出售禽畜及漁業產品情況、國家和社會其他農產品收購部門的收購金額、歷年農產品收購金額資料等。省(市、自治區)農產品收購價格總指數根據各調查商品的全省(市、自治區)綜合平均收購價格和相應的單項商品價格指數,

以報告期收購額為權數,按照自下而上、分層計算、逐步匯總的原則,採用加權調和平均公式計算:

$$\bar{K} = \frac{\sum p_1 q_1}{\sum \frac{1}{K} p_1 q_1}$$

其中,$\bar{K}$ 為農產品收購價格總(類)指數;K 為單項農產品收購價格指數;$p_1 q_1$ 為報告期各類農產品實際收購額。

五、股票價格指數

(一)道·瓊斯股票指數

道·瓊斯股票指數是世界上歷史最為悠久的股票指數,它的全稱為股票價格平均數。它是在 1884 年由道·瓊斯公司的創始人查理斯·道開始編製的。其最初的股票價格平均指數是根據 11 種具有的代表性的鐵路公司的股票,採用算術平均法進行計算編製而成的,發表在查理斯·道自己編輯出版的《每日通訊》上。其計算公式為:

股票價格平均數 = 入選股票的價格之和/入選股票的數量

自 1887 年起,道·瓊斯股票價格平均數開始分成工業與運輸業兩大類,其中工業股票價格平均指數包括 12 種股票,運輸業平均指數則包括 20 種股票,並且開始在道·瓊斯公司出版的《華爾街日報》上公布。在 1929 年,道·瓊斯股票價格平均指數又增加了公用事業類股票,使其所包含的股票達到 65 種,並一直延續至今。

現在的道·瓊斯股票價格平均指數是以 1928 年 10 月 1 日為基數,因為這一天收盤時的道·瓊斯股票價格平均指數恰好約為 100 美元,所以就將其定為基準日。而以後股票價格同基期相比計算出的百分數,就成為各期的股票價格指數,所以現在的股票指數普遍用點來作單位,而股票指數每一點的漲跌就是相對於基數日的漲跌百分數。

道·瓊斯股票價格平均指數最初的計算方法是用簡單算術平均法求得,當遇到股票的除權除息時,股票指數將發生不連續的現象。1928 年后,道·瓊斯股票價格平均指數採用了新的計算方法,即在計點的股票除權或除息時採用連接技術,以保證股票指數的連續,從而使股票指數計算方法得到了完善,並逐漸推廣到全世界。

目前,道·瓊斯股票價格平均指數共分四組,第一組是工業股票價格平均指數。它由 30 種有代表性的大工商業公司的股票組成,且隨經濟變化而發展,大致上反應了各個時期美國整個工商業股票的價格水平,這也就是人們通常所引用的道·瓊斯工業股票價格平均數。第二組是運輸業股票價格平均指數。它包括 20 種有代表性的運輸業公司的股票,即 8 家鐵路運輸公司、8 家航空公司和 4 家公路貨運公司。第三組是公用事業股票價格平均指數,由代表著美國公用事業的 15 家煤氣公司和電力公司的股票所組成。第四組是平均價格綜合指數。它是綜合前三組股票價格平均指數所選用的、共 65 種股票而得出的綜合指數,這組綜合指數雖然為優等股票提供了直接的股票市場狀況參數,但現在通常引用的是第一組即工業股票價格平均指數。

(二)標準‧普爾股票價格指數

除了道‧瓊斯股票價格指數外,標準‧普爾股票價格指數在美國也很有影響力,它是由美國最大的證券研究機構——標準‧普爾公司編製的股票價格指數。該公司於 1923 年開始編製發表股票價格指數。最初採選了 230 種股票,編製兩種股票價格指數。到 1957 年,這一股票價格指數的範圍擴大到 500 種股票,分成 95 種組合。其中最重要的四種組合是工業股票組、鐵路股票組、公用事業股票組和 500 種股票混合組。從 1976 年 7 月 1 日開始,改為 40 種工業股票,20 種運輸業股票,40 種公用事業類股票和 40 種金融業股票。幾十年來,雖然有股票更迭,但始終保持為 500 種。標準‧普爾公司股票價格指數以 1941 年至 1993 年抽樣股票的平均市價為基期,以上市股票數為權數,按基期進行加權計算,其基點數位 10。以目前的股票市場價格乘以股票市場上發行的股票數量為分子,用基期的股票市場價格乘以基期股票數為分母,相除之數再乘以 10 就是股票價格指數。

(三)香港恒生指數

香港恒生指數 HANG SENG INDEX,簡稱 HSI。香港恒生指數是香港股票市場上歷史最悠久、影響最大的股票價格指數,由香港恒生銀行於 1969 年 11 月 24 日開始發表。

恒生股票價格指數包括從香港 500 多家上市公司中挑選出來的 33 家有代表性且經濟實力雄厚的大公司股票作為成分股,分為四大類—— 4 種金融業股票,6 種公用事業股票、9 種房地產業股票和 14 種其他工商業(包括航空和酒店)股票。這些股票涉及香港的各個行業,占香港股票市值的 63.8%,所以具有較強的代表性。

恒生股票價格指數的編製是以 1964 年 7 月 31 日為基期,因為這一天香港股市運行正常,成交值均勻,可反應整個香港股市的基本情況,基點確定為 100 點。其計算方法是將 33 種股票按每天的收盤價乘以各自的發行股數為計算日的市值,再與基期的市值相比較,乘以 100 就得出當天的股票價格指數。由於恒生股票價格指數所選擇的基期適當,因此,不論股票市場狂升或猛跌,還是處於正常交易水平,恒生股票價格指數基本上能反應整個股市的活動情況。

(四)上證綜合指數與上證 180 指數

1. 上證綜合指數

上證綜合指數(上海證券綜合指數)即上證綜指。英文是:Shanghai(securities)composite index,通常簡稱:Shanghai composite index。

上海證券綜合指數是上海證券交易所從 1991 年 7 月 15 日起編製並公布的,以上海證券交易所掛牌上市的全部股票為計算範圍,以發行量為權數的加權綜合股價指數。它以 1990 年 12 月 19 日為基期,基期指數定為 100 點。上證綜合指數反應了上海證券交易市場的總體走勢。

$$即日上證綜合指數 = \frac{即日股票總市值}{基期股票總市值} \times 基期指數(100)$$

其中,即日股票總市值 = Σ(股票市價 × 總股本數)

(註：當有新股上市時，一個月以后方列入上證綜指的計算範圍。)

2. 上證 180 指數

上證 180 指數(又稱上證成分指數)是上海證券交易所對原上證 30 指數進行了調整並更名而成的，其樣本股是在所有 A 股股票中抽取最具市場代表性的 180 種樣本股票，自 2002 年 7 月 1 日起正式發布。作為上證指數系列核心的上證 180 指數的編製方案，目的在於建立一個反應上海證券市場的概貌和運行狀況，具有可操作性和投資性、能夠作為投資評價尺度及金融衍生產品基礎的基準指數。

新編製的上證 180 指數的樣本數量擴大到 180 家，入選的個股均是一些規模大、流動性好、行業代表性強的股票。該指數不僅在編製方法的科學性、成分選擇的代表性和成分的公開性上有所突破，同時也恢復和提升了成分指數的市場代表性，從而能更全面地反應股價的走勢。統計表明，上證 180 指數的流通市值占到滬市流通市值的 50%，成交金額所占比例也達到 47%。它的推出，將有利於推出指數化投資，引導投資者理性投資，並促進市場對「藍籌股」的關注。

上證 180 指數與通常計算的上證綜指之間最大的區別在於，它是成分指數，而不是綜合指數。成分指數是根據科學客觀的選樣方法挑選出的樣本股形成的指數，所以能更準確地認識和評價市場。

(五)深證綜合指數與深證成分股指數

1. 深證綜合指數

深證綜合指數是深圳證券交易所從 1991 年 4 月 3 日開始編製並公開發表的一種股價指數，該指數規定 1991 年 4 月 3 日為基期，基期指數為 100 點。深證綜合指數以所有在深圳證交所上市的所有股票為計算範圍，以發行量為權數的加權綜合股價指數，其基本計算公式為：

即日綜合指數＝(即日指數股總市值/基日指數股總市值×基日指數)，每當發行新股上市時，從第二天納入成分股計算，這時上式中的分母調整為：

基日成分股總市值＝原來的基日成分股總市值＋新股發行數量×上市第一天收盤價

2. 深證成分股指數

深證成分股指數是深圳證券交易所編製的一種成分股指數，是從上市的所有股票中抽取具有市場代表性的 40 家上市公司的股票作為計算對象，並以流通股為權數計算得出的加權股價指數，綜合反應深交所上市 A、B 股的股價走勢。深證成分股指數以 1994 年 7 月 20 日為基日，1995 年 1 月 23 日開始發布，基日指數定為 1,000 點。

(六)滬深 300 指數

滬深 300 指數是上海證券交易所和深圳證券交易所共同編製的一種成分股指數，是從滬、深兩個證券交易所上市的所有股票中抽取具有市場代表性的 300 家上市公司的股票作為計算對象，並以調整股本為權重計算得出的加權股價指數，綜合反應滬、深證券上市股票的股價走勢。該指數以 2004 年 12 月 31 日為基日，基點為 1,000 點。

本章小結

　　本章所介紹的統計指數主要是指狹義上的總指數，即不能直接同度量的受多種因素影響的複雜社會經濟現象總體數量綜合變動的相對數。利用統計指數不僅可以反應社會經濟現象總體的綜合變動情況，而且還可以反應在現象總體的總變動中各因素變動的影響方向和影響程度。

　　總指數有兩種形式：綜合指數和平均(數)指數。綜合指數有數量指標指數與質量指標指數兩種，在編製數量指標指數時，需要加入的同度量因素是質量指標，通常將質量指標固定在基期；在編製質量指標指數時，需要加入的同度量因素是數量指標，通常將數量指標固定在報告期。

　　平均指數是指對個體指數進行加權平均而得到的總指數。平均指數按其平均的方法不同，可分為加權算術平均指數與加權調和平均指數兩種。實際工作中究竟採用哪種平均指數，要依據取得資料的條件而定，通常加權算術平均指數適合編製數量指標指數，而加權調和平均指數適合編製質量指標指數。

　　指數體系與因素分析是統計指數的重要內容之一。運用指數體系可以從相對數與絕對數兩個方面來分析被研究現象內各因素間存在的數量聯繫。在進行因素分析時，要注意解決好兩個問題，一是要區分數量指標指數與質量指標指數；二是要區分指數化因素與同度量因素。

　　在日常生活中，我們接觸最多的經濟指數有消費者價格指數 CPI、零售物價指數 RPI、生產者物價指數 PPI、股票指數等，本章最後介紹了這幾種常用的經濟指數。

中英文對照專業名詞

統計指數	Statistical Index
廣義指數	Board sense of Index
狹義指數	Narrow Sense of Index
個體指數	Individual Index
總指數	Total Index
零售物價指數	Retail Price Index，簡稱 RPI
消費者物價指數	Consumer Price Index，簡稱 CPI
生產者物價指數	Producer Price Index，簡稱 PPI
農產品收購價格指數	Index of Agricultural Products Purchasing Prices

思考與練習

思考題

1. 什麼是統計指數？它有何作用？
2. 編製綜合指數的一般原則是什麼？
3. 什麼是同度量因素？為什麼編製總指數時要引入同度量因素？
3. 說明綜合指數與平均數指數的聯繫與區別。
4. 什麼是指數體系？如何構建指數體系？
5. 怎樣進行指數因素分析？其關鍵問題是什麼？

練習題

1. 某廠產品產量及出廠價格資料如下表：

表11.15　　　　　　　　某廠產品產量及出廠價格

產品名稱	計量單位	產量 基期	產量 報告期	出廠價格(元) 基期	出廠價格(元) 報告期
甲	噸	6,000	5,000	110	100
乙	臺	10,000	12,000	50	60
丙	件	40,000	41,000	20	20

要求：對該廠總產值變動進行因素分析。

2. 某單位職工人數和工資總額資料如表：

表11.16　　　　　　　　某單位職工人數及工資資料

指標	符號	2007年	2008年
工資總額(萬元)	E	500	567
職工人數(人)	a	1,000	1,050
平均工資(元/人)	b	5,000	5,400

要求：對該單位工資總額變動進行因素分析。

3. 某企業總產值及產量增長速度資料如下：

表11.17　　　　　　　　企業產值及產量資料

產品名稱	總產值(萬元) 基期	總產值(萬元) 報告期	產量增長%
A	120	150	10
B	200	210	5
C	400	440	20
合計	720	800	——

根據資料,計算:
(1)三種產品的總產值指數及其變動的絕對量;
(2)三種產品的產量總指數及其對總產值的絕對影響;
(3)三種產品的物價總指數及其對總產值的絕對影響。

4. 某企業工人工資資料如下:

表 11.18　　　　　　　企業工人人數及工資水平資料

工人分組	月工資水平(元)		工人人數(人)	
	基期	報告期	基期	報告期
技術工	1,880	1,920	245	280
輔助工	1,560	1,720	120	150
合計	—	—	365	430

要求:(1)分析該企業工人工資總額的變動情況;(2)分析工人工資水平和工人結構變動對工人總平均工資的影響。

5. 某總廠所屬兩個分廠的某產品成本資料如下表,試分析總廠該產品平均單位成本變動受分廠成本水平及總廠產量結構變動的影響。

表 11.19　　　　　　　某產品成本與生產量資料

	單位成本(元)		生產量(件)	
	x_0	x_1	f_0	f_1
甲分廠	10.0	9.0	300	1,300
乙分廠	12.0	12.2	700	700
總廠	—	—	1,000	2,000

案例討論

討論目的:正確理解和掌握總指數的編製原理和運用;瞭解平均(數)指數在居民消費價格變動研究中的應用。

資料:2015 年居民消費價格比上年漲跌幅度

表 11.20　　　　　2015 年居民消費價格比上年漲跌幅度　　　　　單位:%

指標	全國	城市	農村
居民消費價格	1.4	1.5	1.3
其中:食品	2.3	2.3	2.4
烟酒及用品	2.1	2.0	2.3

表11.20(續)

指標	全國	城市	農村
衣著	2.7	2.8	2.3
家庭設備用品及維修服務	1.0	1.0	0.9
醫療保健和個人用品	2.0	1.9	2.3
交通和通信	-1.7	-1.6	-1.9
娛樂教育文化用品及服務	1.4	1.4	1.4
居住[10]	0.7	1.0	-0.3

(資料來源：中華人民共和國 2015 年國民經濟和社會發展統計公報〔EB/OL〕. http://www.stats.gov.cn, 2016-02-29)

討論分析：

(1) 2015 年中國居民消費價格指數是多少？

(2) 居民消費價格指數是個體指數還是總指數？中國居民消費價格指數採用了什麼指數編製方法？

(3) 中國居民消費價格指數是分幾個大類計算的？2015 年居民消費品價格上漲最快的是哪一大類？

(4) 為什麼中國要分城市和農村計算居民消費價格指數？

(5) 中國居民消費價格指數與商品零售價格指數有何不同？

第十二章　常用的經濟統計指標

第一節　國民經濟統計的常用指標

國民經濟運行包括社會生產、分配、流通和使用的全過程。國民經濟統計的目的是對某一時期國民經濟運行狀況進行系統描述和說明，包括經濟過程中生產了什麼，生產了多少，創造了多少價值；新增價值是如何分配的，各部門在分配過程中如何形成了收入；收入如何用於消費，如何通過各種金融工具進行融資，進行投資活動；一國與他國之間的經濟往來；等等。

一、國民經濟統計指標體系

國民經濟統計需要通過設置一系列專門的經濟指標，反應國民經濟的有關數量特徵。

根據考核對象的特點，國民經濟統計指標應該針對宏觀經濟運行的不同環節、不同方面來加以設置。圖12.1列示了其中一些最常用的總量指標。

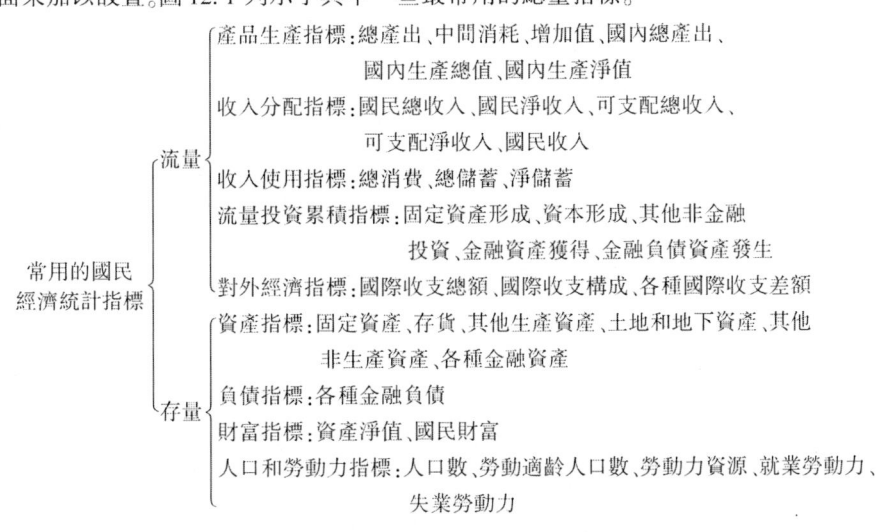

常用的國民經濟統計指標
- 流量
  - 產品生產指標：總產出、中間消耗、增加值、國內總產出、國內生產總值、國內生產淨值
  - 收入分配指標：國民總收入、國民淨收入、可支配總收入、可支配淨收入、國民收入
  - 收入使用指標：總消費、總儲蓄、淨儲蓄
  - 流量投資累積指標：固定資產形成、資本形成、其他非金融投資、金融資產獲得、金融負債資產發生
  - 對外經濟指標：國際收支總額、國際收支構成、各種國際收支差額
- 存量
  - 資產指標：固定資產、存貨、其他生產資產、土地和地下資產、其他非生產資產、各種金融資產
  - 負債指標：各種金融負債
  - 財富指標：資產淨值、國民財富
- 人口和勞動力指標：人口數、勞動適齡人口數、勞動力資源、就業勞動力、失業勞動力

圖12.1　常用的國民經濟統計指標

下面僅就一些最常用、最基本的國民經濟指標，從指標含義、計算方法和相互關係的方面進行介紹。

二、國民經濟生產指標

(一) 國內總產出

國內總產出是指一定時期內國民經濟各部門生產的社會總產品的價值總量。

從實物形態看,社會總產品可分為貨物和服務兩大類。貨物是生產出來滿足人們需要的、能夠確定其所有權的有形實體,如工業品、農產品、建築業產品等。服務是直接用於滿足使用者需要的無形產品,它的生產和使用是同時進行的,生產的完成就是使用的結束,所以不能存儲和脫離生產進行交易。如金融服務、保險服務、文化服務等。從價值形態看,國內總產出是社會總產品完全價值的總和,其價值構成為 $c + v + m$:① 生產資料轉移價值 C,包括勞動手段轉移價值(固定資產折舊)C_1 和勞動對象轉移價值(即中間消耗)C_2;② 勞動新創價值,包括必要勞動價值 V 和剩余勞動價值 M。

對於總產出,不同行業有不同計算規定。例如,農業按產品法,工業按工廠法計算,建築業按工程結算價款計算,商業按購銷差價即毛利計算,營業性服務業按營業收入計算,非營業性服務業按經常費用支出計算。

由於各部門、各企業之間存在著相互提供和相互消耗產品的技術經濟聯繫,每一部門或企業的產出價值中都會包括一些由其他部門或企業提供而被自己消耗掉的生產資料的轉移價值。國內總產出包括了生產資料轉移價值的大量重複計算,並且,這種重複計算的程度還與生產組織的內部結構的變化有關。國內總產出只是一個有關國民經濟生產的「總週轉量」指標,它能夠表明全社會生產活動的總規模並能用於對國民經濟各部門間的技術經濟聯繫進行投入產出分析,但不能說明國民經濟生產活動的最終成果。

(二) 國內生產總值 (Gross Domestic Product 簡稱 GDP)

1. 國內生產總值的意義

國內生產總值是指一個國家或地區所有常住單位在一定時期內(通常為一年)生產活動的最終成果,即所有常住機構單位或產業部門一定時期內生產的可供最終使用的產品和勞務的價值。國內生產總值能夠全面反應全社會經濟活動的總規模,是衡量一個國家或地區經濟實力、評價經濟形勢的重要綜合指標。以此為基礎,可以研究經濟增長、經濟效率和重要的經濟比例。世界上大多數國家都採用這一指標。

國內生產總值有三種表現形態,即價值形態、收入形態和產品形態。從價值形態看,它是所有常住單位在一定時期內所生產的全部貨物和服務價值超過同期投入的全部非固定資產貨物和服務價值的差額,即所有常住單位的增加值之和;從收入形態看,它是所有常住單位在一定時期內所創造並分配給常住單位和非常住單位的初次分配收入之和;從產品形態看,它是最終使用的貨物和服務減去進口貨物和服務。

2. 國內生產總值的計算方法

在實際核算中,國內生產總值的三種表現形態表現為三種計算方法,即生產法、收入法和支出法。這三種方法分別從不同的方面反應國內生產總值及其構成。其計算公式為:

國內生產總值(生產法) = 總產出 − 中間投入(物質產品投入 + 服務投入)

國內生產總值(收入法) = 勞動者報酬 + 固定資產折舊 + 生產稅淨額 + 營業盈余

國內生產總值(支出法) = 最終消費 + 資本形成總額 + 貨物和服務淨出口 = (居民消費 + 政府消費) + (固定資產形成總額 + 存貨增加) + (貨物和服務出口 - 貨物和服務進口)

3. 國內生產總值表

將上述國內生產總值的三種統計方法集中到一張表內,就得到國內生產總值表。

國內生產總值表是以國內生產總值為中心的平衡表。在生產方,反應了當期國民經濟生產活動的成果,其中包括生產法和收入法的各項指標,通過這些指標的計算可以從產出和收入兩方面反應生產的成果,即國內生產總值是如何在總產出的基礎上生產出來的,具體表現為哪些收入要素;在使用方,反應了生產成果的使用,包括支出法的各項指標,通過這些指標的計算可以反應產品的使用去向和結構關係,即生產過程中消耗了多少,退出生產過程用於消費、投資和淨出口多少。從理論上講,上述三種方法計算的結果應當是一致的,但是,由於三種估算國內生產總值所採用的資料來源不同,在實際計算中會有差異,於是總是存在一定的統計誤差,具體表式見表12.1。(數據是假設的)

表 12.1　　　　　　　　　國內生產總值表

單位:億元

生　　產		使　　用	
一、總產出	12,831.5	一、總支出	12,831.5
二、中間投入	7,119.5	二、中間使用	7,119.5
三、國內生產總值	5,712.0	三、國內生產總值	5,712.0
1. 勞動者報酬	2,944.0	1. 最終消費	3,636.5
2. 生產稅淨額	400.5	(1) 居民消費	2,971.5
3. 固定資產折舊	601.0	(2) 政府消費	665.0
4. 營業盈餘	1,766.5	2. 資本形成總額	2,186.5
		(1) 固定資產形成總額	1,901.5
		(2) 存貨淨增加	285.0
		3. 出口	785.5
		4. 進口(-)	894.5
		5. 統計誤差	-2.0

【例12.1】根據表12.1的資料,分別用生產法、收入法和支出法計算國內生產總值。

(1) 生產法。

國內生產總值 = 總產出 - 中間投入 = 12,831.5 - 7,119.5 = 5,712(億元)

(2) 收入法。

國內生產總值 = 勞動者報酬 + 固定資產折舊 + 生產稅淨額 + 營業盈餘 = 2,944.0 + 601.0 + 400.5 + 1,766.5 = 5,712(億元)

(3) 支出法。

國內生產總值 = 最終消費 + 資本形成總額 + 貨物和服務進出口 = 3,636.5 + 2,186.5 + 785.5 - 894.5 = 5,714(億元)

其中，與生產法和收入法相比，用支出法計算的國內生產總值高出 2 億元，屬於統計誤差。

(三) 國內生產淨值(Net Domestic Product 簡稱 NDP)

國內生產淨值等於國內生產總值減去國民經濟所有部門的固定資產折舊。固定資產折舊本質上屬於生產資料的轉移價值，核算時已納入社會最終產值之中。所以國內生產總值是一個包含了部分重複計算的社會最終產值指標，而國內生產淨值是一個沒有任何重複計算的社會生產最終成果指標。但是在實際核算中，固定資產損耗的影響因素很複雜，且具體的折舊計算方法又很多，每種方法都存在一定的假定性，全社會在計算折舊時也難以做到客觀、統一，這些都會在某種程度上影響到國內生產淨值(NDP)作為一個宏觀指標的客觀性和穩定性。

三、國民收入分配指標

(一) 國民生產總值(Gross National Product 簡稱 GNP)

1. 國民生產總值的意義

國內生產總值是衡量宏觀經濟總量的最重要指標，但不是唯一的指標。除此之外，還有一些在特定含義下定義的總量指標，其中應用最多的就是國民生產總值。

國民生產總值是一個國家所有常住單位在一定時期內收入初次分配的最終成果。一國常住單位從事生產活動所創造的增加值在初次分配過程中主要分配給該國的常住單位，但也有一部分以勞動者報酬和財產收入等形式分配給該國的非常住單位，同時，國外生產所創造的增加值也有一部分以勞動者報酬和財產收入等形式分配給該國的常住單位。與國內生產總值不同，國內生產總值是一個生產概念，而國民生產總值則是個收入概念，所以現在已改稱為國民總收入。

2. 國民生產總值的計算方法

國民生產總值 = 國內生產總值 + 來自國外的勞動者報酬和財產(國民總收入) - 付給國外的勞動者報酬和財產收入 = 國內生產總值 + 來自國外的要素收入淨額

【例 12.2】根據以下數據從國內生產總值推算國民生產總值。

已知 2003 年中國國內生產總值為 117,251.7 億元，同期國際收支中有關收益分配的數據如下：來自國外獲得的勞動報酬 12.8 億美元，投資收益 148.1 億美元；對外支付的勞動報酬 11.2 億美元，投資收益 228.1 億美元；

根據國內生產總值與國民生產總值的關係，利用給定的數據，將美元單位按現實匯率(取 1 美元兌 8.27 元人民幣)。

國民生產總值 = 國內生產總值 + 來自國外的勞動報酬和財產收入 - 付給國外的勞動者報酬和財產收入。

來自國外的勞動者報酬和財產收入 = 12.8 + 148.1 = 160.9(億美元)

付給國外的勞動者報酬和財產收入 = 11.2 + 228.1 = 239.3(億美元)

國民生產總值 = 117,251.7 + (160.9 − 239.3) × 8.27 = 116,603.3(億元)

(二) 國民生產淨值(Net National Product 簡稱 NNP)

又稱「國民淨收入」，它是通過國民總收入剔除國民經濟各部門的固定資產折舊總量的方法計算的。國民總收入和國民淨收入兩者核算的內容都是初次分配中的原始收入，差別在於，前者核算的是包含了折舊因素的「原始總收入」，后者核算的是扣除了折舊因素的「原始總收入」，所以有：

$$\begin{aligned}
國民生產淨值 &= 國民經濟各部門原始淨收入之和 \\
&= 國民總收入 - 固定資產折舊 \\
&= 國內生產總值 + 來自國外的要素收入淨額
\end{aligned}$$

(三) 國民可支配收入及其使用(National Disposable Income 簡稱 NDI)

首先看一下具體的收入分配過程，對一國整體來說，收入分配的起點是該國當期的國內生產總值(即各機構部門的增加值的合計)，組織經濟活動的生產單位，把增加值的相當部分通過勞動報酬支付給勞動者，通過紅利、利息等財產收入支付給資本所有者，通過營業稅、增值稅等付給政府，資本所有者和政府各單位或勞動者個人在這種分配中就獲得了收入；然后各經濟單位還要參與在國民經濟範圍內廣泛發生的各種收入轉移，如繳納所得稅、社會保險付款、捐贈、社會救濟等，圍繞住戶部門所發生的實物性轉移分配，以及該國對國外發生的收入分配流量。前一階段稱為收入初次分配，分配結果形成各部門的初次分配收入，對一國整體來說，即國民總收入；后一階段稱為收入再分配，分配結果形成各部門的可支配分配收入，對一國整體來說，反應收入分配結果的收入總量就是國民可支配總收入，如下圖所示 12.2。

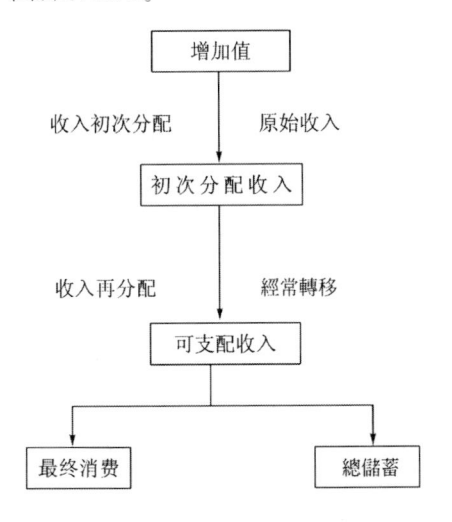

圖 12.2　收入分配和使用流程圖

所謂「可支配收入」，是指各機構單位或部門在核算期內通過初次分配和再分配最終

得到的可自主支配的全部收入；而「國民可支配收入」則是指一國的所有常住單位或所有機構部門可支配收入之和。

收入再分配是在收入初次分配的基礎上進一步發生的分配行為，其目的是要對收入初次分配所形成的收入佔有格局做進一步調節，保證社會的公平和均衡的發展。

與初次分配相比，收入再分配的發生已經與生產的價值創造沒有關係，而且收入分配發生的方式也完全不同了。收入初次分配主要體現了以交換為基礎的收入分配（生產稅除外），收入再分配中則更多地體現非交換式的收入分配，通常將這樣一些收入分配方式稱為轉移，即不同經濟單位之間所發生單方面收支。

根據其功能，轉移區分為經常轉移和資本轉移兩種類型。資本轉移屬於投資過程中的資金籌集行為，在收入分配過程中所涉及的轉移主要是經常性轉移。在收入再分配過程中，經常性轉移通常包含以下具體收支流量：

(1) 所得稅，是以收入為基礎所徵收的稅，主要包括企業所得稅和個人所得稅，形成政府部門的收入。

(2) 社會保險付款，是圍繞政府主持的社會保障計劃所發生的收支，這樣的社會保障計劃會覆蓋養老、失業、醫療保險等不同方面，其收支包括兩個對應發生的流量，一是加入社會保險的居民住戶當期對政府部門支付的社會保險款，二是政府部門對符合條件的居民住戶支付的社會保障付款。

(3) 社會補助，是在社會救濟名義之下發生的由政府和企業支付給有關住戶的有關款項，或是給有關住戶的轉移款項。比如政府對生活在最低貧困線以下的家庭發放的救濟金，對傷殘人員及其家屬發放的撫恤金，等等。

(4) 其他經常性轉移，是除上述收支以外的再分配性收支，包括各種名目的經常性轉移等。比如捐贈與援助支出、會費交納支出、罰款支出、博彩引起的收支，還有商業保險中非人壽保險的保費和賠付收支等。這些收支是在各部門之間以及國內與國外之間交錯發生的。

這些收入再分配流量進一步改變了各部門持有的收入總量，結果就形成了各部門可支配收入，其計算公式為：

可支配收入 = 初次收入總量 + 再分配收入 − 再分配支出

國民可支配總收入 = 國民經濟各部門可支配總收入之和

= 國民總收入 + 來自國外的經常轉移收入淨額

= 最終消費 + 總儲蓄

則：經常轉移收入淨額 = 來自國外的經常性轉移收入 − 付給國外的經常性轉移收入

四、對外經濟往來指標

國民經濟運行中，一個國家必然與其他國家發生錯綜複雜的經濟聯繫。隨著經濟全球化的進展，這種聯繫滲透到社會生產、收入分配、資本和金融往來以及最終使用等各個領域。國民經濟統計中，對外經濟往來是通過國際收支平衡表來反應的。中國現行國際收支平衡表包括的主要項目如下：

1. 經常項目

經常項目指與國外交往而經常發生的收支往來。具體包括：① 貨物的進出口；② 服務的進出口(向非常住單位提供服務為出口，從非常住單位獲得服務為進口)；③ 收益收支，包括相互之間勞動報酬和投資收益的收支；④ 經常轉移，主要包括與國際組織、外國政府和外國其他部門及個人之間的無償援助和捐贈等。以上四項內容與前面所述的國內有關總量指標的關係是：貨物和服務進出口淨額是國內生產總值的組成部分，對外收益淨額及對外要素淨收入是國民收入的組成部分，對外經常轉移淨額則是國民可支配收入的組成部分。

2. 資本和金融項目

該項目由資本項目和金融項目兩部分組成。資本交易引起資產所有權變更，金融交易則引起金融資產和負債的變化。

(1) 資本項目具體包括：① 資本轉移，即本國與外國之間資產所有權的無償轉移，包括固定資產所有權的轉移、固定資產投資補助或投資捐款、債務減免等；② 無形資產購買或處置，具體包括專利、版權、商標、經銷權以及租賃或其他可轉讓合同等交易。

(2) 金融項目具體包括：① 直接投資，指外國在本國或本國在外國為獲得長遠利益，以獨資、合資、合作等方式經營的投資；② 證券投資，主要包括股票及債券交易；③ 其他投資，指除以上兩項以外的對外金融交易，包括貿易信貸、政府貸款、銀行貸款、其他部門貸款、貨幣及存款等。

3. 儲備資產的變動

儲備資產是中國中央銀行擁有的可以直接對外支付的金融資產儲備，包括外匯儲備、黃金儲備、特別提款權、在國際貨幣基金組織的儲備頭寸等。

經常收支與資本金融收支統稱為國際收支。由於各種原因，一國的經常收支和資本收支常常會出現順差或逆差。這時，儲備資產可起到彌補國際收支差額、平衡國際收支的作用。此外，國家還通過儲備資產的增減干預外匯市場，影響匯率，從而間接地調整國際收支失衡。

4. 誤差與遺漏

按照國際收支平衡的原理，經常收支與資本金融收支的差額與儲備資產的增減額相抵為零。但在實際工作中，由於各個項目資料渠道不同或資料不完整，以及記錄時間的差異，不可避免地會出現一些誤差，稱為「誤差與遺漏」。該項目在國際收支平衡表中起平衡數據的作用。

5. 各項目之間的平衡關係

下面以2014年中國國際收支平衡表為例，說明各項目之間的關係(見表12.2)。該表的主欄即以上所述的國際收支的主要項目。表的賓欄設借方、貸方、差額三欄。貸方記錄對外獲得收入的項目，如貨物出口、對外提供服務、獲得外國投資或借款、收回對外投資或借款等；借方記錄對外發生支付的項目，如貨物進口、對外支付服務費、對外投資、償還國外貸款等；差額是貸方發生額減去借方發生額后的餘額，貸方數大於借方數為正數，表示順差，貸方數小於借方數為正數，表示逆差。對儲備資產來說，淨增額列入借方，淨減額列入貸方，順差為負數，逆差為正數，與上述項目差額的符號正相反。

表 12.2　　　　　　　2014 年中國國際收支平衡表(摘要)

單位:億美元

	差 額	貸 方	借 方
一、經常項目	2,197	27,992	25,795
貨物進出口	4,760	23,541	18,782
服務	-1,920	1,909	3,829
收益	-341	2,130	2,471
經常轉移	-302	411	714
二、資本和金融項目	382	25,730	25,347
資本帳戶	0	19	20
金融帳戶	383	25,710	25,328
三、淨誤差與遺漏	-1,401	0	1,401
四、儲備資產變動	-1,178	312	1,490

資料來源:《2014 年中國國際收支報告》。

從表 12.2 可以看出:2014 年中國經常項目順差 2,197 億美元,資本和金融收支順差 382 億美元,從而使中國的儲備資產有較大幅度的增加,當年淨增 1,178 億美元,儲備資產淨增額之所以大於國際收支的總順差,是由於存在誤差與遺漏 1,401 億美元。即各項目之間存在如下平衡關係:

淨誤差與遺漏差額 = -(經常帳戶差額 + 資本和金融帳戶差額 + 儲備資產差額)

五、資產負債和國民財富指標

以上所介紹的各項指標都是針對國民經濟的各種流量進行統計的結果。資產負債和國民財富指標有所不同,它們是針對國民經濟的各種物力資源和財力資源的存量進行統計的結果。流量指標反應的是關於經濟運行過程或變化過程本身的情況,存量指標反應關於經濟運行條件和變化的結果。它們的聯繫可以表示為:

期初存量 + 期內流入量 - 期內流出量 = 期末存量

國民經濟資產負債統計的對象是按照所有權原則確定的、一國所擁有的經濟資產。

所謂經濟資產,是指符合以下條件的實體:第一,資產所有權已經確定,為某個或某些機構單位所擁有,其所有者能夠對其實施管理和控制;第二,所有者通過使用或者持有這些資產可以在目前或可預見的將來獲得經濟收益。例如,建築物、機器設備等固定資產的所有者因將它們投入生產活動而獲得經濟回報,金融資產的所有者因將其提供給其他單位使用而獲得利息、紅利等,土地所有者因出租土地而獲得土地租金,它們都屬於經濟資產。礦藏、原始森林等自然資源,只要某個或某些單位能夠有效地行使所有權,即能夠從這些資源獲得實際利益,它們就屬於經濟資產。大氣、公海等無法行使所有權的自然資源,不屬於經濟資產。尚未發現或者已經發現,但在目前的技術和價格水平下不能開採,因而不能為其所有者帶來經濟利益的礦藏不屬於經濟資產。中國的資產負債表中關於資

產的分類如下:

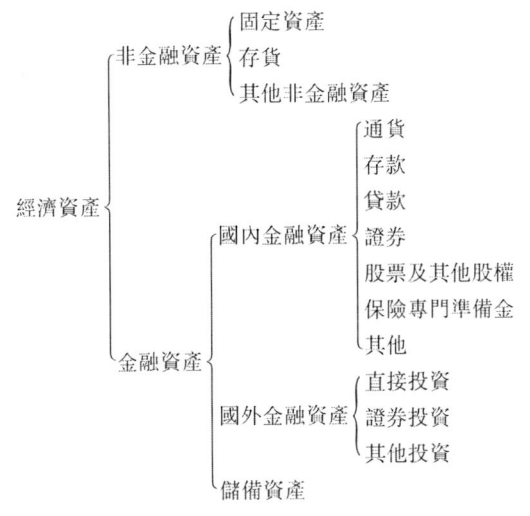

```
                    ┌ 固定資產
         ┌ 非金融資產 ┤ 存貨
         │          └ 其他非金融資產
         │
         │                    ┌ 通貨
         │                    │ 存款
         │                    │ 貸款
經濟資產 ┤          ┌ 國內金融資產 ┤ 證券
         │          │          │ 股票及其他股權
         │          │          │ 保險專門準備金
         │          │          └ 其他
         └ 金融資產 ┤
                    │          ┌ 直接投資
                    │ 國外金融資產 ┤ 證券投資
                    │          └ 其他投資
                    └ 儲備資產
```

圖 12.3　中國資產負債表中資產的分類

　　如圖 12.3 所示,經濟資產按經濟屬性的不同可以劃分為金融資產和非金融資產。「金融資產」是指以貨幣信用的形式產生和存在的各種資產,「非金融資產」則是以其他實物或非實物的形態存在的資產,兩者的形成和存在方式互不相同,因而必須加以適當區分。

　　從性質上分,非金融資產主要包括三部分內容:固定資產、存貨、其他非金融資產,從中國目前的統計內容來看,主要是前兩個類別。

　　金融資產和負債產生於各種金融活動所累積的債權債務關係。金融資產是各種債權的體現,負債是各種債務的體現。一般來說,金融資產與負債具有對稱性。在一對金融關係中,一方是資金的出借者,是債權人,擁有金融資產,另一方就是資金的借入者,是負債人,承擔著債務,這兩方面是對應存在的。由於兩者之間的對稱性,一般來說,金融資產的類別實際上也就是負債的類別。

　　在國民經濟統計中,有關經濟存量的最為概括的指標就是國民財富。「國民財富」一般是指某個國家在特定時點上所擁有的各種生產資產、非生產資產以及淨金融資產的總和。其中,「淨金融資產」等於國民經濟總體的金融資產總額減去金融負債總額。國民財富從一個重要方面反應了整個國家的經濟實力和富裕程度,它與國內生產總值等流量指標所說明的問題不完全相同,彼此之間具有相互補充的作用。

第二節　企業統計的常用指標

一、企業的含義及類型

(一) 含義

　　企業通常理解為工廠、礦山、農場、商店等從事生產經營活動的社會組織形式。實際

上,這並非企業的本質含義。西方認為企業是將土地、資本、勞動和管理等生產要素集合起來的組織,對某種事業進行有計劃、有組織和講究效率的經營,以求達到創造利潤的目標。中國將企業定義為:從事生產、流通和服務活動的營利性組織,進行獨立的生產經營,並從法律上確認其具有獨立權力、利益和責任。構成企業的兩個基本條件:① 企業是一個獨立的以盈利為目的的經濟實體;② 企業是具有法人資格的獨立經濟實體。

(二) 類型

1. 按生產經營內容劃分

可分為工業企業、農業企業、商業企業、建築企業、交通運輸企業、文化生活服務企業等。

2. 按登記註冊類型劃分

可分為內資企業、港澳臺商投資企業、外商投資企業。

3. 按經營規模劃分

可分為大型企業、中型企業、小型企業、微型企業。

4. 按生產要素密集程度劃分

可分為資金密集型企業、勞動密集型企業、技術密集型企業。

二、企業統計的指標

(一) 企業產值統計

企業產值統計是企業經濟統計最基本的內容,對於開展企業經濟的綜合統計分析和加強企業的經營管理都具有重要作用。

1. 常用的產值指標及其價值構成

產品價值決定於社會平均必要勞動,它由 C、V、M 三大部分組成。C 代表物化勞動轉移價值,其中包括 C_1 和 C_2,C_1 為勞動手段折舊價值,C_2 為勞動對象的轉移價值,V 為必要勞動價值,M 為剩餘勞動價值。

總產值(總產出)　　　價值構成 $C_1 + C_2 + V + M$

增加值(追回值)　　　價值構成 $C_1 + V + M$

淨產值(生產淨值)　　價值構成 $V + M$

2. 企業產值指標的統計原則

(1) 計算內容上的平衡原則。生產範圍劃在哪裡,產值指標就計算到哪裡,中間消耗和最終使用也計算到哪裡,初次分配和再分配、原始收入和派生收入就在哪裡分界。

(2) 核算方法上的主體原則(對象原則)。① 以生產對象為主體進行計算,稱為產品法;② 以經營單位為主體進行計算,稱為企業法,又稱工廠法;③ 計算時空範圍上的統一原則。企業計算產值指標時,必須在起訖時間上,遵守規定的時間標準;在空間範圍上,遵守規定。

產品法用於農業和建築業:

$$農業企業總產值 = \sum (產量 \times 單價)$$

$$建築業企業總產值 = \sum (建築工程實際數量 \times 單價)$$

工廠法用於工業企業：

工業產品只要是本企業生產的，不論什麼產品，都要加以計算。

工業總產值是企業生產的全部工業產品和勞務的總價值量。

工業企業的最終成果主要是產成品。如棉紗在紡紗廠是成品，在紡織廠屬半成品，用工廠法計算產值，其棉紗就不算產值。

3. 企業工業產值統計

目前工業的範圍具體包括《國民經濟行業分類》(GB/T4754－2011)中的採礦業，製造業和電力、熱力、燃氣及水的生產和供應業三個門類。

(1) 工業總產值及其計算原則。工業總產值是工業企業(單位)在一定時期內工業生產活動的總成果，是以貨幣表現的工業企業在報告期內生產的工業產品總量。它是反應企業總規模和總水平的重要指標。

工業總產值的計算原則：

① 生產工業產品的原則。正確界定工業產品生產和勞務生產的界限，是計算工業總產值的首要原則。

工業總產值是企業生產的全部工業產品和勞務的總價值量。它包括：基本車間、輔助車間、附設車間生產的產品。

② 最終有效產品的原則。它是以企業為整體，按企業生產活動的最終有效成果計算的，同一種產品的價值在企業內部不允許有重複計算。

工業總產值是企業生產的工業最終有效產品和勞務的總價值量。

(2) 企業工業總產值的計算內容。

① 成品價值。成品價值是指本企業在報告期內，已經完成全部生產過程，經檢驗合格並已包裝入庫，或者雖未入庫，但已辦理入庫手續的產品價值。成品價值主要包括：企業自備原料生產的已經出售和準備出售的成品價值；企業生產的提供本企業基本建設部門、其他非工業部門和生活福利部門使用的成品價值；企業自製設備的產品價值；企業已經出售和準備出售的半成品價值，但不包括用訂貨者來料加工的成品(半成品)價值。

② 對外加工費收入。對外加工費收入是指企業報告期內完成的對外承做的來料品加工(包括用訂貨者來料加工產品)的加工費收入和對外工業品修理作業所收取的加工費收入。

對外加工費收入包括：對外承做的各種機器設備、交通運輸工具、其他金屬製品的修理作業價值；對外來零配件的裝配作業價值和個別工序的加工價值；對本企業專項工程、生活福利部門提供的加工修理、設備安裝等價值。

③ 自製半成品、在製品期末期初結存差額價值。企業自製半成品、在製品期末期初結存差額價值是指企業報告期已經經過一定生產過程，但尚未完成生產仍需繼續加工的中間產品的價值。

差額價值 = (報告期自製半成品、在製品期末余額) - (報告期自製半成品、在製品期初余額)

工業總產值的計算公式如下：

工業總產值 = 工業成品價值 + 對外加工費收入 + 工業自製半成品、在製品期末期初結存差額價值

（3）工業增加值。工業增加值是工業企業在生產過程中創造的新增價值和固定資產的轉移價值之和，即追加到中間投入的價值。由於增加值是扣除了中間投入價值後的價值量指標。因此，它是生產活動最終成果的價值表現。增加值可以按生產法計算，也可以按收入法計算。

生產法增加值是從生產的角度計算的增加值，即工業總產出（現價工業總產值）減去工業中間投入後的余額，計算公式為：

工業增加值 = 工業總產出 − 工業中間投入

「工業中間投入」是指企業在報告期內用於工業生產經營活動而一次性消耗的外購原材料、燃料、動力及其他實物產品和對外支付的服務費用。它包括：

直接材料、製造費用中的中間投入、銷售費用中的中間投入、管理費用中的中間投入、財務費用中的中間投入等。

收入法是從收入的角度出發，根據生產要素在生產過程中應得到的收入份額計算。它反應工業企業內部增加值的初次分配，計算公式為：

工業增加值 = 固定資產折舊 + 勞動者報酬 + 生產稅淨額 + 營業盈余

（4）企業工業生產淨值。企業工業生產淨值是 SNA 口徑的指標，是企業報告期工業生產活動新創造的價值，其價值構成為 $V + M$，其核算內容，包括勞務價值在內，即包括勞務在內的淨產值指標。

企業工業生產淨值的計算：

① 計算工業生產淨值的生產法。用生產法計算時，是從生產法計算的工業增加值中直接扣除固定資產折舊從而得到企業工業生產淨值。其計算公式為：

工業生產淨值 = 工業增加值 − 固定資產折舊

② 計算工業生產淨值的收入法（或分配法）。將構成生產淨值的各要素直接相加計算生產淨值，這種方法為收入法（或分配法）。

收入法的構成要素有：勞動者報酬、生產稅淨額、營業盈余。各項構成要素內容與計算工業增加值構成要素內容相同。

③ 用「生產法」和「收入法」計算工業企業生產淨值的差異。兩者計算的結果本應一致，但由於推算方法不同，資料來源和計算口徑有出入，實際計算時，兩者數值常存在一定差異。

按 SNA 口徑計算的生產淨值目前中國尚未推行。

（5）工業商品產值與銷售產值。計算工業總產值經常發生的兩種情況：由於原材料來源不同；合格產品出售與否，均會影響企業經濟收入。為結合經營效益考核需要在計算工業總產值的基礎上，計算工業商品產值和銷售產值。

① 工業商品產值。

工業商品產值是指本期生產的可供銷售並能取得經濟收入的產品價值總和，其價值

構成與工業總產值相同為 $C + V + M$，是工業總產值中的可供銷售的部分。

工業商品產值包括：用本企業自備原料生產的成品價值；用訂貨者來料生產的成品加工價值；本期生產的準備銷售和已經銷售的半成品價值；對外企業已完工的工業性作業價值。

工業商品產值與工業總產值由於著眼點不同，故存在一些差別。主要是：工業總產值包括自製半成品、在製品期末期初結存差額價值，工業商品產值則不包括。

② 工業銷售產值，是以貨幣表現的工業企業在一定時期內銷售的本企業生產的工業產品總值。

工業銷售產值包括：已銷售的成品、半成品價值（此項指所有權發生轉移，對方以支付貨款或已取得向對方索取貨款權利的產品。這些產品無論是本期還是上期生產的，只要是本期銷售出去的都包括在內）；對外提供的工業性作業價值；對本單位基本建設部門、生活福利部門提供的產品價值（此項作為銷售統計）；工業性作業和自製設備價值。

工業銷售產值包括的內容及其與工業總產值的差別。主要是：工業銷售產值與工業總產值的計算範圍、計算價格、計算方法一致，但計算基礎不同。

工業銷售產值計算的基礎是產品銷售總量，不管是否為本期生產，只要是在本期銷售的都應計算工業銷售產值；工業總產值計算的基礎是工業產品生產總量。只要是在本期生產的，不論是否已經銷售，都應計算工業總產值。工業商品產值和工業銷售產值不是新的產值指標，僅是工業總產值的特殊表現。

工業銷售產值不包括自製半成品、在製品期末期初差額價值，而工業總產值包括這部分價值。

【例 12.3】某企業生產棉布 50 萬米，其中銷售 15 萬米，銷售金額 30 萬元（不含銷項稅）；另外 35 萬米生產服裝。共生產襯衫 15 萬件，服裝年初庫存 3 萬件，銷售 16 萬件，銷售金額 320 萬元（不含銷項稅），捐贈貧困山區襯衫 1 萬件，年末庫存 1 萬件。替國內某工廠加工襯衫 5 萬件，加工費 1 萬元。年初在製品價值為 1.5 萬元，年末在製品價值為 2 萬元。該企業棉布的年加工能力為 60 萬米，服裝的加工能力為 25 萬件。

由以上例子可知：

銷售成品量：棉布 15 萬米、襯衫 16 萬件

平均出廠價格：棉布 2 元／米、服裝 20 元／件

銷售成品價值：

棉布銷售成品價值 = 15 萬米 × 2 元／米 = 30 萬元

襯衫銷售成品價值 = 16 萬件 × 20 元／米 = 320 萬元

該企業的銷售成品價值 = 30 + 320 = 350 萬元

該企業對外加工費收入 = 1 萬元

該企業工業銷售產值 = 350 + 1 = 351 萬元

(二) 企業從業人員統計

1. 企業從業人員統計的範圍及原則

所謂從業人員是指從事一定社會勞動並取得勞動報酬或經營收入的全部勞動力。

企業從業人員是指在企業中從事一定生產經營活動並取得勞動報酬或經營收入的全部勞動力。包括企業在崗職工和企業其他從業人員。不包括已離開本企業但仍保留勞動關係的職工。

2. 從業人員統計的範圍包括:企業在崗職工;企業其他從業人員。

從業人員統計的範圍不包括:離開本企業仍保留勞動關係的職工;生產經營性原因離開本企業仍保留勞動關係的職工;企業內部退養職工。

3. 從業人員統計的原則

為了進行企業經濟核算和避免企業間統計上的重複,企業從業人員的統計原則上是「誰支付勞動報酬誰統計」。因此,不論是編製內的還是編製外的人員,不論是出勤的還是因故未出勤的人員,不論是正式的還是臨時的或試用期間的人員,不論是在本單位工作的還是臨時借到外單位工作的人員,不論是在國內工作的還是在國外或境外工作的人員,只要是本單位支付勞動報酬的人員,都應統計為本單位的從業人員。

4. 企業從業人員數量與構成統計

(1) 企業從業人員數量統計。

① 企業從業人員期末人數。指企業在報告期最后一天的從業人員實有人數。常用的期末人數指標有:年末人數、季末人數、月末人數等。

② 企業從業人員平均人數是指企業在報告期內每天擁有的人數。表明報告期內佔有勞動力的一般水平,是計算勞動生產率和平均工資以及其他有關指標的基礎。

注意:報告期內節、假日的人數一律按節、假日前一天的人數計算。

(2) 企業從業人員的構成統計。在統計從業人員時,需要根據不同的研究目的,按不同的標誌,將全部從業人員進行分組統計,以反應其構成情況。

① 按用工期限分組。現行國家勞動統計制度主要是對在崗職工按用工期限分組。根據在崗職工使用期限的長短,將全部在崗職工分為長期職工和臨時職工。長期職工是用工期限在一年以上(含一年)的職工。臨時職工是用工期限不足一年的在崗職工。

② 按工作崗位分組。為了研究企業定員,合理安排各類人員的比例,促進企業改善經營管理和提高生產效率,需要將企業全部人員按工作崗位進行分組。不同行業的企業按工作崗位可以進行不同的分組,對工業和建築企業,按工作崗位可以分為:工人、學徒、工程技術人員、管理人員、服務人員和其他人員六類。

(3) 企業從業人員變動統計。

從業人員絕對量變動統計:

① 本期增加從業人員人數。增加人數是指在報告期內,本企業招收、錄用和調入的全部從業人員數。

② 本期減少從業人員人數。減少人數是指在報告期內,離開本單位且不再由本單位支付報酬的人員。

從業人員相對量變動統計:

從業人員總數變動程度指標。它是期內淨增從業人員人數或淨減從業人員人數與期初從業人員人數之比。

(三) 企業財務統計

企業財務統計主要包括以下三大部分:企業資產負債表財務統計;企業損益財務統計;工資、福利、增值稅財務統計。

1. 企業資產負債表財務統計

這一部分反應了企業在月末、年末的資產、負債、所有者權益三方面的狀況。三者之間的關係是:資產 = 負債 + 所有者權益。

(1) 資產。資產是指過去的交易、事項形成並由企業擁有或控制的資源,該資源預期會給企業帶來經濟利益。

資產按流動性(即資產的變現能力和支付能力)可分為:流動資產、長期投資、固定資產、無形資產、其他資產和遞延稅項。該指標數據取自企業會計「資產負債表」中「資產合計」項目的期末數。

流動資產:指企業可以在一年內或者超過一年的一個營業週期內變現或耗用的資產,主要包括現金、銀行存款、短期投資、應收及預付款項、待攤費用、存貨等。該指標數據取自企業會計「資產負債表」中「流動資產合計」項目的期末數。

長期投資:指企業除短期投資以外的投資,包括持有時間準備超過一年和各種股權性質的投資、不能變現或不準備變現的債券、其他債權投資和其他長期投資。該指標數據取自企業會計「資產負債表」中「長期投資合計」項目的期末數。

固定資產:指企業使用期限超過一年的房屋、建築物、機器、機械、運輸工具以及其他與生產、經營有關的設備、器械、工具等,不屬於生產經營主要設備的物品;單位價值在2,000元以上,並且使用年限超過兩年的,也應當作為固定資產。該指標數據取自企業會計「資產負債表」中「固定資產合計」項目的期末數。

無形資產:指企業為生產商品或提供勞務、出租給他人或為管理目的而持有的、沒有實物形態的非貨幣性長期資產。無形資產又可分為可辨認無形資產和不可辨認無形資產。可辨認無形資產包括專利權、非專利技術、商標權、著作權、土地使用權等。不可辨認無形資產指商譽。該指標數據取自企業會計「資產負債表」中「無形資產合計」項目的期末數。

(2) 負債。負債是指過去的交易、事項形成的現時義務,履行該義務預期會導致經濟利益流出企業。

負債按償還期長短可分為流動負債和長期負債。該指標數據取自企業會計「資產負債表」中「負債合計」項目的期末數。

流動負債是指企業債務的償還期在一年內或超過一年的一個營業週期內,包括短期借款、應付和預收款項、應付工資、應付福利費、應付股利、應交稅金等。該指標數據取自企業會計「資產負債表」中「流動負債合計」項目的期末數。

長期負債是指企業債務的償還期在一年以上或超過一年的一個營業週期以上,包括長期借款、應付債券、長期應付款等。該指標數據取自企業會計「資產負債表」中「長期負債合計」項目的期末數。

(3) 所有者權益。所有者權益是指所有者在企業資產中享有的經濟利益。所有者權益

包括實收資本(或股本)、資本公積、盈余公積和未分配利潤等。該指標數據取自企業會計「資產負債表」中「所有者權益合計」項目的期末數。

2. 企業損益財務統計

這一部分反應了企業在本年度內收入、費用、利潤形成及分配的情況。它們之間的關係是：收入 － 費用 ＝ 利潤(虧損)

(1) 收入。收入是指企業在銷售商品、提供勞務及讓渡資產使用權等日常活動中所形成的經濟利益的總流入。包括主營業務收入和其他業務收入。

主營業務收入：指企業從事主要生產經營活動所取得的營業收入。工業企業為產品銷售收入，建築企業為工程結算收入，交通運輸企業為營運業務收入，批發零售貿易企業為商品銷售收入，餐飲業為營業收入。該指標數據取自企業會計「損益表」中相應項目的本年累計數。

其他業務收入：指企業除主營業務收入以外的其他銷售或其他業務收入，如材料銷售、代購代銷、包裝物出租等收入。該指標數據取自企業會計「損益表」中「其他業務收入」項目的本年累計數。

(2) 成本及費用。成本是指企業為生產產品、提供勞務而發生的各種耗費。

費用是指企業為銷售商品、提供勞務等日常活動所發生的經濟利益的流出。

主營業務成本：指企業從事主營業務活動所發生的各種耗費。工業企業為產品銷售成本，建築企業為工程結算成本，交通運輸企業為營運業務成本，批發零售貿易企業為商品銷售成本，餐飲業為營業成本。該指標數據取自企業會計「利潤(損益)表」中相應項目的本年累計數。

營業稅金及附加：指企業從事主營業務活動按規定應由主營業務收入負擔的稅金及附加，包括營業稅、消費稅、城市維護建設稅、資源稅、土地增值稅和教育費附加。工業企業為產品銷售稅金及附加，建築企業為工程結算稅金及附加，交通運輸企業為營運稅金及附加，批發零售貿易企業為商品銷售稅金及附加，餐飲業為營業稅金及附加。該指標數據取自企業會計「利潤(損益)表」中相應項目的本年累計數。

營業費用：指企業在銷售商品過程中發生的費用，包括運輸費、裝卸費、包裝費、保險費、展覽費和廣告費，以及為銷售本企業商品而專設的銷售機構的職工工資及福利費、業務費等經營費用。工業企業為產品銷售費用，批發零售貿易企業為經營費用，餐飲業為營業費用。該指標數據取自企業會計「損益表」中營業費用項目的本年累計數。

管理費用：指企業為組織和管理企業的生產經營活動而發生的費用，包括行政管理部門的職工的工資和福利費、修理費、物料消耗、低值易耗品攤銷、辦公費和差旅費等，還包括工會經費、各類保險費、諮詢費、訴訟費、房產稅、車船使用稅、土地使用稅、印花稅等。該指標數據取自企業會計「損益表」中管理費用項目的本年累計數。

財務費用：指企業為籌集生產經營所需資金而發生的費用，包括應作為期間費用的利息淨支出(利息支出減利息收入)、匯兌淨損失(匯兌損失減匯兌收益)以及相關手續費等。該指標數據取自企業會計「損益表」中財務費用項目的本年累計數。

(3) 利潤及分配。利潤是指企業在報告期內進行生產經營活動所取得的最終財務成果的貨幣表現形式。

主營業務利潤:指企業從事某種主要生產經營活動所取得的成果。工業企業為產品銷售利潤,建築企業為工程結算利潤,交通運輸企業和批發零售貿易企業為主營業務利潤,餐飲業為經營利潤。該指標數據取自企業會計「利潤(損益)表」中相應項目的本年累計數。

其他業務利潤:指企業從事主營業務以外的業務活動所取得的成果。該指標數據取自企業會計「利潤(損益)表」中「其他業務利潤」項目的本年累計數。

營業利潤:指企業從事所有生產經營活動所取得的全部成果。該指標數據取自企業會計「利潤(損益)表」中「營業利潤」項目的本年累計數。

營業利潤 = 主營業務利潤 + 其他業務利潤 － 營業費用 － 管理費用 － 財務費用

投資收益:指企業對外投資所取得的收益扣除發生的投資損失和計提的投資減值準備后的淨額。該指標數據取自企業會計「損益表」中「投資收益」項目的本年累計數。

補貼收入:指企業按國家規定實際收到的各種補貼,包括退還的增值稅,對有關銷售量、工作量等按期給予的補貼,國家政策扶植領域而給予的其他形式的補貼等。該指標數據取自企業會計「損益表」中「補貼收入」項目的本年累計數。

利潤總額:指企業在一定時期內實現的盈虧總額,是營業利潤、投資收益、補貼收入、營業外淨收入的總和,反應企業的最終財務成果。該指標數據取自企業會計「利潤(損益)表」中「利潤總額」項目的本年累計數。計算公式為:

利潤總額 = 營業利潤 + 投資收益 + 補貼收入 + 營業外收入 － 營業外支出

應交所得稅:指企業按稅法規定,應從生產經營活動的所得中交納的稅金。該指標數據取自企業會計「分配表」中「應交所得稅」項目的本年累計數。

3. 企業工資、福利、增值稅財務統計

工資是以貨幣形式支付給勞動者的報酬,包括計時工資、計件工資、獎金、津貼等,是計算企業增加值的組成部分之一。

應付工資總額:指企業在報告年度內支付給企業從業人員的全部勞動報酬。它反應企業本年度應提取的工資總額,而不是本年實際支付的工資總額。該指標數據取自企業會計「應付工資」科目的本年貸方發生額的合計數。

福利費是指企業根據國家規定,為企業從業人員提供各項福利待遇而支付的費用。包括離退休金、喪葬費、撫恤費、困難補助費、醫療衛生費、集體福利設施費等。它是勞動報酬的補充,構成了勞動者收入的一部分。

應付福利費:指企業在報告年度內支付給企業從業人員享受各項福利待遇的費用總額。它反應企業本年度應提取的福利費總額,而不是本年實際支付的福利費總額。該指標數據取自企業會計「應付福利費」科目的本年貸方發生額的合計數。

增值稅是以法定增值額為課稅對象的稅種,計稅依據是納稅人銷售貨物的銷售額和提供加工、修理修配應稅勞務的營業額,稅率分為4%、6%、13%、17%。

增值稅財務統計財務指標是依據增值稅會計報表的建立而增加的財務統計的內容,它也是計算企業增加值的組成部分之一。

應交增值稅:指企業按稅法規定從事貨物銷售或提供加工、修理修配勞務等增加貨物價值的活動,本期應交納的稅金。該指標數據取自企業會計「應交增值稅明細表」中的

「應交增值稅」項目的本年累計數。

本年應交增值稅 = 銷項稅額－(進項稅額－進項稅額轉出)－出口抵減內銷產品應納稅額－減免稅款＋出口退稅

本年進項稅額：指企業在報告期內購入貨物或接受應稅勞務而支付的、準予從銷項稅額中抵扣的增值稅額。

本年銷項稅額：指企業在報告期內銷售貨物或提供應稅勞務應收取的增值稅額。

第三節　　農村經濟統計的常用指標

一、農業產品產量

農業產品產量是指從事農、林、牧、漁生產活動的法人企業、產業活動單位和農戶在一定時期內(通常是一年)生產的各種農作物產品產量。它是衡量農業生產成果，統籌安排城鄉人民生活，研究生產、累積和消費比例關係及編製國民經濟計劃的基本數據。不論是種植在耕地上或非耕地上的農作物產量，都包括在內。有的農作物收割期較長，雖在當年冬季就開始收割，但需跨年延長到來年春季才能收完的，仍計算為本年農作物總產量。

二、農林牧漁業總產值統計

農林牧漁業總產值是指以貨幣表現的農林牧漁業全部產品總量。它用價值量形式綜合說明了一定時期(通常指一年)農林牧漁業生產的總成果和總規模，是觀察農林牧漁業生產水平和發展速度、研究農林牧漁業內部比例關係和農林牧漁業在國民經濟中的產業佈局的一個重要指標，同時，也是計算農林牧漁業勞動生產率和農林牧漁業增加值的基礎資料。

(一)產值核算方法

農林牧漁業總產值的計算方法通常是按農、林、牧、漁業的產品及副產品的產量分別乘以各自產品的單位價格計算，少數生產週期較長、當年沒有產品或產量不易統計的，則採用間接方法估算其產值，然后將農、林、牧、漁業產值相加即農林牧漁業總產值。

農業產值：指種植業和其他農業產值。種植業產值指從事農作物栽培獲得的產品的產值。其他農業產值包括採集野生植物產值和農民家庭兼營的工商業生產活動的產值。

林業產值：指營林、採集林產品和村及村以下採伐林木的產值。

牧業產值：指牲畜、家禽以及其他動物飼養和相關畜禽產品的價值。牧業產值按飼養各類牲畜、家禽以及其他動物或捕獲的野生動物與禽類的數量乘以各類的計算依據然后加總求得。包括大牲畜的繁殖、增長、增重按規定的要求計算，出售的牲畜、家禽和其他動物的數量乘以單價計算。

漁業產值：指從水域中捕撈的野生或養殖的水生動、植物產品的產值。既包括海水產品的產值，也包括內陸水域水產品的產值。

(二) 產品產量的取得方法

農業總產值統計報表分為年報和定期報表,主產品產量可以從農林牧漁業生產統計報表中取得,凡是有抽樣調查數據的均使用抽樣調查數;副產品產量,可以根據農林牧漁業生產統計報表中各種作物的收穫面積和通過典型調查瞭解的每畝地上各種作物副產品產量的資料來推算,也可根據瞭解的各種農作物主、副產品的比例來推算。

(三) 農林牧漁業總產值計算價格的確定

產品的產值等於產品產量與價格的乘積。所以,合理確定農產品的價格也是計算農林牧漁業總產值必須解決的一個重要問題。計算農林牧漁業總產值時,一般採用兩種價格:現行價格和可比價格。

(1) 現行價格:採用農產品生產價格,即生產者第一手出售農產品的價格,來源於農產品生產價格調查。生產價格調查資料中沒有涵蓋到的少數農產品,可以用集貿市場價格資料代替;沒有市場價格的農作物用生產成本代替。農產品現行價格不包括利潤分成、價格補貼及生產扶持費在內。按現行價格計算的產值主要反應生產的總規模和水平。

(2) 可比價格:可比價總產值的計算採用價格指數縮減法,即:可比價總產值 = 現價總產值 / 農產品價格縮減指數。

三、農林牧漁業增加值統計

農林牧漁業增加值是指各種經濟類型的農業生產單位和農戶從事農業生產經營活動所提供的社會最終產品的貨幣表現。其計算方法有生產法和分配法兩種。

(一) 生產法

農牧漁業增加值 = 農林牧漁業總產值 − 農林牧漁業中間消耗

農林牧漁業中間消耗:指在農業生產過程中所投入和消耗的各種物質產品和勞務價值總和,不包括固定資產折舊及大修理基金。分為中間物質消耗和中間勞務消耗。

(二) 分配法

農林牧漁業增加值 = 固定資產折舊 + 勞動者報酬 + 生產稅淨額(生產稅 − 生產補貼) + 營業盈余。

(1) 固定資產折舊:是指固定資產在生產經營過程中逐步消耗並轉移到產品成本和流通費用中的那一部分價值。包括兩部分:一是當年按一定標準提取的固定資產折舊基金,對於農業企業,一般按照當年實際發生額計入增加值中;對於農戶,可按歷史資料和當年固定資產結構進行估算。對於農業生產單位不計提折舊的固定資產,可參照類似的固定資產及其使用年限計算虛擬折舊並記入增加值。二是農業生產單位實際發生或預提的固定資產修理費。

(2) 勞動者報酬:是指各種經濟類型的農林牧漁業生產單位的勞動者和農戶在從事農林牧漁業生產經營活動中取得的以各種形式支付的報酬和收入。它包括:① 農民或職工從集體統一經營的農林牧漁業集體生產取得的貨幣性收入、實物收入、年終分紅等勞

動報酬。② 農民或職工從國有農場、外資、合資或合營農林牧漁業生產單位取得的勞動報酬(包括分紅收入,也包括家庭承包國有農場而取得的各種勞動報酬)。③ 農戶從事各種農林牧漁業生產經營活動取得的純收入扣除折舊后的余額。

(3) 生產稅淨額:生產稅淨額是指農林牧漁業生產單位和農戶向國家繳納的生產稅與政府向農林牧漁業生產單位和農戶支付的補貼后的余額。生產稅是政府向各農林牧漁業生產單位和農戶在生產、銷售、購買、使用貨物和服務時徵收的農業稅、農林特產稅、屠宰稅、漁業稅、牧業稅、牲畜交易稅、銷售稅等利前稅。生產補貼是指政府為扶持農林牧漁業生產,控制農產品價格而支付給農林牧漁業生產單位和農戶的補貼。

(4) 營業盈余:是指生產要素在生產過程中創造的剩餘價值。其計算公式為:

營業盈余 = 農林牧漁業總產值 − 農林牧漁業中間消耗 − 固定資產折舊 − 勞動者報酬 − 生產稅淨額(生產稅 − 生產補貼)

營業盈余既是生產要素創造的利潤的體現,又是作為生產法和分配法計算增加值的一個平衡項。由於營業盈余不好直接歸集,因此,可用生產法計算的增加值減去固定資產折舊、勞動者報酬、生產稅淨額直接求得。

四、農村勞動力資源統計

農村勞動力資源是指在農村常住人口中達到勞動年齡(男16~60歲、女16~55歲,包括在校學生和喪失勞動能力的人口,但不包括現役軍人、在押犯人、戶口在鄉村但領取國家工資的職工人口)並具有勞動能力的人數。因殘疾而喪失勞動能力的人不包括在內,但是在常住人口中,有些雖然超過勞動年齡或未達到勞動年齡却能經常生產勞動並能頂上整、半勞動力的人也應該包括在內。

農村勞動力是指參加農村社會生產的實際勞動數量,即在農村範圍內經常從事農業、工業、建築業、交通運輸業等活動的全部勞動者。

農村勞動力資源量與實際勞動力數量是不同的概念。農村勞動力資源量表明農村潛在的有勞動能力的人口數,而農村勞動力數量表明農村中實際參加經濟勞動的社會勞動者數量。把實際勞動力數量與勞動力資源總數相比,可以分析研究農村勞動力資源的利用程度。計算公式為:

農村勞動力資源的利用率
= 實際參加社會勞動的勞動力人數 ÷ 農村勞動力資源人數

勞動力數量統計可以計算一定時點上(如月初、月末、季初、季末、年初、年末等)的勞動力數量,也可以計算一定時期的平均勞動力數量。前者表明一定時期勞動力的實際規模,是研究勞動力構成及其變化的基本指標;后者表明一定時期勞動力的平均規模,是研究勞動率水平的重要依據。

五、農村經濟總收入和農村經濟純收入統計

農村經濟總收入指農村集體經濟組織和農民在一年之中生產性經營和服務性活動所得到的可以用於抵償本年開支,並在國家、集體和農民個人之間進行分配的全部收入。

包括農林牧漁業、農村工業、建築業、運輸業、商業、飲食業、服務業、勞務、租金等各項收入和利息。不包括那些不能用來分配,屬於借貸性質或暫收性質的收入,如貸款收入、預購定金、國家投資、農民投資、救災救濟等。國家事業單位在農村興辦的屬於集體性質的實體,如養雞場、養豬場等,如果土地所有權仍歸鄉、村集體所有,當地農民參加生產勞動,其全部收入都應統計在內;如果土地已徵用,所有權已轉移,則只統計農民參加勞動應分得的那份收入。

總收入應按當年價格核算,也就是按當年經濟活動發生時的現行價格進行核算。具體核算方法是:各種主產品、副產品出售部分按實際出售價格計算;自食自用和儲存的農副產品,按出售全部該產品(包括出售給國家和在市場上出售的)的綜合平均價格計算。由於全國市場價格差別較大,各省、自治區、直轄市可根據當地實際情況統一制定本地區的綜合平均價。

農村經濟純收入是在當年「農村經濟總收入」中減去「農村經濟各項費用」後的收入。純收入的大小及其占總收入的比重,可以反應經濟效益的高低。純收入的分配,包括國家稅收、集體提留和農村居民純收入三個部分。它是研究和正確處理三者分配關係的重要指標。

六、農民人均純收入

農民人均純收入是指農村住戶當年從各個來源得到的總收入相應地扣除所發生的費用後的收入總和。純收入主要用於再生產投入和當年生活消費支出,也可用於儲蓄和各種非義務性支出。「農民人均純收入」按人口平均的純收入水平,反應的是一個地區或一個農戶農村居民的平均收入水平。其計算方法是:農民人均純收入 = 農村經濟總收入 − 家庭經營費用支出 − 稅費支出 − 生產性固定資產折舊 − 調查補貼 − 贈送農村外部親友支出,然後除以全部家庭常住人口的值。

七、農村固定資產投資統計

(一) 農村固定資產

生產不外乎使用勞動對象和勞動手段。勞動對象主要是指低值易耗品、原料等流動資產;勞動手段是指固定資產。從量化概念上講,固定資產是指使用期較長(一般指一年及以上)、單位價值較高(一般指財務規定的價值),並在使用過程中基本上保持原來物質形態的資產,如:房屋、建築物、道路、橋樑、機器設備、儀器儀表、工具、器具、辦公、管理用具等。

(二) 農村固定資產投資

農村固定資產投資是指農村進行建造和購置固定資產的經濟活動,即固定資產再生產活動。固定資產再生產過程包括固定資產更新(局部更新或全部更新)、改建、擴建、新建等活動。固定資產投資屬於實物投資,這一點區別於金融投資,固定資產投資的目的是建造和購置固定資產,它的承擔物表現為機器、設備、建築物等固定資產。農村固定資產投資分為農戶固定資產投資和非農戶固定資產投資。農戶投資統計範圍包括農戶房屋建

築物、機械設備、器具等固定資產價值，統計標準為 1,000 元以上，使用年限為 2 年及以上。農村非農戶固定資產投資的統計範圍是農村各種登記註冊類型的企業、事業、行政單位進行的計劃總投資 500 萬元以上的建設項目。

(三) 農村固定資產投資統計指標

1. 固定資產投資額。固定資產投資額(又稱固定資產投資完成額)是以貨幣形式表現的在一定時期內建造和購置固定資產的工作量以及與此有關的費用的總稱。具體設置的主要指標為「本年固定資產投資完成額」。這一指標是指將各種實物工作量換算成價值量(即投資額)，而將不同時期投資額進行對比，可說明建設規模的發展變化。

2. 固定資產投資按資金來源分組指標。這是指投資單位在報告期收到的，用於固定資產建造和購置的各種資金。包括：國內貸款、利用外資、自籌資金、其他資金等指標。固定資產投資資金來源不同於固定資產投資額，表示一定時期可能進行的投資量，而投資完成額則是已經完成的固定資產建造和購置工作量。

3. 本年新增固定資產指標。是指本年交付使用的固定資產價值。這是反應本年固定資產投資成果的價值量指標，也是計算本年固定資產投資效果的重要依據。在建造和購置固定資產過程中發生的構成固定資產投資額的所有支出都應計算新增固定資產；與固定資產投資額一致。新增固定資產的價值包括建築安裝工程投資、設備、工、器具投資以及在固定資產建造和購置過程中發生的其他費用。注意兩項具體規定：① 建造用材林、薪炭林的投資和造地支農，交通部門的航道整治等投資，不計算新增固定資產。原因是這些投資活動不形成固定的資產，而是變動的或將是變動的資產。② 購置牲畜、車輛、船舶等，應在交付使用時計算新增固定資產。原因是這些設備不需要安裝，可直接使用，但要交付使用才計算固定資產，在途的不計算固定資產。

4. 房屋建築面積指標。指用房屋建築面積反應建成速度和建設成果的統計指標。主要指標有：施工房屋建築面積、竣工房屋建築面積、竣工房屋價值(投資完成額) 等，並可通過價值與建築面積計算房屋造價。房屋建築面積以整棟房屋為核算對象計算其全部建築面積，而不按其實際施工或已完成的部位或層次分割計算(計算竣工面積時以整棟房屋為對象，一次計算；而不是按各棟施工房屋中已完成的部分或層次分割計算)。本年施工房屋建築面積指標，包括住宅、新開工房屋指標。

思考與練習

思考題

1. 什麼是「國內總產出」「國內生產總值」和「國內生產總值淨值」？試比較三者的價值構成與實物構成有何不同？從核算和分析的角度看，各有何優劣？

2. 試述社會產品再分配中經常性轉移項目的主要內容。

3. 工業總產值、工業商品產值與銷售產值的聯繫與區別是什麼？

4. 比較農村勞動力資源與勞動力的區別。

練習題

今有某地區 2008 年的國民經濟核算資料如下：
(1) 總產出 1,200 億元
(2) 中間投入 700 億元
(3) 固定資產 60 億元
(4) 勞動者報酬 300 億元
(5) 生產稅淨額 40 億元
(6) 營業盈余 100 億元
(7) 總消費 300 億元
(8) 總投資 210 億元
(9) 出口 80 億元
(10) 進口 90 億元

根據三面等值的原則，用三種方法分別計算該地區的國內生產總值。

附 表

附表1 標準正態分佈函數值表

本表列出了標準正態分佈 $N(0,1)$ 的分佈函數

$$\Phi(x) = \int_{-\infty}^{x} \frac{1}{\sqrt{2\pi}} e^{-\frac{t^2}{2}} dt$$

的值。

x	0.00	0.01	0.02	0.03	0.04	0.05	0.06	0.07	0.08	0.09
0.0	0.500,0	0.504,0	0.508,0	0.512,0	0.516,0	0.519,9	0.523,9	0.527,9	0.531,9	0.535,9
0.1	0.539,8	0.543,8	0.547,8	0.551,7	0.555,7	0.559,6	0.563,6	0.567,5	0.571,4	0.575,3
0.2	0.579,3	0.583,2	0.587,1	0.591,0	0.594,8	0.598,7	0.602,6	0.606,4	0.610,3	0.614,1
0.3	0.617,9	0.621,7	0.625,5	0.629,3	0.633,1	0.636,8	0.640,6	0.644,3	0.648,0	0.651,7
0.4	0.655,4	0.659,1	0.662,8	0.666,4	0.670,0	0.673,6	0.677,2	0.680,8	0.684,4	0.687,9
0.5	0.691,5	0.695,0	0.698,5	0.701,9	0.705,4	0.708,8	0.712,3	0.715,7	0.719,0	0.722,4
0.6	0.725,7	0.729,1	0.732,4	0.735,7	0.738,9	0.742,2	0.745,4	0.748,6	0.751,7	0.754,9
0.7	0.758,0	0.761,1	0.764,2	0.767,3	0.770,4	0.773,4	0.776,4	0.779,4	0.782,3	0.785,2
0.8	0.788,1	0.791,0	0.793,9	0.796,7	0.799,5	0.802,3	0.805,1	0.807,8	0.810,6	0.813,3
0.9	0.815,9	0.818,6	0.821,2	0.823,8	0.826,4	0.828,9	0.831,5	0.834,0	0.836,5	0.838,9
1.0	0.841,3	0.843,8	0.846,1	0.848,5	0.850,8	0.853,1	0.855,4	0.857,7	0.859,9	0.862,1
1.1	0.864,3	0.866,5	0.868,6	0.870,8	0.872,9	0.874,9	0.877,0	0.879,0	0.881,0	0.883,0
1.2	0.884,9	0.886,9	0.888,8	0.890,7	0.892,5	0.894,4	0.896,2	0.898,0	0.899,7	0.901,5
1.3	0.903,2	0.904,9	0.906,6	0.908,2	0.909,9	0.911,5	0.913,1	0.914,7	0.916,2	0.917,7
1.4	0.919,2	0.920,7	0.922,2	0.923,6	0.925,1	0.926,5	0.927,9	0.929,2	0.930,6	0.931,9
1.5	0.933,2	0.934,5	0.935,7	0.937,0	0.938,2	0.939,4	0.940,6	0.941,8	0.942,9	0.944,1
1.6	0.945,2	0.946,2	0.947,4	0.948,4	0.949,5	0.950,5	0.951,5	0.952,9	0.953,5	0.954,5
1.7	0.955,4	0.956,4	0.957,3	0.958,2	0.959,1	0.959,9	0.960,8	0.961,6	0.962,5	0.963,3
1.8	0.964,1	0.964,9	0.965,6	0.966,4	0.967,1	0.967,8	0.968,6	0.969,3	0.969,9	0.970,3
1.9	0.971,3	0.971,9	0.972,6	0.973,2	0.973,8	0.974,4	0.975,0	0.975,6	0.876,1	0.976,7

附表1(續)

x	0.00	0.01	0.02	0.03	0.04	0.05	0.06	0.07	0.08	0.09
2.0	0.977,2	0.977,8	0.978,3	0.978,8	0.979,3	0.979,8	0.980,3	0.980,8	0.981,2	0.981,7
2.1	0.982,1	0.982,6	0.983,0	0.983,4	0.983,8	0.984,2	0.984,6	0.985,0	0.985,4	0.985,7
2.2	0.986,1	0.986,4	0.986,8	0.987,1	0.987,5	0.987,8	0.988,1	0.988,4	0.988,7	0.989,0
2.3	0.989,3	0.989,6	0.989,8	0.990,1	0.990,4	0.990,6	0.990,9	0.961,1	0.991,3	0.991,6
2.4	0.991,8	0.992,0	0.992,2	0.992,5	0.992,7	0.992,9	0.993,1	0.993,2	0.993,4	0.993,6
2.5	0.993,8	0.994,0	0.994,1	0.994,3	0.994,5	0.994,6	0.994,8	0.994,9	0.995,1	0.995,2
2.6	0.995,3	0.995,5	0.995,6	0.995,7	0.995,9	0.996,0	0.996,1	0.996,2	0.996,3	0.996,4
2.7	0.996,5	0.996,6	0.996,7	0.996,8	0.996,9	0.997,0	0.997,1	0.997,2	0.997,3	0.997,4
2.8	0.997,4	0.997,5	0.997,6	0.997,7	0.997,7	0.997,8	0.997,9	0.997,9	0.998,0	0.998,1
2.9	0.998,1	0.998,2	0.998,2	0.998,3	0.998,4	0.998,4	0.998,5	0.998,5	0.998,6	0.998,6
3.0	0.998,7	0.998,7	0.998,7	0.998,8	0.998,8	0.998,9	0.998,9	0.998,9	0.999,0	0.999,0
3.1	0.999,0	0.999,1	0.999,1	0.999,1	0.999,2	0.999,2	0.999,2	0.999,2	0.999,3	0.999,3
3.2	0.999,3	0.999,3	0.999,4	0.999,4	0.999,4	0.999,4	0.999,4	0.999,5	0.999,5	0.999,5
3.3	0.999,5	0.999,5	0.999,5	0.999,6	0.999,6	0.999,6	0.999,6	0.999,6	0.999,6	0.999,7
3.4	0.999,7	0.999,7	0.999,7	0.999,7	0.999,7	0.999,7	0.999,7	0.999,7	0.999,7	0.999,8

附表2 t 分佈上側分位數表

本表列出了 $t(n)$ 分佈的上側 α 分位數 $t_\alpha(n)$，它滿足

$$P(t(n) > t_\alpha(n)) = \alpha.$$

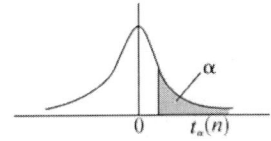

n	$\alpha = 0.25$	0.10	0.05	0.025	0.01	0.005
1	1.000,0	3.077,7	6.313,8	12.706,2	31.820,7	63.657,4
2	0.816,5	1.885,6	2.920,0	4.302,7	6.964,6	9.924,8
3	0.764,9	1.637,7	2.353,4	3.182,4	4.540,7	5.840,9
4	0.740,7	1.533,2	2.131,8	2.776,4	3.746,9	4.604,1
5	0.726,7	1.475,9	2.015,0	2.570,6	3.364,9	4.032,2
6	0.717,6	1.439,8	1.943,2	2.446,9	3.142,7	3.707,4
7	0.711,1	1.414,9	1.894,6	2.364,6	2.998,0	3.499,5
8	0.706,4	1.396,8	1.859,5	2.306,0	2.896,5	3.366,5
9	0.702,7	1.383,0	1.833,1	2.262,2	2.821,4	3.249,8
10	0.699,8	1.372,2	1.812,5	2.228,1	2.763,8	3.169,3
11	0.697,4	1.363,4	1.795,9	2.201,0	2.718,1	3.105,8
12	0.695,5	1.356,2	1.782,3	2.178,8	2.681,0	3.054,5

附表2(續)

n	$\alpha = 0.25$	0.10	0.05	0.025	0.01	0.005
13	0.693,8	1.350,2	1.770,9	2.160,4	2.650,3	3.012,3
14	0.692,4	1.345,0	1.761,3	2.144,8	2.624,5	2.976,8
15	0.691,2	1.340,6	1.753,1	2.131,5	2.602,5	2.946,7
16	0.690,1	1.336,8	1.745,9	2.119,9	2.583,5	2.920,8
17	0.689,2	1.333,4	1.739,6	2.109,8	2.566,9	2.898,2
18	0.688,4	1.330,4	1.734,1	2.100,9	2.552,4	2.878,4
19	0.687,6	1.327,7	1.729,1	2.093,0	2.539,5	2.860,9
20	0.687,0	1.325,3	1.724,7	2.086,0	2.528,0	2.845,3
21	0.686,4	1.323,2	1.720,7	2.079,6	2.517,7	2.831,4
22	0.685,8	1.321,2	1.717,1	2.073,9	2.508,3	2.818,8
23	0.685,3	1.319,5	1.713,9	2.068,7	2.499,9	2.807,3
24	0.684,8	1.317,8	1.710,9	2.063,9	2.492,2	2.796,9
25	0.684,4	1.316,3	1.708,1	2.059,5	2.485,1	2.787,4
26	0.684,0	1.315,0	1.705,6	2.055,5	2.478,6	2.778,7
27	0.683,7	1.313,7	1.703,3	2.051,8	2.472,7	2.770,7
28	0.683,4	1.312,5	1.701,1	2.048,4	2.467,1	2.763,3
29	0.683,0	1.311,3	1.699,1	2.045,2	2.462,0	2.756,4
30	0.682,8	1.310,4	1.697,3	2.042,3	2.457,3	2.750,0
31	0.682,5	1.309,5	1.695,5	2.039,5	2.452,8	2.744,0
32	0.682,2	1.308,6	1.693,9	2.036,9	2.448,7	2.738,5
33	0.682,0	1.307,7	1.692,4	2.034,5	2.444,8	2.733,3
34	0.681,8	1.307,0	1.690,9	2.032,2	2.441,1	2.728,4
35	0.681,6	1.306,2	1.689,6	2.030,1	2.437,7	2.723,8
36	0.681,4	1.305,5	1.688,3	2.028,1	2.434,5	2.719,5
37	0.681,2	1.304,9	1.687,1	2.026,2	2.431,4	2.715,4
38	0.681,0	1.304,2	1.686,0	2.024,4	2.428,6	2.711,6
39	0.680,8	1.303,6	1.684,9	2.022,7	2.425,8	2.707,9
40	0.680,7	1.303,1	1.683,9	2.021,1	2.423,3	2.704,5
41	0.680,5	1.302,5	1.682,9	2.019,5	2.420,8	2.701,2
42	0.680,4	1.302,0	1.682,0	2.018,1	2.418,5	2.698,1
43	0.680,2	1.301,6	1.681,1	2.016,7	2.416,3	2.695,1
44	0.680,1	1.301,1	1.680,2	2.015,4	2.414,1	2.692,3
45	0.680,0	1.300,6	1.679,4	2.014,1	2.412,1	2.689,6

附表3 χ^2 分佈上側分位數表

本表列出了 $\chi^2(n)$ 分佈的上側 α 分位數 $\chi^2_\alpha(n)$，它滿足

$$P(\chi^2(n) > \chi^2_\alpha(n)) = \alpha$$

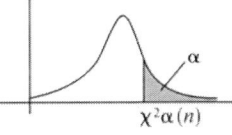

n	α = 0.995	0.99	0.975	0.95	0.90	0.75
1	—	—	0.001	0.004	0.016	0.102
2	0.010	0.020	0.051	0.103	0.211	0.575
3	0.072	0.115	0.216	0.352	0.584	1.213
4	0.207	0.297	0.484	0.711	1.064	1.923
5	0.412	0.554	0.831	1.145	1.610	2.675
6	0.676	0.872	1.237	1.635	2.204	3.455
7	0.989	1.239	1.690	2.167	2.833	4.255
8	1.344	1.646	2.180	2.733	3.490	5.071
9	1.735	2.088	2.700	3.325	4.168	5.899
10	2.156	2.558	3.247	3.940	4.865	6.737
11	2.603	3.053	3.816	4.575	5.578	7.584
12	3.074	3.571	4.404	5.226	6.304	8.438
13	3.565	4.107	5.009	5.892	7.042	9.299
14	4.075	4.660	5.629	6.571	7.790	10.165
15	4.601	5.229	6.262	7.261	8.547	11.037
16	5.142	5.812	6.908	7.962	9.312	11.912
17	5.697	6.408	7.564	8.672	10.085	12.792
18	6.265	7.015	8.231	9.390	10.865	13.675
19	6.814	7.633	8.907	10.117	11.651	14.562
20	7.434	8.260	9.591	10.851	12.443	15.452
21	8.034	8.897	10.283	11.591	13.240	16.344
22	8.643	9.542	10.982	12.338	14.042	17.240
23	9.260	10.196	11.689	13.091	14.848	18.137
24	9.886	10.856	12.401	13.848	15.659	19.037
25	10.520	11.524	13.120	14.611	16.473	19.939
26	11.160	12.198	13.844	15.379	17.292	20.843
27	11.808	12.879	14.573	16.151	18.114	21.749
28	12.461	13.565	15.308	16.928	18.939	22.657
29	13.121	14.257	16.047	17.708	19.768	23.567
30	13.787	14.954	16.791	18.493	20.599	24.478

附表 3(續 1)

n	α = 0.995	0.99	0.975	0.95	0.90	0.75
31	14.458	15.655	17.539	19.281	21.434	25.390
32	15.134	16.362	18.291	20.072	22.271	26.304
33	15.815	17.074	19.047	20.867	23.110	27.219
34	16.501	17.789	19.806	21.664	23.952	28.136
35	17.192	18.509	20.569	22.465	24.797	29.054
36	17.887	19.233	21.336	23.269	25.643	29.973
37	18.586	19.960	22.106	24.075	26.492	30.893
38	19.289	20.691	22.878	24.884	27.343	31.815
39	19.996	21.426	23.654	25.695	28.196	32.737
40	20.707	22.164	24.433	26.509	29.051	33.660
41	21.421	22.906	25.215	27.326	29.907	34.585
42	22.138	23.650	25.999	28.144	30.765	35.510
43	22.859	24.398	26.785	28.965	31.625	36.436
44	23.584	25.148	27.575	29.787	32.487	37.363
45	24.411	25.901	28.366	30.612	33.350	38.291

n	α = 0.25	0.10	0.05	0.025	0.01	0.005
1	1.323	2.706	3.841	5.024	6.635	7.879
2	2.773	4.605	5.991	7.378	9.210	10.597
3	4.108	6.251	7.815	9.348	11.345	12.838
4	5.385	7.779	9.488	11.143	13.277	14.860
5	6.626	9.236	11.071	12.833	15.086	16.750
6	7.841	10.645	12.592	14.449	16.812	18.548
7	9.037	12.017	14.067	16.013	18.475	20.278
8	10.219	13.362	15.507	17.535	20.090	21.955
9	11.389	14.684	16.919	19.023	21.666	23.589
10	12.549	15.987	18.307	20.483	23.209	25.188
11	13.701	17.275	19.675	21.920	24.725	26.757
12	14.845	18.549	21.026	23.337	26.217	28.299
13	15.984	19.812	22.362	24.736	27.688	29.819
14	17.117	21.064	23.685	26.119	29.141	31.319
15	18.245	22.307	24.996	27.488	30.578	32.801
16	19.369	23.542	26.296	28.845	32.000	34.267
17	20.489	24.769	27.587	30.191	33.409	35.718
18	21.605	25.989	28.869	31.526	34.805	37.156
19	22.718	27.204	30.144	32.852	36.191	38.582
20	23.828	28.412	31.410	34.170	37.566	39.997
21	24.935	29.615	32.671	36.479	38.932	41.401
22	26.039	30.813	33.924	36.781	40.289	42.796

附表3(續2)

n	$\alpha = 0.25$	0.10	0.05	0.025	0.01	0.005
23	27.141	32.007	35.172	38.076	41.638	44.181
24	28.241	33.196	36.415	39.364	42.980	45.559
25	29.339	34.382	37.652	40.646	44.314	46.928
26	30.435	35.563	38.885	41.923	45.643	48.290
27	31.528	36.741	40.113	43.194	46.963	49.645
28	32.620	37.916	41.337	44.461	48.278	50.993
29	33.711	39.087	42.557	45.722	49.588	52.336
30	34.800	40.256	43.773	46.979	50.892	53.672
31	35.887	41.422	44.985	48.232	52.191	55.003
32	36.973	42.585	46.194	49.480	53.486	56.328
33	38.058	43.745	47.400	50.725	54.776	57.648
34	39.141	44.903	48.602	51.966	56.061	58.964
35	40.223	46.059	49.802	53.203	57.342	60.275
36	41.304	47.212	50.998	54.437	58.619	61.581
37	42.383	48.363	52.192	55.668	59.892	62.883
38	43.462	49.513	53.884	56.896	61.162	64.181
39	44.539	50.600	54.572	58.120	62.428	65.476
40	45.616	51.805	55.758	59.342	63.691	66.766
41	46.692	52.949	56.942	60.561	64.950	68.053
42	47.766	54.090	58.124	61.777	66.206	69.336
43	48.840	55.230	59.304	62.990	67.459	70.616
44	49.913	56.369	60.481	64.201	68.710	71.893
45	50.985	57.505	61.656	65.410	69.957	73.166

附表 4 F 分布上侧分位数表

本表列出了 $F(n_1, n_2)$ 分布的上侧 α 分位数 $F_\alpha(n_1, n_2)$，它满足

$$P(F(n_1, n_2) > F_\alpha(n_1, n_2)) = \alpha.$$

(1) $\alpha = 0.25$

n_1 \ n_2	1	2	3	4	5	6	7	8	9	10	12	15	20	24	30	40	60	120	∞
1	5.83	7.50	8.20	8.58	8.82	8.98	9.10	9.19	9.26	9.32	9.41	9.49	9.58	9.63	9.67	9.71	9.76	9.80	9.85
2	2.57	3.00	3.15	3.23	3.28	3.31	3.34	3.35	3.37	3.38	3.39	3.41	3.43	3.43	3.44	3.45	3.46	3.47	3.48
3	2.02	2.28	2.36	2.39	2.41	2.42	2.43	2.44	2.44	2.44	2.45	2.46	2.46	2.46	2.47	2.47	2.47	2.47	2.47
4	1.81	2.00	2.05	2.06	2.07	2.08	2.08	2.08	2.08	2.08	2.08	2.08	2.08	2.08	2.08	2.08	2.08	2.08	2.08
5	1.69	1.85	1.88	1.89	1.89	1.89	1.89	1.89	1.89	1.89	1.89	1.89	1.88	1.88	1.88	1.88	1.87	1.87	1.87
6	1.62	1.76	1.78	1.79	1.79	1.78	1.78	1.78	1.77	1.77	1.77	1.76	1.76	1.75	1.75	1.75	1.74	1.74	1.74
7	1.57	1.70	1.72	1.72	1.71	1.71	1.70	1.70	1.69	1.69	1.68	1.68	1.67	1.67	1.66	1.66	1.65	1.65	1.65
8	1.54	1.66	1.67	1.66	1.66	1.65	1.64	1.64	1.63	1.63	1.62	1.62	1.61	1.60	1.60	1.59	1.59	1.58	1.58
9	1.51	1.62	1.63	1.63	1.62	1.61	1.60	1.60	1.59	1.59	1.58	1.57	1.56	1.56	1.55	1.54	1.54	1.53	1.53
10	1.49	1.60	1.60	1.59	1.59	1.58	1.57	1.56	1.56	1.55	1.54	1.53	1.52	1.52	1.51	1.51	1.50	1.49	1.48
11	1.47	1.58	1.58	1.57	1.56	1.55	1.54	1.53	1.53	1.52	1.51	1.50	1.49	1.49	1.48	1.47	1.47	1.46	1.45
12	1.46	1.56	1.56	1.55	1.54	1.53	1.52	1.51	1.51	1.50	1.49	1.48	1.47	1.46	1.45	1.45	1.44	1.43	1.42
13	1.45	1.55	1.55	1.53	1.52	1.51	1.50	1.49	1.49	1.48	1.47	1.46	1.45	1.44	1.43	1.42	1.42	1.41	1.40
14	1.44	1.53	1.53	1.52	1.51	1.50	1.49	1.48	1.47	1.46	1.45	1.44	1.43	1.42	1.41	1.41	1.40	1.39	1.38

附表 4（續 1）

n_2 \ n_1	1	2	3	4	5	6	7	8	9	10	12	15	20	24	30	40	60	120	∞
15	1.43	1.52	1.52	1.51	1.49	1.48	1.47	1.46	1.46	1.45	1.44	1.43	1.41	1.41	1.40	1.39	1.38	1.37	1.36
16	1.42	1.51	1.51	1.50	1.48	1.47	1.46	1.45	1.44	1.44	1.43	1.41	1.40	1.39	1.38	1.37	1.36	1.35	1.34
17	1.42	1.51	1.50	1.49	1.47	1.46	1.45	1.44	1.43	1.43	1.41	1.40	1.39	1.38	1.37	1.36	1.35	1.34	1.33
18	1.41	1.50	1.49	1.48	1.46	1.45	1.44	1.43	1.42	1.42	1.40	1.39	1.38	1.37	1.36	1.35	1.34	1.33	1.32
19	1.41	1.49	1.49	1.47	1.46	1.44	1.43	1.42	1.41	1.41	1.40	1.38	1.37	1.36	1.35	1.34	1.33	1.32	1.30
20	1.40	1.49	1.48	1.47	1.45	1.44	1.43	1.42	1.41	1.40	1.39	1.37	1.36	1.35	1.34	1.33	1.32	1.31	1.29
21	1.40	1.48	1.48	1.46	1.44	1.43	1.42	1.41	1.40	1.39	1.38	1.37	1.35	1.34	1.33	1.32	1.31	1.30	1.28
22	1.40	1.48	1.47	1.45	1.44	1.42	1.41	1.40	1.39	1.39	1.37	1.36	1.34	1.33	1.32	1.31	1.30	1.29	1.28
23	1.39	1.47	1.47	1.45	1.43	1.42	1.41	1.40	1.39	1.38	1.37	1.35	1.34	1.33	1.32	1.31	1.30	1.28	1.27
24	1.39	1.47	1.46	1.44	1.43	1.41	1.40	1.39	1.38	1.38	1.36	1.35	1.33	1.32	1.31	1.30	1.29	1.28	1.26
25	1.39	1.47	1.46	1.44	1.42	1.41	1.40	1.39	1.38	1.37	1.36	1.34	1.33	1.32	1.31	1.29	1.28	1.27	1.25
26	1.38	1.46	1.45	1.44	1.42	1.41	1.39	1.38	1.37	1.37	1.35	1.34	1.32	1.31	1.30	1.29	1.28	1.26	1.25
27	1.38	1.46	1.45	1.43	1.42	1.40	1.39	1.38	1.37	1.36	1.35	1.33	1.32	1.31	1.30	1.28	1.27	1.26	1.24
28	1.38	1.46	1.45	1.43	1.41	1.40	1.39	1.38	1.37	1.36	1.34	1.33	1.31	1.30	1.29	1.28	1.27	1.25	1.24
29	1.38	1.45	1.45	1.43	1.41	1.40	1.38	1.37	1.36	1.35	1.34	1.32	1.31	1.30	1.29	1.27	1.26	1.25	1.23
30	1.38	1.45	1.44	1.42	1.41	1.39	1.38	1.37	1.36	1.35	1.34	1.32	1.30	1.29	1.28	1.27	1.26	1.24	1.23
40	1.36	1.44	1.42	1.40	1.39	1.37	1.36	1.35	1.34	1.33	1.31	1.30	1.28	1.26	1.25	1.24	1.22	1.21	1.19
60	1.35	1.42	1.41	1.38	1.37	1.35	1.33	1.32	1.31	1.30	1.29	1.27	1.25	1.24	1.22	1.21	1.19	1.17	1.15
120	1.34	1.40	1.39	1.37	1.35	1.33	1.31	1.30	1.29	1.28	1.26	1.24	1.22	1.21	1.19	1.18	1.16	1.13	1.10
∞	1.32	1.39	1.37	1.35	1.33	1.31	1.29	1.28	1.27	1.25	1.24	1.22	1.19	1.18	1.16	1.14	1.12	1.08	1.00

(2) $\alpha = 0.10$

附表 4（續 2）

n_2\n_1	1	2	3	4	5	6	7	8	9	10	15	20	30	50	100	200	500	∞
1	39.9	49.5	53.6	55.8	57.2	58.2	58.9	59.4	59.9	60.2	61.2	61.7	62.3	62.7	63.0	63.2	63.3	63.3
2	8.53	9.00	9.16	9.24	9.29	9.33	9.35	9.37	9.38	9.39	9.42	9.44	9.46	9.47	9.48	9.49	9.49	9.49
3	5.54	5.46	5.39	5.34	5.31	5.28	5.27	5.25	5.24	5.23	5.20	5.18	5.17	5.15	5.14	5.14	5.14	5.13
4	4.54	4.32	4.19	4.11	4.05	4.01	3.98	3.95	3.94	3.92	3.87	3.84	3.82	3.80	3.78	3.77	3.76	3.76
5	4.06	3.78	3.62	3.52	3.45	3.40	3.37	3.34	3.32	3.30	3.24	3.21	3.17	3.15	3.13	3.12	3.11	3.10
6	3.78	3.46	3.29	3.18	3.11	3.05	3.01	2.98	2.96	2.94	2.87	2.84	2.80	2.77	2.75	2.73	2.73	2.72
7	3.59	3.26	3.07	2.96	2.88	2.83	2.78	2.75	2.72	2.70	2.63	2.59	2.56	2.52	2.50	2.48	2.48	2.47
8	3.46	3.11	2.92	2.81	2.73	2.67	2.62	2.59	2.56	2.54	2.46	2.42	2.38	2.35	2.32	2.31	2.30	2.29
9	3.36	3.01	2.81	2.69	2.61	2.55	2.51	2.47	2.44	2.42	2.34	2.30	2.25	2.22	2.19	2.17	2.17	2.16
10	3.28	2.92	2.73	2.61	2.52	2.46	2.41	2.38	2.35	2.32	2.24	2.20	2.16	2.12	2.09	2.07	2.06	2.06
11	3.23	2.86	2.66	2.54	2.45	2.39	2.34	2.30	2.27	2.25	2.17	2.12	2.08	2.04	2.00	1.99	1.98	1.97
12	3.18	2.81	2.61	2.48	2.39	2.33	2.28	2.24	2.21	2.19	2.10	2.06	2.01	1.97	1.94	1.92	1.91	1.90
13	3.14	2.76	2.56	2.43	2.35	2.28	2.23	2.20	2.16	2.14	2.05	2.01	1.96	1.92	1.88	1.86	1.85	1.85
14	3.10	2.73	2.52	2.39	2.31	2.24	2.19	2.15	2.12	2.10	2.01	1.96	1.91	1.87	1.83	1.82	1.80	1.80
15	3.07	2.70	2.49	2.36	2.27	2.21	2.16	2.12	2.09	2.06	1.97	1.92	1.87	1.83	1.79	1.77	1.76	1.76

附表 4（續 3）

n_2\n_1	1	2	3	4	5	6	7	8	9	10	15	20	30	50	100	200	500	∞	n_1\n_2
16	3.05	2.67	2.46	2.33	2.24	2.18	2.13	2.09	2.06	2.03	1.94	1.89	1.84	1.79	1.76	1.74	1.73	1.72	16
17	3.03	2.64	2.44	2.31	2.22	2.15	2.10	2.06	2.03	2.00	1.91	1.86	1.81	1.76	1.73	1.71	1.69	1.69	17
18	3.01	2.62	2.42	2.29	2.20	2.13	2.08	2.04	2.00	1.98	1.89	1.84	1.78	1.74	1.70	1.68	1.67	1.66	18
19	2.99	2.61	2.40	2.27	2.18	2.11	2.06	2.02	1.98	1.96	1.86	1.81	1.76	1.71	1.67	1.65	1.64	1.63	19
20	2.97	2.59	2.38	2.25	2.16	2.09	2.04	2.00	1.96	1.94	1.84	1.79	1.74	1.69	1.65	1.63	1.62	1.61	20
22	2.95	2.56	2.35	2.22	2.13	2.06	2.01	1.97	1.93	1.90	1.81	1.76	1.70	1.65	1.61	1.59	1.58	1.57	22
24	2.93	2.54	2.33	2.19	2.10	2.04	1.98	1.94	1.91	1.88	1.78	1.73	1.67	1.62	1.58	1.56	1.54	1.53	24
26	2.91	2.52	2.31	2.17	2.08	2.01	1.96	1.92	1.88	1.86	1.76	1.71	1.65	1.59	1.55	1.53	1.51	1.50	26
28	2.89	2.50	2.29	2.16	2.06	1.00	1.94	1.90	1.87	1.84	1.74	1.69	1.63	1.57	1.53	1.50	1.49	1.48	28
30	2.88	2.49	2.28	2.14	2.05	1.98	1.93	1.88	1.85	1.82	1.72	1.67	1.61	1.55	1.51	1.48	1.47	1.46	30
40	2.84	2.44	2.23	2.09	2.00	1.93	1.87	1.83	1.79	1.76	1.66	1.61	1.54	1.48	1.43	1.41	1.39	1.38	40
50	2.81	2.41	2.20	2.06	1.97	1.90	1.84	1.80	1.76	1.73	1.63	1.57	1.50	1.44	1.39	1.36	1.34	1.33	50
60	2.79	2.39	2.18	2.04	1.95	1.87	1.82	1.77	1.74	1.71	1.60	1.54	1.48	1.41	1.36	1.33	1.31	1.29	60
80	2.77	2.37	2.15	2.02	1.92	1.85	1.79	1.75	1.71	1.68	1.57	1.51	1.44	1.38	1.32	1.28	1.26	1.24	80
100	2.76	2.36	2.14	2.00	1.91	1.83	1.78	1.73	1.70	1.66	1.56	1.49	1.42	1.35	1.29	1.26	1.23	1.21	100
200	2.73	2.33	2.11	1.97	1.88	1.80	1.75	1.70	1.66	1.63	1.52	1.46	1.38	1.31	1.24	1.20	1.17	1.14	200
500	2.72	2.31	2.10	1.96	1.86	1.79	1.73	1.68	1.64	1.61	1.50	1.44	1.36	1.28	1.21	1.16	1.12	1.09	500
∞	2.71	2.30	2.08	1.94	1.85	1.77	1.72	1.67	1.63	1.60	1.49	1.42	1.34	1.26	1.18	1.13	1.08	1.00	∞

(3) $\alpha = 0.05$

附表 4（續 4）

n_1 \ n_2	1	2	3	4	5	6	7	8	9	10	12	14	16	18	20	n_1 \ n_2
1	161	200	216	225	230	234	237	239	241	242	244	245	246	247	248	1
2	18.5	19.0	19.2	19.2	19.3	19.3	19.4	19.4	19.4	19.4	19.4	19.4	19.4	19.4	19.4	2
3	10.1	9.55	9.28	9.12	9.01	8.94	8.89	8.85	8.81	8.79	8.74	8.71	8.69	8.67	8.66	3
4	7.71	6.94	6.59	6.39	6.26	6.16	6.09	6.04	6.00	5.96	5.91	5.87	5.84	5.82	5.80	4
5	6.61	5.79	5.41	5.19	5.05	4.95	4.88	4.82	4.77	4.74	4.68	4.64	4.60	4.58	4.56	5
6	5.99	5.14	4.76	4.53	4.39	4.28	4.21	4.15	4.10	4.06	4.00	3.96	3.92	3.90	3.87	6
7	5.59	4.74	4.35	4.12	3.97	3.87	3.79	3.73	3.68	3.64	3.57	3.53	3.49	3.47	3.44	7
8	5.32	4.46	4.07	3.84	3.69	3.58	3.50	3.44	3.39	3.35	3.28	3.24	3.20	3.17	3.15	8
9	5.12	4.26	3.86	3.63	3.48	3.37	3.23	3.23	3.18	3.14	3.07	3.03	2.99	2.96	2.94	9
10	4.96	4.10	3.71	3.48	3.33	3.22	3.14	3.07	3.02	2.98	2.91	2.86	2.83	2.80	2.77	10
11	4.84	3.98	3.59	3.36	3.20	3.09	3.01	2.95	2.90	2.85	2.79	2.74	2.70	2.67	2.65	11
12	4.75	3.89	3.49	3.26	3.11	3.00	2.91	2.85	2.80	2.75	2.69	2.64	2.60	2.57	2.54	12
13	4.67	3.81	3.41	3.18	3.03	2.92	2.83	2.77	2.71	2.67	2.60	2.55	2.51	2.48	2.46	13
14	4.60	3.74	3.34	3.11	2.96	2.85	2.76	2.70	2.65	2.60	2.53	2.48	2.44	2.41	2.39	14
15	4.54	3.68	3.29	3.06	2.90	2.79	2.71	2.64	2.59	2.54	2.48	2.42	2.38	2.35	2.33	15
16	4.49	3.63	3.24	3.01	2.85	2.74	2.66	2.59	2.54	2.49	2.42	2.37	2.33	2.30	2.28	16
17	4.45	3.59	3.20	2.96	2.81	2.70	2.61	2.55	2.49	2.45	2.38	2.33	2.29	2.26	2.23	17
18	4.41	3.55	3.16	2.93	2.77	2.66	2.58	2.51	2.46	2.41	2.34	2.29	2.25	2.22	2.19	18
19	4.38	3.52	3.13	2.90	2.74	2.63	2.54	2.48	2.42	2.38	2.31	2.26	2.21	2.18	2.16	19
20	4.35	3.49	3.10	2.87	2.71	2.60	2.51	2.45	2.39	2.35	2.28	2.22	2.18	2.15	2.12	20
21	4.32	3.47	3.07	2.84	2.68	2.57	2.49	2.42	2.37	2.32	2.25	2.20	2.16	2.12	2.10	21
22	4.30	3.44	3.05	2.82	2.66	2.55	2.46	2.40	2.34	2.30	2.23	2.17	2.13	2.10	2.07	22
23	4.28	3.42	3.03	2.80	2.64	2.53	2.44	2.37	2.32	2.27	2.20	2.15	2.11	2.07	2.05	23
24	4.26	3.40	3.01	2.78	2.62	2.51	2.42	2.36	2.30	2.25	2.18	2.13	2.09	2.05	2.03	24
25	4.24	3.39	2.99	2.76	2.60	2.49	2.40	2.34	2.28	2.24	2.16	2.11	2.07	2.04	2.01	25

附表 4（續 5）

n_2 \ n_1	1	2	3	4	5	6	7	8	9	10	12	14	16	18	20	n_1 \ n_2
26	4.23	3.37	2.98	2.74	2.59	2.47	2.39	2.32	2.27	2.22	2.15	2.09	2.05	2.02	1.99	26
27	4.21	3.35	2.96	2.73	2.57	2.46	2.37	2.31	2.25	2.20	2.13	2.08	2.04	2.00	1.97	27
28	4.20	3.34	2.95	2.71	2.56	2.45	2.36	2.29	2.24	2.19	2.12	2.06	2.02	1.99	1.96	28
29	4.18	3.33	2.93	2.70	2.55	2.43	2.35	2.28	2.22	2.18	2.10	2.05	2.01	1.97	1.94	29
30	4.17	3.32	2.92	2.69	2.53	2.42	2.33	2.27	2.21	2.16	2.09	2.04	1.99	1.96	1.93	30
32	4.15	3.29	2.90	2.67	2.51	2.40	2.31	2.24	2.19	2.14	2.07	2.01	1.97	1.94	1.91	32
34	4.13	3.28	2.88	2.65	2.49	2.38	2.29	2.23	2.17	2.12	2.05	1.99	1.95	1.92	1.89	34
36	4.11	3.26	2.87	2.63	2.48	2.36	2.28	2.21	2.15	2.11	2.03	1.98	1.93	1.90	1.87	36
38	4.10	3.24	2.85	2.62	2.46	2.35	2.26	2.19	2.14	2.09	2.02	1.96	1.92	1.88	1.85	38
40	4.08	3.23	2.84	2.61	2.45	2.34	2.25	2.18	2.12	2.08	2.00	1.95	1.90	1.87	1.84	40
42	4.07	3.22	2.83	2.59	2.44	2.32	2.24	2.17	2.11	2.06	1.99	1.93	1.89	1.86	1.83	42
44	4.06	3.21	2.82	2.58	2.43	2.31	2.23	2.16	2.10	2.05	1.98	1.92	1.88	1.84	1.81	44
46	4.05	3.20	2.81	2.57	2.42	2.30	2.22	2.15	2.09	2.04	1.97	1.91	1.87	1.83	1.80	46
48	4.04	3.19	2.80	2.57	2.41	2.29	2.21	2.14	2.08	2.03	1.96	1.90	1.86	1.82	1.79	48
50	4.03	3.18	2.79	2.56	2.40	2.29	2.20	2.13	2.07	2.03	1.95	1.89	1.85	1.81	1.78	50
60	4.00	3.15	2.76	2.53	2.37	2.25	2.17	2.10	2.04	1.99	1.92	1.86	1.82	1.78	1.75	60
80	3.96	3.11	2.72	2.49	2.33	2.21	2.13	2.06	2.00	1.95	1.88	1.82	1.77	1.73	1.70	80
100	3.94	3.09	2.70	2.46	2.31	2.19	2.10	2.03	1.97	1.93	1.85	1.79	1.75	1.71	1.68	100
125	3.92	3.07	2.68	2.44	2.29	2.17	2.08	2.01	1.96	1.91	1.83	1.77	1.72	1.69	1.65	125
150	3.90	3.06	2.66	2.43	2.27	2.16	2.07	2.00	1.94	1.89	1.82	1.76	1.71	1.67	1.64	150
200	3.89	3.04	2.65	2.42	2.26	2.14	2.06	1.98	1.93	1.88	1.80	1.74	1.69	1.66	1.62	200
300	3.87	3.03	2.63	2.40	2.24	2.13	2.04	1.97	1.91	1.86	1.78	1.72	1.68	1.64	1.61	300
500	3.86	3.01	2.62	2.39	2.23	2.12	2.03	1.96	1.90	1.85	1.77	1.71	1.66	1.62	1.59	500
1000	3.85	3.00	2.61	2.38	2.22	2.11	2.02	1.95	1.89	1.84	1.76	1.70	1.65	1.61	1.58	1000
∞	3.84	3.00	2.60	2.37	2.21	2.10	2.01	1.94	1.88	1.83	1.75	1.69	1.64	1.60	1.57	∞

附表 4（續 6）

n_1 \ n_2	22	24	26	28	30	35	40	45	50	60	80	100	200	500	∞	n_2 \ n_1
1	249	249	249	250	250	251	251	251	252	252	252	253	254	254	254	1
2	19.5	19.5	19.5	19.5	19.5	19.5	19.5	19.5	19.5	19.5	19.5	19.5	19.5	19.5	19.5	2
3	8.65	8.64	8.63	8.62	8.62	8.60	8.59	8.59	8.58	8.57	8.56	8.55	8.54	8.53	8.53	3
4	5.79	5.77	5.76	5.75	5.75	5.73	5.72	5.71	5.70	5.69	5.67	5.66	5.65	5.64	5.63	4
5	4.54	4.53	4.52	4.50	4.50	4.48	4.46	4.45	4.44	4.43	4.41	4.41	4.39	4.37	4.37	5
6	3.86	3.84	3.83	3.82	3.81	3.79	3.77	3.76	3.75	3.74	3.72	3.71	3.69	3.68	3.67	6
7	3.43	3.41	3.40	3.39	3.38	3.36	3.34	3.33	3.32	3.30	3.29	3.27	3.25	3.24	3.23	7
8	3.13	3.12	3.10	3.09	3.08	3.06	3.04	3.03	3.02	3.01	2.99	2.97	2.95	2.94	2.93	8
9	2.92	2.90	2.89	2.87	2.86	2.84	2.83	2.81	2.80	2.79	2.77	2.76	2.73	2.72	2.71	9
10	2.75	2.74	2.72	2.71	2.70	2.68	2.66	2.65	2.64	2.62	2.60	2.59	2.56	2.55	2.54	10
11	2.63	2.61	2.59	2.58	2.57	2.55	2.53	2.52	2.51	2.49	2.47	2.46	2.43	2.42	2.40	11
12	2.52	2.51	2.49	2.48	2.47	2.44	2.43	2.41	2.40	2.38	2.36	2.35	2.32	2.31	2.30	12
13	2.44	2.42	2.41	2.39	2.38	2.36	2.34	2.33	2.31	2.30	2.27	2.26	2.23	2.22	2.21	13
14	2.37	2.35	2.33	2.32	2.31	2.28	2.27	2.25	2.24	2.22	2.20	2.19	2.16	2.14	2.13	14
15	2.31	2.29	2.27	2.26	2.25	2.22	2.20	2.19	2.18	2.16	2.14	2.12	2.10	2.08	2.07	15
16	2.25	2.24	2.22	2.21	2.19	2.17	2.15	2.14	2.12	2.11	2.08	2.07	2.04	2.02	2.01	16
17	2.21	2.19	2.17	2.16	2.15	2.12	2.10	2.09	2.08	2.06	2.03	2.02	1.99	1.97	1.96	17
18	2.17	2.15	2.13	2.12	2.11	2.08	2.06	2.05	2.04	2.02	1.99	1.98	1.95	1.93	1.92	18
19	2.13	2.11	2.10	2.08	2.07	2.05	2.03	2.01	2.00	1.98	1.96	1.94	1.91	1.89	1.88	19
20	2.10	2.08	2.07	2.05	2.04	2.01	1.99	1.98	1.97	1.95	1.92	1.91	1.88	1.86	1.84	20
21	2.07	2.05	2.04	2.02	2.01	1.98	1.96	1.95	1.94	1.92	1.89	1.88	1.84	1.82	1.81	21
22	2.05	2.03	2.01	2.00	1.98	1.96	1.94	1.92	1.91	1.89	1.86	1.85	1.82	1.80	1.78	22
23	2.02	2.00	1.99	1.97	1.96	1.93	1.91	1.90	1.88	1.86	1.84	1.82	1.79	1.77	1.76	23
24	2.00	1.98	1.97	1.95	1.94	1.91	1.89	1.88	1.86	1.84	1.82	1.80	1.77	1.75	1.73	24
25	1.98	1.96	1.95	1.93	1.92	1.89	1.87	1.86	1.84	1.82	1.80	1.78	1.75	1.73	1.71	25

附表 4（續 7）

n_1 \ n_2	22	24	26	28	30	35	40	45	50	60	80	100	200	500	∞
26	1.97	1.95	1.93	1.91	1.90	1.87	1.85	1.84	1.82	1.80	1.78	1.76	1.73	1.71	1.69
27	1.95	1.93	1.91	1.90	1.88	1.86	1.84	1.82	1.81	1.79	1.76	1.74	1.71	1.69	1.67
28	1.93	1.91	1.90	1.88	1.87	1.84	1.82	1.80	1.79	1.77	1.74	1.73	1.69	1.67	1.65
29	1.92	1.90	1.88	1.87	1.85	1.83	1.81	1.79	1.77	1.75	1.73	1.71	1.67	1.65	1.64
30	1.91	1.89	1.87	1.85	1.84	1.81	1.79	1.77	1.76	1.74	1.71	1.70	1.66	1.64	1.62
32	1.88	1.86	1.85	1.83	1.82	1.79	1.77	1.75	1.74	1.71	1.69	1.67	1.63	1.61	1.59
34	1.86	1.84	1.82	1.80	1.80	1.77	1.75	1.73	1.71	1.69	1.66	1.65	1.61	1.59	1.57
36	1.85	1.82	1.81	1.79	1.78	1.75	1.73	1.71	1.69	1.67	1.64	1.62	1.59	1.56	1.55
38	1.83	1.81	1.79	1.77	1.76	1.73	1.71	1.69	1.68	1.65	1.62	1.61	1.57	1.54	1.53
40	1.81	1.79	1.77	1.76	1.74	1.72	1.69	1.67	1.66	1.64	1.61	1.59	1.55	1.53	1.51
42	1.80	1.78	1.76	1.74	1.73	1.70	1.68	1.66	1.65	1.62	1.59	1.57	1.53	1.51	1.49
44	1.79	1.77	1.75	1.73	1.72	1.69	1.67	1.65	1.63	1.61	1.58	1.56	1.52	1.49	1.48
46	1.78	1.76	1.74	1.72	1.71	1.68	1.85	1.64	1.62	1.60	1.57	1.55	1.51	1.48	1.46
48	1.77	1.75	1.73	1.71	1.70	1.67	1.64	1.62	1.61	1.59	1.56	1.54	1.49	1.47	1.45
50	1.76	1.74	1.72	1.70	1.69	1.66	1.63	1.61	1.60	1.58	1.54	1.52	1.48	1.46	1.44
60	1.72	1.70	1.68	1.66	1.65	1.62	1.59	1.57	1.56	1.53	1.50	1.48	1.44	1.41	1.39
80	1.68	1.65	1.63	1.62	1.60	1.57	1.54	1.52	1.51	1.48	1.45	1.43	1.38	1.35	1.32
100	1.65	1.63	1.61	1.59	1.57	1.54	1.52	1.49	1.48	1.45	1.41	1.39	1.34	1.31	1.28
125	1.63	1.60	1.58	1.57	1.55	1.52	1.49	1.47	1.45	1.42	1.39	1.36	1.31	1.27	1.25
150	1.61	1.59	1.57	1.55	1.53	1.50	1.48	1.45	1.44	1.41	1.37	1.34	1.29	1.25	1.22
200	1.60	1.57	1.55	1.53	1.52	1.48	1.46	1.43	1.41	1.39	1.35	1.32	1.26	1.22	1.19
300	1.58	1.55	1.53	1.51	1.50	1.46	1.43	1.41	1.39	1.36	1.32	1.30	1.23	1.19	1.15
500	1.56	1.54	1.52	1.50	1.48	1.45	1.42	1.40	1.38	1.34	1.30	1.28	1.21	1.16	1.11
1000	1.55	1.53	1.51	1.49	1.47	1.44	1.41	1.38	1.36	1.33	1.29	1.26	1.19	1.13	1.08
∞	1.54	1.52	1.50	1.48	1.46	1.42	1.39	1.37	1.35	1.32	1.27	1.24	1.17	1.11	1.00

(4) $\alpha = 0.01$

附表 4（續 8）

n_2 \ n_1	1	2	3	4	5	6	7	8	9	10	12	14	16	18	20	n_1 \ n_2
1	405	500	540	563	576	586	593	598	602	606	611	614	617	619	621	1
2	98.5	99.0	99.2	99.2	99.3	99.3	99.4	99.4	99.4	99.4	99.4	99.4	99.4	99.4	99.4	2
3	34.1	30.8	29.5	28.7	28.2	27.9	27.7	27.5	27.3	27.2	27.1	26.9	26.8	26.8	26.7	3
4	21.2	18.0	16.7	16.0	15.5	15.2	15.0	14.8	14.7	14.5	14.4	14.2	14.2	14.1	14.0	4
5	16.3	13.3	12.1	11.4	11.0	10.7	10.5	10.3	10.2	10.1	9.89	9.77	9.68	9.61	9.55	5
6	13.7	10.9	9.78	9.15	8.75	8.47	8.26	8.10	7.98	7.87	7.72	7.60	7.52	7.45	7.40	6
7	12.2	9.55	8.45	7.85	7.46	7.19	6.99	6.84	6.72	6.62	6.47	6.36	6.27	6.21	6.16	7
8	11.3	8.65	7.59	7.01	6.63	6.37	6.18	6.03	5.91	5.81	5.67	5.56	5.48	5.41	5.36	8
9	10.6	8.02	6.99	6.42	6.06	5.80	5.61	5.47	5.35	5.26	5.11	5.00	4.92	4.86	4.81	9
10	10.0	7.56	6.55	5.99	5.64	5.39	5.20	5.06	4.94	4.85	4.71	4.60	4.52	4.46	4.41	10
11	9.65	7.21	6.22	5.67	5.32	5.07	4.89	4.74	4.63	4.54	4.40	4.29	4.21	4.15	4.10	11
12	9.33	6.93	5.95	5.41	5.06	4.82	4.64	4.50	4.39	4.30	4.16	4.05	3.97	3.91	3.86	12
13	9.07	6.70	5.74	5.21	4.86	4.62	4.44	4.30	4.19	4.10	3.96	3.86	3.78	3.71	3.66	13
14	8.86	6.51	5.56	5.04	4.70	4.46	4.28	4.14	4.03	3.94	3.80	3.70	3.62	3.56	3.51	14
15	8.68	6.36	5.42	4.89	4.56	4.32	4.14	4.00	3.89	3.80	3.67	3.56	3.49	3.42	3.37	15
16	8.53	6.23	5.29	4.77	4.44	4.20	4.03	3.89	3.78	3.69	3.55	3.45	3.37	3.31	3.26	16
17	8.40	6.11	5.18	4.67	4.34	4.11	3.93	3.79	3.68	3.59	3.46	3.35	3.27	3.21	3.16	17
18	8.29	6.01	5.09	4.58	4.25	4.00	3.84	3.71	3.60	3.51	3.37	3.27	3.19	3.13	3.08	18
19	8.18	5.93	5.01	4.50	4.17	3.94	3.77	3.63	3.52	3.43	3.30	3.19	3.12	3.05	3.00	19
20	8.10	5.85	4.94	4.43	4.10	3.87	3.70	3.56	3.46	3.37	3.23	3.13	3.05	2.99	2.94	20
21	8.02	5.78	4.87	4.37	4.04	3.81	3.64	3.51	3.40	3.31	3.17	3.07	2.99	2.93	2.88	21
22	7.95	5.72	4.82	4.31	3.99	3.76	3.59	3.45	3.35	3.26	3.12	3.02	2.94	2.88	2.83	22
23	7.88	5.66	4.76	4.26	3.94	3.71	3.54	3.41	3.30	3.21	3.07	2.97	2.89	2.83	2.78	23
24	7.82	5.61	4.72	4.22	3.90	3.67	3.50	3.36	3.26	3.17	3.03	2.93	2.85	2.79	2.74	24
25	7.77	5.57	4.68	4.18	3.86	3.63	3.46	3.32	3.22	3.13	2.99	2.89	2.81	2.75	2.79	25

附表 4（續 9）

n_1 \ n_2	1	2	3	4	5	6	7	8	9	10	12	14	16	18	20	n_1 \ n_2
26	7.72	5.53	4.64	4.14	3.82	3.59	3.42	3.29	3.18	3.09	2.96	2.86	2.78	2.72	2.66	26
27	7.68	5.49	4.60	4.11	3.78	3.56	3.39	3.26	3.15	3.06	2.93	2.82	2.75	2.68	2.63	27
28	7.64	5.45	4.57	4.07	3.75	3.53	3.36	3.23	3.12	3.03	2.90	2.79	2.72	2.65	2.60	28
29	7.60	5.42	4.54	4.04	3.73	3.50	3.33	3.20	3.09	3.00	2.87	2.77	2.69	2.62	2.57	29
30	7.56	5.39	4.51	4.02	3.70	3.47	3.30	3.17	3.07	2.98	2.84	2.74	2.66	2.60	2.55	30
32	7.50	5.34	4.46	3.97	3.65	3.43	3.26	3.13	3.02	2.93	2.80	2.70	2.62	2.55	2.50	32
34	7.44	5.29	4.42	3.93	3.61	3.39	3.22	3.09	2.98	2.89	2.76	2.66	2.58	2.51	2.46	34
36	7.40	5.25	4.38	3.89	3.57	3.35	3.18	3.05	2.95	2.86	2.72	2.62	2.54	2.48	2.43	36
38	7.35	5.21	4.34	3.86	3.54	3.32	3.15	3.02	2.92	2.83	2.69	2.59	2.51	2.45	2.40	38
40	7.31	5.18	4.31	3.83	3.51	3.29	3.12	2.99	2.89	2.80	2.66	2.56	2.48	2.42	2.37	40
42	7.28	5.15	4.29	3.80	3.49	3.27	3.10	2.97	2.86	2.78	2.64	2.54	2.46	2.40	2.34	42
44	7.25	5.12	4.26	3.78	3.47	3.24	3.08	2.95	2.84	2.75	2.62	2.52	2.44	2.37	2.32	44
46	7.22	5.10	4.24	3.76	3.44	3.22	3.06	2.93	2.82	2.73	2.60	2.50	2.42	2.35	2.30	46
48	7.20	5.08	4.22	3.74	3.43	3.20	3.04	2.91	2.80	2.72	2.58	2.48	2.40	2.33	2.28	48
50	7.17	5.06	4.20	3.72	3.41	3.19	3.02	2.89	2.79	2.70	2.56	2.46	2.38	2.32	2.27	50
60	7.08	4.98	4.13	3.65	3.34	3.12	2.95	2.82	2.72	2.63	2.50	2.39	2.31	2.25	2.20	60
80	6.96	4.88	4.04	3.56	3.26	3.04	2.87	2.74	2.64	2.55	2.42	2.31	2.23	2.17	2.12	80
100	6.90	4.82	3.98	3.51	3.21	2.99	2.82	2.69	2.59	2.50	2.37	2.26	2.19	2.12	2.07	100
125	6.84	4.78	3.94	3.47	3.17	2.95	2.79	2.66	2.55	2.47	2.33	2.23	2.15	2.08	2.03	125
150	6.81	4.75	3.92	3.45	3.14	2.92	2.76	2.63	2.53	2.44	2.31	2.20	2.12	2.06	2.00	150
200	6.76	4.71	3.88	3.41	3.11	2.89	2.73	2.60	2.50	2.41	2.27	2.17	2.09	2.02	1.97	200
300	6.72	4.68	3.85	3.38	3.08	2.86	2.70	2.57	2.47	2.38	2.24	2.14	2.06	1.99	1.94	300
500	6.69	4.65	3.82	3.36	3.05	2.84	2.68	2.55	2.44	2.36	2.22	2.12	2.04	1.97	1.92	500
1000	6.66	4.63	3.80	3.34	3.04	2.82	2.66	2.53	2.43	2.34	2.20	2.10	2.02	1.95	1.90	1000
∞	6.63	4.61	3.78	3.32	3.02	2.80	2.64	2.51	2.41	2.32	2.18	2.08	2.00	1.93	1.88	∞

附表 4（續 10）

n_2 \ n_1	22	24	26	28	30	35	40	45	50	60	80	100	200	500	∞
1	622	623	624	625	626	628	629	630	630	631	633	633	635	636	637
2	99.5	99.5	99.5	99.5	99.5	99.5	99.5	99.5	99.5	99.5	99.5	99.5	99.5	99.5	99.5
3	26.6	26.6	26.6	26.5	26.5	26.5	26.4	26.4	26.4	26.3	26.3	26.2	26.2	26.1	26.1
4	14.0	13.9	13.9	13.9	13.8	13.8	13.7	13.7	13.7	13.7	13.6	13.6	13.5	13.5	13.5
5	9.51	9.47	9.43	9.40	9.38	9.33	9.29	9.26	9.24	9.20	9.16	9.13	9.08	9.04	9.02
6	7.35	7.31	7.28	7.25	7.23	7.18	7.14	7.11	7.09	7.06	7.01	6.99	6.93	6.90	6.88
7	6.11	6.07	6.04	6.02	5.99	5.94	5.91	5.88	5.86	5.82	5.78	5.75	5.70	5.67	5.65
8	5.32	5.28	5.25	5.22	5.20	5.15	5.12	5.00	5.07	5.03	4.99	4.96	4.91	4.88	4.86
9	4.77	4.73	4.70	4.67	4.65	4.60	4.57	4.54	4.52	4.48	4.44	4.42	4.36	4.33	4.31
10	4.36	4.33	4.30	4.27	4.25	4.20	4.17	4.14	4.12	4.08	4.04	4.01	3.96	3.93	3.91
11	4.06	4.02	3.99	3.96	3.94	3.89	3.86	3.83	3.81	3.78	3.73	3.71	3.66	3.62	3.60
12	3.82	3.78	3.75	3.72	3.70	3.65	3.62	3.59	3.57	3.54	3.49	3.47	3.41	3.38	3.36
13	3.62	3.59	3.56	3.53	3.51	3.46	3.43	3.40	3.38	3.34	3.30	3.27	3.22	3.19	3.17
14	3.46	3.43	3.40	3.37	3.35	3.30	3.27	3.24	3.22	3.18	3.14	3.11	3.06	3.03	3.00
15	3.33	3.29	3.26	3.24	3.21	3.17	3.13	3.10	3.08	3.05	3.00	2.98	2.92	2.89	2.87
16	3.22	3.18	3.15	3.12	3.10	3.05	3.02	2.99	2.97	2.93	2.89	2.86	2.81	2.78	2.75
17	3.12	3.08	3.05	3.03	3.00	2.96	2.92	2.89	2.87	2.83	2.79	2.76	2.71	2.68	2.65
18	3.03	3.00	2.97	2.94	2.92	2.87	2.84	2.81	2.78	2.75	2.70	2.68	2.62	2.59	2.57
19	2.96	2.92	2.89	2.87	2.84	2.80	2.76	2.73	2.71	2.67	2.63	2.60	2.55	2.51	2.49
20	2.90	2.86	2.83	2.80	2.78	2.73	2.69	2.67	2.64	2.61	2.56	2.54	2.48	2.44	2.42
21	2.84	2.80	2.77	2.74	2.72	2.67	2.64	2.61	2.58	2.55	2.50	2.48	2.42	2.38	2.36
22	2.78	2.75	2.72	2.69	2.67	2.62	2.58	2.55	2.53	2.50	2.45	2.42	2.36	2.33	2.31
23	2.74	2.70	2.67	2.64	2.62	2.57	2.54	2.51	2.48	2.45	2.40	2.37	2.32	2.28	2.26
24	2.70	2.66	2.63	2.60	2.58	2.53	2.49	2.46	2.44	2.40	2.36	2.33	2.27	2.24	2.21
25	2.86	2.62	2.59	2.56	2.54	2.49	2.45	2.42	2.40	2.36	2.32	2.29	2.23	2.19	2.17

附表 4（續 11）

n_2 \ n_1	22	24	26	28	30	35	40	45	50	60	80	100	200	500	∞	n_1 \ n_2
26	2.62	2.58	2.55	2.53	2.50	2.45	2.42	2.39	2.36	2.33	2.28	2.25	2.19	2.16	2.13	26
27	2.59	2.55	2.52	2.49	2.47	2.42	2.38	2.35	2.33	2.29	2.25	2.22	2.16	2.12	2.10	27
28	2.56	2.52	2.49	2.46	2.44	2.39	2.35	2.32	2.30	2.26	2.22	2.19	2.13	2.09	2.06	28
29	2.53	2.46	2.46	2.44	2.41	2.36	2.33	2.30	2.27	2.23	2.19	2.16	2.10	2.06	2.03	29
30	2.51	2.47	2.44	2.41	2.39	2.34	2.30	2.27	2.25	2.21	2.16	2.13	2.07	2.03	2.01	30
32	2.46	2.42	2.39	2.36	2.34	2.29	2.25	2.22	2.20	2.16	2.11	2.08	2.02	1.98	1.96	32
34	2.42	2.38	2.35	2.32	2.30	2.25	2.21	2.18	2.16	2.12	2.07	2.04	1.98	1.94	1.91	34
36	2.38	2.35	2.32	2.29	2.26	2.21	2.17	2.14	2.12	2.08	2.03	2.00	1.94	1.90	1.87	36
38	2.35	2.32	2.28	2.26	2.23	2.18	2.14	2.11	2.09	2.05	2.00	1.97	1.90	1.86	1.84	38
40	2.33	2.29	2.26	2.23	2.20	2.15	2.11	2.08	2.06	2.02	1.97	1.94	1.87	1.83	1.80	40
42	2.30	2.26	2.23	2.20	2.18	2.13	2.09	2.06	2.03	1.99	1.94	1.91	1.85	1.80	1.78	42
44	2.28	2.24	2.21	2.18	2.15	2.10	2.06	2.03	2.01	1.97	1.92	1.89	1.82	1.78	1.75	44
46	2.26	2.22	2.19	2.16	2.13	2.08	2.04	2.01	1.99	1.95	1.90	1.86	1.80	1.75	1.73	46
48	2.24	2.20	2.17	2.14	2.12	2.06	2.02	1.99	1.97	1.93	1.88	1.84	1.78	1.73	1.70	48
50	2.22	2.18	2.15	2.12	2.10	2.05	2.01	1.97	1.95	1.91	1.86	1.82	1.76	1.71	1.68	50
60	2.15	2.12	2.08	2.05	2.03	1.98	1.94	1.90	1.88	1.84	1.78	1.75	1.68	1.63	1.60	60
80	2.07	2.03	2.00	1.97	1.94	1.89	1.85	1.81	1.79	1.75	1.69	1.66	1.58	1.53	1.49	80
100	2.02	1.98	1.94	1.92	1.89	1.84	1.80	1.76	1.73	1.69	1.63	1.60	1.52	1.47	1.43	100
125	1.98	1.94	1.91	1.88	1.85	1.80	1.76	1.72	1.69	1.65	1.59	1.55	1.47	1.41	1.37	125
150	1.96	1.92	1.88	1.85	1.83	1.77	1.73	1.69	1.66	1.62	1.56	1.52	1.43	1.38	1.33	150
200	1.93	1.89	1.85	1.82	1.79	1.74	1.69	1.66	1.63	1.58	1.52	1.48	1.39	1.33	1.23	200
300	1.89	1.85	1.82	1.79	1.76	1.71	1.66	1.62	1.59	1.55	1.48	1.44	1.35	1.28	1.22	300
500	1.87	1.83	1.79	1.76	1.74	1.68	1.63	1.60	1.56	1.52	1.45	1.41	1.31	1.23	1.16	500
1000	1.85	1.81	1.77	1.74	1.72	1.66	1.61	1.57	1.54	1.50	1.43	1.38	1.28	1.19	1.11	1000
∞	1.83	1.79	1.76	1.72	1.70	1.64	1.59	1.55	1.52	1.47	1.40	1.36	1.25	1.15	1.00	∞

國家圖書館出版品預行編目(CIP)資料

統計學 / 盧黎霞、董洪清 主編. -- 第三版.
-- 臺北市：崧燁文化，2018.08
　面；　公分

ISBN　978-957-681-442-6(平裝)

1.統計學

510　107012352

書　　名：統計學
作　　者：盧黎霞、董洪清 主編
發 行 人：黃振庭
出 版 者：崧燁文化事業有限公司
發 行 者：崧燁文化事業有限公司
E-mail：sonbookservice@gmail.com
粉絲頁　　　　　　　網　址：
地　　址：台北市中正區重慶南路一段六十一號八樓 815 室
8F.-815, No.61, Sec. 1, Chongqing S. Rd., Zhongzheng Dist., Taipei City 100, Taiwan (R.O.C.)
電　　話：(02)2370-3310　傳　真：(02) 2370-3210
總 經 銷：紅螞蟻圖書有限公司
地　　址：台北市內湖區舊宗路二段 121 巷 19 號
電　　話：02-2795-3656　傳真：02-2795-4100　網址：
印　　刷：京峯彩色印刷有限公司（京峰數位）

　　本書版權為西南財經大學出版社所有授權崧博出版事業股份有限公司獨家發行電子書繁體字版。若有其他相關權利需授權請與西南財經大學出版社聯繫，經本公司授權後方得行使相關權利。

定價：550 元
發行日期：2018 年 8 月第三版
◎ 本書以POD印製發行